政策、理论和历史是国际关系研究中三个必不可少的要素，它们三位一体，密不可分。

历史是国际关系研究的基础，任何严肃的国际关系研究都必须通过对历史的观察进行政策思考和理论升华。

作者简介

朱明权，先后毕业于北京大学世界历史专业（本科）和南京大学近现代英美对外关系专业（硕士），后为复旦大学国际政治系和美国研究中心的教授。曾在美国和欧洲的多所大学进行研究与教学。学术兴趣集中于当代国际关系和国际安全、美国的对外和国家安全政策。

主要著作包括专著：《国际安全与军备控制》、《不扩散、危险与防止》、《领导世界还是支配世界——冷战后美国国家安全战略》、《美国国家安全政策》、《欧盟共同外交和安全政策与欧美协调》，合著：《威慑与稳定：中美核关系》，并主编约翰逊、尼克松和福特总统时期的《美国对华政策》（共三册）以及《20世纪60年代国际关系》等书籍。

国际政治与国际关系系列

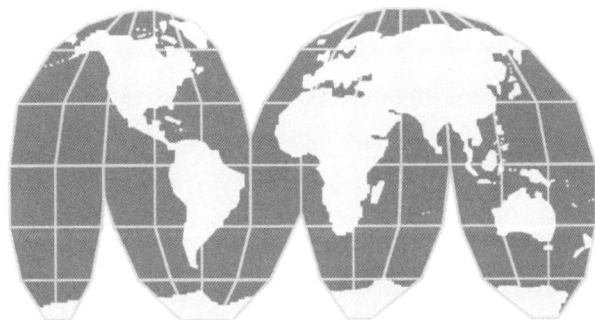

当代国际关系史

朱明权 著

复旦大學 出版社

内容提要

　　本书是对作者过去多年的教学和研究成果的总结，在有限的篇幅中描绘了当代国际关系史（1945-2010）的发展脉络。

　　以美苏冷战的演变作为主线，本书将当代国际关系划分为冷战的发生、冷战的进行、冷战的结束和冷战后四个时期，着重分析了美苏（俄）关系，同时阐述了它们与其他国家的关系。

　　与美苏冷战这一主线相平行，本书还贯穿了另一线索，即国际体系从两极向多极的发展，包括大国间力量对比的变化以及新的力量中心的形成。

　　本书在结束语部分对涉及当代国际关系的若干重要问题进行了归纳，如雅尔塔体制和战后国际秩序、美苏冷战与美国对苏遏制战略、世界多极化趋势等。此外，本书的每一章末都附有由名词解释和思考题组成的"复习提示"。

**　　本书配有多媒体教学课件，需要的教师可以登录复旦大学出版社网站联系索取。**

前　言

大约三年前,复旦大学出版社的邬红伟先生邀我为国际关系、国际政治和外交学专业的学生编写一本《当代国际关系史》教材,并约定在今年6月底交稿。现在终于基本上如期完成任务了,在感到些许轻松的同时,更多的是忐忑不安,不知此书稿是否真正符合复旦出版社的要求,更不知出版后它在多大程度上会对相关专业学生的学习有所裨益。

为了帮助读者更好地阅读、利用本书,特作以下几点说明。

一、关于本书依据的成果和资料

作为一本教材,本书很大程度上是对我过去多年的教学和研究成果的总结。

还在20世纪80年代,我就在复旦大学国际政治系(现为国际关系与公共事务学院)为本科生开设"战后国际关系"课程,从90年代初起又一直为研究生开设"当代国际关系研究"课程,直至去年退休。在此过程中,1994年北京大学袁明教授与我合作出版了供法学专业学生使用的《国际关系史》(本人负责撰写20世纪30年代以后的部分)。与此同时,我围绕战后国际关系和国际安全问题出版了一系列著作,内容涉及国际关系与国际安全、军备控制和不扩散、美国防务政策与国家安全战略、中美关系和美国对华政策、欧盟共同外交与安全政策等领域。

本书(特别是前两章)充分运用和引入了上述的教学与科研成果。当然,它并非只是简单地重复以往成果的内容,而是根据新的要求对之进行了审视和核定,对结构作了调整,对材料作了核实和重新取舍,对观点则作了检查,其中正确的予以保留,不妥的进行修正,错的则将其摒弃。

同样必须指出的是,本书还在很大程度上依赖于其他学者的学术工作。在资料方面,1980年以前的材料主要来自由何春超先生等负责、法学教材编辑部审定、武汉大学出版社出版的《国际关系史资料选编》上册(第二分册)和下册。[①] 1983 年以后的材料则主要引自上海国际问题研究所编写的《国际形势年鉴》(1983—2011,共 29 本)。听说上海国际问题研究所(现为上海国际问题研究院)现在已经停止编写这一年鉴,这实在是学界的一个损失。

除了这两套基本资料以外,本书在材料、观点等方面也得益于其他一些研究成果。其中最重要的是复旦大学刘同舜先生等主编的《战后世界历史长编》(1945—1956,共九卷),该书对于我认识第二次世界大战结束前后至 20 世纪 50 年代中期的国际关系帮助极大。事实上这套著作也是我当初步入战后国际关系这一领域的启蒙读物。北京外交学院宫少朋等主编的《冷战后国际关系》、北京大学方连庆等主编的《国际关系史》第十二卷(1990—1999)对于我了解冷战结束以后最初 10 年的国际关系则甚有裨益。本书还从陈乐民的《战后西欧国际关系》、钟冬的《中东问题80 年》、朱庭光的《外国历史大事集》(现代部分第三分册)、谢益显的《中国当代外交史》、卫林等的《第二次世界大战后国际关系大事记》中撷取了不少材料或吸收了思想营养。

国外出版的一些著作(包括中文译本)也是本书的重要参考和资料来源。其中主要的有:原苏联外交部部长葛罗米柯主编的《外交史》、英国皇家国际事务学会主持编写的《国际事务概览》、法国让-巴蒂斯特·迭罗塞尔的《外交史》、美国国家科学院的 *Nuclear Arms Control*、John Lewis Gaddis 的 *Strategies of Containment*、Joseph S. Nye 的 *Understanding International Conflict*、Stephen E. Ambrose 的 *Rise to Globalism*、Nicole Deller 等的 *Rule of Power or Rule of Law*、英国 William Nicoll 等的 *Understanding the European Union*、日本信夫清三郎的《日本外交史》。实际上,我以往出版的教材和专著就大量受益于这些国外同行的研究成果。

包括联合国、世界银行、国际货币基金组织、欧盟、东盟、北约、美国白宫以及一些大学和研究机构在内的网站为国际关系研究提供了不少资料,如重要文件、经济发展指数等。我在有关纸质材料无法得到的情况下,也充分利用了这些网站的资源。

由于篇幅所限,这里不可能提及所有本书使用或参考过的研究成果或资料。读者如果希望进一步学习和研究,可以参看本书所附的参考书目。

---

① 此资料集后来经修订后再次出版,见王绳祖等:《国际关系史资料选编》(修订本),北京:法律出版社 1988年版。

二、关于本书的写作

关于国际关系特别是当代国际关系的写法,大致有三种,一种是专题性的,即将当代国际关系分解成美苏(俄)关系、西方阵营的内部关系、东方阵营的内部关系、南北关系和南南关系、中国对外关系等多个层面,描绘出每种关系在 1945 年以来的发展演变。第二种写法也是专题性的,但是围绕当代国际关系所涉及的一些重要问题来做文章,如国际格局问题、第三世界问题、非传统安全问题、联合国问题等。第三种写法是历史性的,先按照某种标准将战后分成几个阶段,然后再介绍各个时期各种关系的发展,或者各个时期发生的重大事件。

本书采用的是第三种写法,将当代即第二次世界大战结束以后半个多世纪(1945—2010 年)的国际关系分为几个时期,一方面试图写出战后国际关系发展的总的脉络,另一方面则想写出在不同时期国际关系的各个不同侧面的演变。具体地说,本书特别注意了这样一些问题:

第一,努力描绘出当代国际关系的发展全貌,为此本书内容一直延续到 2010 年。我希望,在学生攀登理解当前国际关系和国际政治的高峰之前,这一教材能够将学生带到尽量靠近山脚的地方。

第二,本书以美苏冷战的演变作为一根主线来划分当代国际关系的几个不同时期。这一冷战是战后国际关系特有的政治现象,不仅支配了当时的美苏关系,而且在很大程度上影响到它们与其他国家的关系,乃至冷战结束以后国际关系的发展。因此,本书分为冷战的发生、冷战的进行、冷战的结束和冷战后四个时期,前三个时期各为一章,冷战后则包括了两章,即冷战后的初期以及步入 21 世纪后。

第三,与美苏冷战这一主线相平行,贯穿本书的另一根线索是多极化的发展。一方面,这表现为民族解放运动的高涨、中立主义和不结盟运动的形成,发展中国家为建立公正合理的世界经济新秩序和政治新秩序所作的斗争。另一方面,它体现为大国间(主要是指美苏两国与其他大国间)力量对比的变化,以及欧共体、中国、日本等新的力量中心的形成。

第四,本书着重分析美苏(俄)关系以及它们的相互政策,同时每一章中也会有专门的篇幅("节")阐述美苏两个超级大国和其他国家的关系,乃至其他国家相互之间的关系以及有关政策。这样做的意义不难理解。冷战是美苏关系所处的一种特定状态。它们的关系不仅决定了这一时期整个国际关系的性质,而且冲击和影响(在某些情况下甚至支配)了国际关系的其他方面的发展。但是,也应当看到,美苏与其他国家的关系以及后者之间的关系也具有自身的意义,特别是体现了多极化不断发展的历史过程。不能忽视它们的发展和影响。

第五,本书对有关中国的内容尽量少写。在当今国际舞台上,中国无论是作为个体还是作为第三世界的一员都具有举足轻重的影响,发挥着无可替代的作用。中国与其他国家的关系以及中国的对外政策构成了战后国际关系的一个重要侧面。尽管如此,因为复旦大学出版社已经专门出版了《当代中国外交》的教材,复旦大学国际关系与公共事务学院也专门开设了"当代中国外交"这一课程,本书就尽力避免重复相同内容,只是将中国作为第三世界或发展中世界的一员以及正在形成中的多极中的一极加以讨论。

第六,作为一本教材,本书在每一章的末尾都提供了"复习提示",包括名词解释和思考题,以帮助同学进行复习。要说明的是,一方面,它们没有也不可能涵盖各章所有内容;另一方面,其中一些思考题的范围则超出了仅仅一章内容的限制,需要将有关章节融会贯通起来加以理解。

三、致谢

除了在前言第一部分提及的那些资料的选编者和研究成果的作者以外,在书稿完成之际,本人还要感谢以往上过我课的学生,以及读过我写的教材或其他著作的学生。无论是他们的鼓励还是批评对我都是重要的鞭策。我始终记得一位本科生就里斯本会议之后欧盟共同外交和安全政策(CFSP)支柱的发展问题对我的讲课提出的意见,也绝不会忘记一位韩国留学生为独岛问题对我一本书中的提法表示的质疑。

本人也要特别谢谢我以前教过的学生毛瑞鹏(现为上海对外贸易大学副教授)和贺嘉洁。前者向我提供了关于联合国安理会改革的材料,后者利用正在美国攻读博士学位之机帮我核对和收集了不少资料,特别是近年来各大经济体经济发展的指数。

还要强调的是,复旦大学出版社邬红伟编辑的信任和支持是我编写这本教材的原动力。他的高度专业化的工作又为本书增色许多。

最后我还要提及我的妻子和女儿。没有她们的理解、宽容和支持,就不可能有本书的问世。

朱明权

目　录

第一章　冷战的开始与两极的形成（1945—1955）

第二次世界大战后期，在美国总统罗斯福积极推动下，被称为雅尔塔体制的国际关系格局逐渐形成，其本质是在美国主导下的大国合作，特别是以美国为主导的美苏合作。在此基础之上，形成了战后世界的秩序，包括全球性的政治和经济制度的建立以及对地区性问题与战败国处置问题作出的各种安排。

但是，战争结束以后，主要是由于在战略目标方面的对立，美苏合作的基础迅速发生了动摇，与此同时杜鲁门政府的对苏遏制战略则迅速成型。1947年3月杜鲁门主义的提出标志着美苏冷战的开始。在此后的几年中，世界上出现了分别以美国和苏联为首的两大阵营，雅尔塔体制为两极格局所取代。

同一时期中，广大殖民地、半殖民地的民族解放运动获得了重要的发展。在反对帝国主义和殖民主义的共同斗争中，亚非国家加强了团结和合作，成功地召开了万隆会议。

第一节　战后世界秩序的安排与全球制度的确立

从1943年末起，随着反法西斯战争的不断进行，美、苏、英三国先后召开了以雅尔塔会议为中心的一系列首脑会议，对战后世界秩序作出了计划和安排，以延续和维持美国主导下的大国合作。

这种合作的一个主要表现是战后全球制度的形成，一方面是全球经济制度，即布雷顿森林会议的召开以及国际货币基金组织和国际复兴开发银行的建立；另一方面是全球政治秩序，即顿巴顿橡树园会议和旧金山会议的召开以及联合国的建立。

一、盟国首脑会议对战后世界秩序的安排

在反法西斯战争不断取得胜利的同时，美、苏、英三国与美、中、英三国举行了一系列的首脑会议,不仅就进一步加强战时合作的问题进行了有效的协调,而且——主要是在罗斯福的推动下——为建立战后世界秩序作出了精心的安排。

1. 第二次世界大战的最后进程

1943 年 11 月 28 日至 12 月 1 日,美国总统罗斯福,联共(布)中央总书记、苏联人民委员会主席斯大林和英国首相丘吉尔在伊朗的德黑兰举行了首脑会议。这一会议对于盟国进一步协调战略以尽快击溃法西斯具有极为重要的作用。

1944 年初起,苏军在北起加伦支海、南到里海的 4 500 公里长的战线上实施了战略反攻,在近一年的时间里连续对德军及其仆从军发动了十次突击。到第十次突击结束后,苏军不仅基本收复了一度失去的领土,而且在各地的反法西斯武装力量的支持与配合下解放了东欧国家的大片领土。

1944 年上半年,美英两国的军队在意大利战场也取得了重要的胜利,打击了德军的有生力量,有效配合了苏联军队在苏德战场的行动。1944 年 6 月 6 日,美英联军还在西欧开辟了第二战场。它们首先在法国西北部的诺曼底登陆,经过近三个月的艰苦战斗解放了巴黎和布鲁塞尔,并准备对德国本土发动进攻,从而与在东线连续发动突击的苏军形成遥相呼应之势。

1945 年初,一方面,美、英、法联军从西线攻入德国。4 月中旬,美国第九集团军进抵易北河;另一方面,苏军在东线发动了强大攻势。4 月 25 日,苏美两国军队在易北河会师;4 月 30 日,苏军两名军士将红旗插上了德国国会大厦的屋顶,希特勒则自毙于总理府的地下室。5 月 7 日,德国宣布投降,次日德军将领在柏林履行了投降仪式。与此同时,美英盟军攻入了奥地利并肃清了意大利境内的德国军队。意大利的法西斯头目墨索里尼在逃亡瑞士的途中为游击队抓获并被处决。

德黑兰会议之后,盟军在太平洋地区对法西斯日本发动了更大规模的反攻。1944年初到 8 月,美军先后夺取了马绍尔群岛和马里亚纳群岛的主要岛屿,从而突破了日军的绝对防务圈(内防御圈),使日本遭到沉重打击,东条英机被迫辞去首相职务。到1945 年 6 月底,美军又分别攻占了小笠原群岛和琉球群岛的主要岛屿,使日本本土真正处于其火力之下。在以后的一个多月中,美军飞机对日本城市以及海军残余舰艇实施了历史上最大的空袭,8 月 6 日和 9 日更先后在广岛和长崎投掷了两枚原子弹。1944 年起,中国军民也在抗日战场上对侵华日军开始了战略反攻,不仅严重削弱了日军的有生力量并逐渐收复了失地,而且有效牵制了日军在其他战场的作战能力。苏联则在 1945 年 8 月 8 日正式对日本宣战。

还在 1945 年 7 月 26 日,以美、中、英三国名义发表的《波茨坦公告》就促令日本立即投降,但是遭到日本政府拒绝。8 月 10 日,经过激烈争论并根据裕仁天皇的裁断,日本政府决定求降,向美、中、英、苏发出了正式通知,声称愿意在不变更"天皇统治国家大权"的前提下接受波茨坦公告。尽管未能得到同盟国对此条件的明确接受,8 月 14 日,又是根据天皇本人的裁断,日本政府宣布投降。这不仅宣告了日本的侵华战争和太平洋战争的结束,也意味着第二次世界大战的终结。

2. 开罗会议和德黑兰会议

根据 1943 年 10 月在莫斯科举行的美、苏、英外长会议达成的协议,三国首脑将于 11 月底在德黑兰举行首脑会议。但是,罗斯福希望在此之前先就有关问题同蒋介石进行磋商,丘吉尔也想在赴德黑兰之前能与罗斯福统一立场,因此 1943 年 11 月 22 日至 26 日,罗斯福、丘吉尔和蒋介石首先在开罗进行了会谈。

开罗会议在军事上意义有限,但在政治上却有重要收获。三国领导人讨论了远东的战后安排问题并发布了《开罗宣言》。该文件明确宣示,三大盟国的战争目的,在于"制止及惩罚日本之侵略","剥夺日本自 1914 年第一次世界大战开始以后在太平洋所夺得的或占领之一切岛屿","使日本所窃取于中国之领土,例如满洲、台湾、澎湖群岛等,归还中华民国",并"使朝鲜自由独立"。[①] 也就是说,这一宣言提高了中国的国际地位,肯定了中国收复失地的权利。但是,罗斯福藉此要求蒋介石同意将将大连港辟为自由港,以换取斯大林参加对日作战的许诺。蒋介石也同意考虑这一建议,中国的主权因而受到了新的损害。

开罗会议结束之后,1943 年 11 月 28 日至 12 月 1 日,罗斯福、丘吉尔与斯大林在德黑兰举行了美、苏、英三国首脑会议。除了就美英在西欧开辟第二战场以及苏联参加对日战争等问题达成了妥协外,德黑兰会议在政治方面也取得了重要的成果。

首先是战败国的处置问题。三巨头都担心一个统一的德国很可能再次变成欧洲的战争策源地,因此赞成战后对德国实行肢解。至于具体的做法,他们决定由三国外长组成的欧洲咨询委员会加以研究解决。此外,斯大林建议,盟国应在德国境内和周围控制一系列战略据点,以对德国进行监视。这一主张得到了罗斯福的赞同。

其次是波兰的边界问题。斯大林主张,波兰西部应以奥德河为界,东部则应以 1939 年的边界为准。这意味着苏联将可以继续保有白俄罗斯和乌克兰的西部。斯大林还要求将德国东普鲁士北部领土的一部分(包括在波罗的海的不冻港)割让给苏联。丘吉尔原则上同意将波兰的疆界西移,试图以此换取苏联对英国在巴尔干的传统利益以及波兰流亡政府的承认。但是,他认为,波兰的东部疆界应以寇松线划定。罗斯福没有参加这些讨论,但对有关的安排也未表示异议。

最后是未来的国际组织问题。罗斯福对此尤其热心。他提议,新成立的国际组织应当包括三个机构:一是由大约 35 个同盟国家组成的大会,定期举行会议讨论有关问题。二是实施大会提出的建议的执行委员会,其成员除了美、苏、英、中四国外,还包括一些来自欧洲、拉美、远东以及英国自治领的国家。三是由美、苏、英、中组成的所谓"四警察"机构,它将"有权立即处理对和平的任何威胁,以及需要这种行动的任何突然事变"。[②] 斯大林和丘吉尔最初更倾向于建立地区性组织的做法,但是他们最终还是接受

① 《国际关系史资料选编》编选组:《国际关系史资料选编》上册(第二分册),武汉:武汉大学出版社 1983 年版,第 758 页。
② 《德黑兰、雅尔塔、波茨坦会议记录摘编》,上海:上海人民出版社 1974 年版,第 38 页。

了罗斯福的主张。

开罗会议和德黑兰会议就战后世界秩序的安排达成的初步协议,不仅有助于盟国进一步协调战略以取得第二次世界大战的胜利,而且为雅尔塔体制铺设了第一块基石。

3. 雅尔塔会议

鉴于法西斯德国的迅速崩溃和反法西斯国家间矛盾的明显增长,在美国的要求下,1945 年 2 月 4—11 日,罗斯福、斯大林和丘吉尔在苏联克里米亚半岛的雅尔塔再次举行会议。他们不仅研究了彻底击溃德、日、意法西斯的问题,而且进一步具体讨论了战后世界秩序的问题,包括全球性的安排和地区性的安排。地区性安排主要涉及欧洲和东亚地区。欧洲的安排又分别以巴尔干、波兰和德国为中心。

巴尔干问题是雅尔塔会议的主要议题之一。当时丘吉尔和斯大林都热衷于在这一地区划分势力范围,然而罗斯福对此并不予以认同。在他的提议下,会议通过了一项与巴尔干有关的重要文件《被解放的欧洲的宣言》。该宣言强调,要帮助从纳粹德国统治下获得解放的各国人民以及前轴心附庸国人民,"用民主方式解决他们迫切的政治问题和经济问题","抉择他们生活所寄的政府的形式"。① 美国显然是想以民主作为武器挑战苏联乃至英国在巴尔干的势力,直接染指东南欧。

同巴尔干问题相比,波兰问题显得更加复杂。尽管三巨头在德黑兰曾就其疆界达成初步协议,但在雅尔塔他们仍然发生了争论。斯大林同意波兰东部疆界以寇松线为界(并在若干地区作对波兰有利的 5—8 公里的逸出),但坚持西部疆界应经斯德丁(属波兰)向南先沿奥德河再向前沿西尼斯河为界。罗斯福要求将波兰东部的利沃夫及其附近油田仍然划归波兰;他和丘吉尔还反对以西尼斯河划分波兰西南部疆界,而主张继续以奥德河为界。会议最后通过的议定书根据斯大林的要求确定了波兰的东部疆界,但决定将波兰的西部疆界留待和会解决。

波兰政权的组成问题同样棘手。当时,苏联政府已经正式承认了华沙的波兰临时政府,英美显然已经无法用设在英国的波兰流亡政府取代这一政权。为此,罗斯福和丘吉尔竭力鼓吹建立一个所谓更具代表性的新的临时政府,以保证及早举行"自由选举"。其真实用意是想藉此将西方支持的流亡政府和其他政党的成员推进波兰政权机构。斯大林只同意扩大现有的波兰临时政府,并且坚持盟国随后应当加以承认。最后三巨头达成协议:正在履行职能的临时政府应实行改组,成立"波兰全国统一临时政府",以容纳身在国内或国外的民主领袖;该政府须"尽速根据普遍选举与秘密投票方式举行自由的、不受限制的选举";美、苏、英都应与新的"波兰全国统一的临时政府"建立外交关系。②

德国问题在雅尔塔会议上最为突出。三巨头再次肯定了分割德国的原则。他们同

---

① 《国际关系史资料选编》编选组:《国际关系史资料选编》上册(第二分册),武汉:武汉大学出版社 1983 年版,第 763 页。

② 同上书,第 764 页。

意,作为第一步,"在德国武装抵抗最后被击溃后",三国军队(法国如果愿意也可参加)对德国实行分区占领,同时"成立一个中央管制委员会执行互相协调管理控制的工作"。[①]

但是,在德国赔偿问题上,三巨头发生了分歧。斯大林提出了要求德国赔偿的八项原则。其核心是,应采用拆除德国工厂设备、利用德国劳动力及收取实物等形式,促使德国在十年中向战胜国赔偿200亿美元的损失,其中一半应给予苏联。罗斯福和丘吉尔表面上不否定赔偿原则,但极力反对规定赔偿数额。最后,三巨头只得同意此问题应移交将设在莫斯科的赔偿委员会处理。

重建战后东亚地区秩序的问题,乃是第二次世界大战期间盟国的一个主要关心所在。就罗斯福而言,为了保证战后美国在东亚地区的利益和影响,他采取了"使中国成为一个大国"的政策,力图战后在东亚建立一个包括美、英、苏、中的四国神圣同盟,以防止日本的再起,并增加美国在东亚抗衡苏联的力量。与此同时,为了争取苏联能尽快参加对日作战以及取得战后它在东亚的合作,罗斯福又不惜牺牲中国的主权以满足苏联的某些要求。斯大林在规划战后东亚的秩序时不仅试图收回俄国在1904—1905年的日俄战争中失去的领土,并且竭力扩大苏联在中国东北的势力和影响。德黑兰会议上,斯大林初步地谈到了他的这些要求。1944年12月中,斯大林在接见美国驻苏大使哈里曼时对此作了进一步的解释。

雅尔塔会议上,经过讨论,三巨头签署了苏联参加对日作战的协定。其中规定,"在德国投降及欧洲战争结束后两个月或三个月内苏联将参加同盟国方面对日作战"。其条件为:(1)"外蒙古(蒙古人民共和国)的现状须予维持"。(2)"由日本1904年背信弃义进攻所破坏的俄国以前权益须予恢复"。后一条具体包括:"库页岛南部及邻近一切岛屿须交还苏联";"大连商港须国际化,苏联在该港的优越权益须予保证",苏联租用旅顺港为海军基地的权益也必须加以恢复;中东铁路和南满铁路应由一苏中合办的公司共同经营。(3)"千岛群岛须交予苏联"。[②] 这一文件还规定,根据斯大林的建议,美国总统将设法取得当时的中国政府对上述有关外蒙古及中国东北的港口铁路的协议的支持。

此外,在雅尔塔会议上,三巨头还就顿巴顿橡树园会议未能解决的有关联合国的分歧达成了妥协。他们决定,1945年4月25日在美国旧金山召开联合国家会议,讨论计划建立的国际组织的宪章。

雅尔塔会议为战后世界曾一度存在的国际格局——雅尔塔体制——铺设了最重要的基石。当然,这一体制不可避免地蕴含了大国之间的冲突,因而缺乏必要的稳定性,乃至很快走向瓦解。

[①] 《国际关系史资料选编》编选组:《国际关系史资料选编》上册(第二分册),武汉:武汉大学出版社1983年版,第761页。

[②] 同上书,第766—767页。

二、战后全球制度的确立

在德黑兰和雅尔塔举行的两次峰会上,美、苏、英三国就战后世界秩序达成了重要的原则性协议,并就主要的问题作出了具体安排。此后,随着反法西斯战争最终胜利的临近,它们又通过发起一系列多边的国际会议和建立一系列国际组织,分别形成了战后的全球性经济制度和政治制度。这些全球性的制度加上第二次世界大战结束前后战胜国就地区性问题和战败国处置问题作出的安排,构成了战后世界秩序的主要内容。

1. 布雷顿森林会议与全球经济制度的建立

布雷顿森林会议主要讨论的是战后世界的经济秩序问题,它导致了国际货币基金组织和国际复兴开发银行这两个全球性经济制度的建立。在此过程中,美国起到了突出的推动作用。

第二次世界大战期间,由于美国可根据《租借法案》向盟国大量提供物资和服务,其经济力量有了很大发展:1939—1944年间,工业生产提高了1.2倍,出口贸易从31.9亿美元增加到153.4亿美元;1940—1945年间,国外投资从123亿美元增加到168亿美元;1938—1945年间,黄金储备从145.1亿美元增加到200.8亿美元,约占资本主义世界黄金储备总量的59%。[①] 这种迅速膨胀的经济实力,既为美国在战后世界从金融、投资和贸易三个方面进行的经济扩张创造了必要性,又为此提供了可能性。它力图建立一个围绕美国的工业和黄金旋转的新的世界经济秩序。

正是在此背景下,1944年7月,在其新罕布什尔州,美国发起和组织了通常被称为布雷顿森林会议的国际货币金融会议。与会的有来自44个同盟国家或联合国家的代表,但是大部分有争论的问题都是通过美、英、苏在会外的谈判加以解决。会议通过了《最后议定书》以及《国际货币基金组织协定》和《国际复兴开发银行协定》两个附件。它们的内容一起构成了战后以美元为中心的国际货币体系,即所谓的布雷顿森林体系。

国际货币基金组织协定旨在建立以美元为支柱的国际货币制度。据其规定,该基金的资本总额为88亿美元,由各会员国按照规定份额认缴;它们则可用本国货币向基金申请所需外币,以应付临时性的国际收支逆差。各会员国货币的官价,要以一定数量的纯金或根据美元表示,非经美国政府同意不得改变。它们要协助美国政府在世界市场上维持这一官价,美国则承担了以美元为可兑换货币的义务。这意味着美元取得了高出于其他货币的特殊地位,为以美元为支柱的国际货币制度奠定了基础。

国际复兴开发银行协定规定,该银行(即世界银行)的法定资本为100亿美元,由各成员国认缴。认缴的份额越多,所掌握的表决权力也就越大。其主要业务是,帮助各会员国(或地区)从私人银行获得长期贷款,或直接向会员国(或地区)提供贷款。显然,由于美国具有的强大经济实力,它必然会成为世界银行的实际控制者,藉此工具输出本国

---

① 《战后世界历史长编》编委会:《战后世界历史长编,1945.5—1945.12》,上海:上海人民出版社1975年版,第522页。

资本和影响他国的政策。

2. 顿巴顿橡树园会议和关于建立联合国的建议

除了全球经济制度以外,美国还积极推动建立战后全球政治制度。鉴于国联的教训以及美国的经济和军事实力的上升,罗斯福一直试图建立一个以少数大国为核心的单一的、普遍性的国际组织。他也相信,只有在战争尚在进行的时候才有可能同苏联就此达成协议。为此,在1943年底的德黑兰会议上,罗斯福就非正式地同斯大林谈到了建立这样一个国际组织的问题,斯大林表示了首肯。1944年7月,美国政府将它制订的《普遍国际组织暂定草案》交给了苏、英、中三国政府,并邀请它们就此进行非正式讨论。苏联以自己未参加对日作战为理由,反对与中国一起参加会谈。最后它们达成妥协,先由美、英、苏展开磋商,再由美、英、中进行讨论。

1944年8月下旬至9月底,美、苏、英三国的代表在华盛顿附近的一所古老庄园——顿巴顿橡树园——举行会议,就战后国际组织的章程进行了讨论。三方在下述问题上取得了一致:第一,新的国际组织应当包含四个基本"要素",即所有成员国代表都出席的全体大会、由大国担任常任理事和大会选出的较小国家担任非常任理事的安全理事会、秘书处和国际法庭。第二,维护和平和安全的主要权力集中于安理会,常任理事国对安理会的决议拥有否决权,所有会员国都要接受安理会决议的约束并予以执行。第三,联合国大会的重要决议只要得到与会的会员国三分之二的多数票就可获得通过,无需全体一致的同意。与此同时,仍然有些问题没有获得解决。其中最主要的是:第一,在某理事国为争端一方的情况下,该理事国可否参加安理会就此问题进行的表决?第二,哪些国家应成为创始会员国?

尽管如此,美、苏、英三国最后还是在顿巴顿橡树园会议上签署了《关于建立普遍性的国际组织的建议案》。该文件建议未来的国际组织应被称为"联合国",并规定了它的宗旨与原则、会员国的资格、大会与安理会等主要机构的组成与职权,以及关于维护国际和平和安全、国际经济与社会合作的各种安排。因此,这一建议案实际上是未来的联合国宪章的雏形。该会议结束之后,美、英、中三国的代表又在顿巴顿橡树园进行了讨论。中方代表对上述文件提出了一些建议,但它们并未得到重视。

3. 旧金山会议和联合国的正式成立

按照雅尔塔会议的决定,1945年4月25日,联合国家国际组织会议在美国旧金山市开幕,来自50个国家的283名正式代表(包括美、苏、英、中的外长)出席了会议。①

无论是在大会一般性辩论阶段还是就联合国宪章进行实质性讨论的阶段,各国——特别是美苏两国——代表团都进行了激烈的争论。但是,由于当时反法西斯战争尚未完全结束,同时也是因为国际舆论的压力,美英和苏联都认识到维持相互团结与合作的重要性,最后分别在有关问题上作出了重要的让步。6月25日,各国代表一致通过了《联合国宪章》以及作为宪章一部分的《国际法院规约》。次日,他们在宪章上签

---

① 当时波兰没有派代表参加此次会议,但后来签署了《联合国宪章》,因而成为联合国51个创始会员国之一。

了字,联合国正式成立。

联合国宪章基本上保留了顿巴顿橡树园建议案的内容,但对有些条款进行了修改。它规定,联合国的宗旨是"维持国际和平及安全";"发展国际间以尊重人民平等权利及自决原则为根据之友好关系";"促成国际合作,以解决国际间属于经济、社会、文化及人类福利性质之国际问题";"构成一协调各国行动之中心,以达成上述共同目的"。① 按照这些规定,联合国的主要使命是维持国际和平与安全,同时应促进经济、社会、文化等领域的国际合作。

为实现以上宗旨,宪章规定联合国及其会员国应遵守的基本原则是:"各会员国主权平等";"各会员国应以和平方法解决其国际争端";"各会员国在其国际关系上不得使用或威胁使用武力,或以与联合国宗旨不符之任何其他方法,侵害任何会员国或国家的领土完整或政治独立";联合国不得干涉"在本质上属于任何国家国内管辖之事件"。② 这实际上就是确立了各国主权平等、和平解决国际争端、领土完整和不干涉他国内政的诸项原则。

宪章还规定,联合国设立六个主要机构。除了大会和安全理事会这两个主要机构外,还有经济及社会理事会、托管理事会、国际法院及秘书处。

大会由联合国所有会员国组成,每年举行一届常会,并于必要时举行特别会议。大会可以讨论"宪章范围内之任何问题或事项",或宪章所规定的"任何机关之职权",并一般可就这些问题和事项向联合国会员国或安理会提出建议。③

安理会被赋予了维护国际安全的特殊权威。宪章规定:"为保证联合国行动迅速有效起见,各会员国将维持国际和平及安全之主要责任,授予安全理事会,并同意安全理事会于履行此项责任下之职务时,即系代表各会员国。"④换而言之,由五大国(美国、苏联、中国、英国、法国)作为常任理事国的安理会代表各会员国承担了维持国际和平及安全的主要责任。具体地说,安全理事会有权敦促当事国以和平方式解决它们的争端;无论是否得到会员国的请求,安理会都可以调查任何争端或可能引起国际冲突的形势,以断定它们的存在是否对国际安全构成危害;对于那些被认为会危及国际和平与安全的争端或形势,安理会在任何阶段都可以提出管理它们的程序和方法,包括通过相关决议对危及和平或实施侵略的国家施加压力,要求会员国采取非军事手段甚至必要的军事行动以实施这些协议。这一权力是空前的,实际上具有了超国家的成分。安理会由16个理事国组成,中、法、苏、英、美为常任理事国。其表决程序则采用"雅尔塔公式",即在审议程序性以外的一切事项的决议时,应以"九理事国之可决票包括全体常任理事国之同意票表决之"。换言之,任何一个常任理事国的反对票都可以否决非程序性问题的

---

① 上海国际问题研究所:《国际风云中的联合国》,上海:上海教育出版社1989年版,第180页。
② 同上书,第180—181页。
③ 同上书,第183页。
④ 同上书,第187页。

决议。①

　　宪章规定,国际法院是联合国的"主要司法机关",具有双重职能,即依照国际法解决各国向它提交的法律争端,以及针对正式认可的联合国机关和专门机构提交的法律问题提供咨询意见。秘书处为联合国其他主要机关服务,并执行这些机关制定的方案与政策。此外,"秘书长得将其所认为可能威胁国际和平及安全之任何事件,提请安全理事会注意"。②

　　1945 年 10 月 24 日,在美、苏、中、英、法五大国和其他 24 个签字国完成了批准手续并向美国交存了批准书后,联合国宪章正式生效。至此,联合国成为国际政治生活中一个十分重要的因素。

第二节　战后初期盟国的合作与美苏冷战的爆发

　　雅尔塔体制的本质是以美国为主导的大国合作。战后初期,尽管存在着斗争,盟国在建立战后世界秩序方面继续维持着它们之间的合作。但是,这种合作无法避免和克服它们之间的固有分歧。由于战略目标的冲突,美苏的矛盾同时迅速发展起来。杜鲁门主义的提出标志着美国维持其主导下的美苏合作的政策正式被遏制苏联的战略所取代,以及雅尔塔体制的夭折与美苏冷战的爆发。

一、战后初期盟国的合作

　　战后初期盟国的合作主要表现在波茨坦会议有关德国的协议的达成,以及后来对法西斯德国的五个仆从国的和约的签署。尽管苏联和西方国家在这些问题上一度有着严重的分歧,但最终还是作出了相互让步,实现了妥协。

1. 波茨坦会议

　　欧洲战事结束以后不久,因东欧国家的政权结构问题,美国同苏联的关系出现了紧张。但是,由于对战败德国的处置问题迫在眉睫,它们都认识到了维持合作的必要性。为此,1945 年 5 月,继病逝的罗斯福担任美国总统的杜鲁门倡议举行一轮新的三大国首脑会谈,斯大林也接受了这一建议。7 月 17 日至 8 月 2 日,他们与丘吉尔在柏林郊外的波茨坦进行了会谈。其间,因为英国举行大选,会议曾休会两天。复会后,英国新当选的工党政府首相艾德礼取代了丘吉尔的位置。半个月中,三国首脑主要解决的就是德国问题,具体地说这又涉及以下几个方面:

———————————

① 上海国际问题研究所:《国际风云中的联合国》,上海:上海教育出版社 1989 年版,第 192 页。
② 同上书,第 205、207 页。

首先是对德国的处置。虽然雅尔塔会议再次肯定了肢解德国的方针,但又决定作为第一步首先对德国实行分区占领。1945年6月5日,苏、美、英、法四国驻德占领军的总司令在柏林会晤并签署了《关于击败德国承担最高权力的宣言》等文件。根据这些文件,德国被分成四个部分,由四国分区占领。"大柏林"区则由四国共同占领;四国总司令组成盟国管制委员会。在波茨坦会议上,三巨头决定:由美、苏、英、中、法组成五国外长会议,该会议的主要工作之一是负责准备将由以后成立的德国政府予以接受的对德和约。三巨头还规定了处置德国的政治及经济原则。政治原则包括:"德国境内最高权力由美、苏、英、法四国总司令遵本国政府命令,分别在其各占领区执行";他们并以管制委员会委员的身份"共同处置有关全德国之一般事件";"对德国各地居民之待遇,应尽可能一律";"目前德国中央政府将暂不设立",但"某种必要之德国中央行政部门"应予设置。经济原则主要包括:"为消灭德国之作战潜力,武器、弹药、战争工具以及各色飞机及海船之生产均予禁止";"金属、化学品、机器以及作战经济直接需要之其他物品,其生产将受严格管制"。①

其次是德国的赔偿。这一问题引起的分歧要复杂得多。美国方面认为,由于德国已受到严重摧毁以及其部分领土已被苏联割取或转让给波兰,因而它已无法执行雅尔塔会议所确定的赔偿原则。苏联则坚持要求德国进行赔偿。会议最终都未能确定德国应当赔偿的总额及其在各个战胜国间的分配比例。不过,美英首脑还是大体上接受了苏联提出的德国赔偿方式,即苏联的赔偿要求"将以迁移德境苏联占领区物资及适当的在国外的德国资产满足之",同时还可从西方占领区获得一定的赔偿;美英以及其他国家的赔偿要求"将自西方区域以及适当的在国外的德国资产予以满足";"苏联政府对于盟军在德国俘获之黄金,不作任何要求"。②

再次是波兰与德国疆界的划分。在此问题上的分歧几乎贯穿了波茨坦会议的始终,不过最后三国首脑还是达成了协议:其最后划定应由和会加以解决;在此之前,奥德-西尼斯河一线以东的领土以及部分东普鲁士和前但泽自由区由波兰政府管辖。

第四是对纳粹德国的仆从国的处置,主要涉及意大利、罗马尼亚、保加利亚、匈牙利和芬兰。因为这些国家已经分别处于西方和苏联的影响之下,所以三国对它们的政策出现了明显分歧。为了利用意大利向东南欧和地中海扩展势力,杜鲁门在会上提出了撤销对意大利的管制并接纳它加入联合国的要求。但是,与此同时,为了迫使罗、保、匈三国政府实行改组以容纳更多亲西方分子,杜鲁门又反对赋予这三个国家和芬兰以与意大利相同的待遇。苏联方面则要求美英恢复与罗、保、匈、芬的关系,并接纳它们加入联合国。因为此种争执,波茨坦会议曾一度陷入僵局。最后三大国取得了妥协:意、保、芬、匈、罗等国"目前之畸形现状必须由缔结和约而加以终结";准备与意大利缔结和约应为未来美、苏、英、中、法五国外长会议的"首要工作",以实现三大国"支持意大利加

① 《国际关系史资料选编》编选组:《国际关系史资料选编》下册,武汉:武汉大学出版社1983年版,第5—7页。
② 同上书,第9—10页。

入联合国"的愿望；五国外长会议亦应负责准备与保、芬、匈、罗等国"缔结和约之工作"，"借此支持此等国家加入联合国"的愿望；三国政府同意"在可能限度以内"分别考虑同这些国家建立外交关系。[①]

此外，三国首脑们还就一系列直接与德国有关的其他问题达成了协议，如德国军舰与商船的停泊位置、德国东普鲁士哥尼斯堡地区向苏联的转让、德国战犯的处理、奥地利的处置等。总之，由于当时各方互有所求，三国首脑在波茨坦会议上都作了一定的让步，在那些最为迫切的问题上取得了某种程度的共识，从而维系了盟国间的合作。

2. 对意、罗、匈、保、芬和约的签订

在欧洲战事结束时，美英占领了意大利本土，英国独占了意大利的北非殖民地，苏军进驻了罗马尼亚、匈牙利和保加利亚，并占据了芬兰的部分领土。因此，虽然波茨坦会议决定设立五国外长会议准备要与纳粹德国的仆从国签订和约，但是对于和约的要求盟国间的立场存在着重要差异。在苏联看来，罗、匈、保、芬的问题已经由盟国与它们签订的停战协议作了实际"解决"，在和约中要做的就是"对相应的停战条款予以确认"。此外，苏联还想取得意大利原来在北非拥有的殖民地，并在地中海获得商船基地。美国则企图"在和约谈判中获得停战时期所没有得到的东西，即在政治上和经济上于东欧大门口取得一个立足点"，"运用它的优势力量来阻止苏联在重要的东欧和中欧地区建立一个势力范围"，并且"不愿意看到苏联在地中海确立地位"。[②] 英法也是各有所图。

在这一背景下，特别是由于美国采取了强硬立场，1945 年 9—10 月间在伦敦召开的美、苏、英、法、中五国外长会议未能就和约问题达成任何重要协议。但是，美国又担心，推迟缔结和约将会使苏联获得在东欧和中欧大量驻军的借口。为此，伦敦五国外长会议之后，杜鲁门政府在挥舞原子武器对苏联施加压力的同时，又作出了某种准备妥协的姿态，倡议举行美、苏、英外长会议进一步讨论与上述五国缔结和约的问题。12 月，这一会议在莫斯科举行。其间，美国国务卿贝尔纳斯和斯大林进行了三次秘密谈话，就分阶段订立和约的问题达成了实质性的协议。但是，在 1946 年初美、苏、英、法四国副外长于伦敦着手起草和约时，主要是因为在对意和约方面的分歧，他们的工作又很快陷入困境。为了找到某种妥协方式，4 月下旬，四大国外长又在巴黎举行会议，并终于在涉及意大利的一系列问题上取得了一致或达成了谅解。而这又为克服盟国在对其他四个国家的和约方面的分歧创造了条件。

1946 年 7 月底至 10 月中，拟订对五国和约的巴黎和会在卢森堡宫举行。正式出席会议的有美、苏、英、法、中等 19 国的代表。阿尔巴尼亚等七国的代表也以协商资格参加了会议（无表决权）。战败国意、罗、匈、保、芬的代表则在会场最后一排就座。

在讨论美、苏、英、法四国副外长拟就的和约草案时，发生了激烈的争执，被提交大

---

① 《国际关系史资料选编》编选组：《国际关系史资料选编》上册（第二分册），武汉：武汉大学出版社 1983 年版，第786 页。

② 《战后世界历史长编》编委会：《战后世界历史长编，1946》，上海：上海人民出版社 1976 年版，第 87—88 页。

会的各种建议案多达 300 多项。经过斗争,巴黎和会终于就罗马尼亚、匈牙利以及保加利亚的领土变动问题、芬兰向苏联割让领土问题、意大利的原非洲殖民地问题、赔偿问题达成了协议或取得了谅解。随后,美、苏、英、法四国副外长整理出对五国和约草案的修正案。

1946 年 11 月中,确定对五国和约最后文本的四大国外长会议在纽约召开。美苏又迅速在若干问题上出现了冲突,进行了马拉松式的辩论。在当时的形势下,尽快签订和约无疑对苏联更为有利。一方面,这将使得英美有责任在 1947 年底从意大利撤出,而苏联却能以维持对驻奥苏军的供应为由继续在罗马尼亚和匈牙利驻军。另一方面,和约的签订还能导致存在于这些国家的盟国管制委员会的撤销,使得苏联在东欧有更大的活动空间。为此,最后苏联方面作出了重要让步,陆续接受了巴黎和会上通过的各项建议。12 月上旬,四大国外长会议最终完成对五国和约的审定工作,提出了和约的正式文本。它们先由美、苏、英三国外长分别在本国首都签署。然后,1947 年 2 月 10 日,在巴黎正式举行对五国和约签字仪式,其他有关国家也签署了这些文件。

由上述叙述可以看出,虽然举行了有众多国家参加的巴黎和会,但对五国和约的实质性内容都是在美、苏、英三国或者美、苏、英、法四国的外长会议上决定的。这些和约是西方国家和苏联在战后初期的合作中取得的另一重要成果。为此,贝尔纳斯称,"它们是人类智慧可以使四个主要盟国达成一致的最完美的和约"。苏联外长莫洛托夫也赞扬这些和约是对欧洲和平的"一个重大贡献"。① 但是,除芬兰外,其他四个战败国都对和约表示了强烈的不满。它们的代表在签署和约的同时均向四大国提出了抗议照会。

二、美苏矛盾的迅速发展

就在战后初期美苏维系着第二次世界大战期间形成的合作关系的同时,美苏两国在战略目标方面的矛盾也迅速发展起来。一方面,美国试图实行建立世界霸权的世界主义或全球主义;另一方面,苏联指望在东欧建立一个封闭的势力范围。两者之间显然存在着一种无法调和的冲突。

1. 美苏战略目标的冲突

在进行艰苦卓绝的反法西斯战争的岁月中,面对威胁人类生存的共同敌人——德、意、日法西斯,美苏两国搁置了在意识形态和社会制度方面的对立,携手建立和发展了卓有成效的盟国合作关系。但是,随着共同敌人的削弱乃至最终失败,美苏战时同盟的基础逐渐发生动摇。更为重要的是,在战后的新的国际环境中,美苏两国所追求的战略目标发生了严重冲突。

第二次世界大战期间,当西欧的传统大国和日本的力量遭到战争的摧毁或削弱时,

---

① 《战后世界历史长编》编委会:《战后世界历史长编,1946》,上海:上海人民出版社 1976 年版,第 144 页。

美国的经济和技术优势却达到了新的高度,整个国力获得了空前的发展。与此同时,美国不仅拥有大规模的常规军事力量,而且成了唯一一个拥有原子弹的国家。此外,不可忽视的是,第二次世界大战也使美国的软实力——"使得他国要你所希望得到的东西"的能力——也有了大幅增长。[①] 罗斯福对布雷顿森林体系和联合国的偏好能够得到其他国家的接受,就生动表明了这一点。实力的急剧加强不仅为美国在战后建立世界霸权的政策提供了客观基础,更为它提供了强大动力。由于战争的结束和军事订货的减少,美国国内市场已经无法满足在战时膨胀起来的生产力的需要,实现对世界的控制就成了美国经济赖以维持和发展的必要条件。

正因为预见到了这一点,早在 1943 年 4 月,罗斯福就授意自己的亲信雷斯特·戴维斯在《星期日晚邮报》上发表了《罗斯福的世界蓝图》一文,透露了一些罗斯福对美国在战后应当推行的对外战略的设想。其核心是,美国既不能退回到孤立主义,也不能满足于为自己划定某些势力范围的传统均势政策,而是推行能使美国在世界范围内实现自己的利益和理想的政策,即推行一种世界主义战略。事实上,罗斯福的世界蓝图就是实施世界主义或全球主义的计划,分别以联合国和布雷顿森林体系作为其政治支柱和经济支柱。

但是,美国的全球主义战略与苏联谋求建立势力范围的对外战略发生了尖锐冲突。第二次世界大战对苏联产生了复杂的影响。一方面,作为欧洲反法西斯战争的主力军,苏联为第二次世界大战的胜利作出了重大牺牲,战争中有 2 700 多万人丧生,国民经济损失达 6 790 亿卢布(按 1941 年价格计算)。[②] 另一方面,第二次世界大战又为苏联成为世界强国奠定了基础。其军队数量和战斗力得到了巨幅的增长,军事工业和科技能力则有了长足的发展。而且,作为世界上第一个社会主义国家,它的威望也得到了急剧的提升和扩大。

基于第二次世界大战造成的这种结果以及苏联(沙俄)在历史上屡次遭受异国入侵的教训,在为战后确定战略目标时,斯大林将巩固战争期间取得的胜利果实、确保社会主义国家的安全置于优先的位置,同时又积极谋求推进和扩大苏联的势力和影响。为了实现这一目标,斯大林力图在苏联周围建立起独占和排他的势力范围。这种势力范围将不仅是"军事上的缓冲地带",对付来自资本主义世界的"各种思想和心理挑战的外部防线",[③]而且是苏联实行政治和经济控制的场所。

总之,美国试图推行全球主义,在整个战后世界建立起不可动摇的支配地位,而苏联则力求在本国周围构筑起不容他人染指的势力范围。这两种战略目标发生了直接的碰撞,每一方都成了另一方实现自身目标的巨大障碍。此种状况,加上它们在意识形态

[①] Joseph S. Nye, Jr., *Understanding International Conflicts: An Introduction to Theory and History* (sixth edition), Pearson Longman, 2007, p. 62.

[②] 金重远:《战后世界史》,上海:复旦大学出版社 1995 年版,第 3 页。

[③] Robbin F. Laird and Erik P. Hoffmann, *Soviet Foreign Policy in a Changing World*. New York: Aldine Publishing Company, 1986, p. 18.

和社会制度方面的固有冲突,使得美苏矛盾和分歧的尖锐化变得不可避免。它们在雅尔塔等地达成的各种协议并不能从根本上扭转这种情势。

2. 美苏矛盾的迅速发展

从时间上看,反法西斯战争结束不久,美苏间的矛盾和斗争就以异乎寻常的速度发展起来。从空间上看,这种矛盾和斗争主要集中在苏联周围地区,这显然是由当时苏联的实力和目标的有限性所决定的。

首先是东欧问题。这主要涉及波兰,但是也与其他东欧国家有关。斯大林在雅尔塔会议上曾经说过:"对于俄国人民而言,波兰问题不仅是一个荣誉问题,而且也是一个安全问题。"①为此,苏联极力在东欧各国建立追随并忠于自己的政权。至于杜鲁门政府,面对大战后期苏联红军在东欧迅速推进所造成的既定局面,以及出于换取苏联对美国全球主义支持的需要,它愿意承认苏联在波兰乃至东欧其他国家具有的特殊利益,但是依然将东欧视作阻止苏联的力量和影响向西推进的前哨阵地,绝不愿完全退出或放弃,并指望通过自由选举来实现这一企图。正如贝尔纳斯所说,"我们的目标是要(在波兰)建立一个既对苏联友好又能代表这个国家的所有民主因素的政府。"②此话实际上也同样适用于东欧其他国家。这样,在战后东欧各国的政权组成问题上,美苏间的矛盾和斗争就持续不断。

按照雅尔塔协议,1945 年 6 月,在华沙成立了"波兰全国统一临时政府"。在该政府的 21 个成员中,16 个为原华沙临时政府成员,其余 5 个则属于亲西方的政党或团体。不久英美都承认了这一政权。然而,分别得到苏联和西方国家支持的波兰两种势力之间争夺权力的斗争并未因此终止。以波兰工人党为核心的左翼力量积极扩大自己的队伍和影响,农民党等右翼力量也力图拓展自己的势力。这一斗争在 1947 年初的议会选举中达到了高潮。当时,以工人党为首的左翼党派联盟共得 384 席,而右翼的农民党仅得 28 席。美英两国指责此次议会选举违反了雅尔塔协议,破坏了自由和诚实的原则。

在罗马尼亚、保加利亚等其他东欧国家,西方国家和苏联间发生了类似的冲突。在 1945 年 12 月的苏、美、英三国莫斯科外长会议上,贝尔纳斯攻击罗、保两国政府是违背雅尔塔协议的"极权"政府,拒绝加以承认,并声称与罗、保缔结和约的先决条件是对它们的现有政权进行改组。在此情况下,苏联作了让步,"劝说"罗保两国政府于 1946 年初分别接受了两名受西方支持的政党的代表。此后,在这两个国家中,围绕着将于 10 月举行的议会选举,左右两翼势力展开了激烈的斗争。美国试图通过盟国管制委员会进行干涉,而苏联则对此表示了坚决的反对。选举结果,左翼势力在两国取得了压倒性的胜利,从而引起了西方国家的极度不满。

其次是中欧问题。这主要涉及德国。随着美苏同盟关系的逐渐破裂,它日益成为

---

① Stephen E. Ambrose, *Rise to Globalism*, New York: Penguin Books, 1985, p. 58.
② Ibid. , p. 56.

两国对抗的一个焦点。华盛顿和莫斯科都想把德国问题的处理纳入本国的战略轨道，求得有利于本国的解决。

按照1945年6月四大国驻德占领军总司令在柏林签署的有关文件，他们将组成盟国对德管制委员会，以保证能在各自占领区内采取适当的一致行动。然而，由于四国代表在盟国管制委员会中都拥有否决权，该委员会就缺乏对各占领区和柏林实行联合管理的能力，形同虚设。在它存在的两年多时间中(到1948年3月苏方正式宣布退出为止)，召开会议数十次，讨论了对德管制的各方面问题，但经常是议而不决。即使已经通过的100多项法令和布告对四大国也不能产生真正的约束力，它们往往从自身的需要出发进行实用主义的解释，各行其是，推行反映了不同利益和立场的政策。反过来，这种互异的政策又加剧了苏联和西方国家特别是美国在德国问题上的对抗。在1946年4月的四大国巴黎外长会议上，苏联打出了推动德国政治统一的旗帜，主张在缔结对德和约前首先建立统一的全德政府，以此与美国主张的经济统一优先的方针相对抗。在一年后的四大国莫斯科外长会议上，苏联同西方国家在德国问题上的全面对立得到了进一步的暴露。分歧的核心是德国的统一方式。苏联坚持德国应在普选基础上成立临时中央政府，而美英则主张建立一个联邦制的政府。此外，苏联反对邀请英联邦自治领国家、南美国家和土耳其参加订立对德和约。

中欧问题还与奥地利有关。与德国的其他盟国不同，按照苏、美、英三国在战时达成的谅解，它既被当作纳粹侵略的受害者，可以在战后重新获得独立，又被当作纳粹德国的仆从国，要为战争承担责任。1945年5月14日，奥地利民主共和国建立。7月，苏、美、英三国签署了《占领区及维也纳市行政的规定》，决定将奥地利划分为四个部分，由苏、美、英、法的军队分别占领；将维也纳市划分为五个部分，其中四个部分也由四大国的军队分别占领，另一部分——莫纳尔斯塔德区——则由四国军队共同占领。盟国对奥地利的最高权力机构是由四国驻奥军队的总司令组成的盟国对奥委员会，维也纳市的行政则由四国各派一名代表组成的盟国管理局进行管理。同时，三大国还确定奥地利的领土应以1937年12月31日的边界为准。在随后的波茨坦会议上，三巨头达成协议：不向奥地利索取赔偿；奥地利苏占区的德国资产作为德国对苏联的赔偿，由苏联处理。

然而，在缔结对奥和约的问题上，美苏的立场出现了明显分歧。在1946年4月的四大国外长巴黎会议上，莫洛托夫坚持拒绝将这一问题列入议程。直到1947年春四国举行莫斯科外长会议时，对奥和约的问题才得到了比较认真的讨论。但在具体内容方面，美苏的立场仍然存在尖锐冲突。苏联主张将奥地利南部的一块领土割让给南斯拉夫，并要求将1938年3月以后德国人在奥地利夺得的财产以及德国人掌握了大部分股票的公司都算作德国资本。西方国家则对此加以反对。

再次是以对日本的处置为核心的东亚问题。依照1945年7月的波茨坦公告，对日本将实行盟国占领。然而，这一文件墨迹未干，美国政府就确定了独占日本的方针。杜鲁门声称："对日本的占领不能重蹈德国的覆辙。我不打算分别管制或划分占领区。我不想给俄国人以任何机会,再让他们像在德国和奥地利那样去行动。"①收到日本在 8 月 15 日发出的乞和照会后,美国拒绝了苏联提出的由两国分别委任驻日盟军统帅的建议,坚持只能由美国人担任统帅,并通过对日本发布的《总命令第一号》垄断了受降和占领的权力。8 月底至 9 月初,美军即以盟军名义单独进驻日本,杜鲁门还批准了《美国战后初期对日政策》这一纲领性文件。其中公然声称,如果盟国之间发生意见分歧,"美国之政策应居于支配地位"。② 此外,为了抵制苏联建立盟国对日管制委员会的要求,美国提出了成立远东咨询委员会的建议。

美国单独占领日本的政策,自然遭到了苏联的反对。在接到美国准备发给日本的总命令第一号后,斯大林迅速向杜鲁门发出一份密电,对此项文件提出两项修正,一是要求它指明整个千岛群岛包括在苏军受降地区之内,二是要求它将北海道北半部也包括在苏军受降的地区之内。斯大林特别指出:"最后一点对俄国的舆论特别重要","如果俄国在日本本土的任何部分都没有占领区,苏联舆论就会大哗"。经过交涉,杜鲁门有保留地接受了第一项要求(强调"这些岛屿的处理必须在和约中决定"),但否定了第二项要求。③ 在此情况下,8 月 18 日,苏军以军事行动方式登陆千岛群岛,包括南千岛的国后岛和择捉岛,同时占领了库页岛和本来属于北海道的色丹岛与齿舞岛。9 月初,苏联提出了成立苏、美、英、中四国管制委员会的建议,并抵制了美国在 10 月底召开所谓远东咨询委员会第一次会议的企图。

鉴于当时美苏两国在欧洲问题上互有所求,此后它们都就日本问题作出了一定的让步,导致 1945 年底的莫斯科三大国外长会议达成了如下协议:在华盛顿设立远东委员会,取代远东咨询委员会,由美、苏、英、中、法等 11 国的代表组成,其职责是制订日本在履行投降条件所规定的义务时应遵守的政策原则及标准;在东京设立盟国管制日本委员会,由盟军最高统帅或其代表任主席,美、苏、中各派委员一人,英国、澳大利亚、新西兰和印度联合委派委员一人,其职责是和盟军最高统帅进行协商并提出建议,但盟军总司令是盟国在日唯一的行政领导,他所作出的各项决定"将是最终的"。④ 因此,这两个委员会都是清议式的机构,丝毫没有改变美国单独占领日本的事实,苏联自然是愤懑不已。

最后是地中海和中东问题。它主要涉及的是伊朗、土耳其和希腊,美苏在这几个国家的斗争也相当激烈。

伊朗是连接欧洲和亚洲乃至印度洋的重要通道,并且盛产石油。第二次世界大战期间,英、苏、美三国曾根据"战时需要"分别驻军伊朗。在 1943 年 11 月的德黑兰会议

① 《战后世界历史长编》编委会:《战后世界历史长编,1945.5—1945.12》,上海:上海人民出版社 1975 年版,第 242—243 页。
② 同上书,第 255 页。
③ 同上书,第 238—239 页。
④ A·C·阿尼金等:《外交史》第五卷上册,大连外国语学院俄语系翻译组译,北京:三联书店 1983 年版,第 165 页。

上,三巨头宣布,一致希望保持伊朗的完全独立、主权和领土不受侵犯。1945 年 5 月,在希特勒德国投降后,伊朗政府向三国递交照会,要求它们从伊朗撤军。英美军队遂开始陆续撤离,苏联却对伊朗的照会不予理会,直到日本投降后仍然维持着它在伊朗的军事力量,并支持伊朗北部的民族分离主义者进行反政府的活动。12 月中旬,在苏占区内先后成立了"阿塞拜疆自治共和国"和"库尔德人民共和国"。美国一方面利用这一事件在国际上大造"苏联扩张"的舆论,另一方面在年底的三国外长莫斯科会议上向苏联提出了从伊朗撤军的要求。在遭到拒绝后,1946 年初,美国便支持伊朗两次正式向安理会提出了对苏联的控告,指责它"干涉伊朗内政"、"违反联合国宪章",要求安理会采取措施。[①] 在此情况下,4 月间苏联与伊朗达成协议:苏将在 5 月 9 日以前从伊朗撤出军队,承认阿塞拜疆问题属于伊朗的内政;两国建立为期 50 年的石油公司,在前 25 年苏方拥有公司股份的 51%,伊朗拥有 49%,后 25 年则相反。美国插手苏伊争端的根本目的就是要与苏联争夺石油资源,因而对成立苏伊石油公司一事严重不满。苏军撤退后,美国与英国一起加紧在伊朗培植亲西方势力,打击亲苏势力。1947 年 10 月,伊朗议会以绝对优势否决了苏伊石油协定。

土耳其地处欧、亚、非三大洲的衔接之处,并扼守连接地中海和黑海的通道。第二次世界大战的后期,1945 年 3 月,苏联废除了它和土耳其在 1925 年签订的《土苏互不侵犯条约》,并且要求土耳其"归还"卡尔斯和阿尔的汗两个边境地区,修改 1936 年缔结的有关达达尼尔海峡的《蒙特勒公约》。在美国的支持下,土耳其拒绝了苏联的要求。同年 11 月,针对苏联控制土耳其海峡的意图,美国在一份给土耳其政府的照会中提出了修改蒙特勒公约的四项原则,其中包括:土耳其海峡始终对所有国家的商船开放,并且对黑海沿岸的国家开放。此后,随着苏土关系更趋恶化,美苏在土耳其问题上的对立也进一步加剧。1946 年初,美国决定派出一支特遣舰队开往东地中海,以显示对土耳其的支持。8 月和 9 月,苏联在先后向土耳其发出的两份照会中提出,应该由两国共同管理海峡。美国副国务卿艾奇逊则声称,这一要求表明了苏联控制土耳其、威胁希腊以及其他地中海与中东国家的意图。在鼓励土耳其拒不屈服的同时,美国政府命令当时最先进的航空母舰"罗斯福号"通过黑海海峡以显示武力。此外,美国还加强了与土耳其的经济联系,包括增加贷款和发展贸易关系。杜鲁门政府明确表示,在控制土耳其海峡的问题上美国将扮演强有力的角色。[②]

希腊与土耳其紧密相连,也是一个地中海国家。美苏在希腊问题上同样存在着激烈的斗争。事实上,这一斗争成了杜鲁门主义出笼的直接导火线。

综上所述,尽管战后初期美苏在对法西斯战败国及其仆从国的处置上仍然进行了合作与配合,但是其矛盾和分歧也迅速发展起来,并逐步演变为美苏关系的主要方面。换言之,它们的战时同盟关系正迅速为一种对抗性关系所取代。

---

① 《战后世界历史长编》编委会:《战后世界历史长编,1946》,上海:上海人民出版社 1976 年版,第 25 页。
② 同上书,第 31—32 页。

三、遏制战略的酝酿与杜鲁门主义的提出

随着美苏矛盾和分歧的发展,美国的对苏遏制战略也逐步形成。杜鲁门主义就是这一遏制战略的体现,它的提出表明了美苏战时形成的同盟关系的结束,以及冷战的开始。

1. 遏制战略的酝酿

随着美苏在一系列问题上矛盾的发展和斗争的激化,美国政府对待苏联的态度逐渐地变得强硬起来。这是因为双重原因造成的。一方面,杜鲁门及其主要谋士们感到,罗斯福的想法并不现实,美国无法利用一些政治上的让步和经济上的援助将苏联纳入它的战略轨道,而应该改弦更张,另谋对策。另一方面,美国对原子弹的垄断以及它在对广岛、长崎的轰炸中显示的威力,使得华盛顿增强了同苏联进行对抗的信心。在此背景下,离第二次世界大战结束不到两年,美国的对苏遏制战略逐渐酝酿成熟。1947年3月正式出笼的杜鲁门主义揭开了美苏冷战的序幕,而对苏遏制正是杜鲁门主义的核心所在。

1946年2月9日,斯大林在莫斯科选区的选民大会上发表演说时表示,"资本主义的世界经济体系包含着总危机和军事冲突的因素",两次世界大战都是这种资本主义世界经济体系危机的结果。① 与此同时,他分析了苏联能够取得反法西斯战争胜利的原因,包括优越的苏维埃社会制度和国家制度、具有英雄气概的苏维埃武装力量、完全现代化并且数量充足的装备以及组织得很好同时数量充足的供应。斯大林强调,为了使国家在未来具有"足以应付各种意外事件的保障",必须积极实施新的五年计划,使工农业恢复到战前水平并超过这一水平。应当说,这篇演说并没有什么特别的内容,但在当时美苏关系正在逐渐恶化的气氛下,却在美国引起了异乎寻常的反应。2月22日,在回答国务院的有关询问时,当时正在美国驻苏联大使馆担任代办的凯南向国务院发回了一份8 000多单词的"长电报",初步提出了所谓的遏制战略。具体地说,这一电报主要包含了下述内容:

首先,它归纳了苏联关于世界事务的基本观念并解释了其背景。凯南提出,苏联人相信,自己"仍然生活在敌对的'资本主义包围'之中","从长远来说"苏联与资本主义世界之间不可能存在"持久的和平共处"。而这种观念乃是双重因素的结合:一方面,它的基础乃是"俄国人那种传统的和本能的不安全感";另一方面,它是被列宁的解释弄得"更加残酷"、"更加不容异己"的"马克思主义教条"的体现。②

其次,这一电报分析了苏联关于世界事务的观念在其政策中的表现。凯南强调了三点:第一,苏联将"在一切认为适时和有希望的地方,努力扩大苏联的势力范围";尽管目前这种努力仅限于"某些邻近"、被认为具有"紧迫的战略需要"的地区,但是"暗藏

---

① 《国际关系史资料选编》编选组:《国际关系史资料选编》下册,武汉:武汉大学出版社1983年版,第116页。
② 同上书,第71、74—75页。

的苏联政治力量"所及的其他一些新的地区也"随时都可能发生问题"。第二,如果苏联认为"正式加入"联合国之类的国际组织可以获得"扩张苏联势力或削弱别国权力的机会"时,便会谋求进入这些组织,否则便会"毫不迟疑地抛弃"它们,其态度是"实用主义的和策略性的"。第三,苏联对"殖民地和落后国家或附属国人民"的政策,"是以削弱西方先进国家的权力和影响"为目标的。[①]

再次,长电报阐述了美国应当采取的对策。凯南声称,如何对付苏联这样一个对手"无疑是美国外交所曾面临的最巨大的任务"。但是,美国有"能力"在不依赖"一场全面的军事冲突"的情况下完成这一任务。对此,他解释说,"同希特勒的德国不一样",苏联"既没有系统的规划,也不从事冒险的活动";它"对理智的逻辑无动于衷,但对武力的逻辑十分敏感";当它"在任何地方遇到强大的阻力"时,"可以轻易地退却"。因此,如果对方"掌握足够的武力,并表明准备使用武力"时,这就"几乎用不着动武";如果对方"正确地处理形势,就不必进行有损威望的摊牌"。[②]

这一电报为美国的对苏遏制战略奠定了基础,尽管它没有使用"遏制"这个词。美国政府的决策者们见到后如获至宝。国务院表扬了凯南,并将他立即调回华盛顿。此后,英国前首相丘吉尔的富尔顿演说和杜鲁门的白宫助理克利福德的报告,进一步发展了凯南的基本思想,推动了对苏遏制战略的形成。

惯于实行制衡政策的英国在第二次世界大战中遭到了严重削弱,因而对苏联力量的扩大和发展十分敏感。还在欧洲的战事结束以前,时任英国首相的丘吉尔就扬言:"苏俄已成为自由世界的致命威胁","必须立即组成一条新的战线来对付它的迅猛推进","这条战线的欧洲部分应尽可能东移"。如果说当时美国还不想公开按照丘吉尔的意见行事的话,1946年3月初,在杜鲁门肄业的母校——密苏里州富尔顿的威斯敏斯特学院发表题为《和平砥柱》的演讲时,当时已经下野的丘吉尔便进一步强调了苏联和西方的对立,提出了和凯南的建议如出一辙的对策。他说,"从波罗的海的斯德丁到亚得里亚海边的得里亚斯特,一幅横贯欧洲大陆的铁幕已经降落下来";苏俄"所钦佩的莫过于实力",而"最瞧不起的是军事上的虚弱";"假使西方民主国家团结一致",那么,"没有人会来冒犯它们"。[③]

当时,美国政府内部在对苏政策问题上仍然存在分歧。一派以前罗斯福政府的副总统、现任商业部长华莱士为代表。他们反对与苏联公开破裂,甚至主张在政治上承认苏联在东欧的势力范围,以此换取苏联在经济上对美国的门户开放政策的支持。另一派是以共和党参议员塔夫脱为代表的"孤立主义分子"。他们虽然赞同对苏实行强硬外交,却要求在军事上和政治上回到尽量避免介入欧洲事务的传统立场。为了进一步排除干扰、统一思想,1946年9月,杜鲁门要求政府高层传阅由白宫主要助理克拉克·克

---

①　《国际关系史资料选编》编选组:《国际关系史资料选编》下册,武汉:武汉大学出版社1983年版,第77—78页。
②　同上书,第80页。
③　《战后世界历史长编》编委会:《战后世界历史长编,1946》,上海:上海人民出版社1976年版,第36、47、49—50页。

利福德起草的报告《美国与苏联关系》。这份报告长达 30 页,系根据总统指示所写。同凯南的长电报和丘吉尔的演说相比,它不仅更加全面地分析了美苏关系,更加系统地阐述了美国应采取的对苏政策,而且更加正式地反映了杜鲁门政府的战略意图。关于苏联的目标,克利福德声称,"苏联把控制斯德丁到得里亚斯特这一条线以东的欧洲看作是对它们现今的安全必不可少的,在这个地区内它绝不容忍出现对立的势力";同时,苏联"企图沿着它的中、东部边界建立一个政治上臣服于苏联、无力对苏联采取敌对行动的保护地区";"由于苏联没有远程战略空军以及几乎没有海上力量,苏联迄今不可能对美国发动战争"。关于美国的对策,克利福德提出:第一,美国必须"首先采取步骤制止苏联进一步的扩张",以保证"至少在近几年中西欧、中东、中国和日本将不落入苏联范围之内"。第二,美国"必须拥有强大的军事力量,强大到足以抑制苏联,使苏联的势力范围限于目前它[所控制]的地区";为了使自身力量保持在"对苏联作有效抑制的水平"上,"美国必须作好进行原子和细菌战的准备"。第三,"一切在目前尚不处于势力范围之内的国家,在它们反抗苏联的斗争中都应得到[美国]慷慨的经济上的援助和政治上的支持"。第四,美国应"使公众充分了解情况","从而支持这些因苏联的行动而迫切需要美国政府采取的严峻的政策"。① 杜鲁门要求在政府内部传阅这一报告的做法表明,他显然已决心推行以军事抑制为主的对苏遏制战略,剩下的就是选择合适时机公布这一战略了。

2. 杜鲁门主义的提出

1946 年秋,一度遭受挫折的希腊共产党再次发起了武装斗争并不断取得胜利,希腊政府的处境日益恶化,摇摇欲坠。到了年底,它连续向英国提出加紧援助的要求。这使艾德礼政府十分为难。为了维持对希腊的控制英国已耗费 4 亿英镑,再要进一步提供援助确实力不从心,因为其本身正濒临经济崩溃的边缘。于是伦敦将目光转向美国,在 1947 年 2 月下旬向华盛顿发出了分别涉及土耳其和希腊的两份照会,一方面强调它们的经济和军事形势正在加剧恶化,另一方面声称,英国已无法再向其提供经济及军事援助,希望美国担起这一责任。英国的要求不仅使美国获得了取代英国、夺取东地中海控制权的可能,而且为它同苏联摊牌提供了契机。按照杜鲁门的要求,国务院加紧为总统准备一篇要向国会提交的咨文,其内容将超出希腊和土耳其问题的范围,把对它们的援助同在世界范围内对抗苏联的计划联系起来。杜鲁门特别强调:"在这一讲话中我不要躲躲闪闪。这是美国对共产主义暴政扩张浪潮的回答。它必须干脆明确,没有犹犹豫豫和含含糊糊。"② 3 月 12 日下午,杜鲁门在国会两院特别联席会议上抛出了这一咨文,其基本思想后来被称为杜鲁门主义。

在咨文中,杜鲁门首先谈到了希腊和土耳其形势的严重性和对其提供援助的计划。他说,希腊正受到"由共产党领导之数千武装人员"造成的"恐怖分子威胁";它一旦"沦

---

① 《战后世界历史长编》编委会:《战后世界历史长编,1947》,上海:上海人民出版社 1977 年版,第 22—25 页。
② Stephen E. Ambrose, *Rise to Globalism*, New York: Penguin Books, 1985, p. 85.

入少数武装分子控制之下",将对土耳其产生"严重之直接影响","甚至可能引起整个中东之混乱",并且对欧洲各国乃至整个世界造成灾难性的后果。在此基础上,杜鲁门请求国会同意在1948年6月30日以前向希、土两国提供4亿美元的援助,并选派美国文武官员前往那里参与重建任务,监督援助的使用情况。① 杜鲁门实际上指望通过这些经济和军事手段实现对希、土的控制。

更重要的是,杜鲁门在这篇咨文中进而阐述了美国政府对当时的国际形势的估计和准备采取的对策。他大肆宣扬"极权政权"对"民主国家"、"世界之和平"以及美国"之福利"的威胁,声称美国必须"支持自由之民族以抵抗少数武装分子或外来压力之征服企图","协助自由民族依照其自己之方式造成其本身之命运"。至于如何支持,杜鲁门说,美国的援助"应在经济与财政方面着手"。② 这实际上是暗示,如有必要,美国也应运用军事手段。

这样,杜鲁门便以总统身份将美国政府内部酝酿已久的反苏反共政策公之于世。这一政策后来被称为杜鲁门主义,而其核心则是遏制战略。杜鲁门主义的提出具有重要影响。第一,它表明美国自己承担了反共的国际宪兵的角色,在谋求实施全球主义、建立世界霸权的过程中迈出了重要一步。杜鲁门后来自己都在回忆录中说:"我相信,这是美国外交政策的转折点。它现在宣布,不论什么地方,不论直接或间接侵略威胁了和平,都与美国的安全有关。"③第二,杜鲁门主义的提出标志着美国的对苏政策发生了重要转变。至此,美国真正放弃了罗斯福的拉拢苏联实现美国主导的大国合作的政策,而改采遏制苏联的战略。这为后来马歇尔计划的制订、北约以及其他以美国为核心的军事政治同盟的建立铺平了道路。第三,杜鲁门主义的提出是美苏关系的一个分水岭。美苏在第二次世界大战中建立起来并延续到战后初期的合作关系正式破裂,两国间的冷战全面展开。这是它们的意识形态、社会制度特别是战略目标相互冲突的结果,主要是由美国妄图建立世界霸权的政策所造成的。第四,杜鲁门主义的提出,深刻地影响了战后的整个国际关系。以建立在美国主导下的大国合作为特征的雅尔塔体制最终崩溃,世界上迅速出现了东西方两个对立的阵营,而这种两极的状态将在很长一个时期中构成战后世界国际体系的基本特征。

3. 凯南对遏制战略的进一步阐述

杜鲁门主义出笼后不久,凯南即以他的"长电报"为基础写成了一篇题为《苏联行为的根源》的文章,并在1947年7月的《外交》季刊(Foreign Affairs)上以X的笔名加以发表。这篇文章进一步深入阐述了对苏遏制战略,竭力为杜鲁门主义提供一个更具逻辑性和说服力的内核。

凯南在分析苏联对外政策的特点时强调了以下几点:第一,苏联领导人"仍然坚信

① 《国际关系史资料选编》编选组:《国际关系史资料选编》下册,武汉:武汉大学出版社1983年版,第89、92页。
② 同上书,第93、91页。
③ 《战后世界历史长编》编委会:《战后世界历史长编,1947》,上海:上海人民出版社1977年版,第50页。

资本主义是罪恶的、必然要灭亡的，无产阶级的历史使命是促使资本主义灭亡，将政权掌握在自己手中"。第二，苏联领导人并没有"急于实现目标"，而是"可以耐心等待目标的实现"，"决不会为了虚幻的未来而冒丧失目前所得的风险"，"并不因为在比自己更强大的敌手面前退却而觉得后悔"。第三，苏联领导人"对敌手的力量更敏感"，在对手的强大力量面前"更愿意在个别的外交领域作出让步"。第四，最重要的是，莫斯科"强调外部世界的威胁"，并不是因为确实存在这种现实，而是"为了给维持国内独裁制度制造借口"。①

在此基础上，凯南首次公开、明确并且反复地提出了"遏制"的概念。他说，美国对苏政策"必须是长期、耐心然而坚定以及警惕地遏制俄国的扩张趋势"；"苏联对西方世界自由制度的压力"只能通过"灵活、警惕地使用反击力量而被遏制"，"不能以魔力或劝说使之消失"；美国应该"对坚定的遏制政策充满信心，在俄国人露出侵害世界和平与稳定迹象的每一个点上，坚决使用反击力量"；这样就能"迫使克里姆林宫的行为要比近年所为温和与谨慎得多，从而促进最终将导致俄国政权的垮台或逐渐软化的趋势"。②

凯南的这篇文章在美国引起了轰动，文章中六次用到的"遏制"这个词瞬间进入了冷战的词库，并且成了最为热门的政治术语之一。事实上，不仅杜鲁门政府热情拥抱了遏制战略，而且直到冷战结束它都是历届美国政府对苏政策的基本内含，甚至影响着冷战后美国对待俄罗斯以及其他一些国家的政策。华盛顿相信，苏联的政权在国内缺乏合法性，苏联领导人指望通过对外扩张的胜利来巩固自己在国内的领导地位；因此，有效遏制苏联的对外扩张就不仅能促使它采取比较温和的对外政策，而且，更重要的是，最终能导致苏联的政权因为国内的不满和反对而被推翻。但是，与此同时，美国的历届政府在如何推行遏制战略、特别是如何实行军事遏制的问题上又存在着不同程度的分歧。

第三节　两大阵营的形成与民族解放运动的初步胜利

在美苏冷战爆发后的两年多的时间中，欧洲就形成了分别以美国和苏联为首的两大阵营，并围绕柏林问题出现了第一个冷战高潮。与此同时，利用第二次世界大战以后的有利条件，民族解放运动在南亚和东亚迅速发展起来，并取得了最初的胜利。

---

① X, "The Sources of Soviet Contacts", *Foreign Affairs*, Vol. 25, No. 4 (July, 1947), pp. 571 - 572、574、575、570.

② Ibid. , pp. 577、576、581、582.

一、大西洋联盟的形成

按照杜鲁门主义,为了实现对苏联的遏制,美国竭力从经济、政治、军事等各个方面将西欧置于自己的全面控制之下。而西欧国家出于克服经济和政治危机的需要以及对苏联的畏惧,也指望得到美国的支持和帮助。这种相互需求构成了以美国为首的大西洋同盟的基础。

1. 战后初期的西欧

第二次世界大战结束后的初期,因为下述原因西欧各国的经济、社会状况十分险恶。第一,战争造成了巨大的破坏,国土疮痍、工业凋敝、农业歉收,人民生活极其困难。就整个西欧而言,1946 年的工业产量仅达到 1937 年的 70%,1947 年达到 80%;1945—1946 年度的农业产量仅达到战前的 63%,下一年度也只达到 75%。其中德法两国的情况最为严重,其次是英国。第二,战时经济体制留下了巨大的后遗症。第二次世界大战期间,西欧仅存的一些工业都被纳入了战争轨道。要使这种战时经济体制恢复成正常经济体制,需要大量资金和技术力量。然而,由于残酷的战争,西欧国家当时黄金和外汇储备枯竭,资金拮据,并且科技人员和熟练工人奇缺。第三,战争还使欧洲殖民主义国家丧失了部分甚至全部殖民地和半殖民地,它们无法像第一次世界大战以后那样,以立即加紧掠夺殖民地、半殖民地的方式来填补战争亏空,恢复和发展经济。第四,1946 年底,西欧又遇上了百年罕见的严寒。燃料和粮食严重匮乏,人民饥寒交迫。

严重的经济苦难使人民群众对政府的不满和反抗有增无减,社会动荡不安,各国的工人运动此起彼伏,接连不断。与此同时,共产党力量迅速发展,影响急剧扩大。在1945—1947 年中,意大利、法国、比利时等九个国家的共产党人参加了联合政府,其中有的领导了重要的部门。这种状况增加了统治阶层的内部矛盾。法国最为典型,第四共和国的第一届政府上台不到十个月就被迫下台,从而开始了走马灯式的更迭。

面临着这种状况,西欧国家不得不依赖美国的援助和保护。杜鲁门政府不失时机地利用了这种形势,逐步将西欧国家纳入了美国的经济和战略轨道。

2. 马歇尔计划的提出与实施

第二次世界大战结束后,美国立即停止了租借法案和"善后救济"这两种形式的援助,同英法等国签订了双边的贷款协定,以帮助它们恢复经济,并输出美国的资本和商品。但是,西欧国家面临的困难极为严重,仅靠这些贷款无法达到美国的目的。因此,自 1946 年初起,美国便考虑进一步运用美援调整西欧国家的经济结构,改善其经济状况,从而最终为美国获得可靠市场,保持美国的经济繁荣。到了该年秋天,由于担心经济危机来临,杜鲁门政府遂加强了这方面的努力。

1947 年 3 月在莫斯科召开的美、苏、英、法四国外长会议失败以后,新任国务卿马歇尔认为,苏联正在采取拖延战术,等待西欧经济的崩溃,美国必须加速复兴西欧的步伐。为此他组织力量加紧对援欧问题进行综合深入的研究。1947 年 5 月下旬,以凯南为首的国务院政策设计委员会提出了题为《关于美国援助西欧的政策》的报告。一方面,该文件分析了西欧的复兴和杜鲁门主义的关系。它声称,"经济失调很容易使一切集权主义运动在欧洲社会浑水摸鱼,现在俄国共产主义正要钻这个空子";如果美国不能采取主动,给西欧提供援助,"美国安全将会面临严重威胁"。[①] 另一方面,这一文件提出了援欧的方法:第一,应当要求欧洲首先实行自助和互助;第二,美国提供援助时,应当把欧洲作为一个整体加以对待;第三,苏联和东欧国家如果想得到援助就需接受美国的条件,否则便要被排除在外。这一援欧方针迅速在国务院召开的会议上获得了认可。

1947 年 6 月 5 日,利用在哈佛大学接受名誉学位之机,马歇尔以笼统的语言公开提出了美国的援欧建议,即所谓的马歇尔计划。他在演说中强调,由于战争和纳粹的统治,欧洲的经济遭到了彻底破坏;如果美国不能提供援助,就会导致其"经济、社会和政治的非常严重的恶化",并对美国经济造成严峻威胁。但是,他又声称,美国的援助不应该是"纯粹的镇痛剂而应当是一种治疗";为此,欧洲国家应当联合起来首先制订一份复兴欧洲经济的计划,美国则据此计划决定可能提供的援助。[②]

英法当时迫切需要美国的援助,而且它们还想在欧洲国家组成受援集团的过程中充当带头人,因此对马歇尔计划作出了积极的响应。在美国支持下,1947 年 7 月初,英法向除西班牙、德国以外的一切欧洲国家发出参加在巴黎举行的专家会议的邀请,讨论向美国提交申请援助报告的问题。7 月 12 日,这一会议开幕,英法等 16 国参加,苏联和东欧国家以及芬兰则拒绝出席。德国虽未正式与会,但其西方占领区的需要以及能力在会上也得到了考虑。会议通过了建立由 16 国代表组成的常设联合机构——欧洲经济合作委员会——的决定。8 月下旬,该委员会提出了一项报告,规定了复兴欧洲经济的四项原则:各国努力发展生产,维持国内的财政稳定,在参加国之间发展经济合作,以及采取措施解决参加国与美洲大陆之间的贸易赤字。在此基础上,该报告向美国提出了在今后四年中提供 280 亿美元的援助要求。[③]

经过反复研究之后,杜鲁门政府接受了这一报告,并在 1947 年 12 月向国会提交了题为《美国支持欧洲复兴计划》的咨文,要求国会同意在 1948—1952 年拨款 170 亿美元援助欧洲(在前 15 个月先拨 68 亿美元),以及成立直接对总统负责的经济合作署。对于杜鲁门的要求,国会进行了漫长激烈的辩论。按照它在翌年 4 月通过的《1948 年对外援助法》,美国将在随后 15 个月中拨款 53 亿美元用于支持欧洲复兴计划,再后的援助将坚持逐年审批的制度,而不确定为期四年的总额。援助的方法是,美国政府通过财政预算将这笔款项划拨给将成立的经济合作署,由该署向美国企业采购西欧所需物资,然后输往受援国;受援国可将出售这些物资所得款项的 95% 用于稳定经济或刺激生

---

① 《国际关系史资料选编》编选组:《国际关系史资料选编》上册(第二分册),武汉:武汉大学出版社 1983 年版,第 97 页。
② Stephen E. Ambrose, *Rise to Globalism*, New York: Penguin Books, 1985, p. 91.
③ Ibid., p. 92.

产,其余的 5% 由美国支配。

1948 年 4 月 16 日,参加巴黎经济会议的 16 国代表和德国的各西方占领区的军事长官在巴黎签署了《欧洲经济合作公约》,并在欧洲经济合作委员会的基础上建立了欧洲经济合作组织,负责制订和推动各成员国执行共同复兴的计划。从 1948 年对外援助法通过到 1952 年 6 月 30 日美国经济合作署结束其全部工作,在正式实施马歇尔计划的四年中,美国国会共为其拨款 131.5 亿美元,其中 90% 是赠与,10% 为贷款。

马歇尔计划是美国在特定条件下为加强西欧、遏制苏联而采取的一种特殊手段。从根本上讲,它符合并且成功地促进了美国的战略利益。第一,马歇尔计划的输血打气,推动了西欧的经济复兴。从 1948 年至 1952 年,西欧工业生产增长了 35%,农业生产实际上已经超过战前的水平,从而度过了战后最困难的时期,进入了经济恢复阶段。第二,马歇尔计划推动了西欧国家之间的合作,为美国进一步在西欧建立政治军事集团创造了条件。第三,通过马歇尔计划,美国以适量美元进一步打开了西欧市场的大门,迫使西欧国家及其殖民地以对待本国居民的同等条件向美国商品和资本开放。总之,马歇尔计划的实行,使美国有了一个更加稳定的势力范围。但是,也应该看到,这一势力范围逐渐凝聚了一股反对美国控制的力量。

3. 北大西洋公约组织的建立

在推行马歇尔计划的同时,杜鲁门政府还通过支持西欧的联合运动积极策划建立以美国为主导的军事组织。在此过程中,英法两国同样发挥了重要作用。

传统上,英国对欧洲大陆奉行一种所谓的"光辉孤立"政策,即在和平时期一般不与欧洲大陆上的大国结盟,而是推行灵活的均势政策,防止欧洲大陆上的任何一个国家或国家集团控制欧洲大陆以致进而威胁到英国的安全。第二次世界大战结束以后,这一政策显然已经难以为继。当时,英国经济严重萧条,殖民主义统治也遭到严重削弱,其衰落已成为一个不可回避的现实。与此相反,在欧洲的东面却崛起了苏联这一社会主义强国。在此情况下,英国试图通过实行"三环外交"来改善国际地位,即在加强对英联邦的控制和巩固战争期间与美国结下的"特殊关系"的同时,修改在欧洲大陆实行的传统制衡政策,密切与西欧大陆的联系,建立英国操纵下的某种西欧联盟。在调整自己的欧洲政策的过程中,英国积极谋求法国的支持。当时,法国除了同样面临英国遇到的那些问题外,而且还对它的宿敌德国感到担忧。1940 年德军对法国本土的占领和法军的投降,给法国带来的伤害不仅是物质上的,也是精神上的。为了对付德国,法国也需要拉拢英国。

正是由于这种相互需要,1947 年 3 月,两国外长签署了《英法同盟互助条约》(敦刻尔克条约)。它规定,两国"决定于德国倘在侵略的时候采取互助措施";"倘缔约一方再度卷入对德冲突",缔约另一方将立即向它提供"一切所有的军事和其他支援力量"。[1]该条约既显示了法国对德国的疑虑,也表明英国正在修正和平时期不在欧洲大陆承担

---

[1] 《战后世界历史长编》编委会:《战后世界历史长编,1948》,上海:上海人民出版社 1978 年版,第 76—77 页。

25

义务的传统政策。此后,这一通过结盟来加强自身安全的做法在西欧得到了迅速的推广。

当时在欧洲大陆的各国领导集团中弥漫着对苏联的恐惧,担心"苏联会在西欧各国共产党企图夺取政权时动用武装力量加以鼓励并直接予以支持"。[1] 1948 年的捷克斯洛伐克的"二月事件"发生后,西欧更是掀起了反对"苏联和共产主义的扩张"的狂潮。在美国的鼓励和推动下,3 月中,英、法、比、荷、卢五国签订了有效期为 50 年的《经济、社会、文化合作和集体防御条约》(布鲁塞尔条约)。按照这一条约,"如遇德国侵略政策复活时","经任何缔约国的要求",各缔约国将立即举行会议就"应采取的态度和步骤""进行商榷"。它还针对苏联的威胁规定,"倘任何一缔约国在欧洲成为武装攻击的目标时",其他缔约国应向受攻击的缔约国提供它们"能力所及的一切军事的或者其他的援助"。[2] 此外,布鲁塞尔条约还涉及经济和社会等领域的合作。因此,它为战后西欧建立了一个多边的、以政治和安全合作为主的全面同盟机制。

布鲁塞尔条约签字的当日,杜鲁门就在国会表示了支持,并声称将向布约签字国提供援助,以"帮助它们保护自己"。[3] 而布约五国也都认为美国的军事援助是不可缺少的。当时,欧洲九国共产党和工人党情报局已经成立,东西方在东欧和德国的斗争日益尖锐,西欧各国的统治阶层都惶惶不安。这就为美国建立同西欧国家间的军事联系提供了机会。

但是,在这一联系究竟应当采取何种形式的问题上,美国政府内部有着分歧。一方面,凯南等人不赞成同西欧国家缔结军事协定,认为只要在美国、加拿大和布约国家之间建立起一种哑铃式的联系即可。具体地说,他们主张,由美国总统发表一项类似门罗宣言的声明,宣布对西欧国家的进攻就是对美国的侵略,以此保护西欧的安全。另一方面,在杜鲁门、马歇尔等人看来,这一建议固然可以使美国进退自如,但不会使严重恐苏的西欧国家感到满足;而且,美国单方面的许诺只会助长西欧国家在防务上的依赖性,使美国背上更沉的包袱。为此,他们主张,在"自助和互援"的原则下,由美国和西欧国家缔结共同防务协定。然而,他们认为,布约不符合美国需要,因为其范围太窄,义务太宽。所谓范围太窄,是指布约不包括对"大西洋安全"不可缺少的一些国家和地区,包括北欧的格陵兰、冰岛与挪威以及西欧的德国和意大利。在轰炸机缺乏洲际飞行能力、空中加油技术又不过关的情况下,只有在北欧获得了一些"垫脚石"之后,美国才能对西欧提供有效的支援。同时,德意等国的最终加入对加强西欧的军事能力具有重要意义。所谓义务太宽,一是指布约除了规定共同防务外,还涉及经济、社会和文化等方面的合作,从而有可能冲淡它的军事意义;二是指布约规定必须向受攻击的盟国提供"能力所及的一切军事的或者其他的援助",这会使美国"自动卷入"欧洲战争,而不能依据实际

---

① 《战后世界历史长编》编委会:《战后世界历史长编,1948》,上海:上海人民出版社 1978 年版,第 80 页。
② 《国际关系史资料选编》编选组:《国际关系史资料选编》下册,武汉:武汉大学出版社 1983 年版,第 107、106 页。
③ Stephen E. Ambrose, *Rise to Globalism*, New York: Penguin Books, 1985, p. 96.

形势和美国的利益决定应当采取的行动。

经过反复考虑,杜鲁门政府确定了一项可称为大西洋联盟的政策,即由北大西洋西岸的美国、加拿大和东岸的西欧国家缔结一项避免了布约固有弱点的"区域性集体防务协定"(实际上就是同盟条约)。为此,它推动参院于 1948 年 6 月通过了关于美国对外政策的《范登堡决议》。这一文件规定,鼓励"逐渐发展单独或集体自卫的区域性和其他集体协定";"在持续与有效的自助和互援的基础上,以及在涉及美国国家安全的情况下,美国可以通过宪法程序,参加这些区域性和其他集体协定"。[①] 这一决议为实行大西洋联盟政策清除了法律障碍。1948 年 7 月 6 日,美、加和布约国家在华盛顿就建立北大西洋联盟一事开始了正式的会谈。在美国须对西欧承担的军事义务的问题上,以及是否应当吸收意、土、希等国的问题上,美国和其他与会国间最初出现了颇多争论。直到 1949 年 3 月,会议才正式公布了它制定的盟约全文。当时,在美国的说服下,丹麦、挪威、冰岛、葡萄牙和意大利等五国已先后决定加入北约,并得到了美、加和布约国家的认可。

1949 年 4 月 4 日,以上 12 国的外长在华盛顿举行了《北大西洋公约》签字仪式。该约于同年 8 月 24 日起生效,实际是无限期的。它包括简短序言和 14 条条款。其中规定,缔约国应"以不断的和有效的自助及互助方法,维持并发展其单独及集体抵抗武装攻击之能力"(第三条);"缔约国中任何一国领土之完整、政治独立或安全遭受威胁"时,"各缔约国应共同协商"(第四条);缔约国"应单独并会同其他缔约国采取视为必要之行动,包括武力之使用,协助被攻击之一国或数国以恢复并维持北大西洋区域之安全"(第五条)。[②]

同年 9 月,签署北约的各国外长在华盛顿举行会议,决定了北约组织的机构组成,包括:(1) 理事会:北约最高权力机构,由各成员国外交部长组成;(2) 防务委员会:由参加军事一体化系统的成员国国防部长组成,负责制订统一的防务计划;(3) 军事委员会:隶属防务委员会,系北约最高军事指挥机构,由参加军事一体化系统的成员国总参谋长组成,负责就北约防务问题向部长理事会和防务委员会提出建议,并对下属各主要战区司令部实施领导。

北大西洋公约的缔结和北约组织的建立,在战后国际关系史上和美国对外政策史上都具有重要影响。就国际关系来说,第一,北约标志着战后长期对峙的两大集团之一——以美国为首的西方集团——的核心的形成,加剧了美苏之间的冷战,加深了东西方之间的对立。第二,北约为美国提供了遏制苏联的重要工具。它使美国得以在欧洲大陆组成一条对付苏联的弧形战线,加强了美国在欧洲的战略地位。第三,北约奠定了战后美欧关系的基础。一方面,美国和西欧国家相互依赖、长期合作;另一方面,北约组织内部又始终贯穿着它们间的控制和反控制的斗争,以及有关战略、权利和义务的争

---

① 《战后世界历史长编》编委会:《战后世界历史长编,1949》,上海:上海人民出版社 1980 年版,第 55 页。

② 《国际关系史资料选编》编选组:《国际关系史资料选编》下册,武汉:武汉大学出版社 1983 年版,第 106 页。

执。第四,就美国对外政策来说,正像杜鲁门所声称的那样,北约是"美国有史以来第一次在和平时期对一个联盟承担义务",[①]特别是标志着美国在和平时期对欧洲实施的孤立主义政策的结束。

二、东方阵营的初步形成

在美苏冷战全面展开和以北大西洋同盟为核心的西方阵营迅速建立的过程中,苏联从政治、经济、军事等各个方面加强了与东欧国家的联系,形成了东方阵营(社会主义阵营)。

1. 东欧各国共产党领导的政权的巩固

第二次世界大战的胜利,为东欧国家建立共产党领导的政权普遍创造了有利形势。这表现在:第一,在反对法西斯及其追随者的斗争中,东欧各国共产党及其领导的武装力量有了很大的发展。第二,由于战争最后以法西斯的失败而告终,东欧各种反动势力遭到严重打击。第三,在追歼法西斯德国军队的过程中,苏联红军越出了国界,进入了东欧,对东欧各国的共产党提供了有力支持。但是,因为具体国情的差异,东欧国家共产党建立政权的方式并不尽相同,大致可以分成三类:南斯拉夫、阿尔巴尼亚属于第一种类型。战争期间,它们为德、意法西斯军队所占领。两国的共产党领导革命武装开展游击战争,在苏联红军的配合下解放了自己的国家并建立了政权。波兰、捷克斯洛伐克是第二种类型。战争时期它们为德国法西斯军队所占领。战争后期,随着苏联红军越出国界追击敌人,它们从法西斯的铁蹄下获得了解放,并进而建立了共产党领导的政权。罗马尼亚、保加利亚和匈牙利则为第三种类型。其反动统治者追随希特勒派兵直接参加了对苏联和其他东欧国家的侵略战争。在盟军特别是苏联红军迅速推进的形势下,它们分别与盟国签订了停战协定,并随后走上了建立共产党领导的政权的道路。显然,在后两种类型的国家中,共产党领导的政权的建立很大程度上依靠了苏联红军的"铁犁"。

1947年美苏冷战全面爆发后,匈牙利、保加利亚、罗马尼亚与波兰等国亲西方势力和亲苏势力间都出现了程度不同的权力斗争,而以1948年发生在捷克斯洛伐克的"二月事件"最为激烈。当时,该国的一些亲西方政党制造了试图颠覆共产党领导的政权的"政府危机",以共产党为核心的亲苏力量则不失时机地进行了反击,不仅粉碎了对手的夺权企图,而且组成了将站在敌对势力一边的12名部长排除在外的新政府。同样,在苏联的督促与支持下,东欧其他国家的共产党、工人党也通过清除政权内部异己分子、进行新的议会选举与制定新的宪法,严重打击了亲西方势力。在此基础上,它们又在国内实行了经济改造,包括对大型工商业及金融企业实行国有化,对农业实行集体化。政治领域中共产党支配地位的取得和经济领域中公有制的确立,使得东欧各国的亲苏政

---

① J·斯帕尼尔:《第二次世界大战后美国的外交政策》,段若石译,北京:商务印书馆1992年版,第52页。

权从根本上得到了巩固,为东方阵营的形成奠定了组织基础。

2. 东方阵营在东欧的形成

欧洲九国共产党和工人党情报局的建立是社会主义阵营形成过程中迈出的重要的第一步。

在美国相继提出杜鲁门主义和马歇尔计划后,为了将东欧各国进一步团结在自己周围,1947 年夏,苏共中央要求波兰工人党出面邀请欧洲一些国家的共产党和工人党举行会议,讨论加强彼此之间联系的问题。波党中央接受了这一任务。经过一番准备,1947 年 9 月下旬,苏、波、匈、罗、保、南、捷、法、意等九国共产党和工人党的代表在波兰举行了会议,并根据苏共中央书记处书记日丹诺夫在会上所作报告通过了关于国际形势的宣言。其中提出,世界已经分裂为两大对立的阵营,"一个是帝国主义反民主阵营","另一个是反帝国主义民主阵营"。[①] 但是,会议在各国共产党如何加强合作的问题上发生了分歧。苏共主张建立一个新的共产国际中心,而这遭到来自波兰工人党、南共和捷共的代表的反对。最后,日丹诺夫作了让步。会议在此问题上通过的决议规定,设立情报局,由与会各党组成;其任务是组织经验交流,并在必要时于相互协议的基础上协调各个党的活动。显然,情报局与第三国际的性质有着明显的不同。第三国际是一个对世界各国共产党实行集中领导的国际组织,而情报局则是有关兄弟党互通信息、交流经验和配合行动的机构,不存在领导与被领导的关系。情报局的建立对于联系当时欧洲国家特别是东欧国家的共产党和工人党的力量具有重要的作用,并且推动了经互会的组成,促进了苏东国家的军事合作。

在东欧国家拒绝参加马歇尔计划以后,美国便伙同西欧国家对它们实行经济惩罚,包括禁止向其出售某些基本设施和商品。苏联也针锋相对,通过一系列措施加强了与东欧国家的经济联系,并在 1947 年 7—8 月间先后与保、捷、匈、波、罗等国签订了被西方统称为"莫洛托夫计划"的贸易协定,将以前流向西欧或其他地区的大宗贸易都转向了苏联和东欧内部。这不仅有助于它们克服困难和发展经济,并且为进一步的经济合作创造了条件。

随着马歇尔计划的迅速推行和西方国家的经济封锁的逐步加强,苏联积极筹备建立它和东欧国家间的多边经济合作机制。1949 年 1 月上旬,苏、保、匈、波、罗、捷等六国的代表在莫斯科举行会议,宣布在与会国间成立经济互助委员会,以"实现更广泛的经济合作"。该委员会的任务是:"交流经济经验,相互给予技术上的援助,彼此在原料、粮食、机器、装备等方面提供协助。"它还规定,只有经各成员国同意,经互会"才能通过决议"。[②] 在其建立之初,经互会确实增进了苏联和东欧国家间的经济交流,有助于各成员国的经济建设事业的发展,并构成了东方阵营的经济基础。

美苏冷战展开以后,为了对抗美国的遏制战略和核讹诈政策,苏联还采取了一系列

---

① 《国际关系史资料选编》编选组:《国际关系史资料选编》下册,武汉:武汉大学出版社 1983 年版,第 129 页。
② 同上书,第 147 页。

的军事措施。一方面,尽管面临着战后百废待兴的艰巨任务,制造原子弹的工作仍然被置于绝对优先的地位,获得了所需要的一切人力和物力资源。1949 年 8 月底,苏联成功地进行了第一次核爆炸试验,美国对核武器的垄断因此被打破。另一方面,苏联在东欧国家部署了 30 个师(其中有 22 个师在民主德国),共约 50 万人;在苏联西部边境地区则部署了 50—60 个师作为后盾。此外,苏联还与东欧国家签订了一系列的双边军事协定。

早在第二次世界大战结束前后,苏联即已与波兰、南斯拉夫和捷克斯洛伐克签订了内容大致相同的友好互助和合作条约。它们规定,一旦缔约一方在战后与德国或其盟国"发生战争"时,另一方"应立即尽其全力给予卷入战争的一方军事和其他方面的援助和支持"。① 1948 年初,在美国支持西欧国家加紧建立布鲁塞尔条约组织的同时,苏联又通过缔结双边条约确立了它与罗马尼亚、匈牙利和保加利亚的军事合作关系。与此同时,在苏联的鼓励和支持下,东欧国家间也先后缔结了一系列的双边军事合作条约。据统计,到 20 世纪 40 年代末,苏东国家间的这类条约已经达到 35 个,在东欧形成了一个复杂的军事同盟体系,构成了东方阵营的军事基础,也是东方阵营诞生的重要标志,当时在维护苏联和东欧国家的安全方面发挥了积极的影响。

东方阵营的建立,符合苏联的战略目标,也适应苏联对抗美国的遏制战略的需要。同时,在当时的历史条件下,这也有助于东欧各国巩固第二次世界大战的胜利成果,维护共产党领导的政权。但是,无论是在情报局和经互会中,还是在与东欧国家的双边军事关系方面,苏联都没有认真遵守有关文件确定的平等合作的原则,实施了不少大国沙文主义和民族利己主义的政策。这不仅伤害了东欧各国人民的感情,从根本上来说也损害了苏联自己的利益。

三、柏林危机和两个德国的出现

随着美苏冷战和东西方对立的加剧,德国的地位变得更加突出。它不仅是东西方进行对抗的一个主要场所,也是美苏在建立和发展各自同盟体系时竭力争夺的重要力量。这种对抗和争夺的结果之一,就是第一次柏林危机的爆发和两个德国的出现。

1. 第一次柏林危机

1947 年 3—4 月间和年底,美、苏、英、法四国曾分别在莫斯科和伦敦举行外长会议讨论德国问题,但未能取得任何实质性结果。在此情况下,从 1948 年 2 月起,不顾苏联的坚决反对,美国联合布约五国在伦敦召开六国会议,商议成立单独的联邦德国政府的问题。它们于 6 月初签署了《伦敦议定书》。根据这一文件,6 月 18 日,美、英、法宣布在它们的占领区一起实行货币改革,从而在分裂德国的道路上迈出了颇为关键的一步。

针对西方的行动,苏联也采取了相应的措施,1948 年 3 月退出了盟国对德管制委

---

① 《国际关系史资料选编》编选组:《国际关系史资料选编》下册,武汉:武汉大学出版社 1983 年版,第 119 页。

员会,6月22日也在苏占区实行货币改革。两天以后,苏联更是正式着手对西方国家进入柏林的道路实行"交通管制",而以西方国家在德国货币问题上的让步作为取消封锁的先决条件。按照苏联政府的声明,(1)停止火车客运交通;(2)禁止西占区汽车和马匹进入苏占区;(3)水路运输须经许可并彻底检查后始能放行;(4)个人通行证无效;(5)货运列车须经彻底检查后始能通行。[1] 这实际上意味着西柏林与外界的水陆交通被全面切断,它只能依靠通向德国西占区的三条空中走廊保持对外联系。东西方之间因而出现了第一个冷战高潮即第一次柏林危机,国际形势骤然紧张起来。

显然,这一危机的结局不仅涉及美国在柏林的存在,而且涉及它在德国的地位和在西欧的形象,为此华盛顿采取了强硬的立场。美国在德国的军事长官克莱宣称:"苏联只有通过战争才能迫使美国放弃柏林。"[2]但是,为了避免同苏联发生正面的武装冲突,杜鲁门政府并未采取强行打通从联邦德国到西柏林的水陆通道之类的极端措施,而是联合英法加强了空运,以此维持对西柏林的粮食、燃料以及其他物资的供应。在西柏林被封锁的324天中,西方共出动了近20万架次的飞机参加空运,被运物资达到了140多万吨。[3] 与此同时,西方逐步加强了反封锁措施,包括中断向苏占区运送焦煤、钢材等物资,给苏占区的经济造成了很大损害。此外,美国政府还利用柏林危机推动国会增加预算,促使西欧国家同意接受美军轰炸机B-29的进驻,并加速建立北约组织和成立单独的联邦德国国家。

由于对柏林的封锁不能达到预期效果,苏联逐渐改变策略。1949年1月底,斯大林在一书面讲话中暗示,只要西方将建立单独的联邦德国国家的计划推迟到研究整个德国问题的四大国外长会议之后,并停止对苏占区的反封锁,苏联就取消对西柏林的"运输限制"。这意味着苏联不再坚持以货币问题的解决作为取消对西柏林的封锁的先决条件。在此基础上,经过秘密谈判,1949年5月5日,苏、美、英、法同时发表公告,宣布自5月12日起结束相互施加的一切"交通、运输及贸易的限制";并在5月23日召开巴黎四国外长会议,"讨论有关德国的问题以及由于柏林形势而发生的诸问题,包括柏林货币问题在内"。[4] 第一次柏林危机遂告结束。

2. 德国分裂状态的加深

柏林危机期间,美国拉拢英法加快了分裂德国的步伐。1948年8月中,它们建立了一个由三国驻德军事长官构成的三方委员会,其任务是根据美国及布约五国的伦敦会议通过的有关规定起草占领法规。9月1日,在美国控制下的联邦德国议会委员会(即制宪会议)举行开幕仪式,着手基本法的起草。该委员会包括了来自各州、分属六个政党的65名代表,基督教民主联盟的阿登纳当选为委员会主席。

经过反复的磋商与争论,到1949年4月上旬,美、英、法三方委员会就《对德占领法

---

[1] 《战后世界历史长编》编委会:《战后世界历史长编,1948》,上海:上海人民出版社1978年版,第329页。

[2] 同上书,第332页。

[3] 同上书,第365页。

[4] 同上书,第365页。

规》达成了协议。一方面,它规定,联邦德国成立后,军事管制将予结束,三国的文职高级专员将代替军事长官成为盟国驻联邦德国的最高官员;由他们组成的盟国高级专员委员会主管德国对外事务和安全事务,并将对联邦德国议会的一切行动拥有否决权;占领军则继续留驻。另一方面,占领法规又规定,德国人将拥有"民主的自主政府",在盟国允许的范围内就国内问题或任何其他问题进行立法。①

1949年5月8日,联邦德国议会委员会通过了《德意志联邦共和国基本法》(波恩宪法)。它规定,联邦共和国(首都设在波恩)将由西方占领区的11个州组成,并"承诺"对自己的主权作出"某些限制","把部分主权让与国际机构"。基本法还声称,要"在自由和自决中实现德国的统一和自由";"德国的其他领土合并后,本法亦将生效"。② 随着1949年5—6月间的美、苏、英、法四国巴黎外长会议的无果而终,美国加紧完成筹建联邦德国的最后程序。9月20日,德意志联邦共和国正式建立,由阿登纳担任总理。次日,盟国高级专员委员会正式颁布了占领法规。

苏联在反对西方策划建立单独的联邦德国的同时,也在自己的占领区采取了相应的措施,准备建立单独的民主德国。1949年5月底,民主德国人民代表大会批准了由民主德国人民委员会制定的宪法草案,宣布德国为不可分割的民主共和国。10月7日,民主德国人民委员会在柏林举行会议,宣布自身为临时人民议院,并以此名义作出了成立德意志民主共和国的决议。民主德国由此正式诞生,而以德国统一社会党的葛罗提渥为政府总理。10月10日,苏联政府通知民主德国临时人民议院主席团,它"准备将以前属于苏联军政府的行政权移交给德意志民主共和国临时政府",③并成立德境管制委员会代替苏联军政府。

联邦德国和民主德国的相继成立,标志着德国的正式分裂。但是,这并不意味着美苏在德国问题上对抗的结束。相反,它们间的这一斗争将变得更加复杂化。

四、民族解放运动的发展和初步胜利

第二次世界大战结束以后,殖民地和半殖民地的民族解放运动首先在亚洲获得了重要的发展,导致了亚洲殖民体系的最初崩溃。

1. 民族解放运动的发展

反法西斯的第二次世界大战的胜利,给全世界被压迫民族的解放事业"开辟了更加广大的可能性和更加现实的道路"。④ 一方面,经过战争,原殖民地和半殖民地人民的思想觉悟和组织程度空前提高。另一方面,在战争中日本、意大利这两个拥有殖民地的法西斯国家被打败,英法等老殖民主义国家的势力严重削弱,并且面临着已经登上资本

---

① 《战后世界历史长编》编委会:《战后世界历史长编,1949》,上海:上海人民出版社1980年版,第362页。
② 同上书,第401页。
③ 同上书,第372页。
④ 中华人民共和国外交部等编:《毛泽东外交文选》,北京:中央文献出版社1994年版,第73页。

主义世界顶峰的美国的排挤和争夺。此外,苏联的崛起和东方阵营的诞生不仅牵制了西方国家的力量,而且鼓舞了亚、非、拉美的人民。

因为上述有利条件,第二次世界大战结束以后,殖民地和半殖民地的民族解放运动迅速发展起来。它有着一些明显的特征:第一,斗争遍及亚、非、拉美大陆,而以东亚和南亚为中心。在战后的最初两年中,亚洲、非洲以及拉丁美洲都掀起了争取和维护民族独立的反帝反殖风暴。在这一斗争中,东北亚、东南亚和南亚次大陆共同走在队伍的最前列,它们的胜利将形成战后民族解放运动的第一个高潮。第二,由于环境的不同,各个地区的民族解放运动在具体的斗争目标和手段等方面呈现出多样性。就斗争目标而言,拉丁美洲以反对美国的控制和干涉为中心内容;北非和西亚旨在废除与英法签订的不平等条约;撒哈拉以南的非洲和南亚、东南亚则极力消除殖民主义统治和实现民族自治。就斗争的手段而言,在东亚主要是以武装暴力的形式出现,在其余地区则是各种形式的群众运动和武装暴力的结合。第三,由于主观和客观的原因,包括错误思潮的影响、殖民主义国家的破坏和大国的干涉,亚、非、拉美民族解放运动的道路并非一帆风顺,经历了各种困难和挫折。

2. 西方国家的对策

面对民族解放运动的高涨,西欧国家和美国采取了不同的对策。

对于在第二次世界大战中遭到严重削弱的英法等老殖民主义国家来说,殖民地有着格外重要的意义。它们不仅指望通过加紧对殖民地的剥削挽救濒于崩溃的国内经济,而且企图通过重建殖民帝国巩固摇摇欲坠的大国地位,为此,在战争结束之后,老殖民主义国家采取了两手策略:最初试图以点滴改良和虚幻前景来欺骗殖民地人民,在这种欺骗和拖延伎俩无法奏效时又转而采取暴力手段,血腥镇压民族解放运动。

然而,鉴于在第一次世界大战以后获得的教训,第二次世界大战后殖民地人民坚持民族解放的目标,与老殖民主义国家的两手策略进行了针锋相对的斗争。在此背景下,以英国为首的西欧老殖民主义国家陆续走上了所谓的非殖民化道路。

非殖民化的实质并不意味着放弃和取消殖民制度,而是在承认原殖民地表面上的独立的同时,通过各种手段促使它们在政治、军事特别是经济上紧紧依赖前宗主国,处于事实上的从属地位。因此,所谓非殖民化乃是老殖民主义国家以一种形式上和以前不同的制度取代过时的殖民主义统治形式的过程。它们遵循的格言是:"改革为了保存"。但是,应当看到,这只是就老殖民主义国家的本意而言。而此种企图是否真正能够实现,则取决于许多客观条件。事实上,在多数的情况下,殖民地的人民成功地利用了这种非殖民化政策,将它变成了通向民族解放目标的一级阶梯。

战后初期,美国在亚、非、拉美地区所追求的目标是由它的全球战略所决定的。为了实施全球主义、建立世界霸权,它在积极地谋求对欧洲的控制的同时,不遗余力地巩固本身在拉丁美洲的独特地位,并向传统上主要属于欧洲殖民主义国家势力范围的亚洲与非洲推进,力图将这些地区置于自己的影响之下。

为了实现这一目标,美国根据亚、非、拉美地区的现状以及自身的经验,采取了具有以下特点的新殖民主义政策：第一，在反对"共产主义威胁"和反对殖民主义的旗号下进行渗透扩张。为了欺骗亚、非、拉美的人民，美国经常标榜自己的反殖民主义传统，制造共产主义扩张的谰言，将自己装扮成这些地区的民族解放事业的同情者和支持者。第二，以美援作为实现扩张的重要杠杆，藉此控制受援国家的经济命脉，为美国政治势力的扩张开辟道路。1949年1月，在宣誓就任其第二任总统职位时发表的演说中，杜鲁门宣称，美国将利用本身"在科学和工业方面的进步"帮助"改进生产落后地区的生活"，为此准备"供给"自己的"技能知识宝藏"。[①] 第三，通过签订各种条约和协定，尽可能将亚、非、拉美国家纳入自己的同盟体系。1947—1948年间美洲国家先后缔结的《美洲国家间互助条约》和《美洲国家组织宪章》就是这种做法的典型体现。通过这些条约，美国强化了泛美体系，巩固了它在拉丁美洲的地位。第四，利用亚、非、拉美地区的亲美势力，建立唯美国之命是从的亲美政权，压制真正的民族解放力量。此种手段在东亚和拉丁美洲都曾被频繁地使用。

3. 殖民体系在亚洲的最初崩溃

由于日本的战败以及英法等西欧老殖民主义国家的严重削弱，1947—1949年间，帝国主义的殖民体系首先在亚洲被打开了缺口，出现了崩溃。

在南亚，面对迅速发展的民族独立运动，1947年6月初，英国新任印度总督蒙巴顿提出了《印度独立方案》。按照这一方案，印度将依据宗教信仰分成印度、巴基斯坦两个英联邦的自治领。巴基斯坦又由东、西两部构成。8月14日和15日，巴、印两个自治领分别宣告成立。1948年1月，缅甸也脱离了英国的殖民统治成为主权国家。一个月后，锡兰又成为英联邦的自治领。

在东南亚，1945年8月日本投降后，以胡志明为首的越南独立同盟会（越盟）掀起了"八月革命"，日本炮制的保大傀儡政权被迫交出了权力及武器装备。9月2日，越南民主共和国成立。十个月以后，面对当地人民要求独立的呼声，美国国会也被迫授权美国总统在1946年7月4日宣布菲律宾独立。日本投降后建立的印度尼西亚共和国则通过独立战争迫使荷兰在1949年12月27日正式向它移交了主权。

在东北亚，1945年8月日本的投降标志着日本对朝鲜半岛的殖民主义统治的结束。1948年8月15日和9月9日，李承晚当政的大韩民国和以金日成为最高领导人的朝鲜民主主义人民共和国分别成立。随着1949年10月1日中华人民共和国的诞生，中国由一个半殖民地国家真正变成了一个主权国家。

但是，亚洲这些新独立的国家面临着许多困难和矛盾，包括它们之间的冲突、老殖民主义国家卷土重来的企图以及大国控制弱小国家的愿望。1947年10月至1949年1月，印度和巴基斯坦之间因为克什米尔的归属问题爆发了第一次印巴战争。1948年5月至1949年7月，阿拉伯国家与犹太复国主义者建立的以色列进行了巴勒斯坦战争（第一次中东战争）。

---

① 《国际关系史资料选编》编选组：《国际关系史资料选编》下册，武汉：武汉大学出版社1983年版，第114—115页。

第四节 两大阵营的激烈对抗与中立主义运动

第一次柏林危机平息后不久,两大阵营即投入了新的激烈对抗。其表现是,一方面,它们都将自己的同盟体系扩展到了亚洲,并在东亚进行了两场热战。另一方面,两大阵营以德国问题为中心在欧洲进行着典型的冷战,东西方的对立更加制度化。

在东西方阵营进一步扩大并展开激烈对抗的同时,通过发展中立主义对外政策和促进和平共处五项原则,亚非国家加强了它们相互之间的团结与合作,于 1955 年成功召开了万隆会议。

一、东西方在亚洲的对抗

在 20 世纪 50 年代初,东西方阵营在亚洲的对抗主要表现于两个方面,一是它们的同盟体系在亚洲得到了扩展,二是它们在亚洲进行了两场局部的热战,即朝鲜战争以及越南抗法战争,美苏支持甚至直接参与了这两场战争。

1. 东方阵营向亚洲的扩展

20 世纪 40 年代末,朝鲜民主主义人民共和国、越南社会主义共和国和中华人民共和国先后建立。它们都是处于共产党的领导之下,采取了社会主义制度并与苏联建立了紧密的关系,从而使得以苏联为首的东方阵营扩大到了亚洲。

1945 年 9 月,根据盟国协议,美苏两国军队以北纬 38 度线为界分别受理了驻朝日军的投降事宜,以北为苏军受降区,以南为美军受降区。此后,美苏分别按照自己的模式对占领区进行治理。随着冷战的爆发,双方矛盾日益尖锐,美国更是试图实现对朝鲜半岛的全面控制。1947 年 9 月,它操纵联合国通过决议,决定在朝鲜半岛全境实行选举以成立统一的政府。苏联对此坚决加以拒绝,禁止联合国监督人员进入三八线以北地区。美国遂在 1948 年 5 月于南方举行单独选举,8 月 15 日建立以李承晚为总统的大韩民国(韩国)。面对这一局面,8 月间苏联也在北方组织了选举,9 月 9 日建立以金日成为首相的朝鲜民主主义人民共和国(朝鲜)。这样,三八线两侧便各自出现了一个国家,10 月,苏联把三八线以北的行政权移交朝鲜政府,到 12 月苏军全部撤离。半年以后,美军也宣布从韩国撤军,只留下了文官和军事顾问团。尽管如此,南、北朝鲜仍然分别处于美苏的影响和控制之下。金日成领导下的朝鲜不仅采用了苏联的政治、社会和经济制度,而且军事上也严重依靠苏联。1949 年 3 月,在金日成率党政代表团访苏期间,双方签订经济文化合作协定和军事协定。苏联同意进一步向朝鲜提供武器装备,并派遣特别军事顾问团赴朝。但是,它没有接受朝方多次提出的缔结双边同盟条约的建议,因为担心美国可能会以此事指责苏联试图永久分裂朝鲜半岛。

在通过"八月革命"推翻了日本炮制的保大傀偏政权以后,1945年9月2日,越南民主共和国(北越)诞生,胡志明宣读了亲自撰写的《独立宣言》。但是,直到新中国成立之时,北越的处境相当艰难。一方面,自1946年底它就被迫与试图在印度支那恢复殖民统治的法国展开了艰苦的斗争。1949年,法国还利用当时流亡在香港的保大建立了仍然留在法兰西联盟之中的"越南国"(南越)。另一方面,北越并未引起苏联的重视。这既是因为当时苏联的主要精力集中于欧洲而无暇东顾,也是由于苏共的领导人对东南亚的共产党人以及他们开展的民族解放斗争缺乏了解和信任。

1949年10月1日中华人民共和国的诞生对东方阵营向亚洲的扩展具有决定性的意义。新中国不仅在1950年初即与苏联签订了同盟条约,而且还起到了一种桥梁作用,使得朝鲜和越南也与东方阵营真正结合在一起。

新中国还在成立之前就已经决定了向苏联"一边倒"的对外政策。毛泽东说,中国革命的基本经验之一就是在国外要"联合苏联,联合各人民民主国家",以为自己的盟友。[1] 新中国的这一基本对外战略自然符合当时业已形成的以苏联为首的东方阵营的利益,受到了社会主义国家的欢迎。1949年10月2日,苏联就宣布同新中国建立外交关系,断绝同国民党政权的关系。

为了进一步加强中苏两国的团结和合作,1949年12月16日,毛泽东主席到苏联进行访问。1950年1月20日,周恩来总理也抵达莫斯科。他们同以斯大林为首的苏联领导人就国际形势和双边关系进行了会谈。经过共同的努力,2月14日,两国领导人签订了《中苏友好同盟互助条约》,同时签字的还有关于中国长春铁路、旅顺口及大连的协定,苏联向中国提供贷款的协定。两国外长还就有关问题进行了换文。中苏友好同盟互助条约的有效期为30年,并可延长。其中第一条规定:"一旦缔约国任何一方受到日本或与日本同盟的国家之侵袭,因而处于战争状态时,缔约国另一方即尽其全力给予军事及其他援助。"第二条规定:"缔约国双方均不缔结反对对方的任何同盟,并不参加反对对方的任何集团及任何行动或措施。"第四条规定:"缔约国双方根据巩固和平与普遍安全的利益,对有关中苏两国共同利益的一切重大国际问题,均将进行彼此协商。"[2]这一条约在中苏之间建立了同盟关系,使中国成为以苏联为首的东方阵营的一个重要成员。其他的有关协定则比较妥善地处理了两国存在的一些历史遗留问题,促进了彼此的平等合作。在当时的条件下,它们的缔结显然符合双方的根本利益。

此外,新中国的成立还间接推动了东方阵营向朝鲜和越南的延伸。1950年1月中旬中越两国外交关系的建立迅速导致了苏联与北越的关系的改善。苏联在1月底即同越南建交,2月接待了来访的胡志明。更重要的是,中国还通过参加朝鲜的抗美战争和支持越南的抗法战争,与这两国形成了事实上的同盟关系,使得它们的斗争成为东方阵营对抗西方阵营的努力的一部分。

① 中华人民共和国外交部等编:《毛泽东外交文选》,北京:中央文献出版社1994年版,第93页。
② 《国际关系史资料选编》编选组:《国际关系史资料选编》下册,武汉:武汉大学出版社1983年版,第223页。

2. 朝鲜战争与《朝鲜停战协定》的签署

1948年8—9月间朝鲜正式分裂后,为了实现对整个东北亚的控制,以便更加有效地遏制苏联,美国力图支持韩国完成对朝鲜的兼并。在李承晚政权成立的当天,作为美国政府特使的麦克阿瑟便在贺词中声称,"一个人为的障碍把你们的国家分割开来了,这个障碍必须也必将予以撤除"。[①] 1950年1月,美韩签订了《联防互助协定》,进一步加强了军事合作。在美国的鼓励下,李承晚政权一再宣称"北进统一"。与此同时,朝鲜也试图依靠苏联的支持实现南北方的统一。在此情况下,朝鲜半岛形势日益紧张,战争一触即发。

1950年6月25日凌晨,南北方的军队在三八线附近发生激烈冲突。经过几小时激战,韩国军队迅速溃败。为此,翌日美国国防部命令火速从日本空运军火、装备对之进行支援。6月27日,杜鲁门更是正式发布了侵朝占台的声明,命令美国空军参加朝鲜战争以"掩护和支持"韩国军队,并命令美国第七舰队侵入我国台湾海峡地区。6月29日,即朝鲜军队攻占汉城的次日,杜鲁门批准了参谋长联席会议关于出动美国地面部队进入朝鲜半岛的决定。

与此同时,美国还力图利用苏联抵制安理会之机为自己的行动披上一层联合国外衣。在它的操纵下,1950年6月25日,安理会通过了一项决议,指责朝鲜破坏了和平,要求其将武装部队撤回三八线以北。两天以后,安理会通过了另一项决议,要求联合国各成员国向韩国提供援助,对朝鲜进行制裁。在这一决议的掩盖下,7月1日,美国直接参加朝鲜战争的第一批地面部队抵达韩国。7月7日,安理会又通过一项决议,要求联合国各成员国为朝鲜战争提供军队组成"联合国军",并授权美国为其任命总司令。加上美国,共有16个国家先后向这支"联合国军"提供了"战斗部队",但是其中绝大多数国家的姿态都是象征性的。

美国及其盟国的军事干涉,最初并不能阻止朝鲜军队的胜利推进。到了1950年8月初,它占领了朝鲜半岛南部90%以上的领土。为了挽救军事败局,9月15日,美国调集了500多架飞机、300多艘舰艇和5万多兵力,在朝鲜半岛中西部的仁川实施登陆计划。同时,被压缩在南部釜山一带的美韩军队也转入反攻。9月29日,美军占领汉城。10月1日起,经杜鲁门批准,麦克阿瑟指挥美韩军队越过三八线,侵入朝鲜半岛的北方。

在朝鲜战争爆发以后,针对美国政府一系列扩大战火的步骤,中国政府曾多次发表声明,提出严重警告。10月1日,周恩来再次严正宣布:"中国人民决不能容忍外国的侵略,也不能听任帝国主义者对自己的邻人肆行侵略而置之不理。"[②]在美韩军队大规模越过三八线的情况下,10月8日,毛泽东发布命令:"着将东北边防军改为中国人民

---

① 《战后世界历史长编》编委会:《战后世界历史长编,1948》,上海:上海人民出版社1978年版,第222页。
② 《国际关系史资料选编》编选组:《国际关系史资料选编》下册,武汉:武汉大学出版社1983年版,第231—232页。

志愿军,迅即向朝鲜境内出动,协同朝鲜同志向侵略者作战并争取光荣的胜利。"①10月18日,以彭德怀为司令员的中国人民志愿军跨过鸭绿江,进入了朝鲜。10月25日,中国政府正式宣布了这一消息。

中国人民志愿军入朝后,朝鲜半岛的战局迅速发生变化。在1951年5月下旬第五次战役终以美韩军队的受挫而告结束后,战线便在三八线附近逐渐稳定下来,战争陷入僵持状态。美国原来预期的战略目标显然难以实现,国内反战情绪增长,盟国更是怨声载道。此外,中苏等国为和平解决朝鲜半岛问题作出了种种主动努力。在此形势下,杜鲁门政府被迫调整政策。6月30日,取代麦克阿瑟成为"联合国军"司令的美国将军李奇微向朝中方面提出了举行停火谈判的建议。7月10日,以朝鲜人民军和中国人民志愿军为一方,以"联合国军"和韩国军队为另一方,在开城拉开了停火与休战谈判的帷幕。经过数度中断的曲折交涉和艰苦反复的战场较量,1953年初上台的艾森豪威尔政府最终同意实行停战。7月27日,朝鲜人民军和中国人民志愿军的谈判代表代表金日成、彭德怀和"联合国军"代表美国将军克拉克在板门店签署了《朝鲜停战协定》以及有关附件。

朝鲜停战协定的主要内容为:第一,以双方的实际接触线为军事分界线,"双方各由此线后退两公里,以便在敌对军队之间建立一非军事区"。第二,自协定签字后12小时起,双方停止一切敌对行动,自非军事区撤出其一切军事力量、武器与装备,停止自朝鲜半岛境外进入增援的军事人员及武器弹药。第三,停战协定生效后60天内,"各方应将其收容下的坚持遣返的战俘分批直接遣返",未予直接遣返的其余战俘交中立国遣返委员会处理。第四,双方军事司令官向有关各国政府建议,在停战协定生效三个月内,举行双方高一级的政治会谈,"协商从朝鲜撤退一切外国军队及和平解决朝鲜问题等问题"。②

朝鲜停战协定的签署,标志着美国侵朝政策的失败。为了进行侵朝战争,美国付出了惨痛的代价。美国国防部在2000年6月公布的数字显示,在朝鲜战争期间,丧生的美军官兵一共高达3.6913万人,其中阵亡的是3.3651万人,其他原因死亡的3262人。③ 然而,尽管如此,直到签订停战协定时,美韩军队仍然停留在三年前所处的三八线附近。有鉴于此,连接替李奇微出任"联合国军"司令的克拉克都承认,他是"美国历史上第一个在没有取得胜利的停战协定上签字的司令官"。④

朝鲜停战协定的签署是中国取得的一个重要胜利。由于美国军队被阻挡在三八线以南,新中国的安全得到了巩固,其国际地位和威望得到了大幅度的提高。但是,不可

---

① 中华人民共和国外交部、中共中央文献研究室:《毛泽东外交文选》,北京:中央文献出版社1994年版,第142页。
② 刘同舜、高文凡:《战后世界历史长编,1950—1951》,上海:上海人民出版社1985年版,第325—327页。
③ "How many Americans died in Korea?" <http://www.cbsnews.com/2100-507_162-202741.html> (Feb. 11, 2009).
④ 刘同舜、高文凡:《战后世界历史长编,1950—1951》,上海:上海人民出版社1985年版,第327页。

忽视的是,中国也为此作出了巨大的牺牲。根据位于丹东的抗美援朝战争纪念馆在2010年10月公布的数字,经过十多年全国范围的调查核实,截至当时共确认18.310 8万名中国人民志愿军官兵在战争期间为国捐躯。[①] 同时,中国的经济恢复和统一大业都受到了不同程度的干扰。

3. 越南抗法战争与《日内瓦协议》的达成

中国革命的胜利和朝鲜战争的爆发对越南抗法战争产生了重要影响。一方面,随着新中国的成立,越南人民进行抗法斗争的国际环境大为改善。1950年1月底,根据秘密访华的胡志明主席的请求,中国作出了全面援越的重大决定。在9—10月间的边界战役取得了彻底胜利后,越南北方的中央根据地通过中越边界与中国连成了一片。另一方面,由于新中国的诞生,包括越南在内的印度支那对美国有了新的意义,不仅被它视为遏制苏联影响的一个重要阵地,而且还被它当作反华包围圈的重要一环。为此,美国着手实施积极支持法国战争努力的政策。1950年2月初,美国正式承认了法国在印支的三个所谓联系国家,即"越南国"、老挝王国和柬埔寨王国。5月初,它又宣布,鉴于印度支那出现的紧迫形势,美国将向法国提供经济及军事援助。朝鲜战争爆发后的第三天,杜鲁门政府更是决定增加对法国和南越保大政权的军事援助。艾森豪威尔入主白宫后继续执行前任的印支政策。至1953年底,美国已经承担了法国在印支作战费用的一半以上。

尽管如此,法国在越南的军事地位仍然日益恶化。而且,沉重的军事负担还对法国的经济和政治造成了巨大的破坏,美国的不断介入又使它面临着在印度支那遭到被排挤和取代的危险。为此,法国国内相当一部分人士主张通过谈判实现"体面的和平",即在一定条件下停止在印度支那的战争,以便保存法国在这一地区的部分影响,并进而稳定法国的国内形势,加强法国在欧洲和北非的地位。这一立场得到了当时的英国政府的支持。它担心战争的扩大会危及英国在东南亚的利益。正是在此背景下,1954年2月,苏、美、英、法四国外长柏林会议接受了苏联早先提出的建议,同意在日内瓦召开包括五大国(上述四国加上中国)在内的国际会议,讨论和解决朝鲜问题以及恢复印度支那和平问题。

日内瓦会议于1954年4月26日开始,分两部分交叉进行。第一部分从4月27日到6月15日,讨论如何实现朝鲜问题的和平解决。出席会议的除五大国外长,还有朝鲜、韩国及参与"联合国军"的国家的代表。主要是由于美国的顽固立场,这一讨论最后无果而终。第二部分从5月8日到7月21日,讨论恢复印支和平的问题。五大国外长和越南民主共和国、柬埔寨、老挝及南越保大政权的代表参加了会议。就在开始这一讨论的前一天,北越的军队在中国人民的支援下解放了越南和老挝边境的军事重镇奠边府,彻底粉碎了法国企图在战场上为谈判赢得有利地位的梦想,对会议的结果产生了

---

① "抗美援朝纪念馆公布朝鲜战争志愿军牺牲人数",<http://news.xinhuanet.com/2010 - 10/26/c_12704233.htm>。

决定性的积极影响。

但是,在以北越、中、苏为一方和美国及其支持者为另一方的两种力量间存在着一些严重分歧。为了推动会议的讨论,以周恩来为首的中国代表团作出了巨大的努力,不仅提出了一系列合情合理的建议,而且在会场内外同有关国家的领导人进行了广泛的接触,促进了观点的接近。英国也表现出强烈的"和平精神",希望会议能取得满意结果。法国国内政局的变化为会议的成功进一步提供了有利条件。1954 年 6 月中旬,在日内瓦会议上采取拖延策略的法国拉尼埃政府垮台,国民议会通过了停止"肮脏战争"的决议,受命组织新内阁的孟戴斯-弗朗斯宣布要在 7 月 20 日之前实现印支问题的和平解决。

在此情况下,日内瓦会议关于印支问题的讨论终于克服了来自美国及南越当局的阻力,在 7 月 21 日通过了《日内瓦会议最后宣言》。该宣言以及会议通过的其他有关文件通常被统称为《日内瓦协议》。其主要内容是:第一,于规定时间内分别停止在越南、老挝和柬埔寨的一切敌对行动;在北纬 17 度线以南、九号公路稍北划定越南的临时分界线,以北为北越军队的集结地区,以南为法国军队集结地区。第二,越南将在 1956 年 7 月举行全国自由选举,老挝和柬埔寨将在 1955 年内举行全国自由选举,以实现民主基础上的和平统一。第三,"禁止外国军队和军事人员以及各种武器和弹药进入越南",在越南的双方集结区内"不得建立任何外国军事基地";老挝和柬埔寨承诺不容许在本国领土上建立任何外国军事基地,并保证不参加任何军事同盟。第四,法国将从印支三国撤出军队,但经双方协议留驻在少数规定地点者不在此限;与会国保证"尊重上述各国的主权、统一和领土完整,并对其内政不予任何干涉"。①

总的来说,日内瓦协议不仅符合越南等印支各国人民的利益,也符合法国人民的利益,如能真正得到遵守必将为印度支那带来和平,并促进亚洲和世界的稳定。但是,美国对此协议却心怀不满,拒绝正式参加。其代表只是虚伪地声明:美国"将不使用威胁或武力去妨碍这些协定和条款"。② 与此同时,艾森豪威尔在华盛顿宣布,刚刚缔结的日内瓦协议"包含着我们所不喜欢的东西",美国不是协议的一方,不受它的约束。③

4. 美国在西太平洋同盟体系的建立

20 世纪 50 年代初,在东方阵营向东亚扩展的同时,美国或亲自出马,或者通过自己的主要盟国,拉拢亚太地区和西亚的一些国家缔结了一系列双边或多边的盟约,建立了若干地区性同盟。这些组织形成了美国在亚洲的同盟体系,实际上也是西方同盟体系在亚洲的延伸。它们和北大西洋公约组织连接在一起,构成了遏制以苏联为首的东方阵营的半月形包围圈。

朝鲜战争爆发之后,为了所谓积极遏制共产主义在亚洲的扩张和加速缔结对日和

---

① 《国际关系史资料选编》编选组:《国际关系史资料选编》下册,武汉:武汉大学出版社 1983 年版,第 281—282 页。
② 刘同舜、姚椿龄:《战后世界历史长编,1954》,上海:上海人民出版社 1994 年版,第 166 页。
③ U. S. Department of State, *American Foreign Policy: Basic Documents*, 1950 - 1955, Vol. 2, Washington DC: U. S. Govt. Printing Office, 1957, p. 2398.

约的需要,美国加紧筹建实为军事同盟体系的"太平洋集体防务"。1951 年初,美国国务院拟订了一份将由美国、澳大利亚、新西兰、菲律宾和日本(或者再加上印尼)签署的《太平洋公约草案》。它规定,缔约国的一方如果在太平洋地区遭到武装进攻,其他各方就应按照自己的宪法程序采取行动,以对付共同的威胁。但是,这一设想遭到了澳大利亚和新西兰政府的反对。它们直言不讳地指出,澳大利亚和新西兰人民难以同意与日本一起缔结一项安全条约;太平洋地区的集体防务应先从澳、新、美三国做起。在此情况下,1951 年 4 月,美国政府决定改变做法,在太平洋地区用"一系列"安排代替"单一的安排",即美国一方面与澳新签订三方安全条约,另一方面又分别与日本和菲律宾签订双边安全条约。这三个条约合在一起就构成了以美国为首的太平洋同盟体系。五国之中若有一国受到攻击,其他几国实质上都有义务采取行动对之提供援助。

　　此后,美国加快了与澳、新、菲三国的谈判。为了在澳、新与菲律宾之间保持平衡,美国政府在谈判中坚持两个条约不应具有本质差别。1951 年 8 月 30 日,美国与菲律宾在旧金山签署了《美菲共同防御条约》。两天后,9 月 1 日,美国又与澳新签署了《澳、新、美安全条约》。这两个条约的基本内容一致,在措辞方面都参考了北大西洋公约,有几处甚至完全相同,但有关义务的提法比北约要显得笼统和软弱。例如,作为条约核心的第四条规定,"每一缔约国都认为在太平洋地区对任何一缔约国的武装攻击都将危及它自己的和平与安全,并宣布它将按照它的宪法程序采取行动,应付共同的危险"。①显然,此种措辞使美国在履行义务的问题上有了更大的选择余地。这两个条约使美国在西南太平洋获得了牢靠的战略后方。它们缔结后不到一周,美国又在策划了片面对日和约的同时与日本签署了安全条约。

　　随着中国革命的迅速发展,为了进一步扶植日本以便更加有效地在东亚"遏制"共产主义,1949 年夏,杜鲁门政府就积极着手解决签署对日和约的问题。同年 9 月,美国与英国就此取得一致意见。日本吉田茂政府也为此展开了相应的准备。1950 年 6 月朝鲜战争爆发后,美国更是加紧了对日媾和的活动,以便充分发挥日本这个前哨阵地和"远东兵工厂"的作用。10 月,美国政府陆续向远东委员会的成员国家递送了所谓签署对日和约七原则,表明了将不顾苏联和中国的反对而依靠所谓多数进行媾和的立场,以及在"合作"的名义下使美军留驻日本的意图。1951 年 7 月,美英联合炮制的对日和约草案公布。它不仅遭到苏中两国的强烈反对,也引起了印度等国的严重不满。尽管如此,1951 年 9 月 4 日,美国仍然在旧金山强行揭开了有 51 国参加的对日和会的帷幕,其中绝大多数都是并未真正参加对日作战的南美国家和西欧国家,而为战胜日本法西斯作出特殊贡献的中国却被排除在外,②印度、缅甸则拒绝参加。在会议的讨论中,一方面苏联代表葛罗米柯对美英联合草案进行了强烈批判,并提出了修正意见;另一方面

① 《国际关系史资料选编》编选组:《国际关系史资料选编》下册,武汉:武汉大学出版社 1983 年版,第 293 页。
② 按照美国与英国达成的协议,决定既不邀请北京也不邀请台北参加和会,而由日本以后决定与哪一方缔结和约。

美国代表杜勒斯为本国政府的立场进行了辩护，并对一些有着不同观点的代表团施加了压力。9 月 8 日，除苏联、波兰、捷克斯洛伐克以外的 48 个国家签署了所谓的《对日和约》，日本也签了字。

这一片面的对日和约规定：第一，"日本与每一盟国间之战争状态"自该条约生效时起"即告终止"。第二，日本放弃对朝鲜、台湾及澎湖列岛、千岛群岛及南库页岛、南威岛及西沙群岛的"一切权利、权利根据及要求"。第三，日本同意将琉球群岛、小笠原群岛等"置于联合国托管制度之下，而以美国为唯一管理当局"。第四，"各盟国所有占领军"应于该条约生效后"尽早撤离日本"，但这并不妨碍它们依照本国与日本缔结的协定而"在日本领土上驻扎或留驻"。第五，各盟国承认日本作为一个主权国家具有"单独或集体自卫之自然权利，并得自愿加入集体安全协定"。这一片面对日和约一方面适应了美国的扩张要求，为美国继续在日本驻军以及将日本拉入它所拼凑的太平洋军事同盟体系提供了法律上的依据；另一方面，它却违背了在战争后期盟国达成的重要协议以及许多遭到日本野蛮侵略的太平洋国家的合法权益。例如，该约虽承认日本应"对其在战争中所引起的损坏及痛苦"向受害国家支付赔偿，但又以日本资源不足为由宣布："除本条约另有规定者外，各盟国兹放弃其一切赔偿要求。"[1] 又如，它只字不提将台湾和澎湖列岛归还中国，以及中国对西沙群岛和南威岛的主权。为此，旧金山片面对日和约遭到了世界上许多国家的批评和抨击。还在美英对日和约草案公布之后，中国外长周恩来就在 1951 年 8 月 15 日发表的声明中严正指出，这个和约草案"完全破坏国际协定，损害对日盟国利益，敌视中苏两国，威胁亚洲人民，破坏世界和平安全，并不利于日本人民"；中国政府认为它"是非法的，因而也是无效的"。[2]

在策划片面对日媾和的同时，杜鲁门政府还同日本就签署两国间的双边军事条约一事展开了谈判，以达到美军继续留驻日本和将日本拖入西方阵营的目的。这也符合试图通过"坚决投靠自由国家群"重新"率领亚洲"的日本吉田茂内阁的愿望。因此，双方的谈判颇为顺利。就在旧金山片面对日和约签字后五小时，两国签署了《日美安全条约》（安保条约）。其中第一条规定，"在和约和本条约生效日"，由日本授予、并由美国接受"在日本国内及周围驻扎美国陆、空、海军之权利"；此种军队可被用来"维持远东的国际和平与安全和日本免受外来武装进攻之安全"，包括"为镇压由于一个或几个外国之煽动和干涉而在日本引起的大规模暴动和骚乱所给予的援助"。第二条规定，未经美国"事先同意"，日本不得将任何基地以及有关的权利"给予任何第三国"。[3] 这些规定不仅将日本捆绑于美国的战车，而且赋予了美国军队直接镇压日本人民的权利。

澳、新、美安全条约、美菲共同防御条约和日美安全条约结合在一起，就像一个车轮

---

① 《国际关系史资料选编》编选组：《国际关系史资料选编》下册，武汉：武汉大学出版社 1983 年版，第 253—256、259、261 页。

② 中华人民共和国外交部、中共中央文献研究室：《周恩来外交文选》，北京：中央文献出版社 1990 年版，第 45—46 页。

③ 《国际关系史资料选编》编选组：《国际关系史资料选编》下册，武汉：武汉大学出版社 1983 年版，第 270 页。

上的许多轮轴那样，使美国初步构筑了以自己为中心的太平洋同盟体系，用以遏制社会主义国家及其影响。朝鲜战争结束后，美国又通过与韩国、中国台湾的国民党当局缔结的双边条约以及多边的东南亚防务条约，发展了这一同盟体系。

在朝鲜停战谈判过程中，韩国当局依然沉湎于依靠美国的支持兼并朝鲜的美梦，因此竭尽阻挠、破坏之能事。然而，艾森豪威尔政府却认识到这一目标"在现时的情况下并无现实的可能性"。在它看来，比较实际的做法是按照停火线保持朝鲜的分治。为了说服韩国当局接受停战，艾森豪威尔政府除了施加压力以外还明确地承诺与之缔结"共同防御条约"。然而，在具体内容方面，双方存在着明显的分歧。后者指望，这一条约实质上应当保证，今后韩国对朝鲜策划的任何军事进攻都将立即得到美国的支持。而美国政府则希望与韩国签订"一个美、澳、新安全条约或美菲共同防御条约式的条约"，以保持自己的行动自由。① 由于美方的强硬态度，固执的李承晚最后作了让步。1953 年 10 月 1 日，《美韩共同防御条约》在华盛顿正式签署。其中规定：第一，每一方都承认，"在太平洋地区对缔约的任何一方的进攻"，均"危及了它自己的和平和安全"，它将按照本身的宪法程序"采取行动以对付共同的危险"。第二，韩国给予、美国接受"在双方共同商定的大韩民国领土以内及其周围部署美国陆海空军的权利"。此外，美国还在"共同防御"的名义下承诺帮助韩国"保持并发展军事力量"。② 显然，这一条约扩大了美国在亚洲的同盟体系，使美国获得了可在朝鲜半岛的南方长期驻军的特权。与此同时，美国的政策又不致因该条约受到韩国的束缚。

为了进一步达到将中国领土台湾变成美国在太平洋的不沉航空母舰的目的，朝鲜停战协定签字后不久，1953 年 9 月，艾森豪威尔政府即同台湾当局签订了美台《军事协调谅解协定》，进一步加强了双边的军事合作。1954 年 12 月 2 日，它又同台湾当局签署了所谓的美台《共同防御条约》。该条约的第五条规定，对在西太平洋区域内任一缔约方领土的武装攻击都将被视为危及了另一缔约方的"和平和安全"，后者"将依其宪法程序采取行动，以对付此共同危险"。第六条特别界定，此处的"领土"分别是指国民党当局管辖下的"台湾与澎湖"以及在美国管辖下的西太平洋"各岛屿领土"。第七条声称，台湾当局给予、美国接受"在台湾、澎湖及其附近为其防卫所需要而部署美国陆海空军之权利"。③ 周恩来外长在 1954 年 12 月 8 日发表的声明中一针见血地指出，"美国政府企图利用这个条约来使它武装侵占中国领土台湾的行为合法化，并以台湾为基地扩大对中国的侵略和准备新的战争"；它是"非法的，无效的"。④

美国还通过东南亚集体防务条约将其太平洋同盟体系扩大到了东南亚地区。1954

---

① U. S. Department of State, *Foreign Relations of the United States*, *1952 - 1954*, Vol. 15 （Korea）, Washington DC：U. S. Govt. Printing Office, 1984, p. 1283.

② "Mutual Defense Treaty Between the United States and the Republic of Korea", ＜http://avalon. law. yale. edu/20th_century/kor001. asp＞.

③ 《国际关系史资料选编》编选组：《国际关系史资料选编》下册，武汉：武汉大学出版社 1983 年版，第 278 页。

④ 同上书，第 273 页。

年日内瓦会议结束以后不久,9 月 8 日,美国与英国、法国、澳大利亚、新西兰、菲律宾、泰国以及巴基斯坦的代表在菲律宾首都马尼拉签署了《东南亚集体防务条约》及其他有关文件。该条约的第四条规定,任何缔约国在本条约区域内遭到侵略,各缔约国都"将按照它的宪法程序采取行动来对付这个共同危险"。美国代表团在签字时宣布,这一规定乃是专门针对"共产党的侵略"。^① 同时签署的《东南亚集体防务条约议定书》更公然违反日内瓦协议,把柬埔寨、老挝以及南越也纳入了它的所谓保护范围。这一条约表明,美国已经将其在太平洋的同盟体系扩展到了东南亚和南亚,并走上了直接介入印支冲突的危险道路。

这样,到了 1954 年底,美国在亚洲的同盟体系已经获得重要的发展,扩展到了韩国、泰国和巴基斯坦等国家以及中国的台湾地区。英国和法国也通过东南亚集体防务条约直接加入了美国在亚洲构筑的同盟体系。以后不久,美国又利用巴格达条约将它的亚洲同盟体系扩展到了中东。这一由伊拉克和土耳其在 1955 年 2 月缔结的条约规定,"缔约国为了它们的安全和防御应进行合作"。^② 英国、巴基斯坦和伊朗也于同年先后加入。由于英国和巴基斯坦同时又是东南亚集体防务条约的签署国,英国和土耳其还是北约组织的成员,因此美国在欧洲和亚洲分别建立的两大同盟体系就事实上已经衔接起来。

二、东西方在欧洲的对抗

在东亚弥漫着局部热战的硝烟的同时,东西方两大阵营在欧洲围绕着德国问题则经历着典型的冷战,即双方进行着全面的、在大多数时候甚至相当激烈的对抗,但是相互之间又没有发生直接的军事冲突。其突出表现是,美国最终成功地将联邦德国拉入北约,作为一种反制措施苏联则迅速组建了包括民主德国的华沙条约组织,因而在欧洲正式出现了两大军事集团,对抗状态进一步制度化。

1. 舒曼计划和普利文计划

早在筹备建立北约之初,美国就试图将联邦德国纳入其中。在杜鲁门看来:"没有德国,欧洲的防御不过是大西洋岸边的一场后卫战。有了德国,就能够有一个纵深的防御,有足够的力量对付来自东方的侵略。"^③但是,因为法国等西欧国家的不满,美国的这一企图未能实现。德国正式分裂以后,随着美苏对立的加剧,美国加紧了把联邦德国拉入北约的活动。在美国的推动下,1949 年 11 月,西方三大国驻联邦德国的高级专员和联邦德国总理在波恩附近签订了所谓《彼得斯贝格议定书》。它宣布要使联邦德国作为一个和平的成员加入欧洲大家庭,成为一系列国际组织的成员。通过这一文件,西方

---

① 《国际关系史资料选编》编选组:《国际关系史资料选编》下册,武汉:武汉大学出版社 1983 年版,第 294—295 页。
② 同上书,第 296 页。
③ 《战后世界历史长编》编委会:《战后世界历史长编,1949》,上海:上海人民出版社 1980 年版,第 157 页。

国家第一次正式承认了联邦德国的平等地位。此后,美国为重新武装联邦德国作出了持续的努力。

法国当时处于一种困境。它固然担心德国危险的复活,但是在冷战不断激化的背景下又害怕苏联的扩张,而且无法阻挡美国加快复兴和武装联邦德国的步伐。为此,简单地排斥和削弱德国的做法已经不敷使用,必须改变政策,既可以让联邦德国为西欧的复兴和防务作出贡献,又不会使德国再次成为法国的威胁。正是缘于此种考虑,法国提出了舒曼计划和普利文计划。

钢和煤代表着一个工业社会的心脏脉搏,是现代化经济和现代化军事的生命线。同时,大陆西欧的煤、钢工业跨越了法国、德国、比利时和卢森堡的边界,在它们之间形成了一定程度的相互依存关系。如果对西欧煤钢工业实行一体化,不仅能促进这些国家经济和军事力量的发展,而且有助于实现法德和解,推动西欧的和平。因此,1950年5月,法国外交部长舒曼在一项声明中倡议,"把法德的全部煤钢生产置于一个其他欧洲国家都可参加的高级联营机构的管制之下"。他强调,这样不仅"将保证欧洲联邦共同经济基础的建立和发展",而且"可改变这个地区长期从事武器制造使它自己不断成为牺牲品这一命运";"这样结合起来的联合生产意味着将来在法德之间发生战争是不可想象的,而且在物质上也不再可能"。[1] 舒曼计划发布后,美国政府迅速表示了"同情和赞赏",其他西欧国家也给予了广泛的支持。对联邦德国来说,这一计划在经济上将会为它的工业发展作出贡献,政治上将使它以平等身份进入西欧国家的联合体。意大利、荷兰、比利时、卢森堡等国则指望藉此获得廉价的煤铁矿藏来满足本国冶金工业的需要。只有英国反应冷淡,一方面担心参加舒曼计划会削弱英国在煤钢生产方面的优势,另一方面它对这种由法国发起的欧洲联合计划本能地怀有一种警惕和排斥心理。

1950年6月,法国、联邦德国以及意、荷、比、卢在巴黎就舒曼计划的实施展开了谈判,英国仅派观察员参加,美国则在幕后大力促成。1951年4月,六国签署了《欧洲煤钢共同体条约》(欧洲煤钢联营条约)。它规定,成员国遵循"以它们的基本利益的融合替代古老的竞争的目标";共同体将被建立在"共同市场、共同目标和共同机构"的基础之上,其基本任务是建立煤钢单一共同市场,取消有关关税限制,对生产、流通和分配过程实行干预;这一目标的实现要由共同权威机构——一个考虑"共同体的总体利益"和独立于成员国要求的高级机构——加以确保,成员国尊重该机构的"超国家"性质。[2] 除高级机构外,共同体还将设有共同议会、部长特别理事会和法院等机构。1952年7月,欧洲煤钢共同体条约生效。

欧洲煤钢共同体的建立具有重要的意义:第一,它在西欧六国之间建立了取消关税、数量限制和其他歧视性措施的煤钢共同市场,促进了成员国经济的共同发展和生活水平的共同提高。第二,它为法德的和解奠定了基础,也为联邦德国和其他西欧国家间

[1] 刘同舜、高文凡:《战后世界历史长编,1950—1951年》,上海:上海人民出版1985年版,第201—202页。
[2] Clive Archer, *The European Union: Structure and Process* (3rd edition), London: Continuum, 2000, p. 9.

密切关系的建立提供了渠道。第三,它成立的一系列机构为今后西欧经济一体化的发展提供了典型的借鉴。第四,它为西欧乃至其他地区的国家间的政治和安全合作提供了一种不同于结盟政治的模式,一种有助于实现共同和普遍安全的模式。

当舒曼计划的内容虽然是经济性质但却会产生重要的政治效果时,法国总理普利文于同一时期提出的建立欧洲防务共同体的计划则是以政治和安全领域的合作为直接目标。朝鲜战争爆发后,由于大量的美军兵力陷入了远东,西欧似乎明显成了军事真空地带,因而联邦德国的地位和作用问题变得更加突出。但是,美国也知道,直接武装联邦德国(包括重建德国军队和德军总参谋部)肯定会遭到西欧其他国家的反对,因此,1950年7月底时,国务卿艾奇逊向杜鲁门提出了建立一支欧洲军或北大西洋军的建议:这支军队的组成"一部分来自各参加国的派遣部队,一部分从各参加国征募而来";它"归一个统一的欧洲总司令或北大西洋总司令指挥";"德国人可以应募加入这支军队,但他们并不听命于波恩,而是必须服从北约组织的决定"。①

对于法国来说,不仅德国自主重建军队和总参谋部的做法是不可想象的,而且它通过加入北约和欧洲军的形式实现重新武装的做法也包含着很大的危险。但是,巴黎意识到,面对华盛顿的压力,一味地反对不仅没有成效,还可能使自己陷入孤立。因此,1950年10月,法国总理普利文在法国国民议会发表讲话时提出了建立欧洲防务共同体的计划。它包括了下述要点:第一,"建立一支由欧洲各国人员所组成的统一的欧洲军,应尽可能地实现人力和物力的完全合并"。第二,参加国政府将任命一名"对各委任国和欧洲议会负责"的防务部长,他对欧洲军拥有的权力就如同一国国防部长对本国军队拥有的权力一样。第三,"由各参加国提供的派遣部队应以最小单位编入欧洲军";"欧洲军所需军费应由各国的共同预算提供"。第四,"置于大西洋统一司令部指挥下的欧洲军,应根据北约组织规定的有关总战略、组织机构、军队装备等各项义务进行活动"。② 此外,按照普利文计划,联邦德国士兵将以小于团的编制编入欧洲军各师,但是他们将不穿德国的军服,也不在德国的指挥之下;德国不得像其他成员国一样拥有自己的军队和参谋部。普利文计划在一定程度上是舒曼计划在防务领域的翻版,据此德国的重新武装将被置于西欧一体化的框架中进行,从而既能服务于西方的安全需要,又不会对其他西欧国家造成危险。而且,在此框架中,法国事实上起着一种主导作用。但是,与舒曼计划不同,普利文计划又对联邦德国施加了严格的限制,从而引起了华盛顿和波恩的不满。

1951年2月下旬,建立欧洲防务共同体的会议在巴黎开幕,出席的包括五个正式参加国(法、德、意、比、卢)和六个非正式参加国(美国、加拿大、英国、荷兰、丹麦、挪威)。会议进程缓慢。一个原因是,在许多问题上争论激烈;另一原因是,法国坚持煤钢共同体条约的缔结是防务共同体谈判取得进展的必要条件。为此,直到1952年5月下旬,

---

① 刘同舜、姚椿龄:《战后世界历史长编,1952》,上海:上海人民出版社1989年版,第122页。
② 同上书,第150—151页。

参加欧洲煤钢共同体的六国才签署了《建立欧洲防务共同体条约》。其内容包括:第一,缔约国各方将建立"超国家性质"的欧洲防务共同体,它拥有共同的机构、共同的武装力量和共同的预算,并实现"各成员国力量的一体化"与"资源使用的经济和合理化"。第二,防务共同体的目标"完全是防御性的",旨在"保证各成员国的安全,防止一切侵略"。第三,防务共同体要在北约范围内"参加西方的防务";北约的主管最高司令有权"组织、装备、训练"欧洲防务军。第四,防务共同体的机构包括部长理事会、常务委员会、共同议会和审判法院;部长理事会为最高政治权威,常务委员会为具有超国家性质的执行机构。第五,防务共同体的武装力量"欧洲防务军"(欧洲军)系由各成员国提供的部队"合并编制"而成,但其基本军事单位(陆军为师)则由同一国籍的士兵组成。[①]

　　显然,欧洲防务共同体条约与普利文计划有着重要差别:一方面,普利文计划希望建立一个强有力的超国家机构,以对联邦德国的部队进行控制;防务共同体条约却将最高权威赋予了由各国代表组成的部长理事会,一体化的常务委员会实际上成了它的执行机构。另一方面,普利文计划希望1 000人左右的营级编制是由同一国籍的士兵组成的基本军事单位;防务共同体条约却规定1.3万人的师级编制是这样的基本军事单位。此外,它还放松了在其他方面对德国的限制。所以,该条约在法国遭到了以戴高乐派为核心的法兰西民族主义分子的强烈反对。1953年2月,早已辞去公职的戴高乐就在一个记者招待会上说,欧洲防务共同体条约所要创建的军队并不是一支真正的欧洲军,它既不能促进法国的安全,也不能维护法国在世界上的地位;相反,这样一个条约将破坏法国军队和法兰西联邦的完整,使得法国军队沦为德国军队的辅助性部队。[②] 因为认识到了国内的这种对立情绪,尽管法国政府在美国的压力下签署了欧洲防务共同体条约,但它并未"作出直接的努力"去谋求国民议会的批准。[③] 这样一种几乎延续了两年的拖延政策在华盛顿引起了强烈的不满。1953年12月,美国国务卿杜勒斯威胁要对美国的西欧政策"进行令人痛苦的重新分析"。[④] 并且,到了1954年4月,联邦德国和比、荷、卢三国已先后批准了欧洲防务共同体条约,意大利政府也已向议会递送了审批这一条约的议案。在此情况下,8月中,出任法国总理未久的孟戴斯-弗朗斯即去布鲁塞尔与该条约的另外五个签署国进行会谈,试图说服它们同意对条约内容作出一些重要修改,以满足法国国民议会中那些法兰西民族主义分子的要求。但是,如果这些修改意见得到接受,不仅防务共同体的一体化性质会进一步遭到削弱,而且也严重背离普利文计划的基本精神,因此遭到了拒绝。孟戴斯-弗朗斯只能无功而返,并在8月30日将原来的防务共同体条约交与国民议会审批。结果正如所料,国民议会通过一项决

---

① 《国际关系史资料选编》编选组:《国际关系史资料选编》下册,武汉:武汉大学出版社1983年版,第298、303、300、304页。
② 刘同舜、姚椿龄:《战后世界历史长编,1955》,上海:上海人民出版社1997年版,第189页。
③ George Stephen & Bache Ian, *Politics in the European Union*, London: Oxford University Press, 2001, p. 71.
④ 科拉尔·贝尔:《国际事务概览,1954年》,云汀等译,上海:上海译文出版社1984年版,第194页。

议,无限期地推迟对欧洲防务共同体条约的表决,从而埋葬了建立欧洲防务共同体的计划。

建立欧洲防务共同体的尝试所以最终遭受挫折,最根本的原因乃是它的超国家性质不能为西欧各国的民族主义力量所接受。其签署国既希望防务共同体能重新武装德国,利用德国的力量增强西欧的防御能力,又指望该共同体能把德国整合到西欧社会中来,从内部对其实行有效的控制。为此,共同体就必须建立一套复杂的、具有超国家职能的机构。但是,各国的民族主义分子对维护在政治和安全领域的主权问题都十分敏感,存在着反对一体化的防务共同体的强大势力,法国不过是个典型而已。因此,即使欧洲防务共同体条约能够获得通过,在当时的情况下它也很难得到真正的实施。

2. 巴黎协定的签订和北约的扩大

法国对欧洲防务共同体条约的拒绝,在美国引起了强烈的不满。杜勒斯甚至说,当时一股幻灭感的浪潮席卷了整个美国,孤立主义势力得到了加强。[①] 显然,为了保证美国能够继续维持它对西欧防务的承诺,或者为了避免美国在重新武装德国问题上采取单边行动,西欧国家必须以最快的速度就西欧集体防务的结构作出新的安排。正是在这样的背景下,1954 年 9 月中旬,英国首相艾登提出了一个取代欧洲防务共同体条约的新建议,其核心是德国和意大利加入 1948 年订立的布鲁塞尔条约。在他看来,此种做法的好处是显而易见的:一方面,布约就能变成一个"把整个西欧包括在内的洛迦诺式共同防御条约";另一方面,"欧洲防御集团的超国家的特点将会消失",英国"也将可以成为正式成员"。[②] 同欧洲防务共同体条约相比,这一建议显然意味着某种倒退,因为布约组织不具有超国家性质,不利于西欧实行一体化。但在当时的情况下,它是一种比较切实可行的方法,既能适应美国重新武装联邦德国的要求,又能消除法国对联邦德国的重新武装所怀的疑虑,还能加强英国在欧洲大陆的影响和发言权。

以艾登计划作为基础,1954 年 9 月底至 10 月初,布约五国、美国、加拿大、意大利和联邦德国等九个国家的外长在伦敦进行了讨论。10 月下旬,它们又在巴黎继续开会。这一伦敦-巴黎会议的成果体现在被称为《巴黎协定》的一系列文件之中。它主要规定:第一,终止对联邦德国的占领制度,使其重新"在国内外事务中享有一个主权国家的全部权力",但是美、英、法的军队将继续留驻联邦德国。第二,改组布鲁塞尔条约组织,邀请联邦德国和意大利参加,组成西欧联盟,并接纳联邦德国加入北约。第三,西欧联盟将成为北约防务体系的一个组成部分,所有北约成员国不得拥有未经北约组织批准的武装部队。第四,联邦德国政府保证,"决不以武力来谋求重新统一德国或改变德意志联邦共和国目前的疆界",将通过和平手段解决德国和其他国家之间的一切争端,不在其领土上制造任何原子武器、生物武器和化学武器,不生产远程火箭或导弹,不生产大威力的地雷、大型舰艇和轰炸机。此外,巴黎协定确定了各成员国在和平时期

---

① 科拉尔·贝尔:《国际事务概览,1954 年》,云汀等译,上海:上海译文出版社 1984 年版,第 194 页。
② 同上。

派驻欧洲大陆的陆、空军(由北约欧洲盟军最高司令部管辖)的最高标准,并确定了它们的海军力量应由北约决定的原则;其中,联邦德国将提供 12 个陆军师和一支拥有 1 350 架飞机的战术空军,并可拥有少量备用的自卫艇和护卫舰。① 从这些规定可以看出,巴黎协定与欧洲防务共同体条约有着显著差别。一方面,新成立的西欧联盟将不具有超国家的权力,依然是一个严格建立在国家间合作基础上的防务合作体制。另一方面,它既允许德国重新建立自己的武装,同时又对德国军队的规模以及可以拥有的武器规定了明确的限制。为此,法国、德国和其他国家都很快地完成了批准手续。1955 年 5 月 5 日,《巴黎协定》正式生效。同一天,对联邦德国的占领状态宣告结束,布鲁塞尔条约组织正式改组为西欧联盟。它的机构主要包括:由外交部长组成的理事会、由秘书长领导的秘书处、由成员国在欧洲委员会咨询会议的代表组成的议会(设在巴黎)。②

《巴黎协定》能够顺利签署以及西欧联盟能够迅速建立主要是由于三方面的原因:第一,建立防务共同体的计划失败后,面对美国的压力,西欧国家认识到必须采取行动来保证美国对欧洲防务的继续支持。第二,英国成为它的成员国,平衡了联邦德国的力量,打消了法国的部分忧虑。第三,非常重要的是,西欧联盟改变了欧洲防务共同体条约建立一支一体化军队的做法,而把各国的部分军队联合起来,这在当时的西欧是一个比较实际的方案。巴黎协定的签署具有重要的影响。首先,联邦德国不仅得以摆脱被占领状态,而且加入了西欧联盟和北约组织,从而在西方世界重新取得了自己的平等地位。其次,巴黎协定使法德这两个宿敌首次处于同一军事联盟之中,这不仅有助于它们相互猜疑的缓和与进一步的接近,而且促进了西欧的一体化运动。再次,巴黎协定使英国在历史上第一次同时与西欧大陆三个主要国家——法国、德国和意大利——结盟,从而表明它在西欧承担确定的军事义务并与西欧大陆国家加强联合已是大势所趋。最后,巴黎协定使美国武装联邦德国的计划得以完成,并将联邦德国和西欧联盟纳入了北约的战略轨道,从而进一步发展了美国在大西洋的同盟体系,加强了美国与苏联抗衡的力量。

3. 华沙条约的缔结

苏联对于美国重新武装联邦德国的计划始终保持了高度的戒备。还在西方国家举行伦敦-巴黎会议期间,苏联就一再对美国的企图进行公开的抨击。巴黎协定签署后,苏联又为阻止有关国家对它的批准进行了斗争。1954 年 11 月 13 日,苏联照会欧洲 23 国、美国和中国,对巴黎协定表示了坚决的反对。该照会声称,实施巴黎协定“意味着通过全德自由选举而来恢复统一德国的事业,将因目前的复活德国军国主义——欧洲各

---

① 科拉尔·贝尔:《国际事务概览,1954 年》,云汀等译,上海:上海译文出版社 1984 年版,第 198—199 页。

② 1949 年 5 月 5 日,爱尔兰、比利时、丹麦、法国、荷兰、卢森堡、挪威、瑞典、意大利和英国在伦敦签订《欧洲委员会法规》,正式成立该组织。欧委会总部设在法国斯特拉斯堡,在巴黎设有办事处。其宗旨是保护欧洲人权、议会民主和权利的优先性;在欧洲范围内达成协议以协调各国社会和法律行为;促进实现欧洲文化的统一性。

国人民包括德国人民的死敌——计划而断送"。① 它还建议,半个月以后在莫斯科或巴黎召开包括美国和欧洲国家的全欧安全会议,讨论建立欧洲集体安全体系的问题。美、英、法等西方国家拒绝了这一建议。在此情况下,1954 年 11 月底到 12 月初,苏联、波兰、捷克斯洛伐克、匈牙利、罗马尼亚、保加利亚、阿尔巴尼亚、民主德国等八国,在莫斯科举行了没有西方国家参加的"欧洲和平与安全会议"。会议通过的宣言强调指出,如果西方国家坚持批准巴黎协定,东欧国家将"不得不采取迫切的措施,用爱好和平的国家联合起来的力量来对抗上述由西方国家组成的军事集团的侵略势力,以保障自身的安全"。② 此后,在继续作出努力以阻止西方国家批准巴黎协定的同时,苏联还为建立东欧国家的防务组织进行了种种准备,包括在 1955 年 1 月 25 日宣布结束与德国之间的战争状态。

在巴黎协定正式生效和联邦德国正式加入北约后的两天,1955 年 5 月 7 日,苏联最高苏维埃主席团宣布废除 1942 年的苏英友好条约以及 1944 年的苏法友好条约。5月 11—14 日,苏联等上述八国在华沙举行了第二次"欧洲和平与安全会议",并签署了《友好合作互助条约》(华沙条约)。该条约规定:第一,在"产生了对一个或几个缔约国发动武装进攻的威胁"时,缔约各方"应毫不拖延地在它们之间进行磋商"。第二,"如果在欧洲发生了任何国家或国家集团对一个或几个缔约国的武装进攻",每一缔约国应"个别地或通过同其他缔约国的协议",以"包括使用武装部队"在内的一切必要方式立即对遭受这种进攻的国家"给予援助"。第三,"缔约国各方保证不参加其目的和本条约的目的相违反的任何联盟或同盟"以及"任何协定"。③ 根据《华沙条约》建立的华约组织拥有的主要机构为政治协商委员会和联合武装力量司令部。前者是最高决策机构,由每一缔约国派一政府成员或一特派代表参加,后者统帅根据缔约国协议划拨其指挥的各国武装部队。两个机构均设在莫斯科。

华沙条约的订立和华约组织的成立是苏联与东欧国家对联邦德国加入北约组织作出的公开反应。一方面,它巩固和加强了苏东国家间的军事同盟关系,标志着欧洲正式出现了两个对立的军事集团。在此之前,欧洲的社会主义国家虽然相继订立了若干的双边军事协定,但缺少一个包括整个地区的多边军事条约,它们之间的合作因而受到了一定的限制。华沙条约组织成立后,此种状况得到了改变,东欧真正出现了一个类似北约的多边军事同盟。另一方面,华沙条约的订立和华约组织的建立,为苏联在东欧国家的长期驻军提供了新的法律依据。在当时的历史条件下这有助于加强东欧国家的稳定与安全,但是又为苏联领导人在东欧推行大国沙文主义和民族利己主义政策提供了新的工具。

---

① A·C·阿尼金等:《外交史》第五卷下册,大连外国语学院俄语系翻译组译,北京:三联书店 1983 年版,第 511 页。
② 同上书,第513页。
③ 《国际关系史资料选编》编选组:《国际关系史资料选编》下册,武汉:武汉大学出版社 1983 年版,第 317—318 页。

三、亚非国家团结合作的加强

在东方阵营和西方阵营进一步得到巩固和扩大并展开激烈对抗的同时,亚非国家通过选择中立主义对外政策和提出和平共处五项原则在国际舞台上显示了日益重要的作用,并在维护民族独立与世界和平的斗争中加强了相互之间的团结与合作。1955年的万隆会议就是这种团结和合作的象征,它预示着国际舞台上一股新兴力量的出现。

1. 中立主义对外政策的发展

由于具体国情的不同,20世纪50年代初的亚非国家在对外政策的取向上并不一致,有的加入了美国组织的西方同盟体系,有的参加了苏联为首的东方同盟体系。以印度、缅甸、印尼和埃及为代表的一些国家则采取了中立主义的对外政策。这种政策并非意味着它们消极地游离于激烈的国际斗争之外,而是指不在组织上加入东西方两大阵营,以及不一味追随陷入冷战的美国和苏联。相反,它们比较自主地确定自己对各个国际问题的具体立场和态度。这些国家的领导人相信,执行中立主义对外政策更加符合本国的国家利益,也更加有利于世界的和平。

亚非的中立国家在反对帝国主义和殖民主义、争取和平和发展的过程中加强了彼此之间的合作。20世纪50年代开始不久,它们就在联合国内逐步形成了一个特殊的集团,起初是不定期地后来是定期地举行会晤,以便确定共同的立场。这些国家也利用其他的场合和机会协调观点,甚至采取共同的行动。例如。在1954年4月下旬开幕的南亚五国(印度、巴基斯坦、缅甸、印尼和锡兰)总理科伦坡会议上,它们要求立即在印支实行停火,承认中华人民共和国在联合国的合法权利,禁止大规模毁灭性武器,反对殖民主义。

由于反对殖民主义和帝国主义是亚非中立主义国家对外政策的基本取向,所以它们在国际斗争中经常与社会主义国家处于相互理解、相互支持的关系之中。特别是它们与中国等亚洲的社会主义国家的合作,在促进亚非世界的团结方面发挥了极为重要的作用。中印、中缅共同提出的和平共处五项原则以及万隆会议的成功召开正是这种合作的光辉典范。

2. 和平共处五项原则的提出

1953年12月底,本着维护和发展相互关系的精神,中国政府同印度代表团于北京就两国在中国西藏地方的关系问题开始了谈判。1954年4月29日,双方签订了《关于中国西藏地方和印度之间的通商和交通协定》。该协定在序言部分确认,两国同意以中国方面首先提出、并得到印度方面赞成的和平共处五项原则指导它们的双边关系。这五项原则是:互相尊重领土主权、互不侵犯、互不干涉内政、平等互惠、和平共处。① 日内瓦会议期间,为了进一步协调彼此的观点和立场,中国总理周恩来在1954年6月下

① 《国际关系史资料选编》编选组:《国际关系史资料选编》下册,武汉:武汉大学出版社1983年版,第271页。

51

旬先后访问了印度和缅甸。中印两国总理在 6 月 28 日发表的联合声明中重申了和平共处五项原则(平等互惠改为平等互利),并强调这些原则不仅适用于它们与亚洲以及世界各国的关系,也适用于一般的国际关系。① 中缅两国总理在 6 月 29 日发表的联合声明中则宣布,中印提出的和平共处五项原则"也应该是指导中国和缅甸之间关系的原则"。②

关于和平共处五项原则的基本思想,周恩来在访问印度时曾作过精辟阐述。他说:"世界各国不分大小强弱,不论其社会制度如何,是可以和平共处的。各国人民的民族独立和自主权利是必须得到尊重的。各国人民都应该有选择其国家制度和生活方式的权利,不应受到其他国家的干涉。"③和平共处五项原则在被提出以后得到了越来越多的国家的接受,尤其促进了具有不同社会制度和政治制度的亚非国家的团结和合作。万隆会议的成功召开正是和平共处五项原则的生动体现。

3. 万隆会议

还在 1953 年 8 月,印尼总理沙斯特罗阿米佐约就提出了召开亚非会议的设想。在 1954 年 4 月的南亚五国总理科伦坡会议上,他又重申了这一建议。其他四国政府的首脑最初对此建议怀有疑虑,但同意由印尼负责探索它的可行性。科伦坡会议结束后,印尼政府便向部分亚非国家进行了试探,并获得了积极的反应。在此基础上,同年 12 月底,南亚五国总理在印尼茂物再次举行会晤,决定联合发起在来年 4 月召开亚非会议,邀请包括中国在内的 25 个国家参加。

这一决定不仅在亚非各国受到了普遍欢迎,也得到了世界舆论的广泛支持。但是,以美国为首的西方国家及各种国际反动势力,却采取种种手段竭力阻挠亚非会议的顺利召开。它们不仅通过利诱威逼对一些将要与会的国家施加影响,而且使用了谋杀等恐怖主义手段。但是,这些伎俩并不能阻止亚非国家团结合作的潮流。1955 年 4 月 18 日,第一届亚非会议在印尼的万隆胜利开幕。29 个国家和地区的代表出席了这一盛会,其中包括 13 位政府首脑。此外,当时尚未取得独立的塞浦路斯的马卡里奥大主教,以及马来半岛、巴勒斯坦、北非、南非和中非的自由战士也作为观察员出席了会议。会议一致通过的议题是:经济合作、文化合作、人权和自决、附属国、促进世界和平与合作。

会议的前两天为全体大会,印尼总统苏加诺以及其他 22 个国家的代表团的团长在会上相继作了发言。大多数代表在会上都谴责了殖民主义、帝国主义和种族主义,要求加强亚非国家的合作和团结,呼吁维护世界和平和发展民族经济。许多发言还强调指出,亚非国家对处于冷战中的大国对峙应采取中立的立场和态度。但是,由于历史上形成的隔阂,特别是由于美国等西方国家的挑动,在会上也出现了一些颇不正常的状况,

① 《国际关系史资料选编》编选组:《国际关系史资料选编》下册,武汉:武汉大学出版社 1983 年版,第 271—272 页。
② 谢益显:《中国外交史》(中华人民共和国时期),郑州:河南人民出版社 1988 年版,第 153 页。
③ 同上书,第 152 页。

其中包括某些亲西方的国家对社会主义制度、中立主义对外政策进行了指责,甚至直接对中国发起了诬蔑和攻击。这些做法对亚非会议的最后成功造成了潜在威胁。

在此情况下,为了阐明中方的立场,促进亚非国家的团结及谅解,粉碎西方国家阻挠亚非会议取得成功的企图,1955 年 4 月 19 日下午,中国代表团团长周恩来临时决定在会上作了一次发言。他说:"中国代表团是来求团结而不是来吵架的","是来求同而不是立异的"。① 与此同时,周恩来就不同的意识形态和社会制度的问题、宗教信仰的问题以及所谓的中国颠覆活动的问题阐明了中国的立场和政策。他的这一将原则性和灵活性高度结合起来的发言产生了非常重要和积极的效果,不仅使许多原来抱有怀疑甚至偏见的人加深了对新中国的对内对外政策的了解,而且为保证亚非会议的成功确定了基本的原则,即求同存异。因此担任大会主席的沙斯特罗阿米佐约指出,周恩来的发言是会议走向成功的转折点。在随后的几天中,各国代表分成经济委员会、文化委员会和政治委员会三个专题小组进行了专题讨论。尽管在每一小组中都出现了不同程度的争论,但是,在求同存异的原则的指引下,各国代表最后还是以共同的根本利益作为基础,就所讨论的问题达成了协议。

4 月 24 日晚,万隆会议举行了闭幕式,与会各国代表一致通过了亚非会议的最后公报。该公报涉及经济合作、文化合作、人权和自决、促进世界和平等七个方面,谴责了帝国主义的侵略和殖民主义制度,号召亚非国家发展全面的经济和文化合作。公报还提出了各国和平共处并发展友好合作的十项原则（万隆十项原则）,它们实际是和平共处五项原则的引申和发挥,体现了其全部的内容。亚非会议的成功具有重要的历史意义:第一,29 个亚非国家在没有西方国家出席的情况下齐聚一堂,讨论了一系列与亚非两洲乃至整个世界有关的重大问题,这本身就反映了历史所发生的深刻变化。第二,亚非会议极大地提高了亚非人民的民族觉悟,坚定了亚非人民开展维护民族独立斗争的意志,进一步推动了亚非民族解放运动的发展。第三,亚非会议增进了亚非各国相互间的了解,有力地推动了亚非国家和人民之间的团结合作,促进了不结盟运动的形成和第三世界的出现。第四,亚非会议针对当时的状况提出的许多原则,对于今后世界人民为建立新的国际经济秩序和政治秩序而作出的努力具有重要的指导意义。

复习提示

一、名词解释

1. 遏制战略
2. 杜鲁门主义
3. 马歇尔计划
4. 经互会
5. 华沙条约
6. 第一次柏林危机
7. 旧金山片面《对日和约》
8. 《朝鲜停战协定》
9. 日内瓦协议(1954)
10. 欧洲煤钢共同体

① 刘同舜、姚椿龄:《战后世界历史长编,1955》,上海:上海人民出版社 1997 年版,第 112 页。

11. 西欧联盟　　　　　　　　　12. 万隆会议
13. 非殖民化　　　　　　　　　14. 和平共处五项原则

二、探索与思考

1. 如何理解罗斯福的战后世界蓝图和雅尔塔协议？

2. 如何理解战后世界秩序的内涵及形成原因？

3. 如何理解战后全球制度的内涵及其对战后世界秩序的影响？

4. 如何理解美苏在战后不能长期维持合作关系并迅速发生冷战的主要原因？

5. 如何理解北大西洋公约组织的建立对国际关系的影响以及对美、英、法三国政策的含义？

6. 如何理解战后美国在太平洋建立的同盟体系的特点？

7. 如何理解在东方(社会主义)阵营建立的过程中苏联的作用？

8. 如何理解德国问题在美苏冷战发生过程中的作用？

9. 如何理解美苏冷战的特点？

10. 如何理解战后初期首先在东亚、南亚掀起民族解放运动高潮的原因？

第二章　冷战的进行(1955—1980)

从 20 世纪 50 年代中期开始后的四分之一世纪中,东西方的冷战经历了一个曲折的发展过程,可谓跌宕起伏。在此期间,美苏关系既有在 20 世纪 50 年代后半期以及 70 年代出现的两次缓和,又有围绕柏林、古巴、阿富汗发生的危机,还有那种通常的冷战状态。但是,总的来看,美苏对抗的烈度呈现了一种下降的趋势,而合作的内容则有所增加。

与此同时,东西方两个阵营内部发生了程度不同的动荡。波匈事件、中苏关系的恶化以及苏军对捷克斯洛伐克的入侵,表明了东方阵营内部矛盾乃至冲突的剧烈化,而苏伊士运河战争、法国从北约军事一体化机构的退出与对英国加入欧共体申请的两次否决,以及西欧和日本自主倾向的加强,则说明了西方阵营裂痕的加深。

万隆会议之后,亚、非、拉美的民族解放运动在广度和深度上都得到了新的发展。以此为基础,不结盟运动以及 77 国集团逐渐形成和发展起来,并最终导致了第三世界在 20 世纪 70 年代的兴起。它们为捍卫主权和资源普遍开展了反对霸权主义和争取建立国际经济新秩序的斗争,在当代国际关系史上写下了精彩的篇章。

第一节　美苏关系的第一次缓和与两个阵营的动荡

在 20 世纪 50 年代后半期,莫斯科和华盛顿分别调整了自己的对外政策,导致两国关系的第一次缓和,其成果主要是东西方首脑的会晤以及在战争遗留问题上一系列协议的达成。与此同时,东方阵营内部先后发生了矛头实质指向苏联的波兰和匈牙利事件,以及开始了中苏关系的恶化过程。西方阵营内部的矛盾则在苏伊士运河战争和日本人民要求修改日美安保条约的斗争中表现出来。此外,非洲大量新独立国家的涌现带来了战后民族解放运动的新高潮。

一、美苏关系的第一次缓和

进入 20 世纪 50 年代的后半期以后,赫鲁晓夫对西方发动的"和平攻势"以及艾森豪威尔政府促使东方发生"和平解放"的图谋,使得美苏关系从冷战初期激烈对抗的局面走向了第一次缓和。但是,这一缓和是短暂的,戴维营会谈既是它的高潮,也是它的结束。

1. 苏联对西方政策的变化

1953 年 3 月,领导苏联长达 30 年之久的斯大林去世。此后不久,苏联对西方国家的政策就逐步显示了某种变化,即在坚决反对美国的重新武装联邦德国计划的同时,作出了一系列姿态来调整与西方的关系。5 月 30 日,莫洛托夫对土耳其的大使宣布,苏联"可以放弃对土耳其的领土要求"。① 1954 年元旦,部长会议主席马林科夫在回答美国记者提出的问题时声称,"在 1954 年内国际紧张局势的缓和,是存在着有利的条件的"。② 在该年年初于日内瓦举行的美、苏、英、法四国外长会议上,苏联又提出了召开包括中国在内的五大国外长会议以及世界普遍裁军会议等一系列建议。

在作为苏共中央第一书记的赫鲁晓夫通过权力斗争逐步加强了自己的地位后,苏联对西方国家的政策更是呈现出重要的改变。1956 年 2 月,他在对苏共二十大所作的报告中就国际局势着重谈了三个问题,即"和平共处"、"现代防止战争的可能性"与"和平过渡"。关于和平共处,赫鲁晓夫声称,那"不是策略措施,而是苏联外交政策的基本原则";"社会制度不同的国家不仅仅是能够共处,而且还应当前进,加强彼此的信任,实行合作"。关于现代防止战争的可能性,赫鲁晓夫说,尽管"只要帝国主义存在,引起战争的经济基础也将存在"这一马列主义原理仍然是"有效的",今天"战争并不是不可避免的";由于国际社会主义阵营的存在,"和平力量就不仅具备了防止侵略的精神手段,而且具备了防止侵略的物质手段"。关于和平过渡,赫鲁晓夫强调,"向社会主义过渡的形式将会越来越多样化",并非一定"要同内战连在一起";"在某些资本主义国家中",工人阶级"有可能击败反动的反人民的势力,取得议会中的稳定的多数,并且使议会从资产阶级民主的机构变成真正代表人民意志的工具"。③

赫鲁晓夫的这些论述表明,苏联对西方的政策保持了斯大林去世之后就出现的变化势头,并有新的发展。具体地说,虽然苏联在涉及根本分歧的问题上不对西方妥协,继续从实力地位出发抗衡,但是在此前提之下它对西方的态度表现出一种灵活性,发起了一场所谓的和平攻势。这种状况的出现并非偶然,有着多重的原因。第一,苏联指望,通过缓和同以美国为首的西方阵营的关系,能够取得西方对东欧现状的承认,减轻苏联所承受的政治和军事压力。第二,苏联希望,在一旦实现东西方缓和后,便可以将较多物力和财力用于发展本国经济和提高人民生活水准。第三,苏联期待,东西方缓和将有助于鼓励西欧的和平主义、中立主义和民族主义,从而分化美国和西欧的关系。第四,苏联相信,当越来越多的亚非国家走上反对集团政治的不结盟道路的时候,对西方

---

① A·A·阿赫塔姆江等:《苏联对外政策编年史,1917—1978》,《苏联对外政策编年史》翻译组译,北京:商务印书馆 1983 年版,第 117 页。
② 朱庭光:《外国历史大事集》现代部分第三分册,重庆:重庆出版社 1988 年版,第 567 页。
③ 《国际关系史资料选编》编选组:《国际关系史资料选编》下册,武汉:武汉大学出版社 1983 年版,第 403—407 页。

的和平姿态将可以扩大它在这些国家中的影响。

2. 艾森豪威尔的对苏新方针

1953年1月成为美国总统的共和党人艾森豪威尔上台以后,与其国务卿杜勒斯一起提出了所谓的对外政策新方针。这一方针实质上是针对苏联及东方阵营的,其核心则由所谓解放战略和大规模报复战略所组成。

早在竞选总统时,艾森豪威尔及其助手们就猛烈抨击了杜鲁门政府的遏制战略,指责它是"消极的、无用的、不道德的"。他们说,遏制战略将"无数的人民"丢弃于"专制主义和邪恶的恐怖主义"控制之下;美国耗费了大量的金钱,却不能取得完全的胜利。作为一种替代,他们提出了"解放战略",就是要"击退无神论的潮流",将苏联和东欧的人民从"共产主义奴役"下解放出来。杜勒斯在出任国务卿前夕于国会作证时说,只有不断保持解放的希望并利用一切机会的做法,才是"更为有力、更为主动的政策"。[1] 解放战略的提出,既是美国国内两党斗争的反映,也表明了一部分美国人对遏制战略的失望。

在政治上提出解放战略的同时,艾森豪威尔政府还在军事上提出了大规模报复战略。1953年12月,艾森豪威尔在联合国发表讲话时说,"原子武器在我们的武装力量中实际上已经取得了常规地位。"[2]1954年1月,杜勒斯在纽约外交学会发表演说时声称,"目前的基本决定是主要依靠一支庞大的报复力量,它能够用我们选择的武器,在我们选择的地方立即进行报复。"[3]这一战略所包含的基本设想是,甚至在美国或其盟国刚刚遭到常规攻击时,美国就可能通过直接使用核武器作出反应,而不一定会经过常规防御的阶段。它的提出并非偶然。一方面,当时美国在核弹以及用于投掷核弹的重型轰炸机方面都占有绝对的优势。另一方面,当时美国的财政状况不容许美国维持一支庞大的常规军队。艾森豪威尔认为,财政赤字是危险的,所谓美国每年可以将国民生产总值的20%用于军费开支的说法是错误的。

但是,无论是这种政治上的解放战略还是军事上的大规模报复战略都有着严重的先天不足。甚至在西方都有不少人提出,当美国缺少足够的人力和物力推行遏制战略时,解放战略只不过是一种幻想。至于大规模报复战略则使美国失去行动上的灵活性,置美国要么对苏联的进攻听之任之,要么孤注一掷的境地。当时先后有三任陆军参谋长都因对此战略不满而辞职。

在此情况下,艾森豪威尔政府实际上很快地就回归到杜鲁门政府的遏制战略。但是,与此同时,它又竭力利用和平手段促成苏联和其他东欧国家的演变,实现其"和平解放"的目标。1955年的圣诞节,艾森豪威尔在一封致东欧各国人民的信中声称,自己了解他们"正在遭受的苦难",相信他们将"最终回到世界自由民族之林"。在此后不久的

---

① Stephen E. Ambrose, *Rise to Globalism*, New York：Penguin Books, 1985, p. 133.
② John Lewis Gaddis, *Strategies of Containment*, Oxford University Press, 1982, p. 149.
③ Jeffrey Porro, *The Nuclear Age Reader*, New York：Alfred A. Knopf, 1989, p. 243.

一份声明中,艾森豪威尔还说,"被奴役的民族的和平解放现在是、并且将继续是美国外交政策的主要目标,直到最后取得胜利时为止。"①正是由于这种"和平解放"、"和平演变"的目标,艾森豪威尔政府也有必要调整与苏联的关系。

3. 东西方关系的解冻与缓和

1955 年是当代国际关系史上重要的一年。当东西方为联邦德国的重新武装问题进行着激烈的斗争的时候,美苏政策的调整也显示出初步的成果,导致了两国关系的解冻乃至第一次缓和的逐步出现。

首先这表现于两国首脑的峰会。第二次世界大战结束以后,由于美苏对立的发展和冷战的出现,它们的首脑就未再能够像大战期间那样进行会晤。1953 年 5 月,即斯大林去世后大约两个月,显然是为了接触和了解苏联的新领导,英国首相丘吉尔曾提出举行以英、美、苏为中心的大国首脑会谈的建议,却遭到了美苏两国的冷遇。但是,到了1955 年 5 月,苏、美、英、法四国迅速就首脑会晤一事达成了协议。7 月 18 日,波茨坦会议以来的首次四大国峰会在日内瓦召开,苏联方面出席的除了部长会议主席布尔加宁外,还有赫鲁晓夫。四国首脑在会晤中讨论了德国统一、欧洲安全、裁军以及加强东西方接触等问题。尽管最后未能达成任何政治协议,日内瓦峰会仍然是美苏关系解冻的一个重要象征。

此后不久,赫鲁晓夫又倡议美苏两国首脑单独进行会谈,企图以此来推进苏联对西方国家发动的和平攻势,以提高自己在东方阵营以及国内的地位。但是,显然是由于不想让赫鲁晓夫实现这一目的以及担心英法产生被排除在外的感觉,艾森豪威尔最初对这一建议采取了冷淡态度。直到1959 年中,因为想通过美苏峰会说服赫鲁晓夫在德国问题上作出让步并进一步分化中苏关系,同时也是为了能使自己留下一笔政治遗产,艾森豪威尔遂决定邀请赫鲁晓夫在同年 9 月访问美国,并与其在华盛顿附近的戴维营就裁军问题、德国问题和美苏关系问题进行了会谈。尽管他们未能在这些问题上取得实质性的突破,赫鲁晓夫却在访问期间和之后大肆宣扬自己的访美成就以及美苏关系决定"整个国际局势的发展"的"戴维营精神"。他说,这一访问是在改善两国关系过程中的"一个转折点","有助于使冷战彻底成为过去"和"确立比较暖和的气候";美苏合作会使世界和平"更巩固、更持久"。②

其次,美苏关系的解冻以及第一次缓和体现在迟迟不能解决的第二次世界大战遗留问题出现了转机。1955 年初,莫洛托夫和奥地利驻苏大使进行了会谈。他不再坚持苏联的一贯立场,即奥地利问题不能和德国问题分开考虑,而是提出建议说,"以奥地利不得加入联盟或军事同盟以及奥地利的领土不得用来建立外国的军事基地"作为前提,"不再等待缔结对德和约,四大国即从奥地利撤出它们的军队"。③ 以此为契机,4 月中

---

① Stephen E. Ambrose, *Rise to Globalism*, New York: Penguin Books, 1985, pp. 156 - 157.
② 《国际关系史资料选编》编选组:《国际关系史资料选编》下册,武汉:武汉大学出版社 1983 年版,第 408—410 页。
③ 杰弗里·巴勒克拉夫等:《国际事务概览,1955—1956 年》,陆英等译,上海:上海译文出版社 1985 年版,第160 页。

旬,两国政府在莫斯科进行了会谈,就一系列涉及奥地利未来地位的主要原则达成了协议。随后,苏、美、英、法四个占领国的外长在维也纳与奥地利政府进行了会谈,并于5月15日签署了实为对奥和约的《重建独立和民主奥地利的国家条约》(奥地利国家条约)。其主要内容是:盟国宣布"尊重奥地利的主权和领土完整",禁止奥地利与德国建立"政治或经济同盟",规定奥地利"不得拥有、制造和试验"原子武器以及条约中指定的其他武器,同意盟国对奥管制"自条约生效之日起废止",其在奥地利的驻军最迟于1955年底撤出。[①] 同年10月26日,奥国民议会通过了一份关于奥地利宣布永久中立的法案,奥地利也正式重新获得了完全的政治独立。

奥地利问题的解决促进了苏联与联邦德国的建交。自联邦德国加入北约后,德国统一的前景变得更加渺茫,苏联转而改采两个德国的政策。1955年6月上旬,即奥地利国家条约签订后不久,苏联政府向波恩发出一份照会,呼吁"实现关系正常化",并邀请阿登纳访问莫斯科"以便考虑建立外交和贸易关系的问题"。[②] 苏联政府显然相信,一旦苏联与联邦德国建交,西方各国也就无法回避民主德国独立存在的事实。与美国政府商议后,阿登纳接受了苏联的邀请。他指望利用这一访问推进西方的统一德国的计划,并促使仍被扣押在苏联的德国战俘获得释放。

1955年9月8日,阿登纳抵达莫斯科,与苏联领导人开始了会谈。他表示,只有在德国统一问题和苏联遣返德国战俘的问题获得解决的情况下,两国方能建交。赫鲁晓夫、布尔加宁等则以巴黎协定的签署为由拒绝讨论德国统一问题,并坚持在苏联只有正在服刑的德国战犯而无战俘。他们主张在不附带任何先决条件的情况下首先建立外交关系。双方的分歧如此尖锐,以致会谈几近破裂。最后两国都作出了一些让步,从而达成了某种形式的妥协:苏联同意释放全部德国战犯,而以此为条件联邦德国也同意双方立即建立外交关系。9月13日的联合公报宣布,两国互派特命全权大使级代表。但是,阿登纳在回国后很快就发表了一项声明,重申德国东部的边界不是德国的最终边界,联邦德国有权代表所有德国人民发言。苏联则针锋相对地指出,德国边界已由波茨坦协定加以解决,联邦德国只是德国的一部分,另一部分是民主德国。

苏联和联邦德国建交后不久,日苏也恢复了邦交。还在1954年12月,莫洛托夫就公开表示"准备实现日苏关系正常化"。[③] 与此同时,在所谓自主的国民外交方针的指导下,刚刚担任日本首相的鸠山一郎也对恢复日苏外交关系显示了很大的热情,企图以此提高日本的国际地位。但是,在随后近两年的时间中,双方就此举行的多次谈判皆因两国间存在的领土问题而搁浅。在此情况下,为了使日本能够早日参加联合国,鸠山一郎决心将恢复日苏邦交列为当务之急,而不拘泥于领土问题的解决。1956年10月,他

---

① United Nations, *Treaty Series*, Vol. 217 (1955),pp. 227、235、241、243. ＜treaties. un. org/doc/Publication/ UNTS/Volume%20217/v217. pdf＞.
② 杰弗里・巴勒克拉夫等:《国际事务概览,1955—1956年》,陆英等译,上海:上海译文出版社1985年版,第176—177页。
③ 信夫清三郎:《日本外交史》下册,天津社科院日本研究所译,北京:商务印书馆1980年版,第811页。

抱病亲自飞往莫斯科进行谈判,并与苏联领导人签署了联合宣言。据此宣言,两国"宣告结束""战争状态","重新建立""外交和领事关系";苏联放弃对日本的"任何赔偿要求","释放和遣返所有在苏联判罪的日本公民",并"支持日本要求加入联合国"。关于两国间的领土问题,该宣言的第九条特别规定,"为了满足日本的愿望和考虑到日本的国家利益",苏联"同意把齿舞群岛和色丹岛移交日本",但经谅解,这些岛屿将在两国之间的"和约缔结后才实际移交日本"。① 同年 12 月,日本实现了进入联合国的愿望。

此外,美苏关系的解冻与第一次缓和还反映在军备控制方面。早在 1946 年 6 月美国驻联合国原子能委员会代表巴鲁克提出对原子能实行国际控制的计划起,美国和苏联就开始了漫长的军控谈判过程。1955 年,这一谈判获得了新的动力,5 月苏联代表马立克在联合国裁军委员会提出了一个既包括常规军备又包括核军备的裁减计划,7 月艾森豪威尔在美、苏、英、法四国日内瓦首脑会议上提出了"开放天空"的建议,即美苏都允许对方对自己的国土进行"高空侦察"和"空中摄影"。1957 年上半年,东西方裁军谈判终于出现了第一个高潮,比以往任何时候都更接近于某种真正的成功。当时苏联政府在联合国委员会提出了一个部分裁军计划后,艾森豪威尔则于一个记者招待会上表示,"美国必须准备就一个初步的军控协议在半路上迎接苏联"。② 但是,由于多方面的原因,此后的谈判最终并未能够取得成功。其中最重要的是,在美苏关系依然处于冷战状态的情况下,缺乏成功的军控谈判所需的相互信任。确实,每一方都不无理由地担心,接受对方的建议将会使自己的手脚受到束缚以及安全利益遭到削弱。尽管如此,这一时期美苏之间的军控谈判仍然促进了东西方缓和的氛围。因此,在 1960 年 1 月的最高苏维埃会议上,赫鲁晓夫宣布,在 1955—1958 年已经裁减 214 万人的基础上,苏联将把它的军队继续减少三分之一,即 120 万人。③

4. 第二次柏林危机与第一次缓和的受挫

然而,第一次缓和并没有改变东西方依然处于冷战状态这一基本事实。美苏关系刚刚解冻,就遇上了新的寒霜的考验,包括波匈事件和苏伊士运河战争(第二次中东战争)、苏美在洲际弹道导弹(火箭)技术领域的竞争,特别是第二次柏林危机。

1957 年 8 月 27 日,莫斯科的国家通讯社塔斯社发表声明宣布,苏联顺利地进行了洲际弹道火箭(SS-6)的试验。10 月 4 日,苏联用这一火箭成功发射了世界上第一颗人造地球卫星 Sputnik-Ⅰ。然而,此后不久美国首次进行的空间发射却遭到了失败。一切都似乎表明,苏联在导弹技术方面已经领先于美国。对于刚刚经受了 1956 年波匈事件的赫鲁晓夫来说,这无疑是种强劲的刺激和鼓励。他的自我感觉大为改善,信心倍增,在对美政策上敢于采取更加强硬的态度。与此同时,美国政府相信,苏联在发射洲际导弹方面的成功,使美国的战略地位遭到严重削弱,美国的安全已经处于"致命的危

---

① 《国际关系史资料选编》编选组:《国际关系史资料选编》下册,武汉:武汉大学出版社 1983 年版,第 512—513 页。
② Louis Henkin, *Arms Control*, New Terseyp: Prentice-Hall, Inc., 1961. p. 39.
③ A·A·阿赫塔姆江等:《苏联对外政策编年史,1917—1978》,《苏联对外政策编年史》翻译组译,北京:商务印书馆 1983 年版,第 152 页。

险境地"。艾森豪威尔在 11 月间的一次演说中称:"地球卫星本身对国家安全并无直接影响,但卫星的发射却具有现实的军事意义";"其现实的军事意义在于它的先进技术和军事能力"。① 为此,美国下决心投入新一轮军备竞争以消除它与苏联之间的"导弹差距"。

措施之一是安排生产中程导弹。1957 年 12 月初,美国防部长宣布,属于空军的"朱庇特"导弹与雷神"导弹立即投入生产。措施之二是着手开发洲际导弹,包括"海神"导弹和大力神导弹。措施之三是计划在联邦德国部署战术核武器以及在土耳其和意大利部署中程导弹。针对美国的做法,苏联除了积极发展自己的核和导弹力量外,还竭力阻止美国在其欧洲盟国的领土上部署核武器。为了达到这一目的,苏联政府一方面提出了在中欧建立无核区、暂时中止核试验等和平倡议,另一方面则利用手中的战略核武器对西方进行不加掩饰的威胁。这又导致了第二次柏林危机的出现。

第一次柏林危机之后,西柏林的问题变得越来越突出。西方力图将它变为显示资本主义"繁荣"的"橱窗"和插入东欧心脏的一把尖刀。自 1949 年起,民主德国每年有约30 万人经此逃向西方。与此同时,西柏林有着许多的西方间谍机构,以及不断对东欧进行反共宣传的电台。因此,对苏联来说,西柏林就像是卡在它喉咙的一根毒刺,其地位必须尽快加以改变。而导致赫鲁晓夫提出柏林问题的直接原因则是联邦德国在1958 年春接受了北约的用战术核武器装备其军队的计划。根据这一计划,尽管核武器的钥匙仍由美国掌握,一旦发生紧急情况,它就会同意与联邦德国共同使用核武器。此后,美国便将能够发射核炮弹的火炮和携带核航弹的飞机运入联邦德国。在此情况下,已经兼任苏联部长会议主席的赫鲁晓夫急于对联邦德国和其他西方国家施加压力。

1958 年 11 月 27 日,苏联政府在一份给美、英、法三国政府的照会中提出,柏林的不正常状态应加以纠正,西柏林应"变成独立的政治单位——一个自由城市,任何国家——包括现有的两个德国——都不得干涉它的生活";其领土将实行"非军事化,没有任何武装力量"。但是,这一照会又提出,鉴于西柏林位于民主德国境内的"特殊位置",这一自由城市与外部世界的交通将由民主德国加以"保证";如果西方国家在六个月之内不能就此问题与民主德国达成协议,"苏联将通过与民主德国的协议执行所计划的措施",届时民主德国会"在陆地、水上和空中行使自己的主权",驻德国的苏联武装部队的代表和其他官员也会"终止"与美、英、法的同行在柏林问题上的"接触"。② 西方国家拒绝了苏联的这一类似最后通牒的建议,并且声称,如果苏联照会中所讲情况果然变为现实,它们将不惜使用武力进入西柏林。形势骤然变得紧张起来。

然而,双方显然都不想使这一争端失去控制。在随后的几个月中,它们为此进行了频繁的外交活动,最终就西方提出的举行四大国外长会议讨论柏林问题的建议达成了

---

① 杰弗里·巴勒克拉夫:《国际事务概览,1956—1958 年》,廖涤胜等译,上海:上海译文出版社 1990 年版,第446 页。

② *Germany History in Documents and Images*,Vol. 8 (1945 - 1961),pp. 13,15. <http://germanhistorydocs.ghi-dc. org/sub_document. cfm? document_id=3509>.

一致。1959年5月11日,这一会议在日内瓦开幕。它虽然不能导致柏林问题的真正解决,却导致了第二次柏林危机的缓解。到了赫鲁晓夫为柏林问题的解决所规定的最后期限(5月30日),人们所担心的事情并未发生。事实上,这时苏联的外长正在华盛顿出席杜勒斯的葬礼。尽管如此,一年以后,美国一架高空侦察机被苏联击落一事依然导致了第一次缓和的终结。

按照赫鲁晓夫与艾森豪威尔在戴维营达成的协议,美、苏、英、法四国首脑应在1960年5月16日于法国举行会晤,而在此之后艾森豪威尔将对苏联进行回访。但是,就在5月1日,美国中央情报局所属的一架U-2间谍飞机在苏联领空为苏军导弹击中,飞行员鲍尔士也被活捉。赫鲁晓夫决心利用这一事件来加强自己在国内外已经遭到质疑的地位。5月14日到达巴黎后,赫鲁晓夫即向法国总统戴高乐和英国首相麦克米伦提出,在他能够同意参加四国首脑会议之前,美国政府必须"谴责美国空军这种决不允许的挑衅行为","制止类似行为的继续发生,并严厉处分那些负责的人"。[①] 5月16日四国首脑会议正式开幕前,赫鲁晓夫又当着艾森豪威尔的面重复了这一立场,并且提出,如果此要求不能得到满足,峰会应当推迟半年到八个月,美国总统对苏联的访问则暂时取消。这些建议暗示他已不愿同行将卸任的艾森豪威尔继续打交道,艾森豪威尔则拒绝了赫鲁晓夫的"最后通牒"。这样,四国峰会尚未正式开始便告夭折,美苏关系的第一次缓和也就此结束。

二、社会主义阵营的内部动荡

苏共二十大特别是赫鲁晓夫在会上所作的秘密报告,对社会主义国家乃至它们的相互关系产生了极为复杂的影响,导致东方阵营出现了严重的混乱和尖锐的斗争。不仅在东欧出现了矛头指向苏联的波匈事件,而且中苏分歧也开始发展起来。

1. 苏共二十大和赫鲁晓夫的秘密报告

1956年2月14—25日,苏共举行了第二十次代表大会。作为中央第一书记,赫鲁晓夫先是作了工作总结报告,然后又在会议宣布闭幕的当天深夜向与会代表作了《关于个人崇拜及其后果》的秘密报告。这些报告对国际共产主义运动以及苏联与其他社会主义国家的关系形成了强烈的冲击。

一方面,赫鲁晓夫在他代表党中央所作的总结报告中引用列宁的话说:"一切民族都将走到社会主义,这是不可避免的,但是走法并不完全一样,在民主的形式方面,在无产阶级专政的形式方面,在社会生活各方面的社会主义改造的速度方面,每个民族都会有自己的特点。"他强调,"向社会主义过渡的形式将会越来越多样化",人民民主和苏维

---

① G·巴勒克拉夫:《国际事务概览,1959—1960年》,曾酥黎译,上海:上海人民出版社1986年版,第87页。

埃的模式都是可以采用的。[①]这样,他就承认了社会主义国家可以在风格、行为和政策上有所差别。在这一方针的指引下,二十大闭幕以后,苏联采取了一系列措施来调整苏联和其他共产党领导的国家间的关系,包括1956年4月解散了欧洲共产党的情报局,6月邀请南斯拉夫总统铁托访苏,双方发表了两国政府的联合公报与重建两党关系的《莫斯科宣言》。

另一方面,赫鲁晓夫在长达四个多小时的秘密报告中对斯大林的个人绝对专权以及实施的政治清洗进行了彻底的批判。由于长期以来斯大林不仅是苏联的领袖,而且也是国际共产主义运动的带头人,这一秘密报告就置各国共产党和各社会主义国家于极为被动的地位。更为严重的是,二十大以后赫鲁晓夫还通过施加政治和经济压力在东欧强行推行非斯大林化运动,清除所谓斯大林主义分子,加剧了各国内部本已存在的斗争。这一切不仅在国际共产主义运动中造成了思想上和组织上的极大混乱,而且严重削弱了东方阵营的团结。

2. 波兰事件

1956年3月12日,出席苏共二十大的波兰总统、统一工人党第一书记贝鲁特在莫斯科突然去世,奥哈布就任波党第一书记。他迅速着手为在清洗所谓铁托分子运动中受到牵连的前波兰领导人哥穆尔卡及其支持者恢复名誉,并采取了新的经济政策,包括普遍提高工人的工资。尽管如此,波兰国内形势仍然动荡不安。6月28日,波兹南斯大林机车车辆制造厂的一万多名工人因改善待遇的要求未能得到及时回应在街头举行了游行示威,并喊出了反苏口号。一些别有用心的人则趁机兴风作浪,从而使和平请愿变成了骚乱。苏共中央在翌日发表的声明中断言,这一事件是美国垄断资本策划的反人民暴动,是为了颠覆社会主义国家。苏联部长会议主席布尔加宁在随后访问华沙时要求严惩肇事者,并指责一些人打着"民族特性"和"民主化"的幌子试图分裂社会主义阵营。[②]但是,波党中央和政府则很快承认了群众不满的合理性,并随后采取了一系列独立于苏联的行动,包括无罪释放了波兹南事件中的绝大部分被捕者,解除了担任波兰国防部长的苏联罗科索夫斯基元帅的职务,以及准备在即将举行的党的八中全会上推选哥穆尔卡重任中央第一书记。

这一切使苏联领导人感到了严重的担忧,赫鲁晓夫决定直接进行干预。当罗科索夫斯基及其支持者策划的军事政变流产后,1956年10月17日,驻波苏军开始向华沙移动。两天后,波党八中全会刚刚开始,赫鲁晓夫未经邀请就率领"一队强有力的人物"进入波兰。在随后与波党领导人举行的会谈中,赫鲁晓夫软硬兼施,力图阻止哥穆尔卡及其支持者进入政治局,并坚持罗科索夫斯基不能被排除在政治局之外。波党领导人据理力争,他们的行动得到了广大党员、群众以及军队的支持,全国秩序井然。在此情

---

① 《国际关系史资料选编》编选组:《国际关系史资料选编》上册(第二分册),武汉:武汉大学出版社1983年版,第405—406页。
② 时殷弘、蔡佳禾:《战后世界历史长编,1956—1958》,上海:上海人民出版社2000年版,第107—108页。

况下,赫鲁晓夫被迫作出让步,声称不干涉波党政治局人选问题,只要求发表一份重申波苏友谊的公报。在苏方保证将驻波苏军撤回基地后,波方同意了苏方的要求。10月20日,赫鲁晓夫一行回国,波党八中全会继续进行,哥穆尔卡进入了政治局并当选第一书记。八中全会后,波党和政府迅速稳定了国内局势。

1956年11月中旬,以哥穆尔卡为首的波兰党政代表团在莫斯科与苏联领导人进行了会谈。双方表示,两国关系将建立在"完全平等、尊重领土的不可侵犯性、尊重国家独立和主权、互不干涉内政、互相尊重"的原则的基础上。它们并达成了一系列协议,其中包括:作为对因在1946—1953年间低价向苏联出售原煤而遭受的损失的一种补偿,波兰不必偿还在该年11月1日以前已经动用的苏联贷款,并可再从苏联获得7亿卢布的长期贷款;苏军继续留驻波兰,但"不得触犯波兰国家的主权,不得干涉人民共和国的内政",其驻地、人数与调动要取得波兰政府的认可。[①] 尽管波兰事件最后得到了比较妥善的处置,但是不仅这一事件本身反映了波兰人民对苏联以往政策的不满,而且赫鲁晓夫最初采取的一些做法进一步伤害了波兰人民的民族感情。

3. 匈牙利事件

苏共二十大召开前,匈牙利劳动人民党党内的分歧和斗争已经十分激烈。1953年7月出任总理的纳吉虽然因"右倾错误"被撤销了职务并被开除出党,但其支持者始终没有停止反对以匈党中央第一书记拉科西为首的领导集团的斗争。赫鲁晓夫在二十大所作的报告为这一斗争提供了新的刺激。纳吉重申自己的观点,要求恢复党籍。一批青年知识分子组成了裴多菲俱乐部,极力宣扬他们心目中的民主和自由,支持纳吉重新上台。1956年6月底,在波兰发生波兹南事件后,拉科西一方面宣布放慢农业集体化速度,加强工人的民主权利和增加消费品供应,另一方面却又指示公安部门逮捕了裴多菲俱乐部的成员,查封了一些刊物,从而加剧了社会矛盾。为了稳定匈牙利的局势,苏联部长会议副主席米高扬在7月中旬来到布达佩斯,迫使拉科西辞职而由格罗接任匈党中央第一书记。

格罗上台后并未能够有效应对不断恶化的政治和经济形势,社会的不满情绪变得更加强烈。在波党八中全会的决议和哥穆尔卡重新当选为波党第一书记的消息传来后,10月23日,布达佩斯近20万名学生以及其他群众举行了游行,而混迹其间的别有用心者则趁机进行煽动,蓄意制造事端,并将事先准备好的武器分发给一些示威者。面临不断恶化的事态,当天深夜,匈党中央和政府召开了紧急会议。经过激烈争论,会议一方面决定改组政治局,让纳吉进入中央委员会并出任政府总理;另一方面,它又通过电台宣布正在发生的事件属于反革命性质,请求驻在匈牙利的苏军协助平叛。一小时后,苏军开进布达佩斯,但流血事件仍然有增无减。当晚米高扬携主管意识形态的苏共中央书记苏斯洛夫再次抵达布达佩斯。在他们的压力下格罗被迫下台,卡达尔出任中央第一书记。

---

① 《国际关系史资料选编》编选组:《国际关系史资料选编》下册,武汉:武汉大学出版社1983年版,第467—468页。

此后几天,纳吉采取了一系列让步措施,包括将正在发生的事件称作"民族民主革命",许诺结束一党制、进行自由选举以及就要求苏军撤出的问题同苏联展开谈判。与此同时,苏联也作出了重要的妥协。在应匈方要求从布达佩斯撤回苏军后,1956年10月30日苏联政府发布了《关于发展和进一步加强苏联同其他社会主义国家的友谊和合作的基础的宣言》,承认苏联过去犯下了"有损社会主义国家之间关系平等的原则"的错误,许诺将与其他社会主义国家共同讨论保证这一原则得到贯彻的措施,包括"进一步发展和加强"经济联系的问题,派遣苏联顾问的问题,在匈牙利、波兰和罗马尼亚驻军的问题。这一宣言并承诺,"一俟匈牙利政府认为必要,即将苏联军队撤出布达佩斯。"[①]次日,又一次来到布达佩斯的米高扬和苏斯洛夫接受了纳吉等人提出的要求:立即从匈牙利撤回苏军,匈牙利退出华约组织、建立多党制政府并进行自由选举。但是,这一切并不能使事态平息,暴力冲突和流血事件频频发生。国外的敌对势力此时也表现得空前活跃。坐落在联邦德国慕尼黑的自由欧洲电台由以前每日播音6—7小时改为24小时播音,除了进行一般的反共宣传外,还向匈牙利内部的反对势力提供具体建议。

在此情况下,匈牙利领导集团发生分化。1956年11月1日,纳吉致电联合国秘书长,宣布"立即废除华沙条约"和"匈牙利中立",要求联合国和美、苏、英、法四大国保证匈牙利的"中立",并将这一问题"列入即将举行的联合国大会的议程"。[②] 卡达尔则离开布达佩斯前往苏联,就"击败反革命"的问题同苏联领导人展开会谈。11月4日凌晨,以卡达尔为首的匈牙利工农革命政府在索尔诺克宣告成立并宣布:"新政府请求苏军司令部帮助我国人民粉碎反动黑暗势力,使我们能在国内恢复秩序和安定。"[③]随后,苏军17个师的兵力向布达佩斯发动代号"强风"的军事行动。11月15日,匈牙利事件基本平息。同月23日,纳吉在离开南斯拉夫大使馆后被苏军逮捕,并在以后由匈牙利最高人民法院判处死刑。

匈牙利事件给本国人民的生命财产带来了重大损失。1991年匈牙利当局公布的一份当年的绝密报告称:事件中死亡人数共计2 700人,包括大专院校学生44名、中学生196人;经济损失则相当于全年国民生产总值的四分之三。[④] 与此同时,苏联在整个事件中的表现,特别是先后两次出兵,不仅加深了匈牙利人对苏联原有的不满,而且对苏联与东欧其他国家的关系乃至东方阵营的团结造成了潜在的巨大破坏。另外,匈牙利事件还冲击了美苏关系的第一次缓和。

4. 中苏分歧的发展

苏共二十大使得中苏两党产生了重要理论分歧,这种分歧与两国的利益冲突交织在一起,严重削弱了东方阵营的凝聚力。

---

① 《国际关系史资料选编》编选组:《国际关系史资料选编》下册,武汉:武汉大学出版社1983年版,第459—460页。
② 同上书,第462页。
③ 朱庭光:《外国历史大事集》现代部分第三分册,重庆:重庆出版社1988年版,第606页。
④ "史海回眸:1956年匈牙利事件真相",凤凰网资讯,<http://news.ifeng.com/history/shijieshi/detail_2010_11/08/3031528_2.shtml>。

中苏同盟是20世纪50年代初期两国所处的特殊历史环境的产物,是必然的历史选择,也符合当时两个国家的根本利益。正因为如此,《中苏友好同盟互助条约》签订后,中苏双方在政治、经济、文化等领域迅速建立了全方位的合作关系。但是,与此同时,由于历史经历和现实利益的不同,即使是在这一合作的"黄金时代",中苏之间也出现了一系列摩擦和分歧。它们首先表现于经济领域,涉及苏联对华贷款、人民币与卢布的比价、合营公司、苏联在中国东北等地的权益等问题。由于苏联采取的狭隘的利己主义政策,中国的国家利益遭受了不应有的损失,民族感情也受到了不应有的伤害。苏共二十大则导致中苏两党产生了一系列原则分歧,这特别表现在全盘否定斯大林及和平过渡两个问题上。

在波匈事件期间和刚刚结束时,处在困难当中的赫鲁晓夫迫切需要中国方面的支持,因而显示了改善和加强两党、两国关系的愿望。为了巩固和发展东方阵营的力量,中国领导人也对苏联方面的态度作出了积极的响应。1956年11月1日,中国政府发表声明,充分肯定了两天前苏联政府就改善同其他社会主义国家的关系发表的宣言。它说:"苏联政府的这个宣言是正确的。这个宣言对于改正社会主义国家相互关系方面的错误,对于增强社会主义国家之间的团结,具有重大的意义。"[1]1957年上半年,中苏两国领导人频繁地进行了互访,双方都一再强调了两党、两国的团结的重要性。11月中旬,毛泽东亲自率领的中共代表团到莫斯科参加社会主义国家共产党和工人党代表会议以及64个共产党和工人党会议。

然而,进入1958年以后,因为相信苏联已经克服了世界上前一阶段出现的反苏逆流,赫鲁晓夫的大国沙文主义和民族利己主义情绪再次膨胀起来,先后向中方提出了两个明显损害中国的主权的要求,一是两国在中国海岸建立所谓的长波电台,二是两国共同建立一支潜艇部队。这些要求遭到了中方的拒绝。

到了1959年,由于中国坚定反美的态度与赫鲁晓夫追求美苏妥协的立场发生了冲突,苏联着手直接对中国施加压力。6月,它片面撕毁了两国关于在国防新技术领域开展合作的协定,拒绝向中国提供原子弹的样品及其生产技术资料;9月,在印度挑起了第一次中印边境武装冲突后,苏联发表了一项貌似公允、实际偏袒印度的声明。同月底,在从美国回国途中访问北京时,赫鲁晓夫教训中国不要"用武力去试试资本主义的稳定性",甚至指责中国"像公鸡好斗一样热衷于战争"。[2]

赫鲁晓夫的大国沙文主义和民族利己主义在1960年更是变本加厉。一方面,苏联利用6月和9月先后在布加勒斯特以及莫斯科举行的共产党和工人党会议对中国的立场进行指责和"围剿"。另一方面,它从经济上和政治上对中国施加更大压力,包括突然宣布在一个多月内撤走在中国的所有苏联专家和撕毁两国签订的多项协定,废除数百个科学技术合作项目,中国为此遭受了严重损失。此外,苏联开始在中苏边境西端制造

① 《国际关系史资料选编》编选组:《国际关系史资料选编》下册,武汉:武汉大学出版社1983年版,第461页。
② 谢益显:《中国外交史》(中华人民共和国时期),郑州:河南人民出版社1988年版,第292页。

事端,其边防军向中国境内推进巡逻线,鼓动一些中国边民越过边界前往苏联。

三、西方阵营内部矛盾的发展

西方国家间经济力量和军事力量对比的变化,决定了它们之间政治关系的变化。20 世纪 50 年代后半期,特别是在第二次中东战争爆发之后,美国与其他西方大国间的矛盾和斗争有了不同程度的发展,与此同时,西欧联合运动得到了进一步的加强。

1. 西方国家力量对比的变化

由于资本主义发展不平衡规律的作用,在第二次世界大战结束十年以后,西方国家的力量对比发生了重要的变化。一方面,这表现在经济领域。随着西欧、日本经济的迅速发展,美国的经济优势相对削弱。1948 年,美国工业生产、出口贸易和黄金储备分别占资本主义世界的 53.4%、32.5%、74.5%,英、法、联邦德国与日本合在一起这三项的比重仅为 20%、14.7%、6.7%。然而,到了 1960 年,美国工业生产、出口贸易和黄金储备占资本主义世界的份额分别降为 39.5%、24.4%、38.5%,而欧洲经济共同体与日本合在一起这三项的比重则上升为 48.1%、56.2%、46.4%,都明显地超过了美国。并且,这一变化趋势还在进一步发展之中。

另一方面,西方国家间的军事力量对比也发生了一定的改变。第二次世界大战结束后初期,美国垄断着核武器,西欧国家和日本几乎完全地将自己的"安全"寄托于美国的保护。20 世纪 50 年代中期前后,它们纷纷加快了发展自己军事力量的步伐。1952 年 10 月,英国进行了第一次原子弹爆炸试验,成了世界上第三个核国家;1960 年 2 月,法国也成功地进行了首次核爆炸试验。与此同时,西欧国家和日本的常规军事力量也得到了重要的增长。法国和德国分别建立了拥有 50 万人的武装力量。1957 年 6 月,日本制订了以"整备骨干防卫力量"为中心的第一个防卫力量发展计划(1957—1960),在奉行"日美共同防卫"的前提下提高防卫自主性。[①] 同年,防卫厅还将导弹研究列入了工作重点,并在年底决定购入美国的"响尾蛇"型空对空导弹。

2. 欧洲经济共同体的建立

1957 年 3 月 25 日,参加欧洲煤钢共同体的六个国家——法国、联邦德国、意大利、比利时、荷兰和卢森堡——在罗马举行会议,签署了《欧洲经济共同体条约》。它规定共同体的主要活动包括:第一,"在各成员国之间取消商品进、出口的关税和定量限制"以及类似的其他措施;第二,"建立对待第三方国家的共同关税率和共同贸易政策";第三,"在各成员国之间,废除阻止人员、劳务和资本自由流动的各种障碍";第四,建立共同的农业政策和运输政策等。[②] 该条约还规定,共同市场应设置委员会、部长理事会、议会、法院等机构以保证上述任务的执行。与此同时,六国还签署了《欧洲原子能共同体条

---

① 信夫清三郎:《日本外交史》下册,天津社科院日本研究所译,北京:商务印书馆 1980 年版。第 823 页。
② 《国际关系史资料选编》编选组:《国际关系史资料选编》下册,武汉:武汉大学出版社 1983 年版,第 488—489 页。

约》。原子能共同体的任务是:"通过建立使核子工业迅速形成和增长的必要条件,对成员国中生活水平的提高和与其他国家的交换作出贡献。"①它也要求设置相同的机构。这两个条约又被统称为罗马条约,都在 1958 年 1 月 1 日生效。这样,加上欧洲原有的煤钢共同体,西欧就有了三个共同体。

欧洲经济共同体的建立反映了形势发展的客观需要。第一,它是西欧经济迅速发展的产物。当时,在先进科学技术的强烈推动下,不仅西欧各国的生产力有了巨大增长,而且彼此的相互依存性急剧增强。这就迫切要求打破国界的限制,以扩大市场、加强资本和技术的协作以及政策的协调。第二,欧共体也是西欧承受的巨大外界压力的产物。到 20世纪 50 年代中期,尽管西欧各国的经济力量已显著加强,但其中任何一国同美苏相比都还相差甚多。它们只有联合起来,才能凭借集体的力量,加强在国际经济和贸易竞争中的地位。与此同时,战后西欧形势的发展,也为欧共体的建立提供了可能性。一方面,在战后的经济恢复过程中,通过国有化、国际投资以及政府对生产、流通、消费各个领域的调节和干预,国家已普遍和直接地介入经济生活,其经济职能全面强化。另一方面,西欧国家在建立和发展煤钢共同体过程中获得的经验也推动了经济共同体的诞生。

欧共体的建立,对成员国相互之间的关系产生了重要的积极影响。一方面,它促进了成员国的对外贸易,特别是推动了成员国相互之间贸易的扩大;反过来,这又刺激了成员国投资的增长和生产的发展。另一方面,欧共体的建立也为成员国之间的政治合作提供了一条特殊的途径。此种合作是在经济共同体的躯体中发展起来的,与在西欧联盟等传统的同盟组织中的合作不同。当然,在经济共同体中的政治合作乃属于政府间的合作,和经济共同体本身具有的超国家性质不同。

欧共体的建立也使西方阵营的内部关系受到了新的考验。第一,美国对欧共体显示了一种复杂的态度。尽管它从遏制苏联这一根本利益出发支持欧共体的建立,但是从一开始就为其"排外性"和发展成为"第三种力量"的倾向感到担忧,并对美国工农业产品在六国市场将受到的限制怀有不满。因此,美国一直力图将欧共体纳入自己的轨道,发展它的有利方面,克服它的不利方面。第二,欧共体的建立加剧了其成员国(特别是法国)与英国之间的矛盾。英国既不愿牺牲它与英联邦国家的特别经济联系而加入欧共体,又不愿忍受本国产品在六国共同市场上受到的歧视。作为一种对抗。它在1960 年 1 月联合瑞典、丹麦、挪威、瑞士、奥地利和葡萄牙签订了七国《欧洲自由贸易联盟公约》(小自由贸易区)。这样,西欧就出现了两个相互竞争的经济集团。第三,欧共体成立未久,特别是当戴高乐 1958 年再次成为法国总统以后,围绕着共同体究竟应是一个"超国家性质"的组织还是一个国家间的组织的问题,在法国与其他五国(特别是比利时和荷兰)之间出现了旷日持久的斗争。

3. 新日美安全条约的签订

1951 年的《日美安全条约》从问世之日起就遭到了日本人民的强烈反对。1957 年

---

① 陈乐民:《战后西欧国际关系》,北京:中国社会科学出版社 1987 年版,第 277 页。

开始的美军远东基地核武器化更加激化了他们要求废除这一条约的斗争。当时的岸信介内阁自然不会支持广大民众的这一立场。但是,在日本经济力量以及军事力量已经得到了不同程度加强的背景下,岸信介试图以维护日美同盟体制为前提,对日美安全条约作出一些修改,以提高日本的国际地位,同时平息日本人民的愤懑情绪。为此,他在同年6月访美时提出了修约的愿望。然而,艾森豪威尔政府对此不予理会。

直到一年以后,情况才发生了变化。由于日本人民要求废除日美安全条约的斗争一浪高过一浪,1958年9月,当访美的外相藤山爱一郎再次提出修约的问题时,杜勒斯表示了首肯。显然,美国政府指望,通过某种程度上满足日本的这一要求,可以稳定日本的亲美政权,确保日本对美国的长期依附,并促进日本军备的继续扩展。换言之,美国政府试图利用日美安全条约的修改维护美国在远东的长远战略利益。

1958年10月,日美开始了修约谈判。1960年1月,双方在东京签署了《日美共同合作和安全条约》(新日美安全条约)。它以日本方面的提案为基础,一方面保持了旧安全条约的基本内容,包括美军可继续驻在日本,并为了日本和东亚的"安全"使用"在日本的设施和地区"。另一方面,它又包含了若干旧安全条约所没有的内容:第三条规定,缔约国"将在遵循各自宪法规定的条件下来维持并且发展它们抵抗武装进攻的能力"。第五条规定:缔约国都认识到,"对在日本管理下的领土上任何一方发动的武装进攻都会危及本国的和平和安全,并且宣布它将按照自己的宪法规定和程序采取行动以应付共同的危险"。[①] 此外,新日美安全条约删去了旧约中有关驻日美军可镇压日本国内的"暴乱和骚动"的条款,并使日本得到可以"废除"该约的权利。这些变化在某种程度上提高了日本的国际地位,反映了日本人民反对美国控制的要求。但是,从总体上看,新日美安全条约并未改变日本紧紧依附于美国的状况,与日本人民的愿望相去甚远。

四、亚、非、拉美民族解放运动的新阶段

万隆会议以后,亚、非、拉美的民族解放运动进入了新阶段,这主要表现为它在广度和深度上都获得了新的发展。在万隆会议后的五年多时间中,北非涌现了一大批新独立的国家。与此同时,亚、非、拉美国家加强了反对殖民主义和帝国主义、维护国家主权和独立的斗争。在这一斗争中,它们的团结和合作得到了进一步的加强。当然,在获得独立以后,亚、非、拉美人民在维护主权、实现稳定和发展经济方面还面临着艰巨的任务。

1. 非洲新独立国家的大量涌现

与1950年前后新获得独立的国家主要位于亚洲明显不同,在1956—1960年新独立的国家中,除了马来亚和塞浦路斯以外,其余全部处于非洲。短短几年间,从北非掀

---

① 《国际关系史资料选编》编选组:《国际关系史资料选编》下册,武汉:武汉大学出版社1983年版,第502页。

起的民族独立浪潮几乎席卷了整个非洲大陆。

1956 年,红海和地中海之畔的苏丹和摩洛哥在经过与英法殖民主义的长期斗争后获得了独立。1957 年,西非的加纳摆脱了英国的殖民统治,成了黑非洲的第一个新独立的国家。紧接着,1958 年,原法属殖民地几内亚也成功地挣脱了殖民主义统治的枷锁。这象征着非洲民族解放运动高潮的到来。

1960 年在历史上更是被称为非洲年。撒哈拉沙漠以南的 17 个非洲国家纷纷取得了独立,其中 12 个是原来的法国殖民地。这种状况的出现同法国由于内外交困而被迫推行非殖民化政策有关。至此,非洲的独立国家就达到 26 个,其面积约占非洲总面积的三分之二,人口约占非洲总人口的四分之三。

同一时期,东非肯尼亚人民的"茅茅"运动以及北非阿尔及利亚人民的武装斗争也如火如荼,有力地冲击了英法的殖民主义统治,加速了各自的民族独立运动的进程。

2. 埃及收复苏伊士运河主权的斗争

1869 年正式通航的苏伊士运河由埃及人民耗时十年开凿而成,在此过程中埃及牺牲了 12 万民工,并承担了运河投资的 70%。但是,这条具有重大经济利益和战略价值的运河此后却长期为英法殖民主义者所霸占,他们几乎攫取了运河的全部收益,并且是运河的主要用户。直到 1956 年 6 月最后一批英军撤离占领了 74 年的运河区后,英法殖民主义者仍然继续控制着国际苏伊士运河公司。

为了维护民族独立和国家主权,同时也是为了筹集资金建设阿斯旺水坝,1956 年 7 月下旬,埃及总统纳赛尔宣布了将苏伊士运河公司收归国有的法令。在纳赛尔发表演说的同时,埃及政府派出的人员迅速完成了对公司的接管。英法政府不甘心这一重大挫折。为了重新夺回对运河的控制权,它们一面积极拉拢美国从政治上和经济上对埃及施加压力,一面积极策划军事冒险。此外,为了掩盖战争准备,并取得政治上的主动,英法又接受了联合国秘书长、瑞典人哈马舍尔德的安排,与埃及在 10 月上旬举行了三方秘密会谈,达成了六项原则协议。其中包括:保持运河的"不加歧视的自由通航","尊重"埃及对运河的"主权",运河的经营管理不应受到"任何一国国内政治"的影响。[①]然而,英法随后又向安理会提出了对苏伊士运河实行"国际管理"的要求。在这些要求因苏联的反对而被否决后,英法表面上同意与埃及重开谈判,实际上却积极支持以色列对之发动军事攻击。

在 1948 年与阿拉伯世界发生第一次中东战争以后,以色列一直试图针对阿拉伯国家特别是埃及挑起新的军事冲突。当埃及政府在 1956 年 7 月将苏伊士运河收归国有后,以色列意识到有机可乘,为此首先在 9 月底、10 月初同法国进行了策划。随后法国又在 10 月中向英国提出了建立英、法、以三方联盟的建议。10 月下旬,它们的军政头目在巴黎举行了会谈,并最终确定了对埃及进行联合作战的行动计划。

按照这一计划,10 月 29 日,以色列出动军队 4.5 万人分四路攻入了埃及的西奈半

---

① 朱庭光:《外国历史大事集》现代部分第三分册,重庆:重庆出版社 1988 年版,第 333 页。

岛,从而挑起了苏伊士运河战争(第二次中东战争)。翌日下午,英法向埃及同时也虚伪地向以色列发出最后通牒,要求双方立即停火并从运河两岸后撤 10 英里,而由它们的军队进驻运河区重要港口。英法声称,若有任何一方在 12 小时内未接受上述要求,它们将用军事手段进行干预。以色列立即表示接受,埃及则在当晚宣布拒绝。英法便以此为借口于 10 月 31 日傍晚出动飞机对开罗等大城市和一些机场实施轰炸。但是,英法大量的海军陆战队仍然远在欧洲,要在一个星期以后才能赶到。

就在这期间,形势变得对英、法、以越来越不利。

第一,它们的侵略不仅遭到埃及人民的沉重打击,而且也引起了包括阿拉伯国家在内的其他亚非国家以及世界人民的坚决反对。第二,它们遭受了美国施加的巨大压力。一方面,积极争取连任总统的艾森豪威尔对英法未同美国进行磋商就对埃及发起军事打击的做法极为不满,认为这不仅破坏了大西洋的团结,置他的政府于尴尬窘迫的境地,而且转移了国际舆论对匈牙利事件的关注。另一方面,美国也想趁机在中东排挤英法的势力和阻止苏联的影响,加强自己在阿拉伯世界的地位。为此,1956 年 11 月 1日,它在联合国大会提出了一项议案,要求在埃及交战的各方立即停火,将军队撤回到停战线后面。大会以 64 票对 5 票通过了这一提案。英法对此十分恼火,拒绝停火和撤军。美国遂决定中断对它们的石油供应,并不准它们使用某些美援武器。11 月 6 日凌晨,艾森豪威尔更在电话中警告英国首相艾登,如果英国政府还想维持"美英团结与和平"就应"立即下令停火",美国"不能再等下去了"。[①] 艾森豪威尔甚至命令美国军队进入戒备状态。第三,英、法、以还面临着苏联的军事威胁。为了扩大在阿拉伯世界的影响以及改善因波匈事件而受损的国际形象,11 月 5 日,苏联向英、法、以发出了措施极为强硬的照会,声称苏伊士运河战争可能会"发展成第三次世界大战",暗示了使用现代化武器特别是火箭核武器对它们实施打击的可能,并提出了以色列国家的生存问题。苏联还向美国提出了两国实行"紧密合作"以制止英、法、以的侵略的建议。在四面楚歌的形势下,11 月 6 日下午 5 时,英法被迫宣布于当天午夜停火。至此,它们动员了 16万兵力,耗费了 3 亿美元(以色列军队的开支尚不包括在内)进行的战争终以失败而告结束。

第二次中东战争以后,英法陷入了严重的困境:外交上空前孤立,财政经济状况严重恶化,人民不满迅速加剧,统治集团内部发生激烈争吵。特别是英国,艾登不久就被迫辞去了首相的职务,其军队从此撤回到苏伊士运河以西地区。埃及人民则不仅粉碎了英、法、以的共同侵略,而且利用运河的清理问题迫使西方国家继续作出让步。到1957 年 5 月,包括英法在内的有关各国最终都接受了埃及的运河国有化计划。

苏伊士运河战争结束后,苏联和美国加强了在中东的争夺。苏联利用埃及、叙利亚等阿拉伯国家急需经济援助和政治支持的机会,极力扩大它在中东的影响。为了与之抗衡,1957 年 1 月初,艾森豪威尔向国会提出了关于"中东政策"的特别咨文,并说服国

---

① 朱庭光:《外国历史大事集》现代部分第三分册,重庆:重庆出版社 1988 年版,第 340 页。

会通过了执行这一政策的决议。其主要内容是：授权总统对中东的"希望得到军事援助的任何一个国家或国家集团""执行军事援助计划"，以"反对在国际共产主义控制之下的任何一个国家的武装侵略"。① 这就是所谓的艾森豪威尔主义。它实际上意味着总统可以在中东使用美国军队。美国指望以此手段来扶植中东——特别是沙特阿拉伯、伊朗、黎巴嫩、伊拉克和约旦——的亲美势力。1958 年 7 月，应首先宣布接受艾森豪威尔主义的黎巴嫩政府的邀请，美国海军陆战队 1 万多人在贝鲁特登陆。但是，此举在世界各地引起了强烈的反对。10 月，美国被迫从黎巴嫩撤出了所有的军队。

3. 亚、非、拉美团结合作的加强

万隆会议以后，在亚非以及世界其他地区推行中立主义政策的国家间，团结合作获得了进一步的加强。

1956 年 7 月中旬，南斯拉夫总统铁托、埃及总统纳赛尔、印度总理尼赫鲁在南斯拉夫举行了会晤，并发表了一项联合声明，进一步阐述了反对集团政治的中立主义对外政策。三国领导人宣称，世界不应划分为"强有力的国家集团"而应"建立世界规模的集体安全"。他们承诺将"继续并且鼓励奉行不同政策的各国领袖之间的接触和意见交换"。② 在以后的几年中，他们和亚、非、拉美其他一些国家的领导人就共同推行这一政策的问题保持了经常的磋商和讨论。特别是在 1960 年第 15 届联合国大会期间，这三位领导人和加纳总统恩克鲁玛、印尼总统苏加诺于纽约具体讨论了召开不结盟国家首脑会议的问题，因而被称为"不结盟运动的创始人"。

亚、非、拉美国家间的团结合作导致了石油输出国组织（"欧佩克"）的建立。作为一种极其重要的战略物资，石油的主要储藏地是在亚、非、拉美，特别是在中东和北非。然而，长期以来，这些地区的石油开采、提炼和销售却始终为西方垄断资本所控制，巨额利润源源不断地流入了西方国家。第二次世界大战结束以后，亚、非、拉美的产油国家为维护国家主权和保护石油资源与西方的石油公司进行了不懈的斗争，包括将石油的开采和提炼工业收归国有。但是，西方石油资本仍然通过操纵国际市场上的石油价格来掠夺它们的石油财富。实践使这些产油国家逐步认识到，要想真正摆脱外国石油资本的剥削，就必须首先联合起来控制石油价格。

1959 年 2 月和 1960 年 8 月，西方石油资本先后两次单方面强行压低石油价格的做法，加速了产油国家建立有效联合的过程。1960 年 9 月，输出原油大约占当时世界输出总量 80％的伊朗、伊拉克、科威特、沙特阿拉伯和委内瑞拉的石油部长在巴格达举行了会议。会议指出，各参加国对西方石油公司无视产油国家利益而随意更改油价的做法再也不能熟视无睹，将尽一切努力提高目前的石油价格，并研究和制定通过调节生产以保证油价稳定的制度。会议并就成立石油输出国组织"欧佩克"一事达成了协议。翌年 1 月于委内瑞拉首都加拉加斯举行的第二次会议通过了"欧佩克"的章程。该章程

---

① 《国际关系史资料选编》编选组：《国际关系史资料选编》下册，武汉：武汉大学出版社 1983 年版，第 349 页。
② 朱庭光：《外国历史大事集》现代部分第三分册，重庆：重庆出版社 1988 年版，第 110 页。

声称,"欧佩克"的主要目的是"协调和统一成员国的石油政策,决定个别地和集体地捍卫其利益的最好手段";"欧佩克"将"设计确保国际市场价格稳定的方法和手段,以防止有害的和不必要的波动"。这一章程规定,"欧佩克"将对三个方面的利益都给予"应有的重视",即产油国可以获得"稳定收入",石油消费国可获得"有效、经济和正常的供应",投资石油工业的资本获得"公正的回报"。该章程还承诺,如果一个或几个成员国由于执行"欧佩克"的某项决定而受到有关西方石油公司的"制裁","其他成员国均不得接受这些公司可能提供的增加石油出口或提高石油价格之类的优惠待遇"。按照这一章程,"欧佩克"的主要机构包括大会、理事会和秘书处。[①] 石油输出国组织的成立,不仅标志着亚、非、拉美产油国的斗争已从分散自发进入了有组织的阶段,而且推动了不结盟运动和第三世界的形成。

第二节　美苏关系的再度紧张与两大阵营内部冲突的发展

　　原定于 1960 年 5 月举行的巴黎四国首脑会晤的破裂预示着美苏关系将进入一个新的寒冷时期。1961 年的第三次柏林危机再一次导致美苏陷入了激烈对抗,1962 年的古巴导弹危机更是将美苏推到了热战的边缘。与此同时,东西方两个阵营的内部矛盾和冲突有了进一步发展。中苏关系的破裂与苏联出兵捷克斯洛伐克以及法国退出北约军事一体化机构,都是这种矛盾和冲突更加尖锐化的表现。不结盟运动和 77 国集团的正式形成则标志着第三世界的兴起。

一、美苏关系的再度紧张与古巴导弹危机

　　巴黎四国首脑会晤破裂后,赫鲁晓夫和进入白宫不久的肯尼迪都采取了主动进攻的策略,两国关系从而迅速地再度紧张,出现了第三次柏林危机和古巴导弹危机。

1. 肯尼迪的两手策略与美苏政策的冲突

　　在对苏政策问题上,1961 年 1 月上台的肯尼迪明确继承了杜鲁门的遏制战略,但是并非像他那样片面强调军事遏制,而是进一步发展了艾森豪威尔的军事手段和政治手段并重的做法。肯尼迪认为,为了应付苏联在欧洲和其他地区的挑战,美国要更加充分、更加灵活地运用两手策略,一是军事限制,二是和平演变。他在 1961 年 1 月 30 日发布的第一个国情咨文中说:"在总统的徽章上,美国之鹰的右爪抓着一根橄榄枝,左爪

[①]　"OPEC Statute", <http://www.opec.org/opec_web/static_files_project/media/downloads/publications/OS.pdf>.

则抓着一束箭。我们要给予两者同样的注意。"①

在这种思想的指导下,一方面,肯尼迪试图通过经济援助、贸易和人员交流等各种手段,以美国的理想、价值和规范来改变社会主义国家的思想意识形态和社会制度,实现和平演变。另一方面,他按照所谓灵活反应的要求加强军事力量的建设,以便更有效地从军事上遏制苏联。

到了20世纪50年代后期,随着苏联导弹核力量的进一步增强,艾森豪威尔的大规模报复战略进一步陷入了困境。它使美国处于要么准备打一场全面的战略核战争,要么准备接受耻辱妥协的境地。为此,肯尼迪提出了灵活反应战略。这一战略的基本前提是,在面临各种性质和烈度的挑战的情况下,美国应当具有作出不同的响应和选择的能力,其核心则是提高核门槛。根据灵活反应概念,在遭到苏联的常规进攻时,美国将采取逐步升级的做法,即首先尽可能以常规力量进行反击;如果敌人坚持不肯住手,就可能使用战术核武器;如果敌人仍然继续推进,再以战略核武器对其境内的军事目标实施有限的甚至全面的核打击。总之,按照灵活反应的要求,核武器将被推迟使用,战略核武器更是最后的依靠。为此,美国需要全面发展军事能力。在核力量方面,美国应具有进行使用战略核武器的核大战和使用战术核武器的有限核战争的能力;在常规力量方面,美国应该具有同时进行分别以苏联、中国和某个发展中国家为目标的"两个半战争"的能力。

总之,肯尼迪政府的政策表明,它采取了主动进攻的做法,在竭力推动社会主义国家发生和平演变的同时,将更加灵活地使用武力以维持美国在欧洲的地位和阻止亚、非、拉美革命运动的发展。而这一切同赫鲁晓夫的政策发生了尖锐冲突。东西方关系第一次缓和的终结标志着他所追求的苏美合作的政策遭受了重大挫折。赫鲁晓夫因此在国内以及整个国际共产主义运动中遭受了严重怀疑和批评。他力图通过对西方采取一些主动行动来向世界显示自己的坚定性和能力,以挽回威望和巩固地位。美苏政策的冲突迅速导致了第三次柏林危机和古巴导弹危机的发生。

2. 第三次柏林危机

第二次柏林危机之后,经西柏林逃亡联邦德国的人数有增无减,到1961年达到了大约270万人,而且其中多数都是年轻能干、受过良好教育的专业人员。这是导致赫鲁晓夫利用6月初的美苏首脑会晤再次就柏林问题向西方发出最后通牒的导火线。6月4日他向肯尼迪递交了一份备忘录,其中建议说,应当立即"召开和会",与两个德国或仅仅与民主德国签订"和约",并"在此基础上解决西柏林作为一个自由城市的地位问题";如果美国和其他西方国家目前还不准备这样做,那就可以"在一定期限内采取一个过渡性的解决办法"。备忘录还说,四大国应当要求民主德国与联邦德国首先"就与对德和约以及德国统一有关的问题"在六个月之内达成协议。备忘录并强调,这样一份和

① "State of the Union" (January 30, 1961), <http://millercenter.org/president/speeches/detail/5945>.

约将结束西方对西柏林的"占有权"。① 在随后的私下会谈中,当肯尼迪重申美国坚持对西柏林的"承诺"时,赫鲁晓夫回答说,如果美国在这样一份和约签署以后仍然坚持它在西柏林的"存在",苏联就只有帮助民主德国"保卫"它的边界;如果美国甚至拒绝与民主德国达成一个"过渡性协议",苏联将在 12 月单独与民主德国签订和约。回国后,赫鲁晓夫立即在电视谈话中重复了他对肯尼迪提出的要求,声称苏联反对对民主德国主权的"任何和一切破坏"。民主德国总理乌布利希也警告说,西方应就使用进入西柏林的通道问题与他的国家展开谈判,否则这一通道就会被切断。② 7 月 8 日,赫鲁晓夫又宣布,鉴于柏林危机,苏联停止裁减武装部队,并将增加国防开支。这样,一度沉寂的柏林问题再次爆发,出现了第三次柏林危机。

肯尼迪对此作出了强烈反应。在结束与赫鲁晓夫的谈话离开会场的时候就说,接下来"会是一个寒冷的冬天"。他坚持认为,"如果我们不信守在柏林的承诺,那就意味着北约的毁灭和整个世界的危险。整个欧洲的命运系于西柏林。"7 月 18 日,美国和英法两国分别复照苏联,拒绝了赫鲁晓夫的同两个德国签订和约以解决柏林问题的建议。一周以后,肯尼迪在电视讲话中声称,如果柏林丢了,德国乃至西欧也就完了,柏林对于"整个自由世界"是至关重要的。他还一再暗示,美国不惜在柏林问题上一战,并要求国会同意追加 32 亿美元军事预算。同时,他将军队征召人数增加了两倍,15.8 万名后备役人员和国民警备队被动员,从而使美国武装部队的人数一共增加了 30 万人,其中 4 万人被送往欧洲,6 个师则处于随时准备迅速行动的待命状态。③

赫鲁晓夫不久又采取了一个突然行动。8 月 13 日起,民主德国沿着东、西柏林的分界线先是架设铁丝网,设路障,后又修建起水泥墙和砖墙,以此切断东、西柏林的人员来往。此举实际上表明,苏联已经放弃了要求西方国家同意改变西柏林地位和承认民主德国的努力,尽管赫鲁晓夫在口头上仍然坚持这一立场。当时,肯尼迪就柏林墙的修建提出了强烈抗议,还派副总统约翰逊访问了西柏林,并命令一支 1 500 人的战斗部队乘装甲车沿高速公路从联邦德国开往西柏林,以示美国不肯让步的决心。但是,从总体上看,美国政府的反应还是低调的,接受了"柏林墙"的存在这一既成事实。

9—11 月间的气氛表面上依然是紧张的。在此期间,苏联进行了空前密集的大气层核试验,一共达到 53 次,美国则进行了 10 次地下核试验。但是,笼罩在柏林上空的风暴实际上正在逐渐散去。9 月底,苏联政府向联合国提交了关于缓和紧张局势、加强国与国之间的信任和彻底促进全面裁军措施的备忘录。一个月后,苏共二十二大通过的新的党纲指出,苏联对外政策的主要目的是为苏联建设共产主义社会和发展世界社会主义体系提供一个和平环境,使人类避免遭受新的战争的危险,特别是要"防止热核

---

① "Aide-mémoire from Nikita Khrushchev to John F. Kennedy" (Vienna, 4 June 1961), <http://www.cvce. eu/content/publication/1999/1/1/930c38eb-5011-494b-ad72-f8ea5cb1fe30/publishable_en. pdf>.

② Donald A. Carter, "The U. S. Military Response to the 1960 – 1962 Berlin Crisis", <http://www. foia. cia. gov/sites/default/files/document_conversions/16/USMilitaryResponse. pdf>.

③ Stephen E. Ambrose, *Rise to Globalism*, New York: Penguin Books, 1985, p. 189.

战争,不让它爆发"。① 赫鲁晓夫更是在会上宣称,苏联将不坚持一定要在12月31日以前缔结对德和约的要求。这意味着他正式收回了规定西方三国限期撤出西柏林的最后通牒。1962年1月,肯尼迪在接见赫鲁晓夫的女婿、《消息报》主编阿朱别伊时说,德国问题的解决可以再拖上15年。赫鲁晓夫不仅随后对此表示了赞同,还进一步声称,西柏林问题的解决也没有最后期限,什么时候成熟就什么时候解决。这样,赫鲁晓夫一再鼓吹的割掉西柏林这一"毒瘤"的问题也就不了了之。

3. 古巴导弹危机

一波才平,一波又起。美苏之间不久爆发了一场更为尖锐的古巴导弹危机,它几乎演变成为两个核大国之间的一场使用核武器的热战。

1958年12月31日,在青年律师菲德尔·卡斯特罗指挥下的起义军攻入古巴首都哈瓦那,推翻了巴蒂斯塔独裁统治。次日,以卡斯特罗为领导的古巴革命政府正式接管了政权。美国政府虽然很快加以了承认,但是在此后的两年中却因为古巴政府的一系列维护国家主权和利益的政策而对它蓄积了强烈不满。为此,1960年初,艾森豪威尔即指示中央情报局制订了一项组织古巴流亡分子在古巴登陆以推翻卡斯特罗政权的"冥王星"计划。虽然后来由于共和党在总统大选中的失利,其政府最终未能实施这一阴谋,但仍在1961年1月初宣布同古巴断绝外交关系。肯尼迪就任后继续对古巴采取了敌视态度。他接受了中央情报局兜售的上述计划。4月15日,美国轰炸机空袭了哈瓦那等地的机场。两天以后的清晨,由中央情报局组织、训练、武装并指挥的"古巴旅"约1 500人乘美国舰艇在古巴南部猪湾附近的滩头阵地登陆。但是,古巴军民在三天之内全歼了入侵者,共俘虏了1 100多人。肯尼迪政府并未就此住手,加紧对古巴施加经济和军事压力,并积极策划新的军事干涉。1962年1月,国家安全委员会设立了一个特别小组,专门负责一项旨在推翻卡斯特罗政权的新的秘密行动计划——"猫鼬"计划。

与此同时,赫鲁晓夫利用美国对卡斯特罗的敌视政策加紧了对古巴的争取和拉拢。古巴革命胜利后十天苏联即承认了卡斯特罗政权,并很快与其签订了一系列经济协议,发展了经济关系。1959年7月,赫鲁晓夫又向来访的古巴革命武装力量部长劳尔·卡斯特罗保证:"苏联准备采取最坚决的措施来保障古巴的独立。"② 猪湾事件更是将古巴推向了苏联为首的东方阵营。一方面,苏联加大了对古巴的经济和军事援助以及政治支持;另一方面,1961年5月,卡斯特罗正式宣布古巴是社会主义国家,将采用社会主义宪法。古巴的社会主义国家身份的确立及其对苏联的依赖,使之成为苏联竖在拉丁美洲的一面旗帜以及面向美国本土的一个前哨阵地。

1962年加勒比海的局势更为恶化。种种迹象似乎都表明,美国绝不会容忍卡斯特

---

① A·A·阿赫塔姆江等:《苏联对外政策编年史,1917—1978》,《苏联对外政策编年史》翻译组译,北京:商务印书馆1983年版,第160—161页。

② 让·巴蒂斯特·迪罗塞尔:《外交史,1919—1978》下册,李仓人等译,上海:上海译文出版社1982年版,第240页。

罗政权的存在,一场针对古巴的新的侵略行动不可避免。在此情况下,赫鲁晓夫决定采取"一些决定性的步骤来保卫古巴"。① 6 月,苏联与古巴草签了关于在古巴部署苏联导弹的秘密条约。② 据此条约,苏联将在古巴部署地对空导弹和中程导弹,以及能够携带核弹的伊尔-28 型轰炸机。显然,对苏联来说,这么做既可以对付美国入侵古巴的威胁,又可以纠正苏联的导弹始终远离美国本土的不利状况。7 月下旬起,苏联利用船只集中向古巴运送军火,最初主要是防御性的武器,以改进古巴的防空力量和海岸防御力量,后来就是进攻性武器,包括中程弹道导弹和轰炸机。到 10 月 23 日,古巴境内已有42 枚地对地中程导弹,其中两枚可供随时使用。

　　美国对苏古军事合作始终怀有高度的警惕。1962 年 8 月初开始,苏联军事装备及人员不断地进入古巴的问题就成为白宫"一系列会议汇报的主题"。肯尼迪政府确定了用 U-2 高空侦察机对古巴全岛进行间谍飞行的安排。继发现了建造之中的萨姆-Ⅱ型地对空导弹发射场后,10 月 14 日,它们又摄得一个在两周内便可以用于作战的中程导弹发射场。此外,虽然在照片中未能加以识别,但是发射场显然已经储备或至少很快会拥有核弹头。在 10 月 16 日上午得知了这一消息后,肯尼迪立即召集国务院、国防部、中央情报局等部门中与此事有关以及为他特别信任的一些官员举行紧急会议,商讨对策。这十多个人就组成了国家安全委员会的所谓执委会(10 月 22 日被正式命名),其中的核心人物是总统的弟弟、司法部长罗伯特·肯尼迪。至少对美国来说,古巴危机由此拉开了序幕。

　　在接下来的六天内,U-2 飞机在古巴进一步发现了多处分别采用固定部署或机动部署方式的中程导弹发射场。同时,执委会不停地开会讨论,以求制订应付这场危机的对策。最初提出的方案大致可以被划分为六种,即不采取任何行动、外交途径解决、劝说卡斯特罗、入侵古巴、空中袭击和封锁。由于前五种方案所具的明显缺陷,最后执委会的多数成员都倾向于进行封锁。10 月 20 日,肯尼迪也接受了这一做法,但是决定采用"隔离"的提法,从而规避了破坏公海航行自由的责任。从形式上说,"隔离"的法律根据主要来自美洲国家组织宪章的规定。

　　10 月 22 日晚,肯尼迪就古巴的导弹问题向全国发表了讲话。他首先在分析形势和美国的目标时说:一周来"明白无误的证据确定",在古巴岛上正在"设置一系列进攻性的导弹发射场",其"目的只能是提供对西半球进行核打击的能力";这些发射场可以分为两种类型,一种包括了可以携带核弹头、射程为 1 000 海里以上的导弹,它们可以打击华盛顿特区、巴拿马运河或美国东南部的任何城市,另外一种在建成后可以发射射程是上述导弹两倍的导弹,它们可以打到加拿大;此外,为可以携带核武器的喷气式轰炸机准备的空军基地也在建造之中。肯尼迪声称,美国"不可动摇的目标必然是防止这些导弹被用来对付美国或任何其他国家,确保它们从西半球的撤离或消除"。然后他宣

---

① 《赫鲁晓夫回忆录》,张岱云等译,上海:东方出版社 1988 年版,第 698 页。
② 由于不久之后出现的古巴导弹危机,这项条约并未得到双方正式签署和批准。

布美国将"立即采取"的七项具体步骤,其中最主要的是:第一,"对运往古巴的一切进攻性的军事装备采取严密的隔离措施,从任何国家或港口驶往古巴的不论什么种类的一切船只,如果发现载有进攻性武器,将迫使它们驶回"。第二,"对古巴和古巴的军事建设继续和加强严密的监视"。第三,"本国的政策是把从古巴对西半球任何国家发射的任何核导弹看成是苏联对美国的进攻,需要对苏联作出充分的报复性的反应"。此外,肯尼迪声称,只有"在联合国观察员的监督下迅速拆除和撤退在古巴的一切进攻性武器"后,"隔离才能解除"。他并呼吁赫鲁晓夫"停止并取消这种秘密的、鲁莽的、挑衅性"的威胁行动,"不做出任何扩大或加深目前这场危机的举动"。① 肯尼迪的这一讲话标志着古巴导弹危机的正式开始。

还在肯尼迪发表讲话以前,整个美国就进入了"三级戒备状态"。在他宣布"隔离"决定后,美国海军即针对古巴迅速建立了"由 16 艘驱逐舰、3 艘巡洋舰、1 艘航空母舰和6 艘供应舰以及 150 艘其他的后备舰只组成的一道封锁线"。② 这道封锁线从佛罗里达至波多黎各布成一个弧形(距古巴 500 海里),奉令检查、阻止、并于必要时损坏(而不击沉)那些驶向古巴的可能载有核弹头、地对地导弹、轰炸机或者它们的辅助装备的苏联船只。10 月 24 日,美国海军正式实施对古巴的"隔离",战略空军司令部则奉命进入高度戒备的状态。这些措施不仅显示了美国实施"隔离"的能力,而且表明了美国在必要时不惜一战的决心。然而,肯尼迪又是相当谨慎的,在加紧备战的同时又给赫鲁晓夫留下了足够的回旋余地,包括避免直接的军事行动。

赫鲁晓夫最初对美国"隔离"决定的反应十分强烈。10 月 23 日,他在一封给肯尼迪的公开信中宣布,苏联"不会承认美国有权限制向古巴共和国运送必要的武器"。③在古巴的导弹发射场的建设也仍在进行。此外,包括战略核力量在内的苏军以及华约的联合武装部队都进入战备状态。因此,形势显得极为严峻。但是,10 月 26 日晚,美国国务院收到了赫鲁晓夫写给肯尼迪的一封私人长信。一方面,他在这封信中再次指责美国的"隔离"行动实际是"挑衅性的海盗行为"。另一方面,赫鲁晓夫又提出,如果美国保证"不参与攻击古巴的行动",并"召回"进行封锁的"舰队",苏联将停止向古巴运送新的导弹武器,并将撤出或销毁已在古巴的导弹武器。④ 这样,危机似乎出现了转机。

但是,第二天(10 月 27 日)上午,在肯尼迪尚未就赫鲁晓夫的这一显示了和解精神的长信作出答复之前,莫斯科广播电台又播送了危机开始以后赫鲁晓夫写给肯尼迪的第二封公开信。他在信中增加了对美国的要价,即除了停止封锁和保证不入侵古巴以外,还必须撤走美国部署在土耳其的"朱庇特"导弹。这封信使平静了一些的局面又陡

---

① "Address on the Buildup of Arms in Cuba"(October 22, 1962),< http://millercenter. org/president/speeches/detail/3372>.

② 西伦多·索伦森:《肯尼迪》,复旦大学世界经济研究所译,上海:上海译文出版社 1981 年版,第 558 页。

③ U. S. Department of State, *Kennedy-Khrushchev Exchanges*, Washington DC: U. S. Govt. Printing Office, 1996, p. 166.

④ Ibid., p. 176.

然紧张起来。此外,还出现了其他一些能使危机很容易演变为战争的事件:第一,美国两架 U‑2 飞机遭到了古巴地面炮火的袭击,其中一架被苏联人操纵的萨姆导弹击落;第二,美国新获得的情报表明,已有五个导弹发射场完全可供作战使用,第六个也将近完工。为此,在当天的会议上,执委会一致同意翌日对古巴进行空袭,摧毁萨姆导弹发射场。因此,这一天古巴导弹危机达到了高潮,后来被称为"黑色星期六"。

不过,肯尼迪意识到了这一军事行动必然造成的严重后果,因此决定将它推迟一天,以便可以再次尝试外交努力。在 10 月 27 日给赫鲁晓夫的复信中,肯尼迪没有理会他的第二封公开信,而是针对其第一封私人信件作出回答,表示可以按照赫鲁晓夫建议的方针作出"永久解决古巴问题的安排",即苏联"同意在适当的联合国观察和监督下"把进攻性的导弹武器系统撤出古巴,并且"在适当的保证下肯定不再把这种武器系统运入古巴";美国则"马上取消现在实施的隔离措施",并"提供不进攻古巴的保证"。① 此外,罗伯特·肯尼迪在当晚约见了苏联大使多勃雷宁,转达了肯尼迪给赫鲁晓夫的口信,除重复上述内容外,并承诺美国将在危机解决 4—5 个月后从土耳其撤走"朱庇特"导弹。但是罗伯特·肯尼迪又警告多勃雷宁,鉴于事态的发展日趋严重,总统要求苏联方面至迟在第二天(即 10 月 28 日)就作出明确答复,否则美国将不得不采取断然措施摧毁在古巴的导弹发射场。多勃雷宁迅速向赫鲁晓夫报告了这一会面情况。与此同时,苏联的情报机关也获得了美国将于 10 月 29 日或 30 日轰炸古巴的消息。至此,用赫鲁晓夫的话来讲,古巴导弹危机达到了"顶点"。②

在此情况下,赫鲁晓夫对肯尼迪 10 月 27 日的建议作出了积极响应。在 10 月 28日上午给美国总统的复信中,他实际上接受了后者所提出的解决危机的条件,即苏联政府下令拆除美方所认为的进攻性武器,并加以包装运回苏联,而美国则承诺不会对古巴实施进攻和入侵。为了不延误时间,此信在莫斯科电台用英语广播。肯尼迪即刻给赫鲁晓夫回信,赞扬赫鲁晓夫"对和平的重要贡献"以及所显示的政治家风度,同时又要求苏联同时撤走在古巴的苏制伊尔‑28 型轰炸机。③ 赫鲁晓夫也答应照办。这样,持续了 13 天的古巴导弹危机的高潮阶段终于过去。11 月 8 日至 11 日,苏联船只从古巴运走了导弹,并在公海上接受了美国海军船靠船的检查。美国还用飞机尾随这些船只,直到它们进入苏联港口。11 月 20 日,肯尼迪最后宣布结束"隔离"措施,古巴导弹危机至此正式画上句号。

古巴导弹危机将 1947 年以来的美苏之间的长期冷战推向了一个顶峰。危机期间,美苏两国剑拔弩张,一场热核大战呈一触即发之势。但是,由于两国主要领导人意识到了发生核战争的可能性以及它会带来的空前灾难,他们互相作出了妥协,避免了战争的

---

① U. S. Department of State, *Kennedy-Khrushchev Exchanges*, Washington DC: U. S. Govt. Printing Office, 1996, pp. 181‑182.
② 阿纳托利·多勃雷宁:《信赖》,肖敏等译,北京:世界知识出版社 1997 年版,第 99 页。
③ U. S. Department of State, *Kennedy-Khrushchev Exchanges*, Washington DC: U. S. Govt. Printing Office, 1996, pp. 187‑188.

发生。在此过程中,由于苏联在军事力量方面所处的相对弱势,从总体上看赫鲁晓夫作了更大程度的退却。古巴导弹危机对此后美苏关系乃至整个国际关系产生了重要影响。第一,虽然美苏冷战这一基本状态并未发生变化,但是它们都采取了一系列措施来管理相互之间的关系,防止类似的危机再度出现。例如,苏联不再以与民主德国单独签订和约而在柏林问题上对西方施加压力,从而使柏林局势得以稳定下来。又如,美苏不久后就签署了建立可使其领导人直接通讯的"热线"系统的协议。第二,古巴导弹危机之后,美苏依据"备战方能言和"这句古老格言展开了新一轮军备竞赛。第三,美国默认了古巴的革命政权的存在,从而宣告了18世纪20年代以来它在拉丁美洲推行的门罗主义的结束。第四,美苏在古巴导弹危机中为了本国利益直接进行交易的做法,引起了各自盟国对它们的不信任和猜疑,从而加剧了两个阵营内部本已存在的矛盾和冲突。

二、古巴导弹危机后美苏关系的僵持

自古巴导弹危机结束到20世纪60年代末,美苏关系处于僵持之中。这种僵持实际是一种常规的冷战状态,其特征是低水平的稳定与对抗性的竞争并存,既没有在柏林和加勒比海发生过的那种剑拔弩张的危机,又不像在20世纪50年代后半期曾出现的短暂缓和。

1. 美苏关系的僵持

在这一时期,一方面,美苏都努力避免采取那些会将两国关系推向新的危机的行动,并为管理相互关系和控制军备达成了一些协议;另一方面,除在中东继续进行着争夺外,美苏还都大力扩张各自的军备,特别是战略核力量,从而使相互间的军备竞争达到了新的高度。

这种僵持的出现实非偶然。一方面,古巴导弹危机记忆犹新,两国领导人主观上都不想自己的国家再次濒临热核战争的边缘甚至陷入这样的战争。为此,他们在处理相互关系时更加谨慎,希望稳定两国关系,并为此作出了一些努力。

另一方面,客观上两国领导人又因为一系列原因无法就促进相互关系采取更加有力的行动。第一,古巴导弹危机之后不久,美苏两国都遇到了严重的国内政治问题。1963年11月22日,肯尼迪在达拉斯遇刺身亡,约翰逊于匆忙之中进入了白宫。此后不久,赫鲁晓夫也在克里姆林宫的"宫廷政变"中被迫下台,勃列日涅夫掌握了苏联的大权。两个国家的新领导人都需要时间稳定国内形势。第二,当时东、西方两个阵营都出现了严重内争,美苏两国领导人都必须面对和解决阵营内部的问题。苏联在1968年出兵捷克斯洛伐克,以及1969年中苏边境地区出现珍宝岛流血事件,表明东方阵营冲突的激化以致部分解体。法国退出北约军事一体化机构,以及欧洲经济共同体出现的"空椅子"危机,则使西方阵营的凝聚力遭到严重削弱。第三,印度支那战争分散了美苏的精力。美国在这一战争泥潭中越陷越深,而苏联则必须对越南提供支持。这些因素显然对美苏形成了某种牵制,从不同的角度阻碍了它们进一步改善关系的可能。

2. 新一轮的军备竞赛

赫鲁晓夫认为,未来美苏之间的战争将是涉及所有"基本国家"的洲际的联盟战争,在这一战争中主要使用的将是火箭核武器。基于这样的观点,在他当政时期,苏联大规模地削减了常规力量,甚至撤销了陆军司令部,其常规武器的质量也全面落后于美国。与此同时,尽管赫鲁晓夫片面强调火箭核武器的作用,苏联核力量的发展依然明显滞后于美国。这种状况的出现一定程度上又是由赫鲁晓夫本人造成的。1957 年苏联导弹(火箭)技术取得的进展本来就在美国朝野引起了极大震动,赫鲁晓夫在各种场合对苏联"优势"的宣扬和夸大更是加剧了美国社会对"导弹差距"普遍感到的惊慌。美国政府趁机制定了大规模的发展导弹核武器的计划。由于在经济和技术方面具有的巨大优势,它很快就形成和发展了三位一体的战略核力量。到 1962 年时,美国拥有的陆基洲际弹道导弹(ICBM)、潜艇发射的弹道导弹(SLBM)和战略轰炸机分别为 294 枚、144 枚和 600 架,而苏联则仅有 75 枚、97 枚和 190 架。此外,美国还在欧洲部署了一批中程弹道导弹。古巴导弹危机的最后解决方式,很大程度上同美国当时拥有的核优势有关。

勃列日涅夫批评和摒弃了赫鲁晓夫那种片面强调火箭核武器的做法,主张以核武器为基干力量实现各军种的联合发展。这也是对美国的灵活反应战略作出的一种反应。在这一思想的指导下,苏联持续增加军费(每年递增 3%—4%),使常规力量和核力量得到了均衡的增长。与此同时,在越南战争中越陷越深的约翰逊政府则力图通过质量的提高来加强美国的军事力量特别是核力量。这样美苏之间就出现了全面的军备竞争。

首先,这一竞争反映在常规军备方面。在苏联,陆军再次受到了重视,被撤销的陆军司令部重新建立,陆军规模逐渐扩大,并装备了新型武器,加强了火力、机动性和装甲突击能力。海军则发展了包括航空母舰、导弹巡洋舰在内的大型水面作战舰只,重建了陆战队,从而提升了远洋作战能力。在美国,约翰逊政府也作出了巨大努力来发展自己的常规力量。原来一直落后于苏联的陆军受到了格外重视,被看成是进行"两个半战争"的主要依靠。为此,陆军现役兵力有了显著增加,并且配备了更加现代化的武器。而且,为了支持陆军作战以发挥常规力量的整体威力,空军和海军的实力也得到了重要的提升。

其次,这一时期的军备竞争反映在进攻性战略核力量方面。勃列日涅夫作出巨大努力来消除苏联在此领域所处的弱势。到 1970 年时苏联的陆基洲际弹道导弹(ICBM)以 1 300 枚超出了美国;潜射弹道导弹(SLBM)为 208 枚,是 1962 年的两倍多。不过,在战略轰炸机的数量方面,苏联继续落后于美国。为了确保具有进行第二次打击的核报复能力,美国则在古巴导弹危机之后继续扩大三位一体的战略核力量。到 1967 年时,它在数量方面仍然大大领先于苏联。是年,美国拥有陆基洲际弹道导弹(ICBM)1 054枚,潜射弹道导弹(SLBM)656 枚(部署在 41 艘潜艇上),远程轰炸机 600 架。但是,此后,由于越南战争使得军费捉襟见肘,也因为相信自己的第二次打击能力得到了保证,美国就不再致力于数量上的增加而着重于技术上的改进,其方向是弹头的小型化与可靠性的加强,导弹的独立制导的多弹头化、远射程和高精度。

再次,美苏还在反弹道导弹系统方面展开了竞争。20 世纪 50 年代中期前后,美苏先后开始了针对弹道导弹攻击的防御系统(反弹道导弹或反导系统,ABM 系统)的研究。它将主要由雷达、拦截导弹和计算机构成。苏联后来居上,1964 年开始在莫斯科周围部署第二代 ABM 系统"橡皮套鞋",到 1969 年共部署了 4 个。感到事态严重的美国也从 1963 年开始加强了研制 ABM 系统的努力。1969 年初上台的尼克松迅速着手部署 ABM 系统"捍卫者",其主要使命是保卫"民兵"型陆基洲际弹道导弹发射场、某些战略空军基地以及设在华盛顿的国家指挥中心。

3. 关于不扩散核武器条约的谈判

在美苏进行着激烈军备竞争的情况下,它们自然无法就裁减自身的军事力量达成任何重要协议。但是,在古巴导弹危机以后,这两个核大国却在防止核扩散方面进行了一系列谈判并取得了若干重要成果。

最初的成果是 1963 年签署的《部分禁止核试验条约》。一般来说,对任何一个试图获得和改善核武器制造能力的国家来说,进行核爆炸试验乃是一条必经之路。随着核试验造成的污染问题的尖锐化和核扩散可能性的加剧,苏、美、英三国早在 1958 年 10 月就开始了关于全面禁止核试验的谈判。但是,由于美苏都不愿使自己发展核武器的潜力真正遭到削弱,因而谈判难以取得进展。从 1962 年初起,三国禁止核试验的谈判被无限期推迟。

古巴导弹危机之后,情况发生了变化。一方面,在通过禁止大气层核爆炸试验防止中国成为"第五个核国家"的问题上,美苏具有一种共同的利益。另一方面,由于美苏都拥有了地下核试验的能力,大气层核试验的重要性对它们来说已经大大降低。在此背景之下,两国便将注意力转向部分禁止核试验谈判。1963 年 7 月中它们和英国一起在莫斯科正式拉开了这一谈判的帷幕,并在 8 月 5 日签署了《禁止在大气层、外层空间和水下进行核试验条约》(部分禁止核试验条约,PTBT)。它规定,缔约国保证"禁止、防止并且不进行"在上述环境中的核爆炸试验,并保证"不引起、鼓励或以任何方式参加"这些试验。[1] 当年 10 月该条约生效,并开放供其他国家签署。

部分禁止核试验条约确实带有很大的虚伪性和欺骗性。美苏制定这一条约主要是为了阻止其他国家发展和改善核武器,因此在当时遭到了法国、中国和其他一些国家的批判与反对。中法两国都没有在这一条约上签字。[2] 与此同时,也应当看到,它是第二次世界大战以后国际社会达成的第一个军备控制协议,从长远来看,对于促进军备竞争稳定、实现国际安全具有一定的意义。并且,它有助于减少人类生存环境遭受的放射性污染。

在部分禁止核试验条约签署以后,1968 年美苏又在联合国的框架之中推动了《不扩散核武器条约》(核不扩散条约,NPT)的缔结,以促进防止核扩散目标的实现。

---

① 《国际关系史资料选编》编选组:《国际关系史资料选编》下册,武汉:武汉大学出版社 1983 年版,第 438—439 页。
② 中国在 1980 年以后即未再进行大气层核爆炸试验,1986 年更是明确承诺不再进行大气层核爆炸试验。

1964 年 10 月中国成功地进行了第一次核爆炸试验以后,美苏受到了强烈震动。为此,它们试图通过签订一项确立核不扩散规范的国际条约避免核武器的进一步扩散。经过长期的争论和谈判后,1968 年春,美苏一起提出了一份《不扩散核武器条约》(核不扩散条约,NPT)草案。该草案在 6 月 12 日的联合国大会上获得了通过。7 月 1 日,英国、美国、苏联等 59 个国家分别在伦敦、华盛顿和莫斯科签署了这一条约。

《不扩散核武器条约》的前言指出了核扩散的危害:"核武器之扩散,足使核战争爆发危机大增。"正文主要包含了三个方面的内容;第一,确定了不扩散的规范。按照第一条,每个核武器缔约国承诺不将核武器 "直接或间接地让与任何领受者",也"绝不协助、鼓励或诱导"任何非核武器国家"制造或以其他方法"取得核武器。按照第二条,每个非核武器缔约国承诺不自任何让与者"直接或间接接受"核武器,"不制造或以其他方法"取得核武器,也"不索取或接受"任何这方面的协助。按照第三条,每个非核武器缔约国承诺接受国际原子能机构的规约即保障制度,以"防止核能自和平用途移作核武器或其他核爆炸器械之用"。第二,肯定了非核武器缔约国"为和平用途而推进核能之研究、生产与使用之不可割让之权利",以及核武器缔约国"促成核能和平使用之进一步发展"的义务。第三,规定了核武器国家"停止核武器竞赛"和进行"核裁军"的责任。[①] 后面两点都是对非核武器缔约国作出的不谋求获得核武器的许诺的一种回报。

核不扩散条约的内容表明,它具有一种内在的矛盾,同时包含了消极的和积极的方面。从消极的方面看,该条约的歧视色彩甚为浓厚。它将世界分成了核武器国家和非核武器国家,剥夺了非核武器国家发展自己核武器的权利。所以,该条约在问世之后一度遭到中国、法国等国的尖锐批判。而且,至今还有少数国家以此为理由尚未加入这一条约或者加入后又退出,有些国家虽然签署了这一条约,但在按照条约与国际原子能机构就执行保障制度达成具体安排的问题上却行动迟缓,态度消极。从积极的方面看,核不扩散条约显然有助于世界的和平和稳定。一方面它确立了不扩散核武器的规范,而且这一规范得到了日益广泛的接受,成为当代国际法的一个重要原则。另一方面,据此条约,美苏作出了某些相应的让步,包括承诺进行核裁军以及就核能的和平利用向非核武器国家提供帮助。正因为如此,目前该条约的签署国已经达到 180 多个,其中包括法国和中国。[②]

4. 在中东的争夺

古巴导弹危机以后,美苏还在中东进行了激烈的争夺。当时,埃及等阿拉伯国家急需军事和经济援助,苏联遂利用这一机会竭力向中东拓展势力。为了阻止苏联的步步紧逼,美国一面努力扩大在沙特阿拉伯、约旦等阿拉伯国家中的影响,一面对以色列进行全力支持,除公开保证维护其领土完整和独立外,还向它出售了技术先进的武器。

在此情况下,1966 年起,中东地区形势重新紧张起来。而在这一过程中,以色列表

---

① 《国际关系史资料选编》编选组:《国际关系史资料选编》下册,武汉:武汉大学出版社 1983 年版,第 443—444 页。
② 中国和法国都在 1992 年加入了核不扩散条约。

现得尤具攻击性。在加紧完成了最后准备工作后,以军在1967年6月5日清晨对阿拉伯国家发起了袭击。它的空军先后轰炸了埃及、约旦、叙利亚和伊拉克的机场,其坦克则同时向西奈半岛、戈兰高地和约旦河西岸推进,从而挑起了"六天战争"(第三次中东战争)。

战争爆发后,美国国务卿腊斯克迅速给苏联外交部长葛罗米柯发出了一份电报,强调美国坚决维护该地区所有国家的领土完整和独立的原则,希望在联合国范围内对参战国进行调解,并要求苏联采取同样态度。苏联部长会议主席柯西金很快对此作出了响应,因此约翰逊如释重负地说,"世界大战不会发生"。[①] 但是,仅仅过了几个小时,在知道阿拉伯国家遭受了严重损失以后,柯西金又给约翰逊发出了一封措施强硬的电报。其中说,苏联拥有可怕的毁灭性武器,如果以色列不撤回到自己的边境线以内,苏联的武装力量就要运用适当的手段制止侵略行径。[②] 作为对这一电报的回答,约翰逊命令第六舰队的包括航空母舰在内的几十艘军舰向西奈海岸全速前进。一时间,美苏两国似乎又走到了战争的边缘。但是,为了避免直接对抗,它们很快又就中东停火问题达成了妥协。在美苏的推动下,美国东部时间6月6日晚上,安理会一致通过了一项最简短的决议:"要求所有有关的政府立即采取一切必要措施以达到停火目的,结束所有在中东的军事行动,要求秘书长在最短期限内向安理会汇报有关中东的局势。"[③] 由于军事上的受挫和苏联的压力,约旦和埃及分别在6月7日深夜和6月8日宣布接受安理会决议,而以色列一面虚假地表示愿意停火,一面调集重兵向叙利亚发动全面攻击,占领了具有重要战略意义的戈兰高地和通往大马士革的主要公路。直到6月10日,它才真正全面停止了军事行动。叙利亚在6月12日宣布停火。

从战争的直接结果来看,以色列无疑是个胜利者。在战争中埃、叙、约三国动用了30万人的兵力,伤亡、被俘6.2万余人,丢失领土6.57万平方公里,包括埃及的西奈半岛和加沙地带,约旦的约旦河西岸土地,叙利亚的戈兰高地。以色列在夺得这些战略要地的同时,其27.5万人的兵力仅伤亡3 700多人(其中死亡约700人),[④]但是,从长远来看,以色列背上了沉重的包袱。为了维持对被占领土的控制,镇压被占领土上阿拉伯人的反抗,它必须付出巨大的人力、物力和财力。同时,由于近100万阿拉伯人沦为难民,巴勒斯坦解放组织迅速壮大。

第三次中东战争也使美苏的中东政策受到巨大挑战。一方面,阿拉伯国家对苏联在战争期间并未向它们提供有效的直接援助一事感到严重不满。尽管战后它在政治上和经济上采取了不少补救措施,但其在中东的威信的下落已是无法逆转的趋势。另一方面,阿拉伯国家对美国在战争中采取的偏袒以色列的立场更是感到愤慨。在此情况下,美国在继续向以色列提供援助的同时尽力在中东问题上以一种公正的面目出现,以

---

① 米歇尔·巴尔-佐阿尔:《六天战争秘史》,符锦南等译,上海:上海译文出版社1987年版,第240页。
② 同上书,第247页。
③ 同上书,第240页。
④ 金重远:《战后世界史》,上海:复旦大学出版社1995年版,第312页。

改善它在阿拉伯世界的形象。在美国的支持下,1967 年 11 月 22 日,联合国安理会通过了第 242 号决议,提出了在中东建立"公正及持久和平"的两项原则:一是"以色列军队撤离其于最近冲突所占领的领土";二是"尊重并承认该地区每一国家的主权、领土完整及政治独立"。此外,决议确认必须"保证该地区国际水道的自由通航"。① 阿拉伯国家和以色列虽然都接受了这一决议,但是又分别提出了自己的保留。以色列宣称,只有在签署了得到保证的和约以后,它才能撤军;阿拉伯国家则坚持说,按照第 242 号决议,只有在以色列完全撤军以后,才能采取其他外交行动。

三、东方阵营的部分解体和苏军入侵捷克斯洛伐克

在 20 世纪 60 年代,以苏联为首的东方阵营内部矛盾继续发展,冲突进一步尖锐化。苏联和中国、阿尔巴尼亚等国关系的破裂导致了它的部分解体。苏军对捷克斯洛伐克的入侵则表明了华约内部蕴藏的巨大危机。

1. 东方阵营的部分解体

1960 年底召开了莫斯科 81 国共产党和工人党代表会议之后,中苏两党关系继续恶化。1961 年 10 月的苏共二十二大更是导致了它无可挽回地走向破裂。一方面,赫鲁晓夫代表中央所作的报告以及大会通过的文件进一步加深了中苏之间在意识形态领域的裂痕。② 另一方面,会上他对在中苏论战中支持中方的阿尔巴尼亚劳动党公开发起了攻击,并指责中共没有迫使阿党与苏共保持一致,从而使矛盾进一步激化。进入1962 年,中苏双方相互间的声讨有增无减。1963 年春起,中苏则进入了理论上的全面和激烈的争论。在此过程中,双方还批评了对方的对外政策乃至国内政策,中苏两党的关系最终走到了彻底破裂的边缘。1964 年 4 月 21 日的苏联《真理报》第一次载文称中国为"叛徒"。③

与此同时,苏联进一步恶化与中国的国家关系。1961 年,它趁中国国内出现严重的经济困难之机进行逼债,要求中国连本带利偿还它在朝鲜战争期间为向苏联购买军事物资而欠下的债款。1962 年上半年,苏联在中国新疆地区进行大规模颠覆活动,先后制造伊宁暴乱事件和"伊犁-塔城事件"。同年 10—11 月间中印边境再次发生武装冲突时,和中国订有同盟条约的苏联却更加露骨地偏袒印度,对其提出的军事援助要求给予了肯定的答复。1964 年 6—7 月间,苏联方面还一再暗示,在中国与其他国家发生战争的情况下,《中苏友好同盟互助条约》并不能保证苏联对中国的支持。④

1964 年 10 月赫鲁晓夫下台以后,中方派出了以周恩来为首的党政代表团赴莫斯科参加十月革命的庆祝活动,试图借此机会与苏联新领导进行接触,以改善中苏两党和

---

① 钟冬:《中东问题 80 年》,北京:新华出版社 1984 年版,第 580 页。
② 《关于国际共产主义运动总路线的论战》,北京:人民出版社 1965 年版,第 67 页。
③ 谢益显:《中国当代外交史》,北京:中国青年出版社 1997 年版,第 217 页。
④ 同上。

两国的关系。但是,米高扬在会谈中宣称:"在同中共分歧的问题上,我们同赫鲁晓夫是完全一致的,甚至没有细微的差别。"①事实也是如此。1965 年 3 月,尽管中共等共产党的反对,苏共在莫斯科召开了赫鲁晓夫没有来得及召开的所谓共产党和工人党协商会议(仅有 19 国参加),从而实际上导致了国际共产主义运动的分裂,以及中苏两党关系的破裂。从此,中共不再参加苏共组织的任何共产党和工人党国际会议。

不仅如此,苏联还加紧向中苏、中蒙边境派驻军队,不断在中苏边境制造边界纠纷。特别是在 1967 年以后,苏军对中国边境地区的武装挑衅明显增加。1969 年 3 月 15 日,苏军出动大批装甲车、坦克和武装部队,侵入中国黑龙江省虎林县乌苏里江的珍宝岛,向岛上的中国边防巡逻人员开枪射击,中国边防部队则进行还击。"珍宝岛事件"表明苏联已经彻底背离了中苏友好同盟互助条约,两国的同盟关系已经名存实亡。

在 20 世纪 50 年代后期中苏关系逐渐恶化的过程中,阿尔巴尼亚站在了中国一边。特别是在 1960 年的布加勒斯特会议上,阿劳动党代表团明确地批评了赫鲁晓夫对中国共产党进行突然袭击的做法。苏联领导人对此极为不满,力图通过政治、经济和军事手段迫使阿尔巴尼亚领导人就范。在 1961 年 10 月的苏共二十二大上,赫鲁晓夫率先对阿党发起了指责与攻击,甚至号召推翻其领导。此举引起了阿方的强烈反应。12 月,双方断绝了外交关系。

罗马尼亚在中苏理论论战与关系破裂的过程中采取了一种独特的立场。一方面,在论战公开化后,它拒绝按照苏联的指挥棒起舞。1965 年 3 月,罗马尼亚抵制了实际导致国际共产主义运动分裂的 19 国共产党和工人党协商会议;1967 年 4 月,在欧洲共产党和工人党会议上它反对与会者对中国的指责;1968 年初,在 67 国共产党和工人党协商会议上它又拒绝签署矛头针对中国的通报。罗马尼亚还否定了华约军队在其境内举行军事演习的建议,反对苏军入侵捷克斯洛伐克和阿富汗。另一方面,罗马尼亚不愿屈从于苏联要求东欧国家实行经济分工的压力。按照赫鲁晓夫在 1962 年 6 月经互会成员国党政领导人参加的莫斯科会议上提出的计划,苏联、捷克斯洛伐克和民主德国应进一步发展工业,罗马尼亚、保加利亚、波兰和匈牙利则应成为原料的主要生产国。这种分工显然将使罗马尼亚无法成为一个具有健康经济、独立自主的国家,因此遭到了其领导人的强烈反对。他们一再强调,各国共产党和各个社会主义国家享有充分的平等和独立,罗马尼亚的工业化计划不容他国干涉。以后,罗马尼亚也拒绝了苏联的所谓"社会主义经济一体化"计划。与此同时,罗马尼亚积极发展同中国的贸易关系。

2. 苏军入侵捷克斯洛伐克

为了维持苏联对东欧各国的政治和经济控制,同时也是为了确保它们在中苏关系破裂过程中站在莫斯科的一边,勃列日涅夫上台后除继续鼓吹"国际分工论"外还提出了"有限主权论"和"国际专政论"。按照苏方的解释,"有限主权论"的含义是:"社会主义大家庭"的"安全"和"共同利益"是"最高主权";当东欧某一国发生的问题威胁到"大

---

① 杨明伟等:《周恩来外交风云》,北京:解放军文艺出版社 1995 年版,第 49 页。

家庭"的"安全"和"共同利益"时,"社会主义大家庭"有权决定其成员的"命运","其中包括它的主权的命运"。"国际专政论"的含义则是:"历史的发展"已经提出了要把"一国专政"变成"大家庭"的"国际专政"的任务,为此应当"进一步完善"可用来"保卫""国际专政"的工具——华约组织和经互会。① 这种"有限主权论"和"国际专政论"正是苏联据以出兵捷克斯洛伐克的理论依据。

由于政治和经济方面出现的一系列问题,从 1967 年起,捷克斯洛伐克公众的不满情绪迅速滋长,党内斗争也日趋尖锐。尽管苏联进行了干预,诺沃提尼还是在 1968 年初先后被免去了捷共中央第一书记以及总统职务。接任第一书记的杜布切克及其支持者们在对内政策上主张改变现有的政治和经济体制,在对外政策上表现出一种反对苏联控制、要求独立自主的倾向。4 月初,捷共中央通过了反映上述要求的《行动纲领》,使国内的形势发生了进一步的变化,上层的斗争向基层发展,党内的动荡向社会扩散,出现了一场广泛的政治民主化运动,即"布拉格之春"。6 月下旬,报纸上登出了一封由一些著名知识分子署名的 2 000 单词的呼吁信,号召公众支持党内的"进步力量"。在接着为 9 月的捷共十四大进行的代表选举中,杜布切克的支持者取得了压倒性的胜利。

尽管杜布切克等人一再表示,捷克斯洛伐克将坚持共产党的领导和维护华约的团结,苏联领导人仍然为其国内形势的发展感到不安,不仅担心捷克斯洛伐克会脱离苏联的战略轨道,更担心它的离心倾向会在东欧国家引起连锁反应。为了阻止这一危险,勃列日涅夫加紧对其施加压力。1968 年 5 月,苏联以防御联邦德国为名要求在捷境的西部驻军;6 月,苏联又趁华约举行演习的机会将大量苏军派入捷境的要冲,并且迟迟不肯撤出。7 月 15 日,苏联联合波兰、匈牙利、保加利亚、民主德国等四个华约国家在向捷共发出的一封信件中声称,捷克斯洛伐克事态的发展表明,"由帝国主义中心支持的反革命力量对社会主义制度发起了全面进攻",这"危害了所有社会主义国家的共同利益";"面对这一威胁",如果我们"漠不关心和消极被动","人民绝对不会原谅我们"。该信还呼吁捷共的"健康力量"起来消除内部的反动势力。② 与此同时,苏联要求捷共领导人到莫斯科或基辅进行两党会谈。捷共中央拒绝了"华沙信件"的指责,并反对在苏联境内举行两党会晤。在此情况下,苏共领导人于 7 月 29 日赶到捷境内的小镇切尔纳,同捷共领导人开始了持续 4 天的会谈。8 月 3 日,杜布切克又与苏联及上述四国领导人在斯洛伐克的首府布拉迪斯拉发进行了会晤,并发布了一项声明。它一方面强调"支持、巩固与保卫"苏联和东欧各国在革命和建设方面取得的成果是"所有社会主义国家共同的国际主义义务",另一方面又声称与会国要"在平等、尊重主权和民族独立以及领土完整、相互援助和团结的基础上改善全面合作"。③ 此外,苏联还表示愿撤出为参

① 谢益显:《中国外交史》(中华人民共和国时期),郑州:河南人民出版社 1988 年版,第 363—364 页。
② "The Warsaw Letter", July 14 - 15, 1968, <http://library. thinkquest. org/C001155/documents/doc33. htm>.
③ "The Bratislava Declaration", August 3, 1968, <http://library. thinkquest. org/C001155/documents/doc41. htm>.

加演习而进入捷境的苏军。捷克斯洛伐克的形势似乎已经缓和。

然而,1968年8月20日深夜,正当捷共中央主席团讨论十四大的安排时,苏联拉拢民主德国、保加利亚、波兰和匈牙利,出动30万军队向捷克斯洛伐克发动了入侵,并迅速对捷实行了军事占领。8月21日,捷国民议会决定不对占领军采取任何暴力行动,但是群众却自发进行了各种形式的抵抗。次日,捷共十四大提前召开,选出了以杜布切克为首的中央委员会。8月23日,布拉格举行了全市大罢工。在当时的情况下,勃列日涅夫根本无法在捷直接组成一个亲苏政权,于是改变手法,迫使已被带至莫斯科的杜布切克等人在8月26日签署了《苏捷会谈公报》。按照这一文件,苏联表示对捷克斯洛伐克的领导人"完善领导社会的方法、发展社会主义民主和加强社会主义制度"的立场表示理解,承诺"暂时进入"捷领土的盟国军队"将不干预"其内政;捷方则声明将"为发展和加强同苏联和整个社会主义大家庭各国人民的友好关系"采取有效措施;双方声称将"绝对履行它们在社会主义国家缔结的多边和双边条约方面承担的一切义务,加强社会主义大家庭的防御实力,提高防御性的华沙条约的效力"。[1] 10月16日,苏联又强迫捷政府签署了《苏联军队暂时留驻捷克斯洛伐克的协定》,为苏联在捷的长期驻军提供了法律基础。翌年的4月,在苏联的压力下,捷共中央免去了杜布切克的第一书记职务,而由胡萨克接替。

以勃列日涅夫为首的苏联领导无视国际准则、公然出兵干涉一个主权国家内政的行径,暴露了其霸权主义对外政策的本质。这一做法遭到了世界各国人民的普遍反对,苏联在国际上陷入了空前的孤立。此外,中国、南斯拉夫、罗马尼亚、阿尔巴尼亚等国对苏联这一侵略行为的强烈谴责,进一步表明了东方阵营的部分解体。

四、西方阵营内部裂痕的加深

在东方阵营内部矛盾和冲突迅速加剧从而导致部分解体的同时,西方阵营内部的裂痕也不断加深。这突出体现在法国反对美国的控制以及阻止英国加入欧共体的努力方面。

1. 肯尼迪的多边核力量计划及其破产

20世纪60年代初期法国和英国对肯尼迪政府的多边核力量计划的拒绝与抵制,构成了当时西欧和美国之间的控制与反控制斗争的主要内容,尽管由于处境的不同,它们的反抗方式有着明显的差别。

1958年夏天,有三名美国科学家在一个非正式报告中提及,当时世界上不少于12个国家具有进行核武器开发并取得成功的能力,其中一些就是北约的欧洲成员。[2] 在此背景下,从1959年下半年起,北约最高司令官、美国的诺斯塔德将军就逐步提出使北

① 《国际关系史资料选编》编选组:《国际关系史资料选编》下册,武汉:武汉大学出版社1983年版,第477—478页。
② 杰弗里·巴勒克拉夫:《国际事务概览,1959—1960年》,曾酥黎译,上海:上海译文出版社1986年版,第135页。

约成为"第四支核力量"的建议,试图以此实现对西欧盟国的核政策的控制。1960 年 12 月,即将离任的艾森豪威尔政府的国务卿赫脱在北约理事会巴黎会议上对诺斯塔德的建议表示了赞同。肯尼迪最初对建立多边核力量的计划采取了审慎态度,但是不久即转而加以支持。1961 年 5 月中,他在加拿大议会发表演讲时提出,愿意和北约的其他成员拟订适当的办法,建立一支在所有权和控制权方面都将是真正多边的北约核力量,并对其实行严密和灵活的管理,以适合所有北约国家的需要。肯尼迪并宣布,美国打算先向北约提供五艘携带北极星核导弹的潜艇,这些潜艇将遵循由北约商定的有关控制和使用的指导方针。[①] 虽然该建议在伦敦和巴黎都遭到了冷遇,但是肯尼迪政府并未放弃。1962 年夏,美国海军得出结论说,多边的、一体化的欧洲舰载核力量在技术上是可行的。此后,政府要员频频到欧洲宣传这一计划,并力图首先说服正指望从美国获得核运载手段的英国加以接受。

　　自严格限制与外国分享"原子秘密"的麦克马洪法案于 1954 年被修订后,美国政府就开始在发展核弹以及核运载手段方面向英国提供帮助。1960 年 3 月,当英国由于财政困难中止了对"蓝光"导弹的自主研究时,艾森豪威尔即与麦克米伦首相达成了向英国出售"空中闪电"导弹的协议。然而,出于在成本和效率方面的考虑,肯尼迪政府于 1962 年 11 月作出了停止生产这种空射导弹的决定,从而使英国政府陷入十分为难的境地。在 12 月 18—21 日两国首脑于巴哈马群岛的拿骚举行的会谈中,肯尼迪与麦克米伦讨论了这一问题,最后双方达成了有名的"拿骚协议"。根据这一协议,一方面,美国"将在持续的基础上"使英国的潜艇获得"北极星"导弹,英国"将建造可以配置""北极星"导弹的潜艇,并为"北极星"导弹"提供核弹头"。另一方面,英国的"这些核力量以及至少同等的美国的核力量将被包含在北约的多边核力量之中";"除非英国政府认为最高国家利益受到损害,否则在任何情况下,这些英国核力量都将用于西方联盟的国际防卫目的"。[②] 也就是说,美国同意向英国提供"北极星"导弹(核弹头和核潜艇由英国自己负责),但是,作为条件,英国认可并且同意加入美国的北约多边核力量计划。

　　拿骚协议达成的当天,肯尼迪致信法国总统戴高乐,声称美国可以按照与英国达成的同样的条件向法国提供"北极星"导弹。然而,对坚持发展独立核力量的戴高乐来说,拿骚协议不过是英国的一份投降书。为此,1963 年 1 月 14 日,他在一个记者招待会上明确表示,法国拒绝接受美国的北约多边核力量计划以及所要提供的"北极星"导弹。他说:"把我们的武器并入受外国人指挥的多边核力量,这是与我们的防务与政策原则背道而驰的";"我们坚持我们已经作出的决定:由我们自己建立我们的原子力量,必要时,由我们自己来使用它"。[③] 此外,他还宣布,法国对任何禁止核试验的条约都不感兴趣。

---

① 　D・C・瓦特:《国际事务概览,1961 年》上册,于树生等译,上海:上海译文出版社 1988 年版,第 105—106 页。

② 　Jeffrey Porro, *The Nuclear Age Reader*, New York: Alfred A. Knopf, 1989, p. 142.

③ 　Ibid., pp. 416 - 417.

戴高乐的讲话,不仅宣告了法国对北约多边核力量计划的拒绝,而且鼓励了英国对这一计划的抵制。拿骚协议刚一宣布就在英国国内遭到了激烈的讽刺和攻击。已经退休的丘吉尔也在一封致保守党年会的信中提出,英国决不能放弃自己的独立核力量;无论如何,将核武器放在自己手里要比放在一个"友好的、但终究是外国的手里可靠得多"。[1]

因此,尽管麦克米伦在拿骚协议上签了字,但此后一直以经费、政治和战略等理由加以搪塞和拖延。在 1963 年 3 月召开的北约理事会会议上,英国外交大臣霍姆要求首先考虑实现拿骚协议所计划的多边核力量的具体措施,并进一步提出由一名欧洲人负责指挥这支力量。10 月 1 日,英国政府最终宣布,它无意对北约多边核力量计划承担义务。1964 年 10 月上台的威尔逊工党政府更是对多边核力量计划采取了公开反对的立场。鉴于法、英以及其他一些北约盟国的拒绝或抵制,12 月 20 日,接替肯尼迪担任美国总统的约翰逊发出了一项内部指示,要求美国的所有驻外代表不得在多边核力量问题上发挥领导或推动作用。这也表明美国实际已经放弃了这一计划。

2. 法国退出北约军事一体化机构

20 世纪 60 年代中期法国从北约军事一体化机构的退出,更是将西欧国家反对美国控制的斗争推向了一个高潮。它既是法美矛盾尖锐化的集中表现,也是西方国家内部矛盾逐步深化的典型反映。

1964 年,法国的首批"幻影-Ⅳ"式轰炸机编入空军服役,这意味着它的第一代核打击力量已经形成。以此为基础,戴高乐提出了法国版的核威慑理论。他说,到 1966 年,当拥有了"足够的""幻影-Ⅳ"轰炸机和加油机时,法国就"走上了威慑之路",因为任何"发起攻击的侵略者都会遭到同样可怕的毁灭"。[2] 与这种威慑理论相联系的是所谓"堡垒法国"和"全向庇护"的思想。"全向庇护"是指法国应当准备抵御来自任何方面的威胁和危险,"堡垒法国"是指只有在法国本土受到攻击时它才会利用自己手中的核力量实行报复。与此同时,戴高乐相信,灵活反应战略表明,美国缺乏甘冒本国遭受核攻击的危险保卫西欧的决心,美国作出的向其西欧盟国提供保护的许诺将不会兑现;相反,西欧国家与美国的同盟关系将有可能把它们拖入与自己无关的冲突之中,这些冲突仅仅是为了保护华盛顿的利益。[3]

正是由于确信法国拥有了核威慑能力以及认为北约并不会真正给法国带来安全,同时也是因为谋求大国地位的需要,从 1965 年起,法国就采取措施逐步退出北约军事一体化机构。是年年初,戴高乐在一个记者招待会上表示,最迟到 1969 年,那种在"一体化"名义下的"从属关系"就将结束,因为它导致法国将自己的"命运"交给了"外国当局";法国要"重建某种享有主权的正常局面",使属于法国的"地上、天空、海洋和武装力

---

[1] 陈乐民:《战后西欧国际关系》,北京:中国社会科学出版社 1987 年版,第 212 页。
[2] 刘善继等:《当代外国军事思想》,北京:解放军出版社 1988 年版,第 242 页。
[3] "1966 - 1967:SHAPE Finds a New Home",<http://www.aco.nato.int/page1463252.aspx? print=Y>.

量"都仅仅接受法国的管辖。戴高乐还声称,这并不意味着法国同北约的决裂,而是法国对变化了的形势的"一种必要的适应"。[①] 5月,法国拒绝参加北约的军事演习。1966年3月7日,戴高乐在给美国总统约翰逊的信件中提出,在法国准备继续接受北大西洋公约的同时,要求北约组织根据形势的变化对它的"军事性质的安排"作出改变;法国"试图在其领土上恢复对主权的完全行使",因为"盟国军事因素在法国的持久存在和对其领空的习惯性的使用"使这一主权受到了"损害";为此,法国将不再参加"一体化的司令部,也不再将其军事力量置于北约的管辖之下"。[②] 3月8日和10日,法国政府又在给北约所有成员国的备忘录中正式宣布,其驻在德国的地面部队和空军将不再接受北约的欧洲司令部的管辖;法国将"同时退出两个一体化的北约司令部",即欧洲盟军最高司令部和中欧司令部;同时,法国要求这两个司令部迁出"法国领土"。[③]

1966年3月30日,法国又发出了新的照会,规定了完成各项有关措施的最后期限,其中包括:同年7月1日起,法国驻联邦德国的陆、空部队(约7万人)不再接受北约司令部管辖(但仍将继续在德国驻扎),法国人员从北约的一体化司令部撤出,包括欧洲盟军最高司令部、中欧司令部、南欧司令部等;1967年3月31日前,欧洲盟军最高司令部和中欧司令部迁出法国领土;4月1日前,美军在巴黎附近的司令部以及在巴黎之外的几处陆军和空军设施迁出法国领土。[④]

戴高乐的决定使得美国政府极为恼火。起初,它力图联合北约其他成员国一起向法国施加压力,迫使其改变立场,但却无济于事。于是,美国又要求将从法国迁走美军基地以及北约司令部的最后时限推迟一年,并由法国承担迁移费用。这同样遭到法国政府的拒绝。百般无奈之下,美军只好于1967年3月14日降下星条旗而离开法国。

3. 欧洲共同体内部的冲突

在美法之间因多边核力量计划以及法国退出北约军事一体化机构陷入严重冲突的时候,围绕着欧共体性质以及英国加入的问题,西欧国家本身也发生了激烈的争执和对立。

虽然1957年建立欧洲经济共同体的罗马条约只提及了经济一体化,但是这种经济一体化必然会推动和促进成员国在政治上的合作。对此,法国尤为积极。1961年新年伊始,戴高乐即向欧共体的其他五个成员国提出了建立一个"欧洲联盟"的建议。2月,共同体六国在巴黎举行首脑会议,决定组成一个以法国驻丹麦大使富歇为首的委员会专门研究这一问题。然而,在具体规划这种政治联合的形式时,法国和比利时、荷兰等国之间出现了明显的分歧。法国主张的是一种主权国家之间的联盟,以便在有关其成

---

① 陈乐民:《战后西欧国际关系》,北京:中国社会科学出版社1987年版,第226—227页。

② "President de Gaulle to President Johnson, MARCH 7, 1966", <http://www.fransamaltingvongeusau.com/documents/dl2/h2/2.2.8.pdf>.

③ "French Memorandum Delivered to the Fourteen Representatives of the Governments of the Atlantic Alliance on March 8 and 10, 1966", <http://www.fransamaltingvongeusau.com/documents/dl2/h2/2.2.8.pdf>.

④ "De Gaulle Sets Deadlines Ending NATO Integration", by Chalmers M. Roberts, *The Washington Post*, Mar. 31, 1966, page. A15.

员国共同利益的问题上产生共同对外政策。比、荷、卢所主张的则是一种具有"超国家"性质的一体化合作。1962年3月,富歇委员会向在卢森堡召开的部长理事会会议提交了一份主要体现了法国立场的妥协性草案,即富歇计划。尽管联邦德国和意大利进行了居间调停,这一计划最终未能取得任何结果。

此后,欧共体内部更因为性质之争出现了"空椅子"危机。1964年10月,由联邦德国的哈尔斯坦担任主席的欧共体委员会向部长理事会提交了一份《1964年创议》。其核心内容是主张加快共同体的一体化进程,包括提前废除成员国之间对工农业产品征收的所有关税和建立统一的对外税率。这一文件在法国与欧共体其他国家之间(主要为联邦德国、意大利和荷兰)之间激起了一场新的风暴。

1964年12月31日,戴高乐在一次电视讲话中指出,法国必须"在政治、经济、金融和防务等领域内成为自己的主人",任何"在超国家或一体化或大西洋主义的名义之下"的经济或货币体制,都会将法国置于它所"熟知的霸权之下"。[1] 以后,为了向对方施加压力,1965年7月,法国政府宣布它决定暂不参加共同体会议,从而造成了所谓的"空椅子"危机。

直到1966年1月的卢森堡部长理事会会议,法国才结束了它的抵制。在此会议上,欧共体六国外交部长依据法国提出的建议达成了"卢森堡协议"。它规定,在欧共体采用多数表决原则的前提下,如一国或数国认为某一决定涉及其重大利益而有不同意见时,部长理事会应在"适当时间内"努力谋求一项能为全体成员都接受的"一致协议"。[2] "卢森堡协议"限制了罗马条约的"超国家因素",实质上承认了各成员国在重大问题上的否决权。它一方面使欧共体成立伊始即已产生的有关性质问题的争论告一段落,另一方面又明显地延缓了西欧国家经济一体化的过程。

法国和其他欧共体成员国的斗争还在是否接受英国加入这一组织的问题上得到了集中的体现。虽然英国联合奥地利等国建立了欧洲自由贸易区,但是该七国集团的实力远不能与欧共体的六国集团相比,而且其成员国同床异梦,纷纷与欧共体发展贸易关系。英国因此在经济上和政治上都遭到严重挫折。为了寻求出路,1961年8月,麦克米伦政府正式提出了加入欧共体的申请。但是,与此同时,英国就本国农业、英联邦和七国集团其他成员国的地位等问题提出了一系列条件。这使法国极为反感。为此,在美英首脑拿骚会谈之后不久,1963年1月14日,就在公开拒绝了北约多边核力量的记者招待会上,戴高乐也断然否决了英国加入欧共体的要求。法国此举实际也是对美国的反抗,因为戴高乐对英国在对外政策方面总是追随美国的做法严重不满,一直将英国看成是美国的特洛伊木马。

"空椅子"危机结束后不久,欧共体又在是否接受英国的问题上陷入了一场新的斗争。1966年3月,英国工党在议会选举中再一次以明显的优势获胜,这使威尔逊政府

---

① 陈乐民:《战后西欧国际关系》,北京:中国社会科学出版社1987年版,第283页。
② 同上书,第285页。

增加了解决加入欧共体问题的信心。另外,卢森堡协议表明,欧共体的那种曾使许多英国人感到不满的超国家性质进一步遭到削弱。为此,5月中旬,英国再次向欧共体递交了一份申请加入的报告。丹麦和爱尔兰也在同日递交了内容相同的报告。在整个夏季,威尔逊以及其他一些英国高级官员多次到欧共体成员国进行游说。然而,结果还是与五年前一样:当"友好的五国"支持英国参加欧共体时,法国却依然采取了坚定的反对立场。戴高乐重复着他一贯的论调,一旦吸收并非真正的欧洲国家的英国,欧共体的性质就会发生深刻和无可挽回的变化。1967年11月下旬,法国第二次正式否决了英国加入欧共体的申请。共同体的其他成员国,特别是荷兰,对法国的做法作出了强烈的反应。在随后的一年中,它们不仅一再提出英国加入欧共体的问题,还多次试图在共同体的其他政策方面挫败巴黎的企图。

4. 联邦德国的自主对外政策

与法国(一定程度上还有英国)公然实行的独立对外政策不同,当时的联邦德国则采取了一种相对隐蔽的自主对外政策。

联邦德国的这一政策首先表现于它对法国与美英之间的冲突采取的比较特殊的立场。它既不愿得罪巴黎,也不肯像法国那样采取排斥华盛顿和伦敦的态度。事实上,无论是与法国的关系还是与美英的关系,对德国来说都非常重要。一方面,德国是否能够彻底摆脱战败国的地位、重新以一个"充分成员"的资格(即使并不完全平等)出现于欧洲社会,在很大程度上取决于法德关系的改善和欧共体的发展。另一方面,在东西方对抗贯穿了国际政治的大环境中,德国又必须依靠美国,就像三次柏林危机所证明的那样。

正是在这样的背景下,1963年1月,阿登纳和戴高乐于巴黎签署了《法德友好条约》。除了规定两国在经济、教育、科学研究等方面的合作以外,它特别强调,两国政府"在对一切重要的外交政策问题"作出决定以前"应进行协商,以期尽可能采取相似立场"。[①] 条约还详细列举了两国在防务领域的合作必须遵循的目标。但是,5月16日联邦德国议院在审批这一条约时却建议在它的前言中增加一段内容,阐明这一条约并不废除联邦德国对北约承担的义务,也不损害联邦德国与美国的关系,同时保证欧共体将会向英国和其他非共同体国家敞开大门。

联邦德国对外政策的自主性还体现在它的"东方政策"(即对苏联和其他东欧国家的政策)上。自诞生以后,联邦德国便在东西方尖锐对立的形势下确立了一种非常强硬的东方政策,即"哈尔斯坦主义"(因在1955年由当时担任外交部国务秘书的哈尔斯坦建议制订而得名)。根据哈尔斯坦主义,从拒不承认两个德国的存在和决心"以西统东"这一前提出发,联邦德国不与同民主德国建交的任何国家(作为四个战胜国之一而对德国统一负有责任的苏联是唯一例外)建立外交关系。

进入20世纪60年代以后,这种僵硬的东方政策变得越来越难以适应国际形势发

---

① 《国际关系史资料选编》编选组:《国际关系史资料选编》下册,武汉:武汉大学出版社1983年版,第493页。

展的要求。它不仅不能实现联邦德国以西统东的目标,而且严重阻碍了联邦德国的外交活动能力,实际上造成了联邦德国的孤立。甚至阿登纳在位时就已意识到了问题的严重性,进行调整势在必行。而在这种政策转换过程中,曾经两度出任西柏林市市长、1964年开始担任社会民主党领袖的勃兰特发挥了重要作用。他对新东方政策的设想包含了两个方面的基本内容:一是通过改变过去的僵硬做法实现与东欧国家以及民主德国的接触,改善联邦德国与它们的关系,并最终实现以西统东的目标。二是在这种接近的过程中采用"小步子",即从具体的事情做起,一步一步地推动关系的发展。在1966年6月社民党的代表大会上,勃兰特提出,北约和华约组织的成员国举行会晤;德国东、西两部分实行"适当的、有监督的和临时的共处"。①在年底联邦德国组成了大联合政府后,出任副总理兼外交部长的勃兰特进一步发展了关于新东方政策的设想。他在1968年3月社民党的代表大会上提出,在最后缔结对德和约以前,波恩应当尊重和承认民主德国和波兰之间的奥德-西尼斯河分界线。然而,由于在这一阶段社民党还不是主要的执政党,勃兰特无法将他的设想真正变为政策。1968年8月苏军对捷克斯洛伐克的入侵更是推迟了新东方政策的形成。

从总体上看,勃兰特关于新东方政策的设想和当时的美国对苏政策是一致的。但是,这种设想同时又具有一定的自主性,预示了联邦德国在对外政策上长期唯美国马首是瞻的做法将要发生的改变。当时美国不少人为此感到犹豫,担心这一政策有助于勃列日涅夫的争取西欧国家及孤立美国的策略的实现。

五、第三世界的兴起与反美斗争

20世纪60年代第三世界脱颖而出,其重要标志就是不结盟运动以及77国集团的形成和发展。与此同时,亚、非、拉美人民,特别是印度支那人民,开展了波澜壮阔的反对殖民主义、帝国主义和霸权主义的斗争。

1. 不结盟运动的形成

不结盟运动代表着广大发展中国家打破旧的国际政治秩序和经济秩序的要求。它的形成与第二次世界大战后特别是20世纪50年代的形势有着直接的关系:亚非民族国家的大量涌现提供了组织基础,反对集团政治的中立主义构成了思想根源,在共同斗争中团结起来、相互支持的要求产生了强大动力,老殖民主义国家的普遍衰弱与美苏两国的长期对抗则是重要的客观条件。不结盟运动的主要成员是亚非国家,但南斯拉夫的铁托总统为其形成和发展作出了特殊贡献。

如前所述,利用出席1960年的第15届联合国大会之机,分别来自欧、亚、非五个国家的领导人铁托、纳赛尔、尼赫鲁、苏加诺和恩克鲁玛,在纽约讨论了召开不结盟国家首脑会议的问题。会后,他们为此进行了积极的准备。1961年6月,由南斯拉夫、埃及、

---

① 陈乐民:《战后西欧国际关系》,北京:中国社会科学出版社1987年版,第249—250页。

印度、印尼和阿富汗五国发起的不结盟国家和政府首脑会议(不结盟国家首脑会议)的筹备会议在开罗举行,出席的有 20 个国家的代表。会议决定了有资格受邀参加不结盟国家会议的五条标准,它们是:"应当采取了建立在具有不同政治和社会制度的国家间和平共处以及不结盟基础上的独立政策,或者显示了赞成这一政策的倾向";"应当一贯支持民族独立运动";"不得是参加在大国冲突背景下缔结的军事同盟的成员";不得是"在大国冲突背景下"缔结的"双边军事协定"或者"区域性条约"的成员;不得在"大国冲突背景下"向"外部大国"提供了"军事基地"。[①] 在不结盟运动刚刚形成的时候,这五项标准显然有助于保持不结盟运动的纯洁性,使它不致为美苏两个大国所控制。

按照筹备会议的决定,1961 年 9 月上旬,首届不结盟国家首脑会议在贝尔格莱德举行。作为正式成员参加的有 25 个国家,除了南斯拉夫和古巴外,它们都来自亚洲和非洲。作为观察员列席的则是三个拉美国家。会议通过了《不结盟国家的国家和政府首脑宣言》。它突出表明了与会国强烈反对殖民主义、帝国主义和大国政治的立场。宣言强调指出,各种形式的殖民主义和帝国主义阻碍了"持久和平"的实现,现有的军事集团不时引起"国际关系的恶化";为此,"不结盟国家的存在和活动是保卫世界和平的更加重要的因素之一",它们"应该参与有关世界和平与安全的悬而未决的国际问题的解决"。宣言还明确指出了改造旧的不合理的国际经济秩序的必要性,要求"消除殖民主义和帝国主义遗留下来的经济不平衡状态",建立联合国基本发展基金,"对经济较不发达国家的贸易规定公正的条件",特别是"消除原料商品贸易中的过度波动"。[②]

首届不结盟国家首脑会议确立了不结盟运动的独立自主的活动原则和反殖反帝的立场,推进了独立于美苏之外的第三种国际政治力量的正式形成,是第三世界兴起的一个重要标志。此后,不结盟运动吸引和团结了越来越多的发展中国家。到 1964 年 10 月第二届不结盟国家首脑会议在开罗举行时,正式代表国已经扩大到 47 个,另有 10 个国家和两个国际组织作为观察员列席了会议。

2. 77 国集团的形成

广大的亚、非、拉美国家在获得政治上的独立以后都面临着发展民族经济的艰巨任务。它们在实践中认识到,一方面,这一目标的实现不仅依赖于本国经济结构的调整以及生产力的发展,还取决于对国际经济旧秩序的改造和国际经济新秩序的建立。另一方面,为了改变国际经济旧秩序及建立新秩序,它们必须团结起来,统一斗争的策略和行动。不结盟运动的诞生,为这一目标的实现提供了有利的条件,促进了 77 国集团的形成。

在亚、非、拉美国家的倡议和推动下,1964 年 6 月,联合国经社理事会在日内瓦召开了第一届贸易和发展会议。其间,它们为了能以"同一个声音"讲话,组成了"77 国集

① "Non-Aligned Movement (NAM)", <http://www.nti.org/treaties-and-regimes/non-aligned-movement>.
② 《国际关系史资料选编》编选组:《国际关系史资料选编》下册,武汉:武汉大学出版社 1983 年版,第 336—337、338—339、341—342 页。

团"，并发表了《77个发展中国家联合宣言》。该宣言首次正式提出了发展中国家的概念，谴责了发达国家在国际贸易中对它们进行掠夺和剥削的行为，表达了改变旧的国际经济秩序和建立一种"新的和正义的世界经济秩序"的愿望，强调"在贸易和发展领域建立国际机制"的重要性，表示要"维持、促进和加强"发展中国家的团结，并为此目的"尽力增加相互之间的接触和磋商"，以及"确定共同的目标和制订联合行动的计划"。①

尽管77国集团没有章程、预算和常设机构，但其形成仍然具有重要意义。第一，这表明了亚、非、拉美国家团结的加强，它们已经不满足于在维护民族独立及争取世界和平的斗争中的合作，进一步发展了在促进民族经济和建立国际经济新秩序斗争中的相互支持。因此，这一集团的出现也是第三世界兴起的一个重要标志。第二，77国集团的形成表明南北关系进入了一个新阶段。它和20世纪60年代建立的其他发展中国家的经济组织一起，为20世纪70年代的南北对话做好了组织上和舆论上的准备。

3. 印支人民的抗美救国斗争

20世纪60年代中期以后，亚、非、拉美的民族解放运动在广度和深度上得到了进一步的发展。1965年初，巴勒斯坦人民开始了反对以色列扩张主义的斗争。同年5月，美国对多米尼加的入侵掀起了拉丁美洲国家反对美国干涉和控制斗争的新高潮，而越南、柬埔寨、老挝等印度支那人民实行的抗美救国战争更是在世界民族解放运动史上写下了新的一页。

美国对越南的侵略经历了一个从幕后到前台、从派遣军事顾问到海空军直至地面部队、从南方到北方的过程。

在签署了东南亚集体防务条约以后不久，在艾森豪威尔政府的纵容与鼓励下，1955年10月，吴庭艳集团废黜了亲法的皇帝保大，在越南南方建立了亲美政权。它一再拒绝北方关于举行南北协商以便通过选举实现全国统一的建议，并残酷镇压南方人民要求自由和统一祖国的爱国运动。在此情势下，从1959年起，南越人民被迫重新拿起了武器。他们的斗争得到了北方同胞的同情与支持。

尽管杜勒斯曾向参议院保证，美国绝不会参与镇压东南亚的民族起义或卷入当地的内战，到艾森豪威尔离开白宫时美国已向南越派出了几百名军事顾问。肯尼迪就任总统以后，从所谓多米诺骨牌理论以及遏制中国的立场出发，急剧增加了派往南越的顾问、教官和其他军事人员，帮助训练和指挥南越军队。与此同时，美国政府还下令加速向南越运送军事装备，特别是直升机，从而实际上在南越开始了一场不宣而战的"特种战争"。但是，美国及其支持下的吴庭艳政权并不能成功地镇压南越人民的斗争。相反，1963年11月，吴庭艳在一次军事政变中被杀。

约翰逊上台后不仅继承了肯尼迪的印支政策，而且大搞战争升级。1964年8月，他以美国军舰"马克多斯号"在北部湾遭到越南人民军打击为借口，一方面派遣空军对越南北方进行所谓的报复性打击；另一方面又成功地从国会获得授权，同意他使用"任

---

① "Joint Declaration of the 77 Developing Countries", <http://www.g77.org/doc/Joint Declaration.html>.

何必要的手段"击退针对美国军事力量的一切"武装攻击"。① 这一"空白支票"的给予为约翰逊政府扩大侵越战争打开了方便之门。1965 年 3 月初,美军轰炸机首次在没有任何具体口实的情况下攻击了北越境内的弹药库和港口。紧接着,美国的大约 3 500 名海军陆战队队员在越南南方的岘港登陆。这是美国首次派出地面部队进入越南。它表明,美国在印度支那的干涉和侵略进入了一个新阶段。从 1965 年春天起,美国在越南的侵略规模进一步扩大。到 1968 年时,在南越的美军已达到 54 万人。此外,来自东南亚条约组织的其他成员国家(澳大利亚、新西兰、马来西亚、菲律宾、泰国)和韩国等的军队也达到 6 万人。他们不仅向南越爱国军民发动大规模的进攻,而且不断对北越进行轰炸和扫射,连河内也不能幸免。另外,美国还加剧了对老挝和柬埔寨的军事骚扰和攻击。

但是,美国的侵略并不能使得胡志明领导下的越南人民退却和屈服。南方军民在连续粉碎了敌人的两个旱季攻势后,于 1968 年 1 月底发动了空前强大的"新春攻势",向大中城市和敌人机场、空军基地展开了猛烈进攻,甚至突入了西贡市,袭击了伪总统府。北方军民则对敌人空中破坏力量进行了有力打击。越南人民的抗美救国斗争,始终得到了中国方面的全力支援。特别是从 1965 年起,中国不仅向越南民主共和国提供了大量的物资,而且派出了它急需的各类武装人员。根据两国达成的协议,从 1965 年 10 月到 1968 年 3 月,中国前往北越的防空、后勤保障及各类工程等支援部队共达 32 万余人,其中不少人为了越南的民族解放事业贡献出了自己的生命。

第三节　美苏关系的第二次缓和与争霸以及第三世界的反霸斗争

在 20 世纪 70 年代,主要是因为美国采取的战略收缩政策,美苏冷战经历了第二次缓和。但是,1979 年苏军对阿富汗的入侵宣告了这一缓和的结束,美苏关系又重新走向紧张。与此同时,欧洲、日本和中国在国际事务中显示出更加重要的作用,而第三世界国家建立国际经济新秩序及反对霸权主义的斗争也取得了重要成果。这些表明,国际体系的格局出现了重要变化,原先的两极结构正逐渐发生瓦解,世界将一步一步走向多极化。

一、美苏对外战略的新调整

进入 20 世纪 70 年代以后,由于国际环境的变化和各自面临的严重困难,美苏都对

① Stephen E. Ambrose, *Rise to Globalism*, New York: Penguin Books, 1985, p.212.

本国的对外战略进行了新的调整。这在美国表现得格外明显。为了逃脱越南战争的泥潭和医治战争创伤,尼克松政府实行了全面的战略收缩。美苏对外战略的调整导致了它们关系的第二次缓和。

1. 国际环境的新变化

20世纪60年代末,国际环境出现了明显的变化,这种变化为美苏的战略调整奠定了基础。

首先,大国力量对比和相互关系发生了进一步改变。一方面,尽管从综合国力特别是从军事力量的角度衡量,美苏无疑仍是世界上的两个超级大国,但西欧、日本和中国的经济、军事力量和政治影响都有了较大的增长。另一方面,在1969年发生了苏军入侵中国领土珍宝岛事件以后,中苏同盟关系已经名存实亡;与此同时,西欧、日本在对外政策中的独立自主倾向也在不同程度上得到加强。正是在此背景下,美国总统尼克松在1971年7月于堪萨斯城发表的演说中正式提出了"五大力量中心"的概念,即除了美国和苏联以外,西欧、日本和中国也是世界的力量中心。按照尼克松的国家安全事务助理基辛格的说法,"超级大国的时代正在走向结束",为一个军事上两极、政治上多极的时代所取代。①

其次,到了20世纪70年代初,在三位一体的战略核力量方面,美国已经丧失了多年来一直对苏联拥有的数量优势,两国之间真正出现了大体的均势,相互确保毁灭关系最终形成。对两个超级核大国来说,甚至在对方首先发起第一次核打击因而本身的战略力量遭受严重损失的情况下,仍能对对方的经济和人口实施毁灭性的报复性打击。其结果是双方在一个很长的时期中都不再能够作为功能社会而存在。

再次,到了20世纪70年代初,美苏都面临着严重的困难。就美国而言,它的目标和能力之间的矛盾已经变得相当尖锐。从杜鲁门主义出笼之日起,美国就正式充当起了"国际宪兵"的角色,承担起了在世界范围内遏制共产主义的责任。它不惜代价与苏联展开军备竞赛,织造了世界性的军事同盟网络,实行了全球性的军事部署,频频介入地区性争端和干涉他国的内政。这种做法迅速超出了美国实际拥有的能力。特别是越南战争,对美国造成了巨大的有形和无形伤害。它不仅耗费了大量的人力、物力和财力,而且在国际上陷入了空前的孤立,国内出现了普遍的反战运动。1969年上台的尼克松政府不仅必须尽快结束这一战争,而且肩负着医治战争创伤的艰巨任务。

苏联也承受着巨大的压力。一方面,由于本身经济结构存在的深刻问题,再加上同美国进行的全面对抗尤其是军备竞赛,苏联长期以来被经济困难所缠绕。勃列日涅夫上台后曾经采取了一些措施,包括分散经济管理的权力、有限度地运用市场经济机制等,以加速经济的增长速度及促使经济现代化。尽管这些努力取得了一些成效,但却远远没有实现预定目标。苏联人民尤其对消费品质差量少的情况感到不满。为了扭转此

---

① U. S. Department of State, *Foreign Relations of the United States*, 1969 - 1972, Vol. 1 (Foundations of Foreign Policy), Washington DC: U. S. Govt. Printing Office, 2003, p. 24.

种局面,勃列日涅夫试图发展苏联的对外贸易和引进国外技术,而这需要适度地改善与西方国家的关系。另一方面,出兵捷克斯洛伐克使莫斯科在国际上遭到普遍的指责,与中国发生的珍宝岛冲突以及中美关系的逐渐解冻则让它感受到了面临两线作战的压力。为此,苏联也希望缓和与美国的关系。

2. 尼克松政府的对外战略调整

在历任美国总统中,从进入白宫时在美国对外战略方面已作的战略思考来看,尼克松的准备是相当充分的,而且与他的国家安全事务助理基辛格的观点十分吻合。尼克松认为:第一,时代已经发生了重要变化,这又表现在三个方面:从世界来看,各国人口普遍年轻化,并且受意识形态束缚较少,更加务实;就国际体系而言,其成员在量和质的方面都与以往明显不同,它们的相互联系更加紧密复杂,国际关系变得全球化;依据大国之间的权力关系分析,出现了军事两极和政治多极的现象,美国的力量优势相对衰弱。第二,多极均势通常更稳定、更有助于和平,但是现在的世界又有着自己的特点。一方面,与有着显著同质性的19世纪的欧洲不同,当前世界各大国间存在很大的差异,不易就目标和方法问题取得共识,从而相对地增加了实现多极稳定的困难。另一方面,世界的权力结构也发生了变化,不再仅仅由有形的物质力量(特别是军事力量)所构成,还包含了心理的力量、道德的力量,它们对实现多极稳定也至关重要。第三,中苏分裂对美、中、苏三角关系产生了重要影响,美国既应当利用中国对苏联施加压力,并从实力地位出发与苏联展开谈判,又应当对中国实行一种"施压加劝说"(即"限制加接触")的政策,推动中国发生变化。①

在1969年进入白宫之后,尼克松将他的这种战略思考迅速运用到对外政策之中,进行了战略调整。翌年2月,尼克松向美国国会提交的咨文《70年代美国的对外政策:争取和平的新战略》最全面地阐述了这种调整,将其于1969年7月提出的、主要针对亚洲的"关岛主义"(即"尼克松主义")正式发展成为美国的新的全球战略。它以"伙伴关系"、"实力"、"谈判"等三项原则作为自己的支柱。

具体地说,尼克松的对外战略调整涉及四个方面:第一,改善与西欧、日本的关系。尼克松承认,在与盟国的关系中,美国必须改变过去那种由美国支配一切和负责一切的政策,适应新的环境和形势。第二,从越南脱身。尼克松认识到,从越南"体面地"撤军和结束印度支那战争是美国的当务之急,为此,他迅速地决定并着手实行两项不同然而相辅相成的行动方针:谈判和越南化。第三,打开通向北京之路。尼克松批判了美国政府长期以来在对华政策问题上采取的鸵鸟政策,决心改善美中关系,以促进世界均势结构的形成和印度支那战争的早日结束。第四,从实力地位出发,与苏联进行谈判。尼克松一方面表示愿意在任何合适的场合与苏联讨论德国、军备控制等问题,另一方面又强调恢复美国自身和西方联盟的力量的必要性。其中,打开通向中国之路和从越南脱身是最为迫切的任务,最典型地体现了美国实施的战略收缩。

---

① 参看朱明权:《尼克松时期的美国对华政策(1969—1972)》,上海:上海人民出版社2011年版,第2—15页。

3. 打开通向北京之路和从越南脱身

中华人民共和国在 1949 年成立以后,杜鲁门政府和艾森豪威尔政府就对之推行一种"遏制与孤立"的顽固政策,即军事上包围、经济上封锁、外交上孤立。但是,这一政策不仅未能扼杀新中国,反而引起了国际社会的不满和美国有识之士的反弹。实际上,从艾森豪威尔政府后期起,美国国内就逐步形成了一股要求结束僵硬的对华政策、与新中国进行接触和交往的舆论潮流。在此背景下,约翰逊政府逐渐转向一种"遏制但不孤立"的政策,即在坚持继续遏制中国的同时又试图与之进行有限的接触,包括开展政治对话和文化交流。但是,主要是由于两国国内的政治原因,这一政策未能取得突破性的进展。

尼克松在入主白宫以后则谨慎但是坚决地开始实施他的"限制加接触"的对华政策构想,作出了接触中国的决定,并采取了一系列向中方显示善意的具体措施,为实现美中两国的对话与和解创造条件。1970 年 10 月,尼克松更是通过访问华盛顿的巴基斯坦总统叶海亚向中国表示,愿意派遣一位特使秘密访问北京。中国方面敏锐看到了尼克松政府的这一变化,并且从维护国家利益和反对苏联扩张主义的角度出发作出了积极响应。经过双方的共同努力,1971 年 7 月,基辛格秘密地对中国实施了 48 小时的"破冰之旅",打开了与中国高层领导直接对话的大门。这次访问取得了重要的成果,不仅为半年后的尼克松访华作出了必要的安排,而且与中方交换了对两国关系所涉及的各种问题的看法,开始了双方的相互接触和理解的过程。

1972 年 2 月,尼克松对中国进行了"改变世界的七天"的"和平之旅"。在此期间,他与毛泽东讨论了"哲学问题",与周恩来就双边关系以及共同感兴趣的国际问题进行了会谈。最后双方于 2 月 27 日达成了举世瞩目的《中美联合公报》(上海公报)。这一公报既肯定了中美两国在对待国际形势和双边关系方面的一致之处,又阐明了它们的主要分歧。尼克松的访华和上海公报的发表是中美关系史上的一个里程碑事件。一方面,它们有利于缓和整个国际形势特别是亚太地区的形势,促进了世界的稳定与和平。另一方面,尼克松访华和上海公报的发表标志着美国对华政策真正从"遏制与孤立"、"遏制但不孤立"转向"限制加接触",开启了中美关系正常化的进程。这不仅使中国摆脱了在两个战略方向上同时要对付强大对手的状况,获得了更大的活动空间,而且也改善了美国的战略处境,加强了美国在与苏联打交道时的地位,促进了美国的对外政策的调整,包括结束印度支那战争。

到了约翰逊政府的后期,美国已因印度支那战争陷入了严峻的困境。尼克松上台以后即在越南问题上着手实行"双轨政策"。他一方面积极推行"战争越南化"方针,用美国提供的军事装备加紧扩充和武装南越西贡当局的军队,以取代正在越南作战的美军。另一方面,他又加快了与北越进行和谈的步伐,企图以此实现所谓体面的和平。1969 年 1 月 25 日,越南民主共和国、越南南方民族解放阵线、美国以及南越西贡当局的代表在巴黎开始了正式的会谈。1972 年 2 月中美上海公报的发表,更使形势进一步发生了有利于印度支那人民的变化,推动了尼克松最终从印度支那撤出美国军队的进程。

1973 年 1 月 23 日,参加巴黎和谈的四方签署了《关于在越南结束战争、恢复和平的协定》。据此协议,各方将自当日格林威治时间 24 时起"在越南南方全境实现停火",美国将停止其军队"对越南民主共和国领土的一切军事活动",并在 60 天内从越南南方撤出美国及其盟国的全部军队;北越和美国承认南越人民有权"通过在国际监督下进行的真正自由和民主的普选,自己决定越南南方的政治前途";各方同意"越南的统一将在越南北方和南方之间进行讨论和达成协议的基础上""通过和平的方法逐步实现"。在这一协定中,各方还保证彻底尊重"柬埔寨和老挝人民的基本民族权利,即这些国家的独立、主权、统一和领土完整","尊重柬埔寨和老挝的中立",从它们的领土上全部撤出各种军事人员、武器弹药和作战物资。[①] 越南战争的结束,使美国摆脱了一个沉重的历史包袱,进一步改善了它的战略处境和国际地位。

4. 苏联的对外战略调整

国际环境的变化以及国内问题的突出同样影响到苏联的对外战略。从 20 世纪 70 年代初起,苏联对西方国家的政策出现了一种新的趋势,即谋求缓和与西方国家在欧洲、军备控制、贸易等领域的关系。勃列日涅夫在 1971 年苏共二十四大上所作的报告宣称,苏联的政策"始终是将坚决击退侵略与一种建设性的路线结合起来,这一路线旨在解决紧迫的国际问题,以及同属于另一社会制度的国家维持正常、在条件允许时甚至良好的关系"。[②] 在中美关系解冻以后,苏联更是加快了调整与美国乃至整个西方世界的关系的步伐,包括积极展开军备控制谈判,缓和在欧洲的对立。

勃列日涅夫显然指望藉此实现这样一些直接目的:第一,缓解美苏军备竞争过程,维持两国在核军备领域出现的均势以及苏联在常规军备领域具有的优势。第二,创造条件解决欧洲的战后遗留问题,巩固苏联已经取得的成果,并摆脱因出兵捷克斯洛伐克而在东欧问题上陷入的被动地位。第三,发展苏联与西方的贸易,获得西方的技术,以改善苏联的经济形势。第四,通过改善与美国的关系,加强在东亚对中国的压迫和孤立。

然而,就在缓和与西方国家关系的同时,勃列日涅夫竭力利用美国实行战略收缩和积蓄力量之机,加紧向第三世界推进和扩张。正是在这一点上,勃列日涅夫的政策比以往更具侵略性和冒险性,从而进一步削弱了苏联的地位,并导致第二次缓和的结束。

二、美苏军控谈判与欧洲的缓和

20 世纪 70 年代美苏关系第二次缓和的主要成果体现于美苏限制战略核武器的谈

---

① 《国际关系史资料选编》编选组:《国际关系史资料选编》下册,武汉:武汉大学出版社 1983 年版,第 562—565 页。
② "Brezhnev's Report to the 24th Congress", <http://marxism. halkcephesi. net/soviet archives/Congre reports/...>.

判、联邦德国与东欧国家关系的改善以及欧安会的召开。但是,苏联在第三世界的扩张,不断冲击并最终埋葬了这一缓和。

1. 美苏限制战略核武器的谈判 (SALT)

与第一次缓和不同,第二次缓和的一个重要标志是,两个超级军事大国在真正控制自身军备方面因为两个原因取得了重要的成果。一方面,到了20世纪60年代末,苏联的核力量已经大体取得了与美国的均势。正如美国总统尼克松在1970年2月的一次讲话中所承认的,在这种情况下,两国简单地通过军备竞赛来谋求安全的做法已经不敷使用,因为这"不仅消耗了资源、才能和精力",而且"使得任何平衡都不稳定,并促使双方向更高更复杂的水平作新的努力"。① 于是,它们将注意力集中到如何控制核武器特别是战略核武器的谈判上来。而且,这种只涉及美苏两个国家并且只与一种专门领域的军备有关的谈判较易取得进展。另一方面,卫星技术的发展导致了一系列日益完善的监察措施的出现,它们不仅极大地改善了信息的质量,而且也为采用非侵入性核实手段创造了可能性。

美苏限制战略核武器谈判(SALT)开始于1969年11月,主要涉及的是包括陆基洲际弹道导弹(ICBM)、潜艇发射的弹道导弹(SLBM)和战略轰炸机的所谓三位一体的战略核力量以及反弹道导弹系统(ABM系统)。它分成两个阶段:1972年5月,双方通过第一阶段的谈判(SALT Ⅰ)在莫斯科签署了《苏美关于限制反弹道导弹系统条约》(反导条约,ABM条约)和《苏美关于限制进攻性战略武器的某些措施的临时协定》;1979年6月,两国通过第二阶段的谈判(SALT Ⅱ)在维也纳签署了《美苏限制进攻性战略武器条约》。

从20世纪60年代后期开始,美苏都先后开始作出很大努力研究和开发反导系统(ABM系统)。但是,在第一阶段限制战略核武器的谈判开始以后,美国越来越多的人相信,美苏任何一方部署这种防御系统的企图将不可避免地导致对方战略进攻能力的进一步扩张,因为双方都想确保突破对方的潜在的防御体系的能力。同时,他们又认为,反导系统(ABM系统)的有效性在技术上是无法加以实现的。苏联方面虽然不同意这种悲观的估计,但是也承认它的发展将会成为推动新一轮进攻性战略武器竞争的一个强大因素。基于这种认识,双方最后签署了反导条约(ABM条约)。它规定,美苏都不得部署用于全国性和地区性防御的反导系统(ABM系统);在此前提下,每一方将可部署两个非常有限的ABM系统,②一个用来保护首都,一个用来保护陆基洲际弹道导弹发射场。每个系统拥有的拦截性导弹的发射器不得超过100个。该条约还特别禁止开发、试验和部署海基、空基、天基或机动的陆基ABM系统,因为它们将为全国性的导

① 张云义:《世界战争新形态》,北京:解放军出版社1990年版,第79页。
② 1974年美苏又签署了《关于限制反弹道导弹系统条约议定书》,将最初条约中允许每方部署的两个有限的系统减少为一个;到1975年,美国更是单方面撤除了它部署在北达科他州的ABM系统"捍卫者",因为其价值被认为十分有限。

弹防御系统提供基础。[①]

　　限制进攻性战略武器的临时协定规定,"双方保证在1972年7月1日以后不开始建造另外的以地面为基地的洲际弹道导弹固定发射器"。[②] 它为双方现有和建造中的陆基洲际弹道导弹(ICBM)及潜射弹道导弹(SLBM)的发射器规定了总的限额(美苏分别为1 064个和1 618个)。战略轰炸机的问题在条约中没有提及(当时美苏大约分别有600架和150架)。默许这样的差距的存在,是对与苏联相比美国在战略导弹特别是陆基洲际弹道导弹(ICBM)的数量方面所处劣势的一种补偿,从而实现双方战略核力量的总体平衡。与反弹道导弹系统条约一样,这一协议也肯定了使用国家技术手段进行核实的原则。

　　第二阶段谈判签署的限制进攻性战略武器条约为双方的战略核运载手段规定了相等的总限额和分限额,其中最重要的是,双方可以拥有的陆基洲际弹道导弹(ICBM)和潜射弹道导弹(SLBM)的发射装置以及战略轰炸机的最初总限额为2 400件,到1981年底时应减少为2 250件。[③] 与第一阶段的临时协定一样,这一条约仍然采用了高限额的原则,即它规定的限额基本超出了美苏实际拥有的数量。同时,它也肯定了以国家技术手段进行核实的原则。此外,从美国的立场来看,同第一阶段的临时协定相比,这一条约有着一个明显的优点,即它为美苏规定了相等的总限额和一系列重要的分限额,并且内容极为具体,从而可以比较有效地避免疏漏和曲解。但是,与第一阶段的协定受到的广泛欢迎截然不同,该条约在美国招致了多方的批评。事实上这些批评很大程度上反映了许多美国人对美苏关系第二次缓和的失望,对自尼克松起美国采取的对苏政策的厌烦。为此,在1979年底苏军入侵阿富汗后,1980年初卡特总统更是要求参院推迟对这一条约的表决,以免它遭到直接的否决。[④]

　　尽管美苏在两个阶段分别达成的这些协议存在着不同的问题,总的来看,它们仍然使两国在进攻性战略核武器和战略防御体系方面的竞争受到了管理,加强了军备竞赛的稳定。同时,由于反导系统的开发受到了限制,而且生存能力和第二次打击能力比较薄弱的旧式洲际导弹被大量淘汰,而代之以生存能力、突防能力和第二次打击能力都更强的新型体系,危机稳定也得到了一定程度的改善。

　　除了在控制战略核武器方面取得的进展外,20世纪70年代美苏还缔结了双边或多边的《关于减少爆发核战争危险的措施的协议》(1971年)、《禁止细菌(生物)与毒素武器的发展、生产及储存以及销毁这类武器的公约》(禁止生物武器公约,1972年)、《关于防止公海水面和公海上空意外事件的协定》(1973年)、《关于防止核战争协定》(1973年)、《关于限制地下核武器试验条约》(1975年)以及《关于为和平目的地下核爆炸条

①　《国际关系史资料选编》编选组:《国际关系史资料选编》下册,武汉:武汉大学出版社1983年版,第540—541页。
②　同上书,第543页。
③　National Academy of Sciences, *Nuclear Arms Control: Background and Issues*, Washington, DC : National Academy of Sciences, 1985, p. 33.
④　Ibid. , p. 32.

约》(1976年)。所有这些条约或者在一定程度上限制了军备竞争的规模和速度,或者有助于相互信任气氛的建立和关系的稳定。当然,它们并不能从根本上阻止美苏之间的军备竞争,也不能真正使世界摆脱战争的阴影。

2. 联邦德国"新东方政策"的实施

1969年9月,联邦德国举行大选,社会民主党赢得了重大胜利,与自由民主党一起成功地组成了联合政府。勃兰特在这一政府中出任总理,从而获得了将他的关于东方政策的设想进一步付诸实践的机会,10月28日,在就职演说中,勃兰特正式提出了"新东方政策"。一方面,他在坚持联邦德国与美国及西欧盟国的团结的重要性的基础上,强调"德国人民需要和平","需要同苏联以及东欧各国人民和平相处"。另一方面,他在承认德国问题只能"在一项欧洲的和平安排中得到最后解决"的同时,强调"必须防止德意志民族的任何进一步离异",要"努力实现一种正常的共处条件,并由此进而实现合作关系"。① 勃兰特采取的具体措施包括:接受欧洲边界现状;承认民主德国是第二个德意志国家(但不是外国),建立一个民族两个国家的特殊关系;加强民主德国与联邦德国之间的交往,在欧洲的"和平环境"中以通过接近促其演变的方法最终实现德国的统一。

由于美苏都实行了对外政策的调整,"新东方政策"很快获得了具体成果。1970年8月,苏联和联邦德国签署了《苏德互不侵犯条约》,这一条约在性质上与和约十分接近,主要内容包括:双方认为"维持国际和平和达到缓和是两国政策的一项重要目标",承诺"不使用威胁和武力";保证"尊重欧洲所有国家在其现有国界内的领土完整",承认它们的边界"具有不可侵犯性",其中包括"构成波兰西部边界"的奥德-西尼斯河线以及民主德国与联邦德国之间的边界。② 这样联邦德国就肯定了战后德国分裂为两个国家以及一部分战前的德国领土被割给波兰的事实。同年12月,联邦德国和波兰签署了《关于两国关系正常化基础的协议》,在这一文件中,双方确认,1945年8月2日波茨坦会议确定的现有边界,包括奥德-西尼斯河线,为"波兰人民共和国的西部边界";保证"用和平方法解决两国间的一切争端",并"在经济、科学、技术、文化和其他关系方面扩大合作"。③

在联邦德国的新东方政策的推动下,美、英、法三国也与苏联就柏林问题展开了讨论。1971年9月,它们在西柏林签署了《关于柏林的协定》(四方协定)。按照这一协定,西方认同西柏林不是联邦德国的"一个组成部分"和不属联邦德国"管辖",苏联也不再坚持西柏林是民主德国的一个部分或应被视作一个自由城市;四国政府同意在柏林地区"不得使用武力或以武力相威胁",应"互相尊重各自的和共同的权利与责任";苏联保证联邦德国和西柏林之间的交通线"畅行无阻"。④

《四方协定》的签订反过来又促进了两个德国之间的谈判。1972年11月,它们在

---

① 陈乐民:《战后西欧国际关系》,北京:中国社会科学出版社1987年版,第254—255页。
② 《国际关系史资料选编》编选组:《国际关系史资料选编》下册,武汉:武汉大学出版社1983年版,第530页。
③ 同上书,第532页。
④ 同上书,第534页。

波恩签订了《关于德意志联邦共和国和德意志民主共和国之间关系的基础的条约》。该条约主要规定,两个德国将"在平等的基础上发展相互之间的正常的睦邻关系","只用和平手段解决它们的争端","放弃用武力相威胁或使用武力";两国之间的现存边界具有"不可侵犯性";"两国中任何一国的管辖权都限于本国的领土之内","两国尊重双方在内政和外交事务上的独立自主"。[①]

此外,联邦德国还先后同捷克斯洛伐克、保加利亚和匈牙利等达成了建立外交关系的协议。上述这些文件的签署是勃兰特的新东方政策取得的主要成果。它们承认了欧洲领土的现状以及东欧的政治现实,从而使苏联实现了长期追求的一个目标。与此同时,这些协定也结束了联邦德国与东欧国家相互隔绝的状态,使联邦德国取得了外交上的主动性。此外,这些协定虽然没有彻底解决东西方在德国问题特别是西柏林问题上的争端,但却协调了它们的立场,推动了整个欧洲的缓和。

3. 欧安会和中欧裁军会议的召开

还在20世纪50年代以及60年代初,苏联就曾从分化美欧关系出发多次提出召开欧洲安全和合作会议(欧安会)的建议。以美国为首的西方国家则一直采取了警惕和否定的态度。直到1969年12月初北约部长理事会在布鲁塞尔举行会议时,西方国家才首次对一个月前华约再次提出的这一建议作出了比较积极的响应,但坚持欧安会必须包括美国和加拿大,并事先作好周密的准备。[②] 此种变化主要反映了联邦德国等西欧国家的态度。它们指望,该会议将有助于"新东方政策"的推行以及东西方贸易的发展,并通过推进东、西欧的文化交流和人员来往促进东欧的和平演变。1972年5月尼克松访问苏联时,两国就同时召开欧安会和中欧裁军会议问题达成了协议。

在从1972年11月起的两年多的时间中,阿尔巴尼亚以外的33个欧洲国家以及美国、加拿大的大使级代表、外长以及专家们先后举行了欧安会筹备会议、欧安会第一阶段会议以及第二阶段会议,草拟了欧安会的最后文件。1975年7月30日至8月1日,上述35国的首脑或其代表参加了在赫尔辛基举行的欧安会第三阶段会议,签署了《欧洲安全和合作会议的最后文件》(赫尔辛基最后文件)。这是自1815年维也纳会议以来欧洲历史上规模最大的一次外交聚会。

赫尔辛基最后文件由六个部分构成:(1)"与会国之间关系的指导原则宣言",(2)"建立信任措施以及安全与裁军的某些问题",(3)"经济、科学、技术和环境方面的合作",(4)"地中海的安全和合作",(5)"人道主义和其他方面的合作",(6)"关于欧安会续会"。总的来说,一方面,这一文件涵盖了多方面的内容,既提出了指导与会国之间关系的十大原则,又规定了促进各国在安全、经济、科学、技术和环境等方面的合作的措施;另一方面,它又体现了东西方的斗争和妥协,不仅包含了苏联一贯坚持的战后各国"边界的不可侵犯"、"不干涉内部事务"等要求,而且反映了西方长期坚持的"尊重人

---

① 《国际关系史资料选编》编选组:《国际关系史资料选编》下册,武汉:武汉大学出版社1983年版,第536—537页。
② 卫林等:《第二次世界大战后国际关系大事记》,北京:中国社会科学出版社1991年版,第440页。

权和基本自由"、促进人员和"文化交流"等主张。此外,该文件还特别宣称要"扩大、加深缓和过程并使得它持续与永久化"。① 尽管《赫尔辛基文件》缺乏更为实质性的内容,而且对签署国并不具有严格的约束力,但它对促进东西方的和解与合作仍然具有一定作用。

除了欧安会外,同一时期在欧洲还举行了旨在减少中欧地区的常规军备的谈判。在冷战开始以后的20多年时间中,东西方两个集团在欧洲部署了大规模的常规力量。一般认为,在地面部队和空军方面,苏联和华约略占优势;在海军方面,美国和北约则占明显优势。此外,华约有着较短和连续的陆上供应线,北约却缺乏这种方便。在美苏关系出现第二次缓和的背景下,以它们为主导的减少欧洲常规军事力量的谈判终于得以展开。这一大使级谈判的正式名称是"相互和平衡力量裁减会议"(MBFR),因其谈判范围主要限于中欧地区,所以习惯上又被称为中欧裁军会议。

根据美苏达成的安排,1973年1月至1974年6月先后分两个阶段举行了中欧裁军谈判的筹备会议,确定了参加国的名单和讨论了谈判应达到的目标和遵循的原则。直接参加国包括了在中欧驻有部队的11国,即除了位于中欧的比、荷、卢、联邦德国和民主德国、波、捷外,还有美、英、加拿大和苏联。此外,意大利、保加利亚等七个在中欧没有驻军的国家也作为特别参加国出席了会议。匈牙利则属于一种例外情况,尽管位于中欧却只作为特别参加国出席会议,其领土未被纳入谈判范围,这是因为在中欧驻有军队的法国拒绝参加谈判。

1973年7月30日,中欧裁军会议在维也纳正式拉开帷幕。一开始,东西方国家就在裁减原则、双方在中欧现有兵力的数量、核查方式等一系列问题上发生了分歧。因此,直到20世纪70年代末,中欧裁军会议依然未能取得实质性进展,但它作为东西方在军备控制方面的主要论坛之一被保持了下来。

4. 美苏关系第二次缓和的结束

1975年《赫尔辛基宣言》的发表,标志着美苏之间的第二次缓和达到了高潮,此后这一缓和即逐渐走向衰弱。1979年底苏军入侵阿富汗,更是最终导致了第二次缓和的结束,美苏关系又重新紧张起来。这种状况的出现与一系列因素有关。

首先,1977年初上台后美国总统卡特积极推行的"人权外交"在美苏之间造成了冲突。卡特政府强调捍卫人权是美国外交政策的"灵魂",指责苏联和东欧国家在一系列国内问题上违反和破坏了人权原则。而苏联则认为这种做法是一种赤裸裸的干涉内政的行为。在1977年10月于贝尔格莱德开始的欧安会续会上,双方都援引赫尔辛基文件为自己的立场进行辩护,从而未能达成任何实质性协议。

其次,葡萄牙的动荡政局也导致了美苏对立。20世纪70年代,葡国内各派政治力量之间的斗争极为激烈。为苏联所支持的葡萄牙共产党发动了声势浩大的群众运动,

---

① "The Final Act of the Conference on Security and Cooperation in Europe, Aug. 1, 1975 (Helsinki Declaration)", <http://www1.umn.edu/humanrts/osce/basics/finact75.htm>.

几乎夺取了政权。葡萄牙社会党则在西方国家的帮助下展开了与葡共的反复较量。美苏也围绕着这一问题卷入了相互的攻击和指责。

再次,苏联在欧洲的中程(战区)核力量的加强引起了西方国家的警惕,在美苏第一阶段限制战略核武器的谈判达成协议后不久,苏联即着手在欧洲加强中程核力量,1974年开始在其欧洲领土部署逆火式轰炸机,1977年又开始在其欧洲领土(同时也在其亚洲领土)部署新式中程导弹SS-20。苏联指望,这些武器不仅可以增加苏联中程核力量的威慑作用,从而有助于最大限度地发挥苏联在常规力量方面具有的优势,而且能够削弱西欧国家对美国的信心,分化美国与其欧洲盟国的关系。

苏联在欧洲中程核力量的加强使北约的欧洲成员国产生了严重的不安。它们认为,北约和华约在欧洲的核力量对比已经出现了有利于后者的倾斜,美国必须采取补救措施以确保其核威慑战略的有效性。1978年5月,北约国家的首脑聚会华盛顿,作出了加强防务、实行战区核力量现代化的决定。1979年12月12日,北约成员国的外交部长和国防部长在布鲁塞尔联席会议上通过了著名的"双轨决议"。其中的一项决定是,北约将对它的中程核力量实行现代化,在1983—1988年间部署美国的464枚地面发射的巡航导弹和108枚"潘兴-Ⅱ"式导弹。

最后也是最重要的是,苏联在第三世界的加紧推进和扩张,引起了美国的不满和反感。在整个20世纪70年代,尽管苏联一再宣传东西方在欧洲的缓和,并进而提出了缓和物质化、以军事缓和补充政治缓和、将缓和推广到第三世界等口号,但实际上它趁美国实行战略收缩之机加快向埃塞俄比亚、安哥拉、印度支那等地扩展自己的势力。特别是1979年底苏军对阿富汗的入侵,更是表明了莫斯科的霸权主义野心。

早从20世纪50年代起,苏联的影响就逐步渗入阿富汗,控制了这一可使苏联从陆地进入南亚次大陆和印度洋的关键地区。但是,在20世纪70年代后期,阿富汗总统阿明与苏联的矛盾日益尖锐。为了防止丢失这块战略要地,1979年12月27日,苏联悍然发动了对阿富汗的军事入侵,迅速推翻了阿明政权并建立了新的亲苏政权,一周之内即控制了阿富汗全国主要城市及交通干线。至1980年初,侵阿苏军兵力已达近10万人。此事在美国乃至整个西方世界造成了极为强烈的震动和反应,并最终导致了美苏关系第二次缓和的结束。

三、西欧、日本的国际地位的提升

在20世纪70年代,西欧和日本的国际地位有了进一步的增强,形成了新的力量中心,促进了世界格局从两极向多极的演变。

1. 西欧共同体的新发展

1967年7月,欧洲煤钢共同体、原子能共同体和经济共同体正式合并成为欧洲共同体。此后,欧共体在经济合作方面取得了迅速发展。1969年12月在海牙举行的六国首脑会议为欧共体确定了完成、扩大和深化三项目标,它们在20世纪70年代都得到了比较有力的推进。

所谓完成,是针对欧共体本已确定的加强欧共体自身建设的有关任务而言,包括通过征税的方法获得自己的财源,同时赋予欧共体议会某些预算权力。这些都在较短时间中便得到了实现。

所谓扩大,是指要加紧处理为戴高乐法国所压制的其他国家(特别是英国)加入欧共体的申请。随着伦敦本身政策的变化以及巴黎的反对立场的松动,此事终于有了转机。

1970年6月的大选使得英国保守党再度上台执政,希思出任首相。面对英国力量的进一步削弱以及美国对外力量的收缩,新政府调整了英国对外政策的取向,以在欧洲内发挥积极作用作为主要目标。为此,希思宣称,要以英美间的"自然关系"取代它们的"特殊关系"。英国还同意取消英联邦的"帝国特惠制"。与此同时,在1968年戴高乐下台后,法国在接纳英国加入欧共体的问题上也采取了比较灵活的态度。继任总统的蓬皮杜指望,英国的加入将有助于西欧国家取得同美国平等的地位以及平衡欧共体内德国的日益增强的势力。至于其他的欧共体成员国,则更加强烈地发出了要求接纳英国的呼声。因此,在1971年就英国第三次提出的加入申请进行谈判时,欧共体内部顺利地取得了一致。1972年1月,英国与欧共体国家签署了接纳英国为成员国的条约。此后不久,爱尔兰和丹麦也加入了共同体,"六国欧洲"变成了"九国欧洲"。希腊则在1979年签署了加入欧共体的条约。

所谓深化的目标之一是加强和发展成员国间的合作,在1980年建成经济和货币联盟。按照这一计划,20世纪70年代欧共体经历了三个发展阶段。在第一阶段,欧共体缩小了成员国间货币兑换率的波动幅度,开始了货币基金的建立,并加强了协调彼此的货币政策和经济政策的努力。在第二个阶段,欧共体推动成员国实行更加趋于一致的经济、货币政策,使资本逐步实行自由流动。在第三阶段,欧共体则致力于发行统一货币和建立联合中央银行,从而形成一个在商品、劳务、人员乃至资本方面都真正流动的经济统一体。1979年3月13日,仅英国暂不参加的欧洲货币体系正式生效。至此,欧共体在经济和货币领域特别是货币流通领域内实现了某种程度的一体化,从而在最终建立经济和货币联盟的道路上迈出了至关重要的一步,虽然这一目标并未能够如期实现。

所谓深化的另一目标是实现"在政治联合方面的进步"。[①] 具体地说,就是要在欧共体成员国间建立一种政治合作,使它们在所有主要问题上用同一个声音说话。1970年10月,欧共体六国外长在卢森堡讨论并通过了《关于欧洲政治统一的报告》。根据这一报告,欧共体建立了"欧洲政治合作"(EPC)机制。这是欧共体成员国就外交问题进行多边协商乃至采取共同立场的一种安排。从欧共体的发展来看,一方面,

---

① Sir William Nicoll & Trevor C. Salmon, *Understanding the European Union*, London: Longman, 2001, p. 346.

它体现的是名副其实的"一小步":尽管这一合作发生在共同体内,却是严格的政府间主义或国家间主义性质的,不采用共同体的决策程序,尽量避开共同体中具有超国家性质的权力机构;而且,成员国只是承诺就外交政策问题进行协商,在各方愿意的情况下采取一些共同立场,不承担任何约束性义务。另一方面,它又代表着"一大步",因为在西欧第一个共同体(煤钢共同体)成立20年以后,欧共体内的多边政治合作终于拉开了帷幕,并且获得了一种有形的机制。它主要由成员国外交部长之间的定期会议所构成;与此同时,在联合国和其他国际组织中,欧共体理事会主席国的大使经常代表所有成员国提出共同立场。此外,欧洲政治合作(EPC)机制也逐渐产生了一些具体的成果。

2. 西欧独立自主地位的提升

20世纪70年代欧共体在经济一体化和政治合作方面获得的新进展加强了西欧在国际上的地位和作用。

在约翰逊政府时期,大西洋联盟内部的美欧关系出现了严重的问题。尼克松入主白宫以后立即提出了在美欧之间建立伙伴关系的口号,并为此访问了西欧,但是美欧关系仍然朝着相互信任不断削弱的方向发展。这主要表现在政治领域。1971年,美国悄悄地但却急剧地改变了它的对华政策。1972年5月,在没有西欧盟国参与的情况下,美国又与苏联签署了反导条约(ABM条约)和限制进攻性战略核武器的临时协议。这些都使西欧国家感到严重不安,担心美国会出于本身利益而"出卖"它们。为了避免陷入这种处境,西欧国家在处理与苏联及华约的关系时表现出了一种更加谨慎的倾向。美欧关系的削弱也同样表现在经济领域。由于美元危机加剧,美国黄金储备大幅减少,1971年8月15日,尼克松宣布了保卫美元的八项措施,终止美元和黄金间的固定汇率制度,暂停外国中央银行用美元向美国兑换黄金,从而结束了布雷顿森林体系。同时,美国还宣布对进口商品征收10%的附加税,直接打击了向其大量出口产品的欧共体国家。西欧各国对美国的这种做法提出了强烈指责,并通过各种渠道对美国施加压力,迫使它作出了一些让步。

为了扭转美欧关系继续削弱的趋势,在实现了从印度支那的脱身以后,尼克松政府宣布1973年为欧洲年,以表明美欧关系的调整已被置于极为突出的地位。4月23日,基辛格又在纽约发表了题为"欧洲年"的重要讲话,提出了缔结一份新的大西洋宪章的建议。他说,大西洋同盟遇到了"麻烦",美国是一个全球大国,而欧洲关注的基本上是"地区利益";"大西洋关系中的政治、军事和经济问题"必须在"最高层次加以解决";在1972年美国已经改造了与两个冷战对手——苏联和中国——的关系,1973年的目标则是通过制订一份"新大西洋宪章"复兴西方同盟,这将是"为重新获得活力的伙伴关系"制定的"蓝图"。基辛格并具体解释说,这种关系的基础是,经济上美国将"继续支持欧洲的一体化","以一种开阔的政治态度"与欧洲进行"贸易和货币谈判",欧洲也应当为建立"开放和平衡的贸易秩序"作出努力;军事上,美国将继续坚持"为大西洋防务作出应尽的贡献",不会"单方面地从欧洲撤出自己的军队",欧洲也应当依据自身已经发展的能力"公平地分担责任"。① 十天以后,5 月 3 日,尼克松向国会提交了一份题为《70年代美国对外政策——缔造持久的和平》的长篇报告,进一步分析了美欧在经济、军事和外交方面存在的矛盾,强调了调整美欧关系的迫切必要。

经过一年多的磋商,1974 年 6 月下旬,北约国家的首脑签署了包含 14 点的《大西洋关系宣言》。它一方面强调盟国之间的关系要以"友好、平等和团结的精神"为基础,相互之间保持"密切的磋商、合作和相互信任"。另一方面,它重申成员国的防务的"统一和不可分割"。具体地说,美国承诺要在欧洲"保持为维持威慑战略的可靠性所需的军事力量,以及一旦威慑失败时足以保卫北大西洋地区的军事能力"。西欧国家则承允,将"根据本身在大西洋联盟结构中担负的角色为维持共同安全承担适当的责任","保证和改善军队的效率"。此外,双方还在宣言中特别表示要"努力消除它们的经济政策间的冲突根源,鼓励相互的经济合作"。②

《大西洋关系宣言》按照美欧力量对比的变化对美欧关系作了适当的调整,使已经建立了四分之一世纪之久的北约可以被置放在一个新的、更加合理的基础之上。但是,它不可能彻底消除美欧之间存在的矛盾,以及改变西欧国家在对外政策上日益加强的自主性。

这种自主性首先体现于对苏政策。一方面,由于惧怕苏联的军事威胁,西欧国家要求适度加强北约军事力量,反对两个超级大国进行有损于它们的政治利益和军事安全的背后交易。另一方面,西欧国家又希望不要在军事上过分刺激苏联,并指望通过进行政治对话缓和与苏联的关系,通过发展贸易关系套住苏联。为此,当苏联向第三世界猛烈扩张或者在欧洲部署逆火式轰炸机和 SS-20 中程导弹时,西欧国家采取的立场与美国就出现了某种程度的差别,有时还比较明显。此外,西欧国家在发展与苏联的经济关系的问题上同样与美国存在着分歧。美国固然重视苏联这一颇具潜力的市场,但又不愿帮助它有效地提高经济能力和科技水平。相比之下,西欧国家的态度则积极得多。经过 20 世纪 70 年代的发展,到 1980 年时,欧共体十国同苏联的贸易达到 259 亿美元,相当于美国对苏贸易额的 13 倍。③ 其中尤其值得注意的是,从 20 世纪 60 年代开始,联邦德国、法国、意大利和奥地利等国还通过补偿贸易形式同苏联进行天然气交易。它们向苏联提供贷款以便其可以从国外购买设备,而苏联则向这些国家输送天然气。由于西欧国家与苏联建立了相对紧密的贸易联系,它们在苏军入侵阿富汗之后就很难同美国一起对苏实行严格的经济制裁。

其次,20 世纪 70 年代西欧自主地位的加强表现于其对第三世界的政策。与美国不同,欧共体国家资源匮乏,原料和能源绝大部分依赖进口,特别是从第三世界的进口。

---

① "The Year of Europe", address by Henry Kissinger in New York, April 23, 1973, *Department of State Bulletin*, May 14, 1973, pp. 593 - 598.

② "Declaration on Atlantic Relations", <http://www. nato. int/cps/en/SID - BAD55764 - 54951869/natolive/official_texts_26901. htm>.

③ 陈乐民:《战后西欧国际关系》,北京:中国社会科学出版社 1987 年版,第 343 页。

同时,第三世界也是欧共体国家的重要商品和资本市场。因此,在处理与第三世界国家的关系时,它们不再亦步亦趋地追随美国,而是按照自己的利害关系来决定政策。1971年7月,欧共体首次响应联合国贸发会议的决定,带头对发展中国家实行普遍优惠制。此后,欧共体对第三世界国家建立国际新秩序的要求作出了比较积极的响应,支持和参加南北对话,并实行了一系列的让步。1973年7月和10月,根据"集团对集团"的原则,43个非洲、加勒比海和亚洲国家(ACP国家)派出的代表与欧共体9国在布鲁塞尔讨论了相互关系问题。在这一谈判中,欧共体作出了较大妥协。1975年3月,双方的各国首脑在多哥首都签署了《洛美协定》。这一协定取消了名义上平等、实质上不平等的所谓"互惠"贸易原则,首次确定了真正有利于促进双方贸易和经济合作的"非互惠"原则。按照这一原则,46国的全部工业品和94.5%的农产品单方面享有免税和可以无限量地向欧共体自由出口的优惠。《洛美协定》并首创了稳定出口收入的补偿制度,即如因市场价格波动或其他原因输往欧共体的12种基本初级产品的出口收入减少时,欧共体应予以补偿。《洛美协定》还规定,欧共体应在五年中向46国提供33.6亿欧洲货币单位(约合42亿美元)的财政援助。[①] 这一协定显然有助于改善有关第三世界国家的贸易地位和财政状况。

再次,西欧国家自主地位的加强还突出反映于它们对阿拉伯世界的政策。一方面,西欧国家纠正了过去一味偏袒以色列的做法,谋求以"第三种力量"的身份在中东发挥更大的作用,推动阿以冲突的全面解决。1973年的"十月战争"爆发以后,欧共体国家公开谴责以色列用武力侵占阿拉伯领土的行为,主张承认巴勒斯坦人民的民族自决权。另一方面,西欧国家积极发展了与阿拉伯国家的经济联系。自1975年起,作为一个整体,阿盟20国已取代美国成为欧共体在欧洲以外的最大贸易伙伴。欧共体在阿盟的对外贸易中更是独占鳌头,所占比重大于美、苏、日的总和。

3. 日本自主倾向的加强

到了20世纪60年代末,日本的各项主要经济指标均已跃居世界前列,成了一个仅次于美、苏的世界经济大国。雄厚的经济基础以及先进的科学技术又为日本军事力量的发展提供了重要条件。在实现了第四次防卫力量整备计划(1972—1976年)之后,它"已经达到了世界最强的非核战斗力的水平"。[②] 经济和军事力量的增长,则促进了日本政治地位的提高。1975年起,日本开始出席西方七国首脑会议,从而正式跻身于西方大国的行列。

在此情况下,日本在国际事务中逐渐表现出一种更加积极自主的态度。1972年出任首相的田中角荣宣称,日本应根据形势的变化和本身的国家利益,逐步承担起与经济大国地位相称的国际责任。以后的几位首相也采取了相同的立场。这种态度在日本的

---

① "THE LOME' CONVENTION(1975)", <http://www. eurostudium. uniroma1. it/documenti/cooperazione/Lome_convention. pdf. >.

② 信夫清三郎:《日本外交史》下册,天津社科院日本研究所译,北京:商务印书馆1980年版,第888页。

对外政策中得到了明显的表现。

20 世纪 70 年代日本对外政策的基础仍然是日美合作。而且，与前 20 年相比，这种合作的基本特征并无变化：一方面，美日互为军事盟国；另一方面，在这种军事同盟中，美日的关系并不是完全平等的，美国是盟主，日本的地位则相对较弱。但是，由于国际环境及美日力量对比的变化，70 年代的日美关系又有了新的发展，这主要表现为日本的作用特别是军事作用的加强。1978 年两国政府达成的《日美防务合作指导方针》就具体规定了日美实行军事合作的方式和手段，涉及确保威慑、应对各种针对日本的武装攻击以及日本之外的远东地区出现的严重形势等各种情况。它表明了日本在防务方面独立作用的加强，反映了日美同盟关系固有的不平衡性的削弱。

在坚持和发展美日合作的前提下，日本的对外政策进一步削弱了唯美国马首是瞻的倾向。田中、三木武夫和福田赳夫首相先后提出了"多边自主外交"、"等距离外交"和"全方位外交"的方针。虽然这些提法措辞不同，具体内涵上也确实有所差别，但它们基本上反映了同样的愿望，即在对外政策方面要更多地考虑日本自身的利益和需要。大平正芳首相则更明确地提出，日本同美国、西欧是同盟关系，同中国是友好协商关系，同苏联是对话关系。

日本对外政策自主性的加强特别体现在对华政策方面。1971 年基辛格秘密访华这一"越顶外交"形成的巨大冲击波在日本造成了强烈震动，为日本对外政策的变化提供了强大动力。在佐藤荣作被迫辞去了首相职务后，接任的田中在第一次内阁会议上就表示，要把实现日中邦交正常化当作自己的首要任务，并表示"充分理解"中国方面提出的邦交正常化三原则。[1] 田中内阁还为解决两国间的问题采取了一系列实际步骤，对此中国政府也作出了积极响应。在此基础之上，1972 年 9 月下旬，田中访问了中国，两国政府签署了联合声明，决定建立外交关系，从而实现了中日邦交正常化。这一声明宣布，结束两国之间的"迄今为止的不正常状态"，中国政府放弃对日本的"战争赔偿要求"，日本政府则"承认中华人民共和国政府是中国的唯一合法政府"，"充分理解和尊重"中国政府关于"台湾是中华人民共和国领土不可分割的一部分"的立场，并"坚持遵循波茨坦公告第八条的立场"。[2] 它还宣布，和平共处五项原则是中日和平友好关系的政治基础，"任何一方都不应在亚洲和太平洋地区谋求霸权"，也"反对任何其他国家或国家集团建立这种霸权的努力"。[3] 这一声明的发表，对于发展中日关系、维护亚太地区的和平具有重大意义。此外，在声明发布的当天，日本外相即对该联合声明的内容进行补充说明：作为中日邦交正常化的结果，日本与台湾当局订立的"和约"即失去存在的意义而宣告终结。

20 世纪 70 年代的日本对苏政策也在一定程度上反映了日本对外政策的自主性。

---

① 信夫清三郎：《日本外交史》下册，天津社科院日本研究所译，北京：商务印书馆 1980 年版，第 906 页。
② 《波茨坦公告》第八条规定，"开罗宣言之条件必将实施，而日本之主权必将限于本州、北海道、九州、四国及吾人所决定其他小岛之内。"
③ 《国际关系史资料选编》编选组：《国际关系史资料选编》下册，武汉：武汉大学出版社 1983 年版，第 588—589 页。

1973 年 10 月,田中访问了苏联,讨论了缔结和约、发展经济合作等双边关系问题以及国际形势。此后,在经济领域,特别是在帮助苏联开发西伯利亚的问题上,日本不顾美国方面的担心和疑虑同苏联达成了一系列协议。根据这些协议,日本将向苏联提供资金和技术。但是,两国在领土问题上的分歧依然无法解决。日本始终坚持苏联归还北方领土是缔结两国和约的前提。在田中访苏时苏联的立场曾经有所松动,表示愿意就这一问题的解决继续进行会谈。然而,从 1976 年起,苏联正式规定,日本人在前往北方四岛扫墓时必须持有护照并办理入境签证;与此同时,苏联还在北方四岛周围增加兵力部署,修建导弹发射场等各种军事设施。因此,日苏关系的改善受到了严重限制。

此外,在 1973 年的"十月战争"中,田中内阁也像西欧国家那样采取了与美国不同的立场。①

四、第三世界反对霸权主义和建立国际经济新秩序的斗争

在 20 世纪 70 年代以及 80 年代上半期,第三世界国家在中东、巴拿马以及联合国为反对两个超级大国的霸权主义进行了英勇的斗争,同时它们还在团结合作的基础上为建立国际经济新秩序作出了不懈的努力,不仅提出了有关的原则,而且开展了波澜壮阔的维护石油资源以及领海权利的行动。

1. 第四次中东战争和戴维营协议

"六日战争"后,苏联和美国加强了在中东的争夺。特别是苏联,为了达到控制埃及等阿拉伯国家的目的,一方面竭力以阿拉伯世界反对以色列扩张主义事业的支持者的身份出现,另一方面又和美国相互配合,努力在中东维持一种实质上有利于以色列的不战不和的状态。苏联的这一立场,遭到了日益觉醒的阿拉伯人民的反对。

为了打破中东的僵持局面,1971 年 2 月,继纳赛尔担任埃及总统的萨达特提出了与以色列媾和的和平倡议,并表示愿为重开"六日战争"后一直关闭的苏伊士运河作出临时安排,其条件是以色列撤出在第三次中东战争中侵占的领土。美国总统尼克松对萨达特的和平倡议作出了积极的响应,并派国务卿罗杰斯于 5 月初到开罗进行活动,试图趁机削弱苏联在中东的影响。莫斯科对此发展深感不安。在利用埃及内部的亲苏势力颠覆萨达特政权的努力遭受挫折以后,苏联遂以提供军事援助作为诱饵,"劝说"埃及政府在 5 月间签订了为期 15 年的《苏埃友好合作条约》。其主要内容是:双方将在政治、经济、科技、文化及其他方面进行全面合作,并就涉及两国利益的一切重大问题举行各级定期的协商;一旦出现了双方认为威胁或破坏和平的局势,将立即相互接触,以便为清除已产生的威胁或恢复和平而协调各自的立场;为加强埃及的防御能力,苏联将协

---

① 参看下一目内容。

助埃及训练军事人员和向其提供武器和装备。① 然而,条约签署以后,虽然苏联向埃及派遣了大量的军事顾问和专家,它却并未真正履行向埃及运送武器的诺言。从10月起的短短半年间,萨达特曾为此三次访问莫斯科,均无功而返。1972年5月勃列日涅夫在与来访的尼克松举行会谈后更是公然宣布,要在中东实现"军事缓和"。这实际上表明苏联将与美国一起继续在中东维持不战不和的状态。

萨达特决心排除苏联的干扰,通过本国的努力收复被以色列占据的领土。1972年7月,埃及政府正式宣布,立即结束苏联军事顾问和专家在埃及的使命,接管苏联在埃及的一切军事设施。② 同时,埃及联合所有处于反以前线的阿拉伯国家制订了对以色列共同作战的计划,并取得了其他阿拉伯国家对这一计划的支持。1973年10月6日,埃及集中了8万军队、300架飞机、4 000门大炮及火箭发射器,向苏伊士运河东岸的以军阵地发动了猛攻。"十月战争"(第四次中东战争、斋月战争、赎罪日战争)因而爆发。仅仅经过10个小时的战斗,埃军就突破了被以色列吹嘘为"坚不可摧"的巴列夫防线,登上了被以军占领达六年之久的运河东岸的土地。一个星期后,埃军拔除了以色列在运河东岸的最后一个据点。与此同时,叙利亚在戈兰高地向以军发起了全面攻击,收复了大片失土;巴勒斯坦突击队则在以军后方成功地开辟了第三战场,有效地配合了埃叙前线的战斗。其他阿拉伯国家也积极援助埃及和叙利亚,或者直接出兵参加战斗,或者提供各种军火和筹措资金,产油国还开展了震撼世界的石油斗争,通过石油禁运、石油提价和收回石油资源等措施,有力地打击了以色列及其支持者。

然而,在以战迫和的保守主义思想的指导下,埃、叙两国领导人未能利用有利形势进一步扩大战果,从而使以色列获得了喘息和反扑的机会。从1973年10月9日起,以色列首先以15个旅的兵力和近千辆坦克在叙以前线发动了猛烈的进攻。得手之后,它又依靠美国源源不断的军火补充集中全力对付苏伊士运河一线的埃军。10月16日,以军偷渡运河成功,进入西岸埃军的后方,不仅切断了埃军的供应线,并直接威胁了开罗的安全。

在军事上遭受挫折的同时,阿拉伯国家在外交上也承受了超级大国的强大压力。战争爆发之初,在美国的要求下,苏联力图说服阿拉伯国家停止行动。以后,由于埃、叙两国军队在战场上不断取胜,苏联又采取了支持阿拉伯国家的姿态,对埃、叙实施紧急援助。但是,随着以色列军事反扑的展开和美国外交压力的加强,苏联又转而要求停火,并拒绝继续向埃及运送武器。10月21日,联合国通过了美国和苏联联合提出的决议案,要求交战的各方最迟于12小时之内"在它们目前占领的地点立即停止一切射击并终止所有的军事活动"。它并要求有关各方"于停火后立即开始执行"安理会1967年通过的第242号决议。③ 由于超级大国的压力和军事上的受挫,埃及和叙利亚被迫分

---

① G. Ginsburgs and Robert Melville, *A Calendar of Soviet Treaties: 1958 –1973*, The Netherlands: Sijthoff & Noordhoff International Publisher, 1981, p. 601.

② 卫林等:《第二次世界大战后国际关系大事记》,北京:中国社会科学出版社1991年版,第497页。

③ 钟冬:《中东问题80年》,北京:新华出版社1984年版,第584页。

别在 10 月 22 日和 24 日宣布停火。以色列也在 10 月 22 日宣布停火。

在"十月战争"中,以色列投入兵力 30 万人,伤亡 1 万余人;阿拉伯国家共投入兵力 45 万人,伤亡、被俘 2.1 万余人。同第三次中东战争相比,以色列付出的代价显然要沉重得多。此外,根据 1974—1975 年间以色列分别和埃、叙最后达成的脱离军事接触的协议,埃及收复了苏伊士运河东岸西奈半岛 28—30 公里宽的狭长地带,叙利亚则收复了戈兰高地的部分地区,在埃、叙和以色列之间建立了驻扎着联合国维和部队的"脱离接触区"。因此,尽管以色列仍然得以继续占领它在"六日战争"中夺得的大部分领土,埃、叙等国收复失地的夙愿也并未完全实现,对阿拉伯国家来说"十月战争"仍然具有重要意义。一方面,以色列遭到比较沉重的打击,埃及则部分地洗刷了在"六日战争"中蒙受的耻辱,双方的力量实现了某种程度的平衡,这为以后的和谈奠定了基础。另一方面,由于苏联在关键时刻未能对阿拉伯国家提供坚定的支持,战争结束之后它在中东的势力明显削弱,美国则趁机扩大了它的影响。

"十月战争"后,在尼克松政府全面调整美国对外政策的过程中,它也对一味偏袒以色列的做法作出了某种修正,谋求改善同阿拉伯国家的关系。与此同时,随着埃及与苏联关系的急剧恶化,萨达特着手大幅改变埃及对外政策的取向。1974 年 2 月,埃及与美国恢复了自 1967 年"六日战争"以来中断的外交关系,重新互派大使。埃及还宣布了实行武器来源多元化的决定,美国则决定协助埃及清理苏伊士运河并进行运河区的重建工作。6 月,埃及隆重接待了来访的尼克松并与之签署了《埃及和美国之间关系和合作的原则》。两国同意:中东地区"公正与持久的和平"应建立在 1967 年安理会第 242 号决议的基础上,"适当考虑包括巴勒斯坦人民在内的中东所有人民的合法利益和这个地区的所有国家的生存权利";同时,还应该像 1973 年安理会第 338 号决议所要求的那样,通过"在日内瓦中东和会的范围内进行不断的谈判"实现这一目标。另外,两国承诺,将"加强在各级的磋商"和"双边合作"。[①] 在此情况下,为了迫使萨达特重新回到苏联的战略轨道,莫斯科不仅停止向埃及提供武器弹药和零件,而且对埃及逼还债务。但是,这种做法的效果适得其反,进一步恶化了埃苏关系。1976 年 3 月埃及宣布废除埃苏友好合作条约,接着又宣布取消向苏联海军提供海港的协议。此后,萨达特正式放弃了过去的联苏反美抗以的方针,而改采亲美抗苏和以的方针。1977 年 11 月,萨达特访问了耶路撒冷,并提出了缔结埃以和约的五项原则。1978 年 9 月,萨达特和以色列总理贝京在美国总统卡特的邀请下到戴维营举行了 12 天的会谈。经过激烈谈判,三方最后签署了《关于实现中东和平的纲要》和《关于签订一项埃以之间的和平条约的纲要》,它们被统称为《戴维营协议》。次年 3 月,埃以两国政府正式在白宫缔结了《和平条约》,卡特作为连署人也在该条约上签了字。它主要规定:在互换条约批准书后"双方结束战争状态并建立和平局面";埃以之间的永久边界是"埃及和前委任统治的巴勒斯坦领土之间公认的国际边界"(但加沙地带的地位问题待定);双方"承认并且将尊重对

---

① 《国际关系史资料选编》编选组:《国际关系史资料选编》下册,武汉:武汉大学出版社 1983 年版,第 596 页。

方的主权、领土完整和政治独立";"以色列船只和运进或运出以色列的商品有权自由通过苏伊士运河及其通向苏伊士湾和地中海的通道"。① 尽管埃以条约在阿拉伯世界中引起了许多争论,但它使埃及收复了西奈半岛和改善了战略处境,同时也在一定程度上促进了中东的稳定与和平。

2. 巴拿马人民捍卫民族利益和主权的斗争

沟通大西洋和太平洋的巴拿马运河具有极其重要的战略和经济价值。根据1903年强加给巴拿马的《海约翰-埃尔兰条约》(美巴条约),美国以一次付给1 000万美元和每年交付租金25万美元的低价,攫取了对宽16.1公里的运河区的"永久使用、占有和控制"的权利,以便"建设、维护、经营、清洁和保护"运河。② 翌年美国又以4 000万美元收购了法国运河公司的权利和财产。1914年8月巴拿马运河正式建成通航,但此后却一直掌控在美国的手中。

为了收回对这一运河的主权和控制,巴拿马人民进行了长期不懈的斗争。1964年1月,巴拿马又一次掀起了反美风暴。在此情况下,美国同意与巴拿马就签署一项新的运河条约展开谈判,试图在由巴拿马行使主权的外表下继续维持美国对运河区的控制。但是,在许多第三世界国家特别是拉丁美洲国家的支持下,经过长期斗争,巴拿马终于迫使美国同意结束它对运河区的管辖权。1977年9月,巴美两国政府在华盛顿签署了新的《巴拿马运河条约》,该条约将在1999年期满。它规定,"废除"1903年的美巴条约,取消美国永久占领运河区的特权,对运河和运河区的主权归巴拿马;美国暂时仍被授予"管理、经营和维护"运河的权利,但它应逐步向巴拿马移交这些权利,并在条约期满时移交完毕;美国在运河区的驻军须逐步减少,至条约期满时全部撤出;美国船只和舰艇有迅速和无条件通过运河的永久权利。③ 新运河条约的签订是巴拿马人民维护国家主权和利益的斗争的光辉胜利,也是拉美人民和世界人民反对美国霸权主义斗争的重大胜利。1999年,巴拿马即完全收回了对运河的管辖权。

3. 第三世界在联合国中的斗争

在美苏冷战爆发后的一个很长时期中,联合国成为一部由美国控制和操纵的表决机器。后来,它又变成美苏进行政治交易的一个重要场所。联合国宪章所规定的宗旨和原则遭到粗暴的践踏和破坏。

但是,由于亚、非、拉美民族解放运动的发展和第三世界的兴起,进入20世纪70年代以后,这种状况有了很大的变化。在广大发展中国家的努力下,联合国通过了一系列真正符合联合国宗旨的决议,加强了反对霸权主义、扩张主义和种族主义的斗争,推动了维护世界和平、促进全球发展和加强国际合作的事业。1971年,第26届联大正式恢

① 钟冬:《中东问题80年》,北京:新华出版社1984年版,第216—218页。
② "Panama：The 1903 Treaty and Qualified Independence", <http://lcweb2. loc. gov/cgi-bin/query/r? frd/cstdy：@field(DOCID+pa0020)>.
③ "Texts of the Panama Canal Treaties with United States Senate Modifications - Panama", <http://lcweb2. loc. gov/frd/cs/panama/pa_appnb. html>.

复了中华人民共和国在联合国的合法席位,美国长期利用联合国孤立新中国的政策彻底破产。1974 年,第 29 届联大以压倒多数通过一项决议,确认巴勒斯坦人民有权恢复民族权利,同时邀请巴勒斯坦解放组织以观察员身份参加此后联合国的会议和工作,从而沉重地打击了推行扩张政策的以色列,以及对它进行支持和纵容的美国。同时,在以往四届联大连续拒绝接受南非代表的全权证书的基础上,第 29 届联大更以绝对优势通过了大会主席的裁决,拒绝南非代表参加大会工作。1977 年,在第三世界国家的强烈要求下,安理会又决定对南非实行强制性的武器禁运。这些决定使推行种族歧视政策和侵略扩张政策的南非当局遭受到严重挫折。联大并曾多次通过决议要求苏联从阿富汗撤军以及越南从柬埔寨撤军,从而打击了它们的霸权主义行径。

此外,20 世纪 70 年代,已在联合国中取得稳定多数的第三世界国家还提出了改变联合国现状和修订联合国宪章的要求。1971 年,在它们的努力下,联合国实行了一次重要的修宪行动,即将经社理事会的理事国由 27 国扩至 54 国,亚、非、拉美的名额因而显著增加。1972 年,联合国大会通过了关于重新审查联合国宪章的决议。1974 年,联合国大会又决定成立一个由 42 个会员国组成的"联合国宪章和加强联合国作用特别委员会",以负责审查各种修宪建议。此后,修宪问题就成为联大每届会议审议的主要议题之一。在此过程中,第三世界国家主要提出了下述要求:缩小安理会的职权,限制或取消安理会的否决权,扩大联大的职权。尽管联合国宪章的修改是一个十分复杂的问题,需要谨慎对待,但当时这些要求的提出对于反对超级大国的霸权主义无疑具有重要的积极意义。

在反对霸权主义、扩张主义和种族主义的同时,20 世纪 70 年代,第三世界国家在联合国中为建立国际经济新秩序进行了斗争。1972 年 3—5 月,在联合国贸易和发展会议第三届会议中,它们有力地揭露了某些发达国家通过贸易、关税、货币等手段垄断国际市场和转嫁经济危机的恶劣行为,要求建立平等互利的国际贸易关系。会议最后通过了由 77 国集团提出的三项议案,在争取建立国际经济新秩序的斗争中迈出了重要一步。1974 年 4 月,在研究原料和发展问题的联大第六届特别会议上,第三世界国家尖锐地批判了殖民主义、帝国主义和霸权主义进行的剥削和掠夺。最后大会通过了 77 国集团起草的《建立新的国际经济秩序宣言》和《建立新的国际经济秩序的行动纲领》等文件。宣言为争取中的国际经济新秩序规定了一系列基本原则,其中包括:一切国家都有"在平等的基础上""充分和有效地参加""解决世界经济问题"的权利;"每一个国家对自己的自然资源和一切经济活动拥有充分永久主权";要"改革"现存的国际货币制度和改变发展中国家与发达国家在商品交换上的不合理关系。宣言还强调,这些原则应"成为各国人民之间和各国之间的经济关系的最重要的基础之一"。[①] 随后,1974 年 12 月的第 29 届联大以及 1975 年 2 月的发展中国家原料会议分别通过了《各国经济权利和义务宪章》与《达喀尔宣言》。

---

① 《国际关系史资料选编》编选组:《国际关系史资料选编》下册,武汉:武汉大学出版社 1983 年版,第 620—622 页。

为了使这些纲领性文件中所规定的原则真正得以实现,第三世界国家作出了持续的努力。1975 年 12 月,19 个发展中国家参加了在巴黎举行的部长级国际经济合作会议,与 7 个发达国家以及欧共体进行了"南北对话"。会上,它们提出了将能源、原料、发展和金融等四项问题联系在一起进行考虑的要求,试图以石油为武器推动南北经济关系中其他问题的解决。但是,由于美国等国家固执己见,这一南北谈判实际变成了"聋子对话",未能获得重要的实质性成果,只是决定设立分别研究上述问题的四个委员会。1977 年 5 月底至 6 月初,国际经济合作会议再次在巴黎举行,并终于达成两项协议:建立稳定原料价格的共同基金;向最贫穷国家提供 10 亿美元的特别援助基金。但是,在能源和债务问题上则未能取得进展。1979 年出现了石油的第二次大幅度提价,西方国家又一次受到能源问题的冲击。利用这一时机,77 国集团在第 34 届联大上提出了开展一轮新的全球性谈判的建议,并要求将能源、原料、贸易、发展和金融等五个领域的问题结合起来加以讨论。联大为此通过了有关决议。尽管因为美国等国的阻挠,这一决议未能得到有效执行,但它仍然产生了重要影响。

4. 中东石油斗争

20 世纪 70 年代,广大发展中国家为建立国际经济新秩序的理想所鼓励,在原料和能源问题上与西方国家进行了激烈的较量,其中以中东石油斗争最为壮观。

早在第二次和第三次中东战争中,针对当时西方国家鼓励和支持以色列的侵略扩张政策的立场,阿拉伯国家就使用了石油武器。但是,主要是由于它们缺乏一致的行动,这一武器并未获得应有的效果。到 1973 年的第四次中东战争时,情况发生了截然不同的变化。盛产石油的阿拉伯国家将反对以色列扩张主义的斗争与捍卫本国经济资源的努力紧密结合在一起,采取了提价、减产、禁运和国有化等措施,不仅取得了重大的政治成果,而且收获了显著的经济效益。

1973 年 10 月 16 日,即战争开始十天以后,石油输出国组织的六个波斯湾成员国在科威特举行会议,决定将长期以来为西方石油公司蓄意压低的石油价格提高 17%。次日,阿拉伯石油输出国组织又在科威特举行会议,决定立即将供应美国等支持以色列侵略的国家的石油逐月减少 5%,直到以色列军队撤出在"六日战争"期间所占的领土,以及巴勒斯坦人民的合法权利得到恢复。随后不久,科威特等阿拉伯主要石油生产国先后宣布完全停止对美国的石油出口。[①] 此外,阿拉伯产油国还果断地采取了增加股份和国有化的行动。伊拉克等国直接将外国石油公司收归国有,科威特等国则先是迫使西方石油公司同意提高它们的参与股份,以后也将这些公司收归国有。

这场石油斗争有效地分化了西方国家,打击了以色列及其支持者美国,促进了阿拉伯人民的正义事业。为了应付因此出现的能源短缺危机,尼克松政府不得不匆忙地采取各项应急措施,境遇极为困难。出于保证能源供应的需要,多数西欧国家停止了对以色列的武器供应,并拒绝向美国提供运送武器的便利。日本也转而采取支持阿拉伯国

---

① 卫林等:《第二次世界大战后国际关系大事记》,北京:中国社会科学出版社 1991 年版,第 516—517 页。

家的态度。它们还置美国的反对于不顾,纷纷和产油国进行单独对话,美以陷入了空前的孤立。同时,中东石油斗争是第三世界为改变旧的国际经济秩序而迈出的重要一步。阿拉伯产油国从西方国家手中夺回了控制石油生产与供应以及决定石油价格的权利,削弱了西方资本长期进行的剥削与掠夺,极大地改善了本身的经济状况。1974 年 1月,国际市场上每桶原油标价已从四个月前的 3.01 美元增加到 11.65 美元。据统计,1973 年阿拉伯国家的石油收入为 300 亿美元,1974 年通过石油提价这一项就增加了1 100 亿美元。但是,石油的提价在一定程度上也加重了非产油的发展中国家的负担。

5. 反对海洋霸权的斗争

辽阔的海洋历来是殖民主义和帝国主义进行侵略和掠夺的又一重要目标。第二次世界大战结束以后,为了攫取别国的近海渔业资源、海底资源以及扩大军事活动,美苏两国力图对别国的领海宽度及管辖范围作出强行规定。第三世界国家则为捍卫本身的领海权利进行了针锋相对的斗争。在此过程中,拉丁美洲国家发挥了先锋作用。

早在 1947 年,智利、秘鲁两国就正式宣布,它们的领海范围为 200 海里。随后,萨尔瓦多、厄瓜多尔也采取了同样的行动。美国对此竭力反对。最初,它试图迫使拉美国家接受领海宽度为 3 海里的主张。20 世纪 50 年代后期起,它又和苏联合谋商定,各国领海和毗连区不得超过 12 海里。拉美国家并不屈服。1970 年 5 月,已宣布领海宽度为 200 海里的九国在乌拉圭首都蒙得维的亚举行领海会议,通过了《蒙得维的亚海洋法宣言》。该文件宣布,各沿海国家有权根据本国的“地理和地质特点”、“海洋资源的存在”状况与合理利用这些资源的需要等各种因素,“划定它们海洋主权和管辖权的范围”。宣言重申,“各签字国基于自己的特殊情况,已经将它们对邻接海岸的海区、海床及其底土的主权或专属管辖权扩大到距离领海基线二百海里的地方”。宣言还表示,各签字国今后将“协调行动”,以有效地捍卫它们的有关权利。[1] 同年 8 月和 1971 年 1月,拉美国家又先后两次在秘鲁首都利马举行海洋法会议,谴责了超级大国的霸权主义政策,重申了《蒙得维的亚海洋法宣言》所阐明的各项原则,并宣布了与亚洲国家团结一致开展斗争的决心。1972 年,拉美 15 个沿海国家又在多米尼加举行会议,通过了《圣多明各宣言》。它主张,沿海国家不仅对宽度为 12 海里的领海拥有完全主权,并且对“邻接领海的称为承袭海的区域内水域、海床和底土中可更新和不可更新的自然资源,享有主权权利”;领海和承袭海的总宽度可达 200 海里。[2] 1973 年以后,拉美国家反对海洋霸权的斗争更是发展到了一个新的阶段,决定扩大领海范围的国家进一步增多,它们采取了许多实际措施来保证本国的领海主权和海洋资源。

从 20 世纪 70 年代初起,争取 200 海里海洋权的斗争还逐步从拉丁美洲扩展到了整个第三世界,成为发展中国家反对霸权主义、争取建立国际经济新秩序的努力的一个重要方面。1972 年 6 月,一些非洲国家的代表在喀麦隆首都雅温得举行了海洋法讨论

---

① 《国际关系史资料选编》编选组:《国际关系史资料选编》下册,武汉:武汉大学出版社 1983 年版,第 603—604 页。
② 同上书,第 605 页。

会,提出了在领海外建立专属经济区的主张。1973 年,第十届非洲国家元首和政府首脑会议通过了《非洲统一组织关于海洋法问题的宣言》。其中宣称,"非洲国家承认每一沿海国有权在其领海以外划定专属经济区"(其界限从确定领海的基线起可达 200 海里),对这种区域内的"一切生物和矿物资源行使永久主权,并对该区域进行管理"。[1] 同年,第四届不结盟国家首脑会议通过了《关于海洋法的宣言和决议》,宣布支持沿海国家关于 200 海里的国家管辖区的主张,承认它们有在这些区域内"行使开发自然资源和保护本国人民其他有关利益的权利"。[2] 1974 年 6—8 月,在委内瑞拉召开的有 140 多个国家和地区以及许多国际组织参加的第三次联合国海洋法会议第二期会议上,广大第三世界国家同超级大国进行了激烈斗争。美苏最终被迫接受了 200 海里经济区的概念,虽然它们同时又提出了各种条件来阉割专属经济区的实际内容。在 20 世纪 70 年代后半期举行的第三次联合国海洋法会议的多期会议上,发展中国家继续团结合作,为打破大国对海洋的控制与垄断、维护发展中国家的主权和利益进行了有效的斗争。正是以此作为基础,在 1982 年 12 月于牙买加召开的第三次联合国海洋法会议最后会议上,包括中国在内的 119 个国家和国际组织的代表签署了《联合国海洋法公约》(美国、英国、联邦德国、日本等 20 多国拒绝签署)。[3] 同旧海洋法相比较,新海洋法有了不少进步,尽管它并不完善,甚至在某些方面有着严重缺陷。

复习提示

一、名词解释

1. 欧洲经济共同体   2. 新日美安全条约
3. 200 海里经济区   4. 非洲年
5. 戴维营精神   6. 77 国集团
7. 部分禁止核试验条约   8. 肯尼迪的多边核力量计划
9. 不结盟运动   10. 欧安会
11. "欧佩克"   12. 美苏限制战略核武器谈判
13. 艾森豪威尔政府的大规模报复战略   14. 以色列和埃及的戴维营协议

二、探索与思考

1. 如何理解美苏关系第一次缓和与第二次缓和的异同?
2. 如何理解赫鲁晓夫在苏共二十大上的秘密报告对国际共产主义运动的影响?
3. 如何理解 1956 年波兰事件和匈牙利事件的起因和结果的异同?
4. 如何理解古巴导弹危机的背景、结果和影响?

---

[1] 《国际关系史资料选编》编选组:《国际关系史资料选编》下册,武汉:武汉大学出版社 1983 年版,第 610 页。
[2] 同上书,第 611 页。
[3] 中国当时即签署了《联合国海洋法公约》,1996 年批准了这一条约。

5. 如何理解 20 世纪 60 年代戴高乐推行的独立对外政策?

6. 如何理解第三世界形成的基础及意义?

7. 如何理解苏军入侵捷克斯洛伐克和阿富汗对国际关系的影响?

8. 如何理解 20 世纪 70 年代初美国对外政策调整的背景、内容及影响?

9. 如何理解德国的"新东方政策"提出的背景和内涵?

10. 如何理解美国和苏联在第二次到第四次中东战争中的作用?

11. 如何理解三次柏林危机中苏联和美国的政策?

第三章　冷战的结束（1980—1991）

20世纪80年代的国际关系经历了重要转折。在上半期,美苏关系再度紧张。但是,进入下半期以后,主要是由于戈尔巴乔夫时期苏联的对外政策出现了大幅度的调整,美苏关系迅速出现了第三次缓和。与分别发生在20世纪50年代后半期以及20世纪70年代的前两次缓和相比,这一次缓和的内容更为广泛和深刻。

但是,就在美苏关系得到改善的同时,戈尔巴乔夫的"新思维"和改革却在苏联国内以及东欧引起了激烈动荡和政治剧变,并最终导致了东方阵营在1990年初的瓦解以及持续了近半个世纪的冷战的结束。

第一节　美苏关系的再度紧张与第三次缓和

20世纪80年代上半期,由于里根采取的强硬对苏政策,美苏关系再度紧张。但是,自戈尔巴乔夫1985年成为莫斯科最高领导人以后,他在其"新思维"的指导下对苏联的对外政策进行了全面和急剧的调整。这一调整尤其涉及对美政策,并促成了美苏关系的第三次缓和。

与此同时,世界多极化的趋势得到了发展,表现为中国在美、苏、中三角关系中的地位变得更为重要,西欧联合运动和日本对外政策的自主性有了进一步的加强。此外,发展中国家的合作也获得了新的动力。

一、美苏关系的再度紧张

在里根于1981年初入主白宫后,由于美国已经从越南战争的综合征中逐渐恢复过来,并且为苏联在第三世界的扩张以及在核力量方面的进展深感不安,因而华盛顿对苏联采取了强硬政策,美苏关系再度紧张。两个超级大国在核军备领域展开了新的竞争,在热点地区进行着激烈的对抗。

1. 里根的强硬对苏政策

里根继承并且发展了自苏联出兵阿富汗以后卡特政府在美苏关系问题上采取的强硬态度。一方面，他声称决心恢复美国在世界上的威望和地位。1981年10月，里根政府提出了一个对美国的战略核武库实行全面现代化的六年计划。为了执行该项计划，1981—1986年间，每年的国防预算将递增8%—9%左右。它还对20世纪70年代美国的军备控制政策提出了批评，声称在第二阶段美苏限制战略核武器谈判中签署的协议必须得到修改。此外，里根政府加紧准备在欧洲部署"潘兴-Ⅱ"式导弹和地面发射的巡航导弹。另一方面，里根政府对苏联的对外政策进行了尖锐的指责。他说，苏联是"野心涉及地球的每一个角落"的帝国主义国家，苏联领导人为自己"保留了无恶不作、撒谎和欺骗的权利"。[①] 在莫斯科支持波兰当局于1981年底对团结工会采取严厉措施并实行军管后，里根指责苏联是"邪恶的帝国"，同时策划对苏联实施经济制裁。1983年3月，他在一篇讲话中声称，"苏联是现代世界的罪恶核心"。[②]

进入20世纪80年代后，苏联的处境变得越来越艰难，一方面，由于支持越南侵略柬埔寨以及直接出兵阿富汗，它不仅在道义上受到了广泛的谴责，经济上也背上了沉重的包袱。另一方面，波兰的团结工会事件不仅束缚了苏联的手脚，并且使得苏联领导人更加为国内日益恶化的经济形势感到担心。为此，苏联在第三世界的扩张和推进有所收敛，其军费增长速度也开始放慢，从20世纪70年代的4%—5%减为80年代初的2%。但是，尽管如此，面对着里根政府的挑战，勃列日涅夫并未退缩。在1981年冬天的苏共二十六大上，他谴责了里根政府的"好斗"语言。1982年夏天，《真理报》载文指责美国政府陷入了"不可控制的精神错乱"、"有着当今世界上最为右翼"的观点，声称华盛顿政策的直接后果之一是"核战争威胁的增加"。[③]

1982年11月勃列日涅夫的去世以及安德罗波夫的上台，使得急剧恶化的美苏关系出现了一些转机。1983年上半年，安德罗波夫发起了一场"和平攻势"，以阻止美国按照1979年底北约理事会的"双轨决议"在欧洲部署新的中程导弹。为了缓和西欧的反战运动及取得盟国的支持，这时里根也稍微收敛了一下他的反苏言行，对安德罗波夫的姿态作出了某种响应。为此，在一个短时期中，美苏关系似乎有了改善。1983年7月，已在马德里工作了三年的欧安会续会的代表签署了最后文件；8月，美苏缔结了为期5年的谷物协定，并达成了就文化和科学交流问题重开谈判的协议。然而，好景不长，9月1日，一架南朝鲜客机被苏联的Su-15战斗机击落，机上269人全部丧生。此事导致了美苏关系的再度恶化。1984年2月安德罗波夫病逝后，继任的契尔年科表示要在美苏关系方面实现真正的突破，但实际上两国仍然处于严重的对峙状态。苏联甚至拒绝参加1984年夏天在洛杉矶举行的奥运会，宣称这一决定应该依据里根的对苏政

---

① Joseph L. Nogee & Robert H. Donaldson, *Soviet Foreign Policy*, New York, Pergamon Press, 1989, pp. 317–318.

② Stephen E. Ambrose, *Rise to Globalism*, New York: Penguin Books, 1985, p. 322.

③ Joseph L. Nogee & Robert H. Donaldson, *Soviet Foreign Policy*, New York, Pergamon Press, 1989, p. 319.

策加以理解。

2. 美苏在核武器方面的新竞争

在新的紧张对峙中,美苏军备控制谈判徘徊不前,它们的军备竞争则获得了新的动力。

如前所述,20世纪70年代中期,苏联着手在其欧洲领土部署逆火式轰炸机和新式中程导弹SS-20。作为一种回应,1979年12月,北约成员国的外交部长和国防部长在布鲁塞尔联席会议上通过了"双轨决议"。其中的一项决定是,北约将对它的中程核力量实行现代化,在1983—1988年间于西欧部署美国的由地面发射的巡航导弹和"潘兴-Ⅱ"式导弹。另一项决定则是,北约将采取平行的努力,就限制欧洲的中程核力量问题同华约展开谈判,这一谈判应在美苏两国之间进行。北约的意图是,如果苏联同意谈判,北约就可利用它计划部署的中程核力量作为筹码,迫使苏联大幅削减它在欧洲的中程核力量;如果苏联拒绝谈判,北约就可藉此为它部署新式中程核力量的计划进行辩解。苏联接受了这一谈判建议。它试图利用谈判阻挠美国实施在欧洲增强中程核力量的计划,并在西欧各国煽动对美国的不满情绪。

这样,1980年底美苏就欧洲中程核力量问题进行了预备性谈判,一年后又开始了正式谈判。在以后历时两年的五轮谈判中,美苏双方抛出了一个又一个的建议。尽管它们都被贴上了"新的"、"创造性的"、"灵活性的"标签,但其基本内容并无实质性变化。美苏在中程核力量的谈判中显示出来的分歧始终集中在三个方面:协议应当包括的武器体系,涉及的地理范围,以及对第三国核力量的处置。正当它们在谈判中相持不下时,1983年11月23日,联邦德国联邦议院再次通过了同意在其领土上部署美国中程导弹的决定。安德罗波夫立即宣布,苏联代表将退出日内瓦谈判,并将加速在民主德国和捷克斯洛伐克部署战役、战术导弹的准备工作。苏方还将美国中程导弹从欧洲的撤出作为其同意恢复谈判的先决条件。

与此同时,美苏关于战略核武器的谈判也陷入了僵局。自1982年6月重新开始以后,它被称作减少战略核武器的谈判。在这一谈判中,美苏都怀有复杂的动机,一方面,它们指望,最后达成的协议将能使对方发展战略核力量的努力受到限制,从而在超级大国间建立一种更加符合本身利益的军事平衡。另一方面,双方又都希望利用谈判进行宣传,将不能达成协议的责任推诿于对方,为自己的军备扩张政策进行辩护。为此,尽管1983年春季和夏季这一谈判曾经取得一些进展,在苏联退出了中程核力量的谈判以后它也迅速中止。

20世纪80年代初,当美苏军控谈判停滞不前时,它们之间掀起了一轮新的军备竞争。就战略核力量而言,美国在准备部署MX型陆基洲际弹道导弹的同时,加紧开发采用了隐形技术的B-1B型轰炸机、高精度的"三叉戟-Ⅱ"型潜射弹道导弹。苏联则加紧研制与美国MX型导弹相当的SS-24型导弹和射程更远、命中精度更高的SS-25型导弹,以及类似B1-B的"海盗旗"型战略轰炸机。尤其引人注目的是,美苏还在战略防御手段方面开始了竞赛。

　　1983 年 3 月 23 日,里根在向全国发布的电视演说中提出了被称为"星球大战"计划的"战略防御倡议"。他说,美国要着手一项长期的研究和开发计划,集中力量建设一种可以用来阻止战略导弹的攻击的防御系统,这一系统将使核武器"失效和过时",最终"消除战略核导弹所引起的威胁"。[1] 里根还辩解说,该计划与 1972 年反导条约并不矛盾。五角大楼则进一步解释说,战略防御倡议要建立的是一个以天基定向能武器(激光、粒子束、微波束、等离子束等)为主的多层次、多手段的摧毁来袭弹道导弹的系统;对方发射的袭击导弹在飞行的全过程中都将遭到被摧毁的危险,难以"漏网",因而美国整个国家都会获得有效的防御。按照计划,1985 财年是正式实行战略防御倡议的第一年,2010 年将完成这一导弹防御系统的最终部署,估计所有费用将高达 2 万亿美元。[2]

　　苏联对美国的战略防御计划采取了严厉批评的态度。安德罗波夫说,这是一个为了确保美国的战略进攻力量具有进行第一次核打击的能力的计划。与此同时,根据美国政府获得的情报,"苏联人长期以来一直就他们的防御计划进行深入的研究,他们只是不谈而已"。[3]

3. 美苏在热点地区的对抗

　　20 世纪 80 年代上半期,美苏在世界上的所谓热点地区进行了全面的对抗。这一对抗尤其体现于当时先后发生的三场战争,即阿富汗战争、两伊战争和马岛战争。

　　1979 年 12 月对阿富汗的入侵使苏联背上了沉重的包袱。它不仅遭到了当地人民的顽强抵抗和第三世界国家的尖锐指责,还引起了美国等西方国家的强烈反应。

　　为了阻止苏军南下印度洋和威胁西方的石油供应线,在其入侵阿富汗后不久,1980 年 3 月,美国便正式成立快速部署部队司令部,以应付在中东及其附近地区可能出现的紧急需要。随后,它又将航空母舰开进印度洋,同埃及举行联合军事演习,加强对毗邻阿富汗的巴基斯坦的军事支持,并通过各种渠道向阿富汗抵抗运动提供秘密援助。此外,美国还同其他西方国家一起向苏联施加各种压力,包括拒绝批准 1979 年签署的美苏第二阶段限制进攻性战略武器条约,抵制 1980 年夏季莫斯科奥运会,对苏实行粮食、先进设备和战略物资的禁运,以迫使苏军撤离阿富汗。

　　1980 年 9 月开始的两伊战争使苏联陷入了一种两难的境地。伊拉克曾是苏联在中东倚重的主要国家之一,而伊朗在霍梅尼领导下表现出来的反西方倾向也颇受苏联青睐。为此,苏联实施了一种表面中立、实则看风使舵的政策,并趁机向两伊倾销了大批军火。与此同时,它不断增强在波斯湾及其周围的军事力量,以便必要时进行干预。美国则将自己的赌注主要压在了伊拉克一边,对之出售了许多高技术的军事装备,并向支持伊拉克的沙特阿拉伯与科威特等海湾国家转让了大量先进武器,从而扩大了在阿拉伯世界的影响。此外,美国还增加了在印度洋和波斯湾的海军力量,并于 1983 年 1

① National Academy of Sciences, *Nuclear Arms Control: Background and Issues*, Washington, D. C. : National Academy of Sciences, 1985, p.145.

② 北京国际战略问题学会:《世界军备与裁军简明手册》,北京:军事译文出版社 1986 年版,第 23 页。

③ 王永建:《超世纪太空盾》,北京:解放军出版社 1988 年版,第 133 页。

月将快速部署部队司令部升格为直属美军参谋长联席会议的中央司令部,其所辖总兵力约 20 余万人。

1982 年 4 月爆发的马尔维纳斯群岛战争(马岛战争)则置里根政府于一种颇为尴尬的处境,因为交战双方都是同美国的关系颇为密切的国家。它最初采取了貌似中立、实际偏向英国的态度。当英国舰队到达南大西洋并准备进攻马岛时,里根政府便直接宣布了对伦敦的支持。在整个战争中它向英国提供了 6 000 万美元的军火、1 250 万加仑的航空汽油以及大量的有关阿根廷军事部署的情报,还参与了对阿根廷的经济制裁。这些做法不仅恶化了美国与阿根廷的关系,而且给了苏联以可乘之机。它向阿根廷提供了涉及英国的军事情报,与其签署了供给浓缩铀以及在马岛周围联合开采石油和渔业资源的协定。

二、美苏关系的第三次缓和

1985 年 3 月,戈尔巴乔夫接替病逝的契尔年科担任了苏联共产党的总书记。面对当时严峻的国内形势以及根据自己的"新思维",他对苏联的对美政策进行了重大的调整,促成了美苏关系的第三次缓和。这一次缓和不仅体现在一系列重要的军控协议的达成与东西方在欧洲关系的改善,而且表现于双方在热点地区对抗的缓解甚至合作的形成。

1. 戈尔巴乔夫的"新思维"与苏联对外政策的调整

戈尔巴乔夫上台时,苏联长期以来面临的经济、社会、文化和政治问题已经变得相当严重,经济困难尤其突出。在第八个五年计划期间(1966—1970),年经济增长率为 7.5%。在第九和第十个五年计划期间(1971—1975 和 1976—1980),年经济增长率分别为 5.8%及 3.8%;而到了第十一个五年计划期间(1981—1985),这一数字更是下降到了 2.5%。由于经济的停滞和落后,不仅苏联作为一个超级大国的基础受到了严重威胁,而且人民的生活水平也不能得到合理的提高。粮食和副食品存在着严重的匮乏,工业消费品则继续质差量少。

与此同时,苏联的对外政策也遇到了"瓶颈"。20 世纪 70 年代在第三世界的推进与扩张,特别是支持越南出兵柬埔寨以及直接入侵阿富汗,使得它在国际上陷于严重的孤立。中苏对抗的持续存在则牵扯和分散了苏联很大的一部分精力。最重要的是,与美国开始的新的一轮军备竞争进一步增加了苏联的财政负担,导致它本已捉襟见肘的经济更加难以维持,加剧了苏联国内的各种矛盾。

此外,作为一个年富力强的国家领导人,戈尔巴乔夫在某种程度上继承和发展了赫鲁晓夫的思想。在 1985 年 10 月的苏共中央全会、翌年 2 月的苏共二十七大和其他的一系列场合,以及在 1987 年应美国出版社之约撰写并出版的《改革与新思维》一书中,戈尔巴乔夫逐步提出并阐述了一系列被称为"新思维"的观念。这些观念不仅涉及苏联本身的政治体制、国民经济以及社会、文化,而且涉及苏联的对外政策和对外关系。

根据戈尔巴乔夫在 1988 年苏共第十九次代表会议上的报告，关于国际关系和苏联的对外政策，他主要提出了这样一些观点：第一，尊重多元的利益。虽然国际关系没有失去本身的"阶级性"，但它越来越成为"各国人民之间的关系"，"各国人民、各个国家、正在形成中的新的国家实体在世界事务中起着越来越大的作用"；所以，在国际事务中考虑和照顾"多种多样的利益"乃是"新的政治思维的一个重要因素"。第二，全人类价值优先。"现时代的特点是核威胁在增强，其他全球性问题在激化，世界上各种进程的国际化在加强"，"世界越来越成为一个整体和相互依赖"；为此，新思维的核心是，认为"在我们的时代里全人类的价值占优先地位"。第三，各国可以自由选择自己的道路。"当文明的存在本身成为主要的、总括的世界问题的时候"，就应当坚持"在新思维中占有关键地位"的"自由选择的构想"，即"承认每个国家都有自由选择的权利"。第四，通过国际合作促进国家安全。"确保国家的安全将越来越从军事力量对比的领域转向政治上互相协作和严格遵守国际义务的领域，将主要通过提高联合国的作用和效率逐渐形成全面的国际安全体系。"[①]简而言之，由于全球性问题的加剧和相互依存的加强，由于更多国家和所有人民在国际事务中作用的提升，全人类的共同价值占据了优先地位，国家的安全已经从主要依赖军事力量转向政治合作，同时必须对各国人民的利益给予更多的考虑以及尊重各个国家的自主权利。

在"新思维"的指导下，戈尔巴乔夫对苏联的对外政策进行了重大调整。它们体现在多个方面，包括改善与中国的关系、追求与以美国为首的西方世界的合作以及在第三世界实施收缩。后面两个方面的调整直接导致了美苏关系的第三次缓和。

2. 中导条约的签署

在戈尔巴乔夫按照他的"新思维"调整苏联的对美政策时，首要目标是推进美苏军备控制谈判。在他看来，这是当务之急。早在 1985 年 10 月的苏共中央全会上，戈尔巴乔夫就说，应当"在最高一级作出旨在制止军备竞赛和停止滑向战争的责任的重大决定"，否则"威胁着人类生存本身的危险过程"就会"失去控制"。[②] 当然，从长远来看，军备控制也有助于减轻苏联的财政负担。

就在戈尔巴乔夫当选苏共中央总书记的 1985 年 3 月，美苏日内瓦军备控制谈判正式恢复。按照美国国务卿和苏联外交部长事先达成的协议，双方的代表将分成三个小组分别讨论空间武器（战略防御）、战略核武器以及欧洲的中程核武器问题。但是，苏联方面声称，三项会谈是一个整体，如果禁止美国战略防御计划的问题未获解决，削减战略核武器和中程核武器的谈判就不可能取得突破。美国方面则断然拒绝接受这种挂钩的主张，坚持三项谈判中的任何一项的进展都不应取决于其他的谈判。因此，在此后两年中，美苏军控谈判始终徘徊不前，1986 年底美苏首脑在冰岛首都雷克雅未克的会谈

---

① 上海国际问题研究所：《国际形势年鉴，1989》，上海：中国大百科全书出版社上海分社 1989 年版，第 324—325 页。
② 上海国际问题研究所：《国际形势年鉴，1986》，上海：中国大百科全书出版社 1986 年版，第 380 页。

也最终失败。

但是,1987年初起,形势发生了变化。当时,美国国内因为所谓伊朗门事件而陷入激烈的争执之中,①里根需要外交上的成就来巩固自己的地位。与此同时,戈尔巴乔夫也迫切希望能在军备控制问题上与美国达成一项协议,以显示他的"新思维"的胜利。这样,双方都逐渐转向采取一种迎合的态度,戈尔巴乔夫尤其如此。他在1987年2月宣布,苏联同意将销毁部署在欧洲的中程导弹的问题与包括战略防御计划在内的战略武器问题分开加以考虑,从而放弃了过去一直坚持的这些问题应当挂钩的立场。在以后几个月的谈判中,美苏最终形成了所谓的"全球双零点方案"。1987年12月,两国在华盛顿签署了《销毁中程和中短程导弹条约》(中导条约,INF)。它规定,在条约生效后的三年中,美苏将销毁它们所有的中程导弹(射程为1 000—5 500公里)以及与它们有关的发射装置和辅助设备;在条约生效后的18个月中,美苏将销毁它们所有的中短程导弹(射程为500—1 000公里)以及与它们有关的发射装置和辅助设备。② 中导条约采用了由国家技术手段和一系列的合作性措施所组成的严格的核实机制,包括相互通知、现场检查、周边隧道监视等。中导条约是第一个真正销毁(不仅是一般地减少)核武器的协议,尽管它要销毁的运载手段只涉及两个超级大国拥有的运载手段的很小一部分(大约5%)。另外,中导条约建立了当时最为完善的核实机制,包括接受了高度侵入性的现场检查,为以后的军控谈判特别是美苏间的削减战略核力量谈判提供了重要的榜样和经验。

当美苏在中程核力量问题上终于达成了这一协议时,它们在削减战略核武器问题上也取得了一些进展。到里根政府后期,美苏已经就一系列成为以后美苏削减战略核武器条约基础的原则取得了一致。

3. 东西方在欧洲关系的改善

20世纪80年代后半期,东西方在欧洲对峙的缓解除了表现于中导条约以外,还反映于东西方联系的加强以及欧安会维也纳续会的成功。

在此期间,东西方领导人接触频繁。1985年11月里根和戈尔巴乔夫在日内瓦举行了中止六年的美苏首脑会议。以后的三年间,他们又在雷克雅未克、华盛顿、莫斯科和纽约进行了四次峰会。1989年1月初布什进入白宫后,他又和戈尔巴乔夫先后在马耳他、华盛顿、巴黎和莫斯科进行了四次首脑会议。这些峰会不仅溶解了两国间的冷战坚冰,创造出缓和的气氛,而且促进了美苏军备控制谈判以及其他具体问题的解决。苏联和其他西欧国家的领导人也增加了相互往来。例如,1988年初,苏联部长会议主席雷日科夫访问瑞典,同该国领导人就波罗的海的划界问题达成了协议。

东西欧之间还进一步发展了经济合作。其中最重要的是,1988年6月,欧共体与

---

① 伊朗门事件是指美国因里根政府向伊朗秘密出售武器一事被揭露而造成的政治丑闻,国际新闻界普遍将其与尼克松水门事件相比。

② 上海国际问题研究所:《国际形势年鉴,1988》,上海:中国大百科全书出版社1988年版,第301—303页。

经互会在卢森堡正式签署了宣告互相承认并正式建立关系的联合声明,从而结束了欧洲两大经济组织多年来相互排斥的局面,开创了东西欧经济合作的新阶段。7月初,欧共体和经互会在雅典举行了经济关系会议。8月,欧共体又分别与苏联、民主德国、匈牙利、捷克斯洛伐克和保加利亚建立了外交关系。10月,在短短的一周中,联邦德国、意大利、法国、英国和荷兰的五国银行界同苏联达成了向其提供64亿美元贷款的协议。在此之前,美国已经宣布取消了对波兰的经济制裁,恢复了对波兰的最惠国待遇。

从1986年11月初起,欧安会第三次续会在维也纳举行。同70年代后期的贝尔格莱德续会和80年代初的马德里续会不同,这一次续会经过两年多的工作取得了比较明显的成果。1989年1月,与会35个国家签署了本次续会的《最后文件》和《关于欧洲常规军力谈判的授权》以及11个附件。《最后文件》对裁军、经济、科研和人权等问题作出了详尽规定。关于安全和裁军问题,这一文件指出,华约和北约两大军事集团应放弃彼此抗衡和力图削弱对方的立场,谋求在低水平的均势中维护欧洲的和平与稳定。根据《最后文件》的规定,从1989年3月开始在维也纳举行由欧安会35国参加的欧洲建立信任和安全措施谈判,以及由华约和北约23国参加的欧洲常规裁军谈判。在人权问题上,苏联和东欧国家承认了有关的基本原则。

4. 美苏在热点地区关系的改善

东西方在欧洲的对峙得到缓解的同时,主要是由于戈尔巴乔夫对苏联在第三世界的政策的调整,美苏在热点地区的关系也得到了改善。这也是促成世界热点问题普遍降温、地区冲突纷纷趋向于政治解决的一个重要原因。

里根政府坚持认为,苏联在第三世界的扩张政策的改变是实现美苏缓和的必要条件。戈尔巴乔夫上台后表面上仍然拒绝接受这种观点,实际上却逐渐改变了苏联以往的一些做法,尤其是赤裸裸的军事干涉政策,主张通过对话和谈判实现第三世界冲突的政治解决。与此同时,为了解决本国的巨额财政赤字问题和谋求经济的稳定发展,里根也作出了相应的让步。双方的努力促成了20世纪80年代后半期热点地区的降温。

这一降温是以苏联从阿富汗的撤军作为突破口而开始的。戈尔巴乔夫上台不久即决定加速从阿富汗脱身的进程。1987年9月,苏联支持的喀布尔政权为阿富汗问题的政治解决与巴基斯坦(实际代表阿富汗抵抗力量)达成了一系列原则协议,涉及互不干涉内政、美苏提供国际保证和遣返阿富汗难民等问题。1988年2月上旬戈尔巴乔夫宣布,苏联已经和阿富汗当局就苏军撤出阿富汗的具体日期达成协议,从5月中开始撤军,并在10个月内完成这一工作。这样,戈尔巴乔夫事实上放弃了苏联以往坚持的关于撤军的两个先决条件,即建立以喀布尔政权为主体的"民族和解政府"和美国停止向阿富汗抵抗力量提供军援。此举使里根政府的要求基本得到了满足,因此它也调整了美国在阿富汗问题上的政策,包括同意让极端亲苏的人民民主党参加日后组建的临时政府,不再坚持苏联开始撤军后即应停止向喀布尔政权提供军援的要求。在此情况下,1988年4月中,巴基斯坦、阿富汗喀布尔政权、苏联和美国的外交部长分别代表各自的政府签署了政治解决阿富汗问题的日内瓦协议。它规定,苏联从1988年5月15日开始从阿富汗撤军,8月15日前将撤出一半军队,在9个月内撤完所有军队;美苏保证"不以任何形式"干涉阿富汗的内部事务,尊重其"主权、独立、领土完整和不结盟"的政策;联合国将选派官员负责监督协议的执行。① 尽管这一协议的缔结并不意味着阿富汗问题的彻底解决,也不意味着美苏在这一问题上斗争的结束,但它毕竟促进了阿富汗问题的降温和美苏关系的缓和,并推动了它们在其他热点地区问题上的谈判与妥协,包括西南非洲问题、两伊战争问题、阿以冲突问题和柬埔寨问题。

自1975年取得独立以来,在苏联与美国的分别支持下,以安哥拉人民解放运动政府的军队为一方,以安哥拉反政府武装力量(争取安哥拉彻底独立全国联盟)为另一方,安哥拉一直内战不已。除了向安人运政府提供经济和军事援助外,莫斯科还支持古巴向安哥拉出兵,为此付出了不菲的代价。华盛顿在安哥拉的介入则受到了担心出现第二个越南战争的国会的限制。而安哥拉问题又与纳米比亚摆脱南非的殖民统治、实现独立的斗争联系在一起。到了1987年,戈尔巴乔夫也决心实现西南非洲地区问题的政治解决。翌年5月,他与里根在莫斯科达成协议,双方将在"现实主义"和"利益均衡"的基础上,按照解决阿富汗问题的基本模式解决西南非洲问题。② 随后,安哥拉、古巴、南非就外国军队撤出安哥拉和纳米比亚独立问题进行了半年多的谈判。12月下旬,它们的代表在纽约联合国总部正式签署了和平协议。按照这一协议,一方面,将在从1989年4月1日开始的一年内按照安理会决议逐步实现纳米比亚独立,驻扎在该地的5万名南非军队则应在7个月内撤出;另一方面,古巴将在1989年4月1日以前从安哥拉撤走其军队3000人,并应在此后的27个月内撤出余下的5万人。③ 这一协议的缔结为实现西南非洲的和平与稳定奠定了一个重要的基础。

在中东,最突出的是1980年9月爆发的两伊战争问题。为了削弱伊朗的伊斯兰革命的影响和确保海湾石油对西方的供应,美国在战争初期即采取了偏向伊拉克的政策。1987年夏天开始,美国更是加强了对德黑兰的施压,在拉拢盟国对其实行禁运和封锁的同时,增加了自己在海湾地区的军事力量,并宣布为悬挂美国国旗的科威特油轮护航。戈尔巴乔夫最初承袭了其前任的政策,力图取得交战双方的好感,同时又指责美国蓄意维持这一战争局面。但是,到了1987年夏季,为了取得阿拉伯世界的好感和与美国协调步伐,苏联的态度发生了变化,一方面支持美国提出的倡议,推动安理会通过了要求交战双方立即实现停火的第598号决议。另一方面,苏联又和美国一起向在战场上处于不利形势因而立即宣布接受该决议的伊拉克提供了大量的先进武器,使得巴格达在翌年上半年获得了进行战略反攻的能力。1988年5月,在莫斯科峰会中,戈尔巴乔夫又和里根进一步达成共识,决定进一步向伊朗施加压力,并为此加强对伊拉克的军事支持。到7月中旬,伊拉克已收回了过去六年中失去的几千平方公里的领土,导致两

---

① 上海国际问题研究所:《国际形势年鉴,1989》,上海:中国大百科全书出版社上海分社1989年版,第290页。
② 同上书,第169页。
③ 同上书,第167—168页。

伊战争的形势出现了重大变化。伊朗被迫放弃了过去始终坚持的立场，即除非伊拉克推翻现政权并承认自己是发动战争的侵略者，否则伊朗绝不停火。7月18日，伊朗正式宣布接受安理会第598号决议。8月20日，两伊正式实现了全线停火，历时八年之久、死亡人数达到100万人的两伊战争终于被画上了一个句号。

中东的另一问题是阿以冲突。从1988年初起，苏美都进一步调整了自己在这一问题上的政策。就莫斯科而言，戈尔巴乔夫改变了过去单纯以军事手段支持阿拉伯世界的激进派的做法，在召开中东国际和会的问题上采取了更加灵活的态度，并加快了发展苏联同以色列的关系的步伐。在华盛顿方面，里根改变了一贯反对举行中东国际和会的立场，接受了巴勒斯坦利益也应受到尊重的原则，并改善了美国与叙利亚等激进阿拉伯国家的关系。1988年5月访问莫斯科时，里根与戈尔巴乔夫在阿以争端的问题上达成了重要谅解，其中包括：必须制止一场新的、大规模的阿以战争的爆发；互相协商、互不拆台，努力维护双方在阿以争端问题上取得的最低限度的成果；尽力通过各种途径帮助阿以争端各方采取"温和、灵活与现实"的立场。[①] 这些谅解无疑有助于中东紧张局势的缓和。

柬埔寨问题的根源是越南对柬埔寨的入侵和军事占领，而苏联则是越南的幕后支持者。戈尔巴乔夫起初拒绝中国和东盟国家提出的向越南施加压力以促成其从柬埔寨撤军的要求。到了1988年，苏联的立场发生了变化。戈尔巴乔夫和其他苏联领导人多次表示愿意敦促越南通过政治途径解决柬埔寨问题，声称关于阿富汗问题的日内瓦协议为柬埔寨问题的解决提供了"一个榜样"。苏联的这一变化推动了柬埔寨各方的政治对话，越南也被迫作出了同意部分撤军的姿态。1988年5月，越南国防部宣布，年底之前将从柬埔寨撤出5万军队。10月间它又表示，所有越军将在1989年底，至迟在1990年第一季度撤出。与此同时，越南政府提出了一些十分无理的"先决条件"，包括中国、泰国和美国必须制定停止向柬埔寨抵抗力量提供援助的时间表，红色高棉必须被排除在未来的国家政权之外。这就为柬埔寨问题的政治解决设置了严重障碍。然而，由于失去了苏联的坚定支持，1989年9月越军被迫完全撤离柬埔寨。一年以后，在国际社会的斡旋下，柬埔寨各派领导人在印尼首都雅加达宣布成立柬埔寨全国最高委员会，由西哈努克亲王出任主席。1991年10月，出席柬埔寨问题国际会议的中、美、苏、英、法、印度尼西亚等18国外长与柬全国最高委员会12名成员一起，在巴黎签署了组成柬埔寨和平协定的四个文件，历时13年之久的柬埔寨问题最终实现了政治解决。

三、世界多极化趋势的增强

在20世纪80年代，中国的地位在美、苏、中的三角关系中得到了进一步提升，西欧联合运动获得了全面的增强，日本对外政策的自主性也有了新的发展。这些变化客观

---

① 上海国际问题研究所：《国际形势年鉴，1989》，上海：中国大百科全书出版社上海分社1989年版，第150页。

上促进了世界的多极化,在一定程度上推动了东西方关系的第三次缓和。

1. 中国在美、苏、中三角关系中地位的提升

随着改革开放政策的实行,中国在美、苏、中三角关系中的地位变得更加重要。

20世纪60年代的中苏分裂和70年代的中美和解,打破了全球的力量平衡,使之发生了不利于苏联的变化。为了扭转这种局面,80年代初,勃列日涅夫在塔什干和巴库先后表示,希望通过谈判消除阻碍中苏关系发展的障碍。1982年10月,中苏两国就关系正常化问题开始了副外长级的磋商。但是,双方在谈判中出现了明显的分歧。中国方面提出,为实现中苏关系正常化,苏联方面必须做到三点:减少在中苏、中蒙边境的驻军;不以任何形式支持越南侵略柬埔寨,并敦促越南从柬埔寨撤军;从阿富汗撤军。苏联方面首先关注的则是恢复两国的正常关系,并以两国关系正常化不应损害第三国利益为由拒绝了中国的要求。尽管如此,翌年中苏关系仍然有了显著的改善,双方的贸易和人员交流有了明显的增加。但是,此时开始的苏联领导人的频繁更迭阻挠了中苏关系正常化的进程。

在"新思维"的推动下,戈尔巴乔夫对中苏关系的改善赋予了更多的重视。1986年7月28日,他在符拉迪沃斯托克(海参崴)就亚洲问题发表谈话时说,鉴于"历史的经验、不断增长的相互依存的规律和经济的一体化需求",应当"寻找通向协调、通向这一地区内部及外部国家之间搞好公开联系的途径";"我要重申的是,苏联准备在任何时候和任何级别上同中国最认真地讨论关于建立睦邻气氛的补充措施问题"。戈尔巴乔夫还作出了下述许诺:将从蒙古撤出"相当大一部分苏联军队";同意"以主航道为界"划分中苏两国在黑龙江和乌苏里江的边界。而这些正是以前的苏联领导人所拒绝的。此外,戈尔巴乔夫还宣布,苏联"愿意应阿富汗政府的请求使驻在这个国家的苏联军队回国"。[①] 中国领导人对戈尔巴乔夫的讲话作出了谨慎和积极的反应。在双方的共同努力下,1986年10月和1987年4月,两国政府的特使先后在北京和莫斯科讨论了影响中苏关系正常化的三大障碍问题。苏联国防部随后宣布,将从蒙古撤出一个摩托化步兵师和另外几个团。1987年的2月和8月,两国副外长还在莫斯科和北京举行了第一、二轮的边界谈判,讨论了东段边界问题,就合理解决这一问题的基本原则取得了一致。1988年中苏两国真正开始了关系正常化进程。12月中国外长钱其琛访问了苏联,与苏联外长谢瓦尔德纳泽就中苏关系正常化的主要障碍柬埔寨问题进行了深入的讨论,加深了相互了解,增加了共同点。他们还就翌年上半年戈尔巴乔夫访华一事达成了协议。1989年5月,戈尔巴乔夫访问了北京,同邓小平就中苏关系和共同关心的国际问题交换了意见。这一标志着中苏关系正常化的会晤不仅符合两国自身的利益,也有助于世界特别是亚洲地区的和平和稳定。

在中苏关系逐步实现正常化的同时,20世纪80年代,中美关系也在不断克服和削

---

① 上海国际问题研究所:《国际形势年鉴,1987》,上海:中国大百科全书出版社1987年版,第279、280、283—284页。

弱当时影响中美关系发展的主要障碍的过程中有了新的发展，两国之间加强了战略合作。特别是在1984年4月里根访华以后，两国关系又有了进一步的改善，达到了一个新的高潮。

首先，为缓解在美国售台武器的问题上的分歧，1982年8月17日，中美两国政府在各自首都同时发表了中美间的第三个联合公报，即通常所说的"八一七公报"。虽然双方对这一文件的解释仍有分歧，但它表明在向台湾出售武器问题上里根已经从最初的立场后撤，两国在这一问题上的尖锐矛盾已经有所缓和。其次，两国政府比较妥善地处理了美国限制来自中国的纺织品的问题，加强了经济合作。再次，美国加强了与中国的技术和情报合作。它突出表明，里根政府继续将中国视为一个战略伙伴，相信中国军事能力的加强不仅会削弱苏联在与中国军事力量对比中具有的巨大优势，而且会加剧苏联的防务负担，从而缓解华盛顿所承受的压力。

2. 西欧联合运动的全面加强

进入了20世纪80年代以后，欧洲共同体在广度和深度上都得到了进一步的发展。

继希腊于1981年成为欧共体的第十个成员国之后，西班牙和葡萄牙也在1986年1月正式加入了共同体。这时，欧共体包括了12个国家，3亿多人口。

在欧共体扩大了成员范围的同时，其内部联合的程度又有了新的进展。这首先表现在经济方面。1984年一年间，共同体先后在布鲁塞尔、巴黎郊外的枫丹白露以及都柏林举行了三次首脑会议，调整了农业政策，增加了限制生产、促进竞争的因素，对农业补贴制度进行了改革，解决了英国的预算问题。1986年2月，欧共体各成员国更是签署了《单一欧洲文件》，规定了在1992年建成共同体内部市场的计划，即通过制定和实施300项立法（后调整为279项），以"消除共同体内部存在的边界、技术与服务三大障碍，实现商品、人员、劳务与资本的自由流动"。[①] 在这一计划发布后的最初两年中，进展比较缓慢，完成了立法程序的只有67项，远远落后于预定的193项的目标。但是，1988年取得了重大突破。在这一年，欧共体各成员国通过了一系列的重要协议或立法，涉及资本流动、金融市场的开放、公路运输的开放、公共采购和公共工程的开放、职业资格的相互承认等。尽管各成员国间还存在着不少的分歧和矛盾，欧共体毕竟在实现内部市场计划方面迈出了重要的步伐。

其次，欧共体在政治合作方面也取得了重要的成果。1981年10月，欧共体各国的外交部长们在通过的《伦敦报告》中宣布，政治合作虽已成为成员国外交政策中的关键因素，但它们在世界上发挥的作用与其联合力量尚不相适应。为此，部长们重申了在采取外交政策立场以前首先相互进行协商的承诺，同意将"安全的政治方面"问题纳入欧洲政治合作（EPC）机制的范畴之中（这是在此机制的框架下首次提到安全问题），并设

---

① 上海国际问题研究所：《国际形势年鉴，1989》，上海：中国大百科全书出版社上海分社1989年版，第42页。

想了超越协商而采取"联合行动"的前景。① 1983 年 6 月,欧共体各国首脑又在斯图加特会议上签署了《关于欧洲联盟的庄严宣言》。该文件反映了对共同立场的要求以及对联合行动的希望,形成了一条欧共体成员国越来越难以背离的政策底线,在它们中间培育了一种萌芽状态的政治联盟精神,使得欧共体逐步成为国际关系中一个相对凝聚的因素。1986 年签署的《单一欧洲法案》不仅使经济一体化过程获得了新的动力,而且也因为下述原因成为欧共体政治合作发展过程中的一个里程碑:第一,通过将共同体和欧洲政治合作置于一个"单一"的文件中,两者的平行性质得到了肯定,或者说欧洲政治合作(EPC)机制的重要性得到了强调。第二,该法案使欧洲政治合作(EPC)机制获得了一个比较明确和系统的机构形式。第三,该法案明确规定了欧共体政治合作的内容,并正式扩大了这一合作的内涵,使欧共体作为一种重要的政治力量出现在国际舞台上,尽管这种合作仍然非常有限并是非义务性的。

当欧洲政治合作(EPC)机制在法律地位和机构建设方面取得了重要进展时,它们的实践活动也得到了明显的加强,不仅促进了成员国的协商,而且推动了成员国协调政策和采取共同行动。1980 年 6 月,欧共体首脑会议通过了《威尼斯宣言》,首次承认了巴勒斯坦人民的自决权,支持巴勒斯坦解放组织参加中东和谈进程。这与当时美国的政策明显不同,使美国和以色列极为不满。在 1981 年 12 月波兰宣布全国处于战时状态并实行军事管制以后,欧共体成员国决定采取与美国不尽相同的立场,拒绝对苏联和波兰实行经济制裁。

再次,欧共体成员国还加强了在安全问题的军事方面——防务政策领域——的双边或多边政治合作。这一努力是在欧洲政治合作(EPC)机制框架以外进行的,其核心成分则是法德合作。1982 年 10 月,法国总统密特朗和联邦德国总理科尔达成了加强军事合作协议,规定双方每半年举行一次国防部长会议讨论防务政策问题,并成立协调军事政策的"安全与防务委员会"和工作小组。1984 年 2 月,他们在会晤中确定了两国在防务领域的进一步合作的目标,明确表示"德法联盟是可以想象的";法国还建议西欧联盟最终取消对联邦德国生产常规武器的限制。② 5 月底,密特朗和科尔再次举行会晤,签署了法德军备合作协定。1986 年 2 月,他们又就法德的安全和防务合作达成了新的协议,包括协商法军在德的作战计划,与其他西欧国家一起研制对付中短程导弹的防御系统,在联邦德国举行联合军事演习以及联合培训青年军官等。法国方面甚至首次表示,愿同联邦德国建立战时在其领土上使用法国战术核武器的磋商制度。③ 法德防务合作的加强促进了西欧各国通过复活西欧联盟的方式建立西欧独立防务的努力。由于西欧在防务上主要依靠北约,西欧联盟在成立后并未实际发挥其防务职能,基本上没有重大活动。1984 年 6 月,西欧联盟七国外长在巴黎举行会议,讨论了恢复这一联

① Sir William Nicoll & Trevor C. Salmon, *Understanding the European Union*, London: Longman, 2001, p. 349.
② 陈乐民:《战后西欧国际关系》,北京:中国社会科学出版社 1987 年版,第 352 页。
③ 上海国际问题研究所:《国际形势年鉴,1987》,上海:中国大百科全书出版社 1987 年版,第 73 页。

盟的活动的问题,力图使它"获得新的生命",并成为推动北约的主要欧洲成员之间防务合作的一个"论坛"。紧接着,西欧联盟议会也在巴黎举行会议,就联盟各成员国如何进一步加强合作提出了自己的建议,包括调整北约结构"以正确反映欧洲关于防务需求的意见和加强它的效能",保持西欧的仅次于美苏两国的"第三个空间大国"地位等。① 四个月以后,1984年10月,西欧联盟七国外长和国防部长在罗马举行联席会议,通过了《罗马宣言》和题为《关于西欧联盟机构改革》的文件,作出了四项重要决定:(1)由外交部长组成的部长理事会将吸收国防部长参加,每年开会两次(过去每年一次);(2)改组并加强联盟的军备委员会结构,推动成员国间的军备生产合作;(3)加强联盟部长理事会和议会间的联系,通过议会争取群众对政府防务政策的支持;(4)正式批准从1986年1月起取消对联邦德国生产和储存常规军备的一切限制(1980年已取消了对其军舰制造的限制)。② 这一部长联席会议在西欧联盟历史上具有重要意义,标志着该组织的复活,是西欧国家在促进防务合作方面采取的一个重要步骤。1986年10月美苏首脑冰岛会晤进一步促进了西欧联盟作用的加强。由于这一会晤涉及西欧的安全,特别是英、法核力量的生存与发展,在先同法国和联邦德国磋商后,英国首相撒切尔夫人向里根总统强烈地表达了西欧的立场和要求。与此同时,英法两国还就在核军备问题上进行某种合作的可能性进行了商讨。以此为基础,12月初,法国总理希拉克在西欧联盟议员会议上号召加强西欧在安全防务领域的合作,并提出了包括五点内容的《西欧安全原则宪章》。其基本点是:核威慑仍然是西欧维护安全的重要手段;除了美国的核保护外,今后将主要依靠西欧的政治团结和英、法自己的独立核力量。

西欧防务合作还导致了某些具体的、实质性的成果。1985年,以法国、联邦德国为中心的西欧国家决定实施发展尖端科学技术的联合行动计划——尤里卡计划。1987年,法国和联邦德国达成了组建一支约3 000—4 000人的陆军联合旅的协议。此外,法国、联邦德国和英国一致同意共同研制第三代反坦克导弹,法德两国还准备一起开发反坦克飞机以及航天飞机。

3. 日本积极谋求发挥独立作用

进入20世纪80年代以后,日本的对外政策出现了新的变化,即积极谋求"政治大国"的地位。为此,它在强调日美"同盟关系"和"西方一员"的身份的同时,又表现出要在世界特别是亚洲舞台上独立发挥作用的强烈愿望。这种状况的出现并非偶然。一方面,日本经济的持续稳定的发展和军事实力的不断加强,为其实现政治大国的目标奠定了雄厚的物质基础。许多日本人相信,当今的世界是"军事两极化,但政治与经济却是多元化",日本应当善于利用这种环境。③ 另一方面,20世纪70年代后期苏联在远东的军事力量的增加以及它在第三世界的扩张主义活动,使日本感受到了严重的军事威胁。

---

① 陈乐民:《战后西欧国际关系》,北京:中国社会科学出版社1987年版,第353—354页。
② 上海国际问题研究所:《国际形势年鉴,1985》,上海:中国大百科全书出版社,1985年版,第72—73页。
③ 廖光生编:《中日关系与亚太区域合作》,香港:香港中文大学出版社1990年版,第2页。

135

1986 年版的日本防务白皮书指出:"苏联在我国周边地区部署了强大的兵力。迄今的特点是它一直在质量和数量两个方面加强兵力。这种事实不仅使这个地区的国际军事形势严峻起来,而且也使我国所受到的潜在威胁不断增大。"①

尽管从 1951 年日本与美国签署安全条约起两国间的同盟关系即已事实存在,直到 1978 年美日签署《防卫合作指导方针》后,日本官方才对此公开加以承认。1980 年,日本首相大平正芳访美时首次使用了"同盟"一词。翌年,日美"同盟关系"的提法再次被写进了铃木幸善首相与里根会谈后发表的联合声明中。当时,日本政府对此关系所作的解释是:政治信仰上"志同道合",经济文化上"交流融洽",军事防务上"通力合作"。然而,铃木不久就否认日美同盟关系包含着军事内容,并且对美国提出的希望日本增加防务费用和责任的要求采取了消极的态度。中曾根康弘担任首相后迅速纠正了铃木的这一立场。他公开声明,日美军事合作是日美军事同盟关系的一项重要内容,日本将以年增长率 7% 的速度增加防务开支。1983 年 1 月,中曾根访美时进一步保证,日美两国是位于太平洋两侧的"命运共同体",日本将成为西方的"不沉的航空母舰"和遏制苏联的"安全屏障",日本将依据自己的力量和地位在防务上"承担比过去更多的责任"。②1983 年版的日本防务白皮书第一次明确指出,日本周围数百海里、海上航线一千海里左右的海域为日本防御的地理范围。1987 年日本终于作出了撤销防务费用不超过日本国民生产总值 1% 的限制的决定。

在这种加强日美军事合作的思想的指导下,日本与美国的军事同盟关系有了进一步的发展。第一,自 1986 年秋日美两国首次举行了为期五天的陆海空演习后,这种联合演习和训练获得了进一步的加强。第二,随着日本在科学技术方面的迅速发展,日美之间的军事技术合作进入了一个新时期,改变了过去仅由美国向日本提供先进军事技术的做法。1985 年 12 月,中曾根内阁就日本向美国转让先进军事技术的具体实施方案与里根政府达成了协议。日本首先向美国提供的是导弹跟踪技术和补给舰的建造技术。1987 年,日驻美大使又和美国防部长正式签署了《关于参加战略防御设想的日美协定》,从而使日本成为继英国、联邦德国、以色列和意大利之后第五个正式参加战略防御研究计划的国家。1988 年,日本同意与美国合作研究开发 FSX 战斗机,它既可进行空战,又可被用于携带攻击潜艇的导弹。

但是,与此同时,在与美国有着分歧和矛盾的问题上,日本也比较敢于维护自己的利益。这主要表现在经济特别是贸易方面。在日美双边贸易中,美国长期处于入超的不利地位。在 1965—1983 年间,美国对日贸易逆差共达 1 000 亿美元,1984 年美国对日贸易逆差更是高达 368 亿美元,相当于同年美国对日出口的 1.5 倍。1985 和 1986 年,这一数字继续上升为 497 亿美元和 520 亿美元,约占美国全年外贸逆差总额的三分之一。为了克服这种严重的失衡状态,20 世纪 80 年代前半期,里根政府即采取了一系

① 刘善继等:《当代外国军事思想》,北京:解放军出版社 1988 年版,第 133 页。
② 同上书,第 144 页。

列措施,包括要求日本自动限制对美出口以及将日元升值。由于这些措施仍然不能扭转在两国贸易中美国的逆差大幅上升的趋势,里根政府遂决心采取强制性措施。以日本坚持用低价在国际市场上倾销半导体芯片为由,1987年3月,美国政府宣布,从4月17日起,将对从日本进口的部分电子产品(电视机、电冰箱、计算机、自动控制处理机等)征收100%的关税。这一制裁性措施使日美贸易摩擦达到了高潮。与此同时,针对日本东芝机械公司违反巴黎统筹委员会的规定向苏联出口高级数控机床一事,美国也作出了强烈反应。此举固然有安全方面的考虑,但也是为了打击日本的出口竞争能力。由于在军事上对美国的依赖,此后日本政府作出了一系列让步,以缓和日美之间的经济矛盾,包括允许美商进入利润丰厚的日本公共工程市场。但是,这一问题并未获得真正的解决。

在20世纪80年代争取政治大国地位的过程中,日本除了继续保持同美国等西方国家的合作外,还显著地加强了自己在国际舞台上的独立活动能力。这尤其体现在它对苏联和中国的政策、对东盟国家的政策以及在世界热点地区的政策上。

戈尔巴乔夫上台后,积极调整了过去苏联对日本推行的强硬政策,转而实行比较务实和灵活的"微笑外交"。对此中曾根康弘也作出了积极的回应。这样,日美关系在80年代后半期得到了显著的缓和。1986年初,苏联外长应邀正式访问日本,与日本外相达成了一系列协议,包括日苏首脑将在适当时机互访,恢复中断八年之久的两国外长定期磋商,重新开始缔结日苏和平友好条约的谈判。他们还签署了为期五年的贸易支付协定、避免双重课税的租税条约以及延长文化交流期限的换文。这些为日苏关系的进一步缓和提供了重要的基础。

中曾根政府在对华政策上也采取了比较积极的态度,努力促进两国间业已建立的友好睦邻关系。由于双方的共同努力,20世纪80年代中日关系在政治、经济、文化等领域都有了较大的发展。一方面是人员往来频繁,尤其是两国领导人之间有着通畅的交流渠道。80年代的日本各任首相,除宇野宗佑因在任时间只有两个月从而未能访华之外,余者均有在任期间的访华经历。与此同时,当时的中国的主要党政领导也都访问过日本。另一方面,两国的贸易和日本对中国的直接投资不断扩大。1980年日本自中国的进口和向中国的出口各为200.20亿美元与181.12亿美元,1989年这两个数字则分别上升到692.06亿美元和525.38亿美元。1979年日本开始进行对华直接投资,并着手向中国提供日元贷款和其他形式的经济援助。当然,日本国内的右翼分子以及残余的军国主义思潮仍然是阻碍中日关系发展的一个严重障碍。

日本还竭力增加对东南亚国家(特别是东盟国家)的援助和改善与它们的关系,以扩大自己的影响并进而取得处理亚洲事务的主导权。事实上,日本指望以东南亚作为通向世界舞台的桥梁。1983年5月,中曾根在新加坡和吉隆坡的演说中一再表示:"日本把维持同东盟各国的紧密友好关系作为外交的最基本政策之一","决不改变把东盟作为日本对外援助的重点地区的政策"。他还声称"一定要带着东盟各国首脑的愿望前去参加西方七国首脑会议"。① 1984 年底他蝉联首相后,日本加快了推行"环太平洋联合"的设想,谋求建立一个包括太平洋沿岸国家和地区在内的政治经济联合体。1987年 11 月成为首相的竹下登则比较具体地提出了"东亚经济圈"的设想,试图在日本、亚洲"四小龙"(韩国、新加坡、中国的台湾地区及香港)与东盟国家之间建立涉及贸易、投资及货币的"三位一体"的合作。到 80 年代末时,日本在东盟国家的投资占了它们的外来投资总额的一半,日本政府的对外援助中有 60%用于东盟国家。

20 世纪 80 年代日本还积极推行"热点外交",谋求介入中东问题和柬埔寨问题的解决。它是西方大国中最先同巴勒斯坦解放组织建立了关系的国家,1981 年该组织的主席阿拉法特应邀访问了日本。此后日本领导人曾多次表示支持巴勒斯坦人民的正义斗争,承认巴勒斯坦人民的生存权利。1985 年,安倍晋太郎外相在出席东盟外长扩大会议时提出了解决柬埔寨问题的四原则。1988 年,宇野宗佑外相在参加东盟年会时再次宣称,要在和平解决柬埔寨问题方面发挥积极作用。

四、南北对话和南南合作

与南北对话进入了实质性阶段的 20 世纪 70 年代不同,在 20 世纪 80 年代,这种对发展中国家有利的形势发生了逆转,南北对话成果有限。正是在此背景下,发展中国家加强了南南合作,以减少对发达国家的依赖。

1. 成果有限的南北对话

20 世纪 80 年代,发展中国家遇到了一系列新的矛盾。一方面,在 1973 年和 1979年西方世界相继发生了两次严重的经济衰退的背景下,为了达到转嫁经济困难的目的,发达国家人为地抬高出口价格,压低进口价格并变本加厉地实行新贸易保护主义,使得大部分发展中国家陷入了出口收入锐减和对外负债剧增的困境。发展中国家出口的商品有三分之二输往发达国家,其价格在 1981 年和 1982 年的跌幅分别达到 15.6%和16.1%。与此同时,1985 年第三世界的债务总额由 1980 年的 4 300 亿美元骤增为9 920 亿美元,1986 年更是突破了 10 000 亿美元的大关,高达 10 350 亿美元。另一方面,依据 70 年代两次石油危机的教训,发达国家在政策、技术上采取了一系列措施,以减轻对第三世界国家的能源及原材料的依赖。尤其是在石油方面,它们采取了若干比较有效的对策,包括重视能源多样化、加强节能工作、大量勘探及开采新油田、推行石油对外贸易多元化等,从而使得石油价格在 1981 年后逐步下跌。1985 年底到 1986 年春,更是爆发了所谓的"反向石油危机"或"逆石油危机",即石油大幅度跌价。1985 年底时每桶石油为 30 美元,1986 年初竟暴跌到 12 美元一桶,3 月底时更降为 10 美元一桶。1986 年,石油输出国组织的石油收入减至 740 亿美元,只及 1980 年的 25%。由于这些原因,发展中国家在南北对话中的地位严重削弱。

---

① "日本同东盟国家经济关系的回顾与展望",<http://www.cnki.com.cn/Article/CJFDTotal-XDRJ198501011.htm>。

鉴于 20 世纪 70 年代的南北对话实际上是在部分国家之间进行的,而且所讨论的内容往往缺乏整体性,为了提高对话效果,1979 年发展中国家在联大提出了举行全球谈判的建议,即在联合国的范畴中对原料、贸易、发展、能源和货币金融等五个领域的问题进行综合讨论。联大为此通过了一项决议,决定召开一次全球性会议,全面讨论南北经济关系问题。但是,因为美国等少数发达国家的作梗和阻挠,这一会议并未能够顺利举行。1981 年在墨西哥的坎昆召开的"合作和发展"会议只有 22 个南北国家的首脑参加。并且,这一会议虽然肯定了举行全球谈判的重要性和紧迫性,但也暴露了双方在这一问题上的重要分歧。发展中国家认为,在南北对话中全球谈判应当具有最高权威,可以审定在联合国专门机构中进行谈判时作出的决定。美国等一些发达国家则声称,有关的联合国专门机构应当拥有最后决定权力,而这些机构实际上为它们所控制。此后,随着发展中国家在国际经济关系中地位的削弱,进行南北全球对话的前景也就变得更加渺茫。

20 世纪 80 年代南北谈判取得的唯一重要成果是非洲、加勒比海、太平洋集团与欧洲共同体缔结的第三个洛美协定。出于对本身利益的考虑,西欧国家在南北对话问题上采取的态度要比美国现实得多,灵活得多。1982 年 2 月,联邦德国前总理勃兰特发起、由西欧的一些著名政治家组成的国际发展问题独立委员会(即勃兰特委员会)以致各国政府备忘录的形式发表了题为《共同危机:南北合作争取世界的恢复》的研究报告。它指出,北方国家和南方国家坐在"同一条船上",如果"南方的一端在下沉",北方也不能幸免于难;为此,发达国家不能无视第三世界提出的建立国际经济新秩序的要求。① 该报告还具体列举了发达国家应尽早采取的措施,包括纠正在援助发展中国家时的半心半意的态度,提高援助质量和改进援助方法。这一报告为第三个《洛美协定》奠定了理论基础。

第二个《洛美协定》应在 1985 年 2 月底到期。从 1983 年底起,欧共体 10 国就同非洲、加勒比海、太平洋地区的 63 个国家为缔结新的协定一事展开了谈判,并于 1984 年11 月签署了第三个《洛美协定》。该协定于 1985 年 3 月 1 日生效,有效期仍为 5 年。与前两个协定相比,其内容又有新的发展。它规定,五年间欧共体将向非、加、太集团国家提供 85 亿欧洲货币单位的财政援助,并重点帮助它们发展粮食作物的栽培和实现粮食自给。此外,这一协定还在扩大南北合作的领域和放宽非、加、太集团国家的产品进入共同体市场的条件方面作出了进一步的规定。第三个《洛美协定》标志着共同体国家与广大发展中国家的经济关系又有了重要的改善。但是,这一协定并不能真正改善双方的不平等地位。它们的经济关系中仍然存在着不少问题,如援助和出口补偿金不足、履约率底、工农业生产领域的合作成效不大等。

2. 南南合作的加强

20 世纪 80 年代,在南北对话的进程遭遇挫折的情况下,发展中国家合作得到了明

---

① The Brandt Commission 1983,"Common Crisis,North-South:Co-operation for World Recovery", pp. 26 - 27,<http://files. globalmarshallplan. org/inhalt/coc_2. pdf>.

显的加强,在一定程度上减少了它们对发达国家的依赖。在此过程中,77国集团和不结盟运动作出了重要的贡献。

首先,它们制定了一系列规定南南合作的原则和宗旨的文件。其中最重要的有1981年77国集团通过的《发展中国家经济合作的行动纲领》,1983年和1986年的第七、第八次不结盟国家首脑会议通过的两个《经济宣言》。行动纲领提出,南南合作的宗旨是:"面对着由于当前经济形势产生的困难和不确定性",发展中国家通过加强相互之间的经济"合作与团结",以促进它们的"集体自力更生","为重建国际经济关系和建立国际经济新秩序"作出努力。南南合作的原则是,这一合作首先应该在"贸易、技术、粮食和农业、能源以及材料"等领域进行,所有发展中国家都应当从这一合作中"公平获利",而对最不发达国家予以"特别关心"。①

其次,77国集团和不结盟运动推动了实施南南合作的具体计划的制订。1982年于新德里举行的南南合作磋商会议有99个国家参加,它们讨论的问题包括:合作进行世界贸易特惠谈判、建立发展中国家粮食自给和粮食安全系统、设立发展中国家多边金融机构等问题。1982—1984年间在阿尔及尔、北京和哥伦比亚的卡塔纳赫先后举行的三次南南合作会议,1987年在朝鲜召开的关于南南合作的第一次部长级会议,也都提出了发展南南合作的具体计划。

此外,发展中国家的区域性经济合作在80年代也取得了长足的进步。一方面,这表现为新的经济合作组织的不断涌现。在拉丁美洲,阿根廷、巴西等八国缔结了《蒙得维的亚》条约,正式成立了拉丁美洲一体化协会,以取代60年代初建立的拉丁美洲自由贸易协会。在非洲,坦桑尼亚、赞比亚等九国成立了南部非洲发展协调会议。在西亚,沙特阿拉伯、科威特等六国建立了海湾地区的第一个区域合作组织——海湾阿拉伯国家合作委员会。在南亚,印度、巴基斯坦等七国成立了南亚区域合作联盟。另一方面,发展中国家增加了区域性经济合作的广度和深度,将这种合作推广到生产、贸易、财政金融、科学技术等各个领域。在生产领域,发展中国家通过建立合资企业增强集体自力更生能力,摆脱西方跨国公司的控制。在贸易领域,发展中国家通过扩大南南贸易改善贸易条件,消除对西方国家的依赖。在财政金融领域,以石油输出国组织为主的部分发展中国家利用手中的资金向其他南方国家提供优惠贷款或无偿援助,从而促进了双方的利益。在科技领域,发展中国家相互转让先进技术、出售专利、交换科技情报和代为培训科技人员。

当然,由于超级大国和一些别有用心的国家的阻挠和破坏,也由于发展中国家在历史、文化、经济和政治方面存在的各种差异和矛盾,20世纪80年代的南南合作并非一帆风顺,经历了不少的困难和曲折。但是,南南合作毕竟符合发展中国家的利益,具有

---

① "Caracas Programme of Action adopted by the Higher Level Conference on Economic Cooperation among Developing Countries held at Caracas from 13 to 19, May 1981", <http://www.unctadxi.org/Secured/GSTP/Declarations/1981Caracas_E.pdf>.

极为强大的生命力,并将为国际经济和政治新秩序的建立作出无法替代的贡献。

第二节 苏联的动荡、东欧的剧变与冷战的结束

与20世纪50年代后半期、70年代美苏关系经历过的前两次缓和不同,80年代的第三次缓和随后不是为美苏紧张关系所替代,而是直接走向了东西方冷战的结束。

因为经济发展长期落后于人民的期待、民主和法制严重缺失以及民族对立等问题,苏联以及东欧各国本来就存在着广泛和深刻的社会矛盾。戈尔巴乔夫的"新思维"以及对内、对外政策的调整迅速加剧了这些矛盾,在苏联以及东欧国家引起了巨大混乱,导致了这些国家政权的更替和制度的变换,并使东欧集团失去了存在的基础。苏联的解体、经互会和华约的解散构成了东西方冷战结束的主要标志。

一、戈尔巴乔夫的改革陷入困境

到了20世纪80年代末,戈尔巴乔夫在苏联实行的改革,无论是在对内还是对外政策方面,都已经陷入了困境。

1. 国内改革的失败

戈尔巴乔夫的改革首先从经济领域开始。主政未久,1985年10月的苏共中央全会即提出"加速国家社会和经济发展"的构想。1987年6月,苏共中央全会又制定了《根本改革经济管理的基本原则》,确定从企业改革入手,自上而下推行经济改革。然而,在强大的阻力面前,这一改革不仅未能取得预期成果,反而导致了国家经济的不断下滑,人民生活水平的进一步下降。

在实施经济改革并迅速遇阻的同时,1987年1月,苏共中央就开展政治改革的问题作出了决定。1988年6月,苏共第十九次代表会议更是将政治改革的目标指向了政治体制。戈尔巴乔夫声称,十月革命后建立的政治体制不久就发生了"严重的变形",对"我国社会的各方面的发展产生了有害的影响",成为现在"所遇到的许多困难"的"根源"。[①] 他强调解决苏联问题的关键就是改革这一政治体制。在这次会议上,戈尔巴乔夫还首次提出,应将"民主、人道的社会主义"作为苏联政治改革的指导思想,把公开性、民主化和多元论作为政治改革的原则,要重新划分党和苏维埃的权力关系。此次全国代表会议之后,苏联内部出现了严重的政治失控的无政府状态。

民族问题是戈尔巴乔夫国内政策调整的另外一个重要领域。苏联是一个多民族国家,且长期以来苏共领导在制订和执行民族政策时多有失误,加上国内外敌对势力的挑

---

① 上海国际问题研究所:《国际形势年鉴,1989》,上海:中国大百科全书出版社上海分社1989年版,第324页。

拨,所以在苏联各个民族之间潜藏着严重分歧和对立,在某些时候它们甚至变得尖锐化和公开化。戈尔巴乔夫进入克里姆林宫以后一度否认苏联存在民族问题。在1986年2月的苏共二十七大上,他说:苏联已经"一劳永逸"地解决了各种形式的民族压迫和民族不平等问题,形成了"崭新的社会和部族主义的共同体——苏联人民"。① 但是,随着戈尔巴乔夫推行的全面改革特别是政治改革的进行,苏联民族矛盾和地区动荡急剧发展起来,并逐渐形成了一股强大的分离主义浪潮。1987年8月,拉脱维亚、立陶宛和爱沙尼亚分别发生示威游行和抗议集会,反对苏联在1940年的兼并。1989年年中,这三个波罗的海加盟共和国先后通过共和国主权宣言,宣布共和国宪法和法律高于苏联宪法与法律。与此同时,在格鲁吉亚、乌克兰、乌兹别克、摩尔达维亚等地也发生了要求退出苏联的社会骚乱。在此情况下,1989年9月,由戈尔巴乔夫主持,苏共中央匆忙讨论了民族问题,并通过了题为《党在当前条件下的民族政策》的行动纲领,声称"必须把党在民族问题上的当前政策定位于改革总构想的组成部分之一";党要"消除不公正现象,为每个民族的经济、政治和社会生活注入新的活力,为自由的民族发展开辟天地"。为实现这一目标,苏共还提出了七项具体的原则和任务,包括完善苏维埃联邦体制,扩大各种形式的民族自治权力和能力等。② 以后的发展表明,戈尔巴乔夫的这一做法并不能抑制苏联境内最终导致了联盟瓦解的民族分离主义运动。

2. 对东欧政策的混乱

改善与东欧国家的关系乃是戈尔巴乔夫在对外政策领域的一个改革重点,但是系统计划和妥善安排的缺乏迅速导致了混乱。

戈尔巴乔夫当权不久即公开承认了苏联以往在处理苏东关系方面犯下的民族利己主义和大国沙文主义的错误。1987年4月,戈尔巴乔夫同意由苏联历史学家和波兰同行组成一个联合委员会,重新审查苏波关系史上所谓的"空白点"的问题。③ 1988年3月,在访问南斯拉夫期间,戈尔巴乔夫承认1948年苏联对铁托的攻击给南斯拉夫和整个社会主义事业造成了损失。1989年底,戈尔巴乔夫与保加利亚、匈牙利、民主德国和波兰的领导人在莫斯科就1968年苏军入侵捷克斯洛伐克事件公开发表声明,承认当时作出的决定是错误的,是对一个主权国家的内政的干涉;苏联第二次人民代表大会则通过决议,承认1939年8月苏联与希特勒德国签署的《苏德互不侵犯条约》的附加议定书违反了苏联对外政策原则。敢于承认错误本来是件好事,但是在如何妥善消除这些错误造成的影响以及建立新的健康关系方面,戈尔巴乔夫则缺乏有效和具体的措施,就像医生揭开了伤口却不能很好地加以治疗一样。

与此同时,戈尔巴乔夫还犯下了新的大国沙文主义错误。这一方面的一个突出例子是,他在宣布不再干涉东欧事务的同时,又敦促东欧各国追随苏联的榜样进行改革。

---

① 方连庆等:《国际关系史》第十二卷(1990—1999),北京:世界知识出版社2006年版,第30页。
② 同上。
③ 苏波关系史上的"空白点"是指过去苏联和波兰官方都避而不谈或简单一带而过的一些敏感事件。

1989 年 7 月,戈尔巴乔夫在华沙条约组织首脑会议上公开指出,各国都应该自由地走自己的道路,同时尊重别国选择的发展路线。但是,就在同年 10 月 6 日访问柏林时,他又要求民主德国领导人昂纳克尽快进行改革,并警告说:如果"行动晚了,会受到生活的惩罚"。[①]戈尔巴乔夫的这些做法进一步加剧了东欧各国的混乱和动荡,推动了东欧的剧变。

二、东欧的剧变

1990 年前后,东欧各国政局发生了激烈震荡,东欧政治版图出现了重大变化。这种状况是由多种原因造成的。一方面,由于长期受僵化的苏联模式的计划经济的影响,东欧各国都面临着严峻的经济困境;与此同时,因为缺乏有效监督,各国执政党内问题丛生,官员的特权腐化严重,官僚主义蔓延。这种日益恶化的经济形势和社会状况,引起公众的普遍不满。另一方面,戈尔巴乔夫在国内实行的改革以及在对外政策方面作出的调整,也使东欧各国执政党陷入被动地位,其执政能力更加遭到削弱。此外,美国等西方国家的推波助澜进一步恶化了东欧的形势。在东欧剧变的过程中,20 世纪 50 年代和 60 年代就曾掀起过风暴的波兰、匈牙利和捷克斯洛伐克再次走在了前列。

1. 波兰、匈牙利和捷克斯洛伐克的剧变

波兰的剧变起始于 1980 年 9 月波兰团结工会的诞生。这不是一个普通的群众团体,而是反对执政的波兰统一工人党的政治组织,自称要在波兰建立"政治多元化"的"自治共和国"。在其全国委员会领导人瓦文萨的领导下,队伍迅速扩大,年底即拥有了 900 多万会员。它不断组织全国性的罢工罢课,对政府施加压力。为此,1981 年底,在勃列日涅夫为首的苏共中央的推动下,波兰当局决定在全国实施军管;翌年 10 月,团结工会也被宣布为非法。

1988 年波兰经济形势恶化,社会发生动荡,团结工会乘势再起。与此同时,在戈尔巴乔夫的"新思维"的影响下,执政的波兰统一工人党也着手调整政策,于 1989 年 1 月的中央全会上通过了关于实施"政治多元化"的决议。从 2 月初起,它与团结工会、教会以及其他党派举行了长达两个月的圆桌会议,达成了关于团结工会合法化、实行总统制、增设参议院等协议。随后,波兰议会通过了团结工会合法化等六个法案。6 月初,波兰举行了允许反对派参加竞选的第一次全国大选,团结工会大获全胜,不仅在新议会中得到 161 席(按照圆桌会议达成的协议,在拥有 460 个席位的议会中,团结工会最多只能拥有此数,即 35％的席位),并在自由竞选的参院 100 个席位中获得了 99 席。此后,在新议会和参院组成的国民大会的选举中,波兰统一工人党的雅鲁泽尔斯基仅以一票多数当选为波兰总统;议会则以压倒多数选举团结工会的马佐维耶茨基为政府总理,并通过了新政府的 22 名成员名单,其中团结工会有 12 人,统一工人党 4 人,其余 7 人

[①]　宫少朋等:《冷战后国际关系》,北京:世界知识出版社 1999 年版,第 13 页。

为其他政党成员。年底,议会又通过宪法修正案,删除了宪法中关于波兰为社会主义国家以及统一工人党在国家政治生活中占有领导地位的条文,并改国名为波兰共和国。1990年1月,议会通过了政党法案,为实行多党制奠定了法律基础。在同月举行的党代会上,波兰统一工人党发生了分裂,主流派宣布放弃马列主义,更名为社会民主党。9月,原定任期六年的雅鲁泽尔斯基迫于压力辞去了总统职务,团结工会主席瓦文萨在随后的大选中当选为总统。

匈牙利的变革,与1956年的事件紧密相连。从戈尔巴乔夫提出"新思维"以后,一直存在的要求重新评价这一事件的暗流就迅速表面化,名目繁多的反对派组织呼吁为1956年事件以及纳吉平反,实行多党制。1988年3月中,布达佩斯首先发生大规模的示威游行,国内形势进一步动荡不安。执政的匈牙利社会主义工人党对此作出了一系列的让步和妥协。在11月的中央全会上,总书记格罗斯在声称要继续坚持党的领导的同时又表示,"在匈牙利现有实际条件下,有些社会问题在多党制的情况下可能比一党制的情况下更便于解决"。[1] 翌年2月的中央全会通过了实行"多党制"的决议,并对1956年事件作出了新的评价,肯定其前半期是"人民起义"。[2] 5月底,匈党中央进一步确认,纳吉是"杰出的国家领导人"、"社会主义改革的象征",对他的处分是一个"捏造的政治案件"。6月16日,即在纳吉等人被处死31周年之际,匈牙利官方为其举行了隆重的重新安葬仪式,有25万人参加了这一仪式。从6月中起,匈牙利社会主义工人党、各反对派和其他社会组织进行了长达三个月的政治协商,最终达成了取消社会主义体制和社会主义工人党的初步协议。10月中旬,匈社会主义工人党举行了全国(非常)代表大会,正式决定更名为社会党,改写了党纲。随后,国会通过了宪法修正案,将匈牙利人民共和国更名为匈牙利共和国,并宣布实行议会民主和市场经济体制。

在1990年3—4月间匈牙利举行的两轮议会选举中,反对派组织"民主论坛"大获全胜,成为议会中第一大党,其主席安托尔成了新内阁的领袖,而社会党则在议会中沦为第四大党,并在内阁中未获一席之地。

在波兰和匈牙利的冲击下,捷克斯洛伐克政局也很快出现了动荡。围绕着重新评价1968年的"布拉格之春"和苏联武装入侵的问题,各种政治力量展开了激烈的较量。

1989年初,在大学生帕拉赫为抗议苏军入侵自焚20周年之际,由反对派组织"七七宪章运动"发起,布拉格爆发了上万人参加的大规模游行示威。当局对此进行了镇压,逮捕了"七七宪章运动"的领导人剧作家哈维尔等。此后,捷克斯洛伐克共产党中央总书记雅克什多次表示,无意修改历史,拒绝为1968年事件平反,并声称要对反对派的活动进行最坚决的反击。但是,反对派并未因此屈服。喊出了彻底实行改革和推进民主化的口号,要求所有参与策划苏军入侵和扼杀"布拉格之春"的领导人下台。11月19日,"七七宪章运动"等多个反对派组织实行了联合,成立"公民论坛",并于次日组织了

---

[1] 宫少朋等:《冷战后国际关系》,北京:世界知识出版社1999年版,第19页。
[2] 上海国际问题研究所:《国际形势年鉴,1989》,上海:中国大百科全书出版社上海分社1989年版,第85页。

声势浩大的反政府游行，掀起了 11 月风暴。这次示威活动持续了一周之久，参加者有数十万人之多。在此形势下，11 月下旬，捷共中央两次举行非常会议，雅克什被迫辞职，而由乌尔班内克接替。新的领导立即承认了"公民论坛"的合法性，并承诺重新评价 1968 年事件。随后捷联邦议会两院召开联席会议，批准修改现行宪法，取消了其中关于共产党领导地位的条款。在反对派的压力下，12 月上旬，捷政府先后两次进行了重大改组，使得捷共人士在 21 名成员中只占 10 名，处于少数地位。1990 年 1 月底，1968 年"布拉格之春"时担任捷共领导人的杜布切克当选联邦议会主席，哈维尔则被联邦议会选为总统。

1990 年春，捷联邦议会又两次更改国名，取消原国名中的"社会主义"一词，称为"捷克和斯洛伐克联邦共和国"。6 月下旬，捷举行"自由选举"，"公民论坛"在联邦议会的 300 个席位中获得 164 席，捷共仅获 40 席。在随后成立的以"公民论坛"为主体的联合政府中，捷共代表未能进入，哈维尔则再次当选总统。

此后不久，捷克和斯洛伐克两个地区的固有矛盾又开始尖锐化。斯洛伐克本来就对自己所处的从属地位感到不满，又因 1991 年初联邦政府推出的激进的经济改革措施受到较大冲击而增强了要求独立的呼声。在 1992 年 6 月新一届大选中，反对分裂的哈维尔的支持者"公民论坛"遭到失败，捷公民民主党和争取民主斯洛伐克运动成为获胜的两大党。它们就联邦政府组成问题举行了谈判。8 月下旬，两党领导人同意提请联邦议会通过联邦解体法案，并就分治后的捷克和斯洛伐克的关系达成了初步协议。11 月 25 日，联邦议会以一票的优势通过了《捷克和斯洛伐克共和国终止法》。据此，从 1993 年 1 月 1 日起，欧洲政治版图上正式出现了捷克共和国和斯洛伐克共和国两个独立的主权国家。

2. 保加利亚、罗马尼亚和阿尔巴尼亚的剧变

冷战期间，在位于巴尔干半岛的保加利亚、罗马尼亚和阿尔巴尼亚，共产党的领导地位相对比较稳固。但是，进入 1989 年以后，这些国家潜藏的各种矛盾不断显示出来，先后陷入了动荡，并迅速发生了剧变。

1989 年，党内外要求长期担任保加利亚共产党总书记和国务委员会主席的日夫科夫下台的呼声日益增高。10 月下旬和 11 月初，藉欧安会的 35 个成员国在索非亚举行环保会议之机，由一些社会名流组织的"生态公开性"组织举行了对政府表示不满的签名活动、抗议集会和游行。11 月 10 日，日夫科夫被迫辞职。但是，11 月中旬，索非亚再次爆发示威游行，10 万人走上街头高呼"自由"、"民主"的口号，要求对日夫科夫进行审判。12 月 7 日，反对派组织"民主力量联盟"成立，声称将"推动国家的民主化与改革进程，促进实现多党制的社会管理原则"。[1] 它要求取消宪法中关于共产党领导地位的条款，以及解散共产党在企业和其他工作单位的基层组织，并继续组织大规模的集会和游行以对保共施加压力。12 月 13 日，保共中央再次举行会议，决定将日夫科夫开除出

---

① 方连庆等：《国际关系史》第十二卷(1990—1999)，北京：世界知识出版社 2006 年版，第 41 页。

党。1990年初,保共召开了第十四次(特别)代表大会,通过了《民主社会主义宣言》,宣布要在保加利亚建设人道的社会主义社会,承诺放弃对政权的垄断和实行自由选举。4月,保共宣布更名为社会党。在6月的国民议会选举中,社会党赢得了400个席位中的211席。11月,国名被改为保加利亚共和国。但是,以"民主力量联盟"为首的反对派拒绝同社会党合作,组织了更大规模的反政府活动,并在1991年的新一届国民议会选举中取得了对社会党的微弱多数(34.36%对33.14%),其成员同时取得了总统、议会主席和政府总理的职位。

在东欧国家中,罗马尼亚的动荡开始得比较晚,但是最为激烈。在这一过程中,罗共中央总书记、国家总统齐奥塞斯库及其夫人一起被处死。

在1989年11月下旬召开的罗共十四大上,已经执政23年之久的齐奥塞斯库再次当选为总书记。他在会上对东欧一些国家的形势表示了担忧,声称要坚持社会主义道路和党的领导。然而,三个星期以后,12月16日,罗马尼亚西南部城市蒂米什瓦拉就爆发了反政府的示威游行,它又很快地演变成了一场骚乱,当局在出动军队后才得以控制形势。12月20日蒂米什瓦拉再次爆发了骚乱和流血冲突,正在伊朗的齐奥塞斯库被迫中止访问于当日回到国内。21日,罗共和政府在布加勒斯特广场召开群众大会,以谴责蒂米什瓦拉发生的事件。但是,集会尚未结束,几万学生和群众便在市中心开始了反政府的游行。齐奥塞斯库试图出动军警镇压,事态进一步恶化。次日,一方面,反政府的示威活动蔓延到全国;另一方面,国防部长米列亚上将因拒绝执行向游行队伍开枪的命令而以叛国罪在党中央大厦被处决,罗军队因此倒戈,占领了中央大厦、电台、电视台和机场等重要设施。眼看局势已无法挽回,齐奥塞斯库夫妇于中午仓皇出逃。当晚,前罗共中央书记伊利埃斯库宣布成立救国阵线委员会,接管全部政权。第二天,齐奥塞斯库夫妇在家乡被捕,并于两天后被特别军事法庭判处死刑,立即执行。

1989年12月底,救国阵线委员会宣布改国名为罗马尼亚共和国。1990年4月,它举行了第一次全国代表大会,决定放弃一党领导体制,实行多元化政治制度、自由选举和三权分立。5月,罗马尼亚举行大选,救国阵线委员会在参众两院都获得绝对多数的席位,伊利埃斯库当选总统。

面对着东欧出现的剧变,阿尔巴尼亚劳动党采取了比较主动的姿态。在1989年9月和1990年1月举行的中央全会上,阿劳动党都提出,必须对国家政治生活和经济生活的各个方面进行调整,特别是要克服党政不分、机构膨胀、官僚主义等弊病,并扩大使用经济杠杆的范围。随着国内不满情绪的上升和外界压力的增大,阿劳动党又在4月的中央全会上明确提出要实现"经济-社会生活的民主化"。

尽管如此,在反对党民主党的推动下,国内长期积累的矛盾还是很快表面化,从7月起出现了难民潮、罢课和罢工潮乃至骚乱,民众和军警发生了冲突。在此形势之下,1990年末阿劳动党决定取消宪法中关于劳动党是国家唯一政治领导力量的条款,同意在1991年3月举行多元差额的自由选举。在这一选举中,劳动党在人民议会以67.6%对30%取得了对民主党的优势,在全部250个席位中占有169席,民主党则获得 75 席,劳动党第一书记阿利雅当选为总统。4 月 26 日,新议会通过《宪法主要条款法》,将国名从阿尔巴尼亚社会主义共和国改为阿尔巴尼亚共和国,规定国家要实行民主法治、三权分立和政治多元化。在 6 月召开的全国代表大会上,阿劳动党被改组为社会党,并宣布放弃马克思主义作为党的指导思想的理论基础。但是,在 1992 年 3 月提前举行的人民议会选举中,社会党还是未能维持对政权的控制,仅获得 140 个席位中的38 个,民主党则获得了 92 个席位,负责组阁。阿利雅遂也辞去了总统职位。

三、柏林墙的倒塌和德国的统一

上述国家的剧变对欧洲的政治版图以及东西方关系产生了重要影响。但是,1989年欧洲发生的更为震撼的事件则是柏林墙的倒坍和德国的统一。它也是东西方冷战结束的主要标志之一。

1. 柏林墙的倒塌和民主德国政局的变化

所谓的柏林墙是由民主德国在 1961 年的柏林危机期间建立的,全长 154 公里,是东西方冷战的产物和象征。

1989 年 5 月初匈牙利政府开放它与奥地利的边境以后,日益增多的民主德国居民越过这一边界逃往西方。9 月起,又有大量民主德国居民进入联邦德国驻波兰和捷克斯洛伐克的使、领馆,以政治避难为名逃往联邦德国。与此同时,民主德国的内部形势也变得动荡不安。10 月 7 日,在应邀参加民主德国 40 周年国庆活动的戈尔巴乔夫公开敦促其领导人尽快实施改革以后,东柏林、莱比锡等城市迅速爆发了空前规模的示威游行。反对者喊着戈尔巴乔夫的名字以及民主、自由和人权的口号。在此后一周多的时间中,民主德国的一些大城市一再发生大规模的示威活动,其攻击矛头直指民主德国统一社会党总书记昂纳克。

面对公众反对和党内压力,10 月 18 日,昂纳克被迫在中央全会上以"健康原因"辞职。克伦茨接任总书记后,立即承诺进行广泛的政治对话和实施全面的改革,但是强调要遵循三项基本原则,即"坚持社会主义理想"、作为主权国家民主德国要"自己解决我们的问题"以及维持"同苏联共产党和所有社会主义兄弟党的联盟与合作"。① 这一态度无法平息反对者的不满。11 月 4 日,50 多万人再次走上东柏林的街头掀起抗议浪潮,要求统一社会党政府下台,实行政治多元化和自由选举。面对如此局面,11 月 7日,民主德国部长会议的 44 名成员集体辞职,让位于以统一社会党为主的五党联合政府。11 月 9 日,当局颁布新的旅游法令,着手打开民主德国和联邦德国、东柏林和西柏林边界上的出境站,允许公民自由进出国境。但是,当时担任统一社会党的中央政治局委员和东柏林支部第一书记的君特·沙博夫斯基(Günter Schabowski)错误地宣布立即开放柏林墙,导致数以万计极度亢奋的市民走上街头,在西柏林人的支持与配合下,

---

① 方连庆等:《国际关系史》第十二卷(1990—1999),北京:世界知识出版社 2006 年版,第 49 页。

拆毁存在了 28 年 3 个月的柏林墙。

柏林墙被推倒后,民主德国局势更加震荡不已。1989 年 11 月 11 日,统一社会党在中央全会上表示,党在过去犯下了严重错误,以致把"党和共和国引入一场深刻的危机中",今后的目标是建立一个"以基本权利和人权为出发点的社会主义法治国家"。① 随后,民主德国人民议院举行会议,莫德罗当选为部长会议主席。12 月 1 日,人民议院修改宪法,删去了其中关于民主德国接受"工人阶级及其马克思列宁主义政党领导"的规定。② 随后,克伦茨先后辞去了党的领导人、国务委员会和国防委员会主席的职务,前领导人昂纳克也被开除出党。12 月 7 日,民主德国首次举行圆桌会议,参加的有统一社会党和其他 13 个党派与组织的代表。会议确定在翌年的 5—6 月举行人民议院选举,要求政府依法严惩滥用职权和贪污腐化行为,解散国家安全局。在次日举行的特别代表大会上,统一社会党决定把党的名称改为"德国统一社会党-民主社会主义党",1990 年 2 月又更名为"民主社会主义党"。3 月 18 日,民主德国举行了人民议会大选,有 24 个政党和组织提出了自己的候选人,除民主社会主义党以外,它们均得到了联邦德国相应政党的支持。结果,由基督教民主联盟、德国社会联盟和民主党组成的竞选联盟——德国联盟——获得了 48.5% 的选票,在 400 个席位中共占有 192 席,而民主社会主义党只获得 16.33% 的选票和 65 个席位。基督教民主联盟领导人德梅齐埃出任部长会议主席,民主社会主义党则被完全排除在政府之外。

2. 德国的统一

柏林墙的倒塌与民主德国政局的变化,为德国的统一创造了条件。在不到一年的时间中,1990 年 10 月 3 日,民主德国即依据联邦德国基本法加入了联邦德国,从而完成了德国统一的过程。

1989 年 11 月 9 日柏林墙倒塌的当日,联邦德国总理科尔即中断对波兰的访问返回国内,并立即召集了内阁紧急会议,研究应对民主德国居民大量涌入的措施以及两德统一的前景。在新当选民主德国部长会议主席的莫德罗提出成立两德"条约共同体"的建议后,科尔立即抓住机会于 11 月 28 日在联邦德国联邦议院提出了逐步消除德国分裂的"十点计划",其中第五点规定,民主德国应建立一个"有民主合法性的政府",这是"发展德国两个国家间的邦联结构"并最终建立"德国的联邦国家制度"的"绝对必要的前提"。这是坚持民主德国应首先改变自己的制度,进行自由选举。第六点提出,德国统一的进程应被列入"整个欧洲的进程和东西方关系之中",未来的德国"必须是整个欧洲未来大厦的一部分"。③ 这是要求民主德国接受联邦德国现行的对外政策,同时旨在消除美国和其他西欧国家(特别是法国)对德国的统一可能怀有的疑虑。同年 12 月上旬和 1990 年 1 月底,民主德国各党派先后两次举行"圆桌会议",讨论两德统一问题。

---

① 方连庆等:《国际关系史》第十二卷(1990—1999),北京:世界知识出版社 2006 年版,第 49 页。
② 宫少朋等:《冷战后国际关系》,北京:世界知识出版社 1999 年版,第 24 页。
③ 上海国际问题研究所:《国际形势年鉴,1990》,上海:中国大百科全书出版社上海分社 1990 年版,第 405、406 页。

第二次会议决定,将在 1990 年 3 月举行"自由选举",以满足联邦德国为统一提出的先决条件。随后,莫德罗访问了莫斯科。在得到了戈尔巴乔夫关于德国人"有权统一"的承诺之后,2 月 1 日,他就德国统一问题提出了具体的建议,即分四个阶段实现统一,而统一后的德国将采取中立的对外政策。科尔对莫德罗的建议表示了欢迎,但是明确否定了中立化的主张。此后不久,科尔又提出了建立两德经济、货币和社会联盟的主张。2 月 17 日,科尔向来访的莫德罗提出,作为实现统一的决定性步骤,首先建立以联邦德国马克为基础的两德货币联盟,但是遭到后者的拒绝。在此情况下,联邦德国将注意力转向民主德国 3 月 18 日的大选。科尔亲自出马,六次赶赴民主德国参加竞选集会,积极支持基督教民主联盟等三个反对党联合组成的"德国联盟",使其获得了胜利。

1990 年 4 月中旬,民主德国大选以后成为总理的梅齐埃在人民议院发表施政纲领时称,民主德国同意与联邦德国建立经济、货币和社会联盟,使用联邦德国马克;同意在民主德国恢复州的建制,按联邦德国《基本法》第 23 条的规定加入联邦德国,实现两德统一。这实际上是全盘接受了联邦德国的主张。在此基础之上,5 月 18 日,两个德国在波恩签署了共 6 章 38 条的《建立货币、经济和社会联盟的国家条约》,即有关德国统一的第一个国家条约。它规定两德将实行货币统一、经济统一和社会统一。这一条约的签署,表明两个德国的统一已经迈出了关键性的一步。7 月 1 日,在对民主德国人实施了比较优惠的货币兑换政策的背景下,两德实现了货币统一。

此后,两德进入政治统一阶段。1990 年 7 月 22 日,民主德国人民议院举行会议,决定重新恢复 1947—1952 年间实行的五个州的建制。紧接着,两德开始了关于政治统一的谈判。8 月 31 日,双方代表在柏林签署了共 9 章 45 条的两德《统一条约》,即第二个国家条约。其内容涉及政治、法律、行政等,最关键的是规定民主德国恢复五个州的建制以及各州将按照联邦德国《基本法》第 23 条的规定分别加入联邦德国。10 月 3 日,它们分别完成了有关手续,德国再次实现了统一。统一后的德国仍然被称为德意志联邦共和国,继续采用联邦德国的国旗和国歌,首都定在柏林。12 月 2 日,德国举行了统一后的首次大选,基督教民主联盟获胜,继续与自由民主党组成联合政府,科尔则成了统一后的德国的首任总理。总之,德国以民主德国加入联邦德国的方式实现了统一。

3. 关于德国统一问题的"2＋4"会议

德国分裂既是第二次世界大战的结果,在很大程度上又是东西方冷战造成的。因此,德国的统一,不仅涉及第二次世界大战后的国际秩序,而且影响到美苏的战略利益。如果不能得到国际社会特别是大国的理解与支持,德国统一的过程就会面临强大外部阻力,统一了的德国也会缺乏一个健康的外部环境,并且欧洲的稳定将遭到削弱甚至破坏。

德国统一的速度之快超出了美、苏、英、法的预料。总的来说,美国和苏联关注的是统一后的德国会采取何种对外政策,在东西方对立中将如何站队。对于美国,如果统一后的德国依然是西方联盟的一员,那就是可以接受的,否则就是不能接受的;戈尔巴乔夫领导下的苏联自然不会奢望统一后的德国会加入自己的队伍,但是希望它保持中立。

至于法国和英国,在德国统一已经势不可挡的情况下,除了追随美国的立场以外,就是要求统一后的德国继续留在欧共体中。此外,就像德国的那些较小邻国一样,四大国希望统一后的德国能够尊重第二次世界大战结束后就边界问题达成的各种协议。正是在此背景下,在1990年5—9月间,也就是在德国的统一进程迅速推进的时候,两个德国和美、苏、英、法四大国的外长先后举行了四次"2+4会议",最后达成了《关于最终解决德国问题的条约》(因最后一次会议在苏联首都举行,又称莫斯科条约),为德国的最终统一扫除了外部障碍。

四次"2+4会议"主要解决了三个问题。首先是统一后的德国的联盟归属问题。美国等西方国家认为,统一后的德国应当继续属于北约,苏联最初对此采取了坚决反对的立场,认为这样有损自己的安全。因此,1990年5月的第一次"2+4会议"未能就此问题取得任何进展。会后,经过与联邦德国的协商,美国向莫斯科提出了一个"九点计划",在坚持统一后的德国必须归属北约的前提下,对苏联作出了一系列的承诺,以缓解它的疑虑和担心。但是,苏联不为所动。在6月于波恩举行的第二次"2+4会议"上,莫斯科先后提出了所谓"过渡时期"和"法国模式"的建议。按照前一建议,在两个德国实现政治统一以后的五年过渡期中,它们的领土应分别留在北约和华约组织之内,同时盟国应该撤出其军队;五年以后,德国可以自由决定其联盟归属。这也就是说,统一后的德国只有在五年以后才能加入北约,而且北约不能在德国的领土上保有军队。按照"法国模式"建议,统一后的德国只参加北约的政治机构,但不参加北约的军事一体化机构,其他盟国也不得在德国领土上驻军。这些建议又遭到西方的拒绝。为了打破这种僵局,科尔于7月中访问了苏联,开展"统一外交"。他一方面坚持统一后的德国必须留在北约的立场;另一方面又保证不会谋求改变德国与邻国的现有边界,不会将北约的军事力量扩展到原民主德国境内,并承诺向苏联提供经济援助。当时,民主德国与联邦德国已经签署了第一个国家条约,德国统一成为大势所趋;同时,刚刚举行的北约伦敦首脑会议也再次确认了九点计划,表明西方在统一德的联盟归属问题上不可能作出妥协。在此情况下,7月16日,科尔与戈尔巴乔夫达成了"八点协议"。其中包括:统一后的德国可自主决定其联盟归属(科尔指出这意味着它将归属北约);苏联在原民主德国的军队将在三至四年内全部撤出;在苏军撤出之前和之后,北约部队均不得向原民主德国地区扩展。[1]

其次是德波边界问题,即统一后的德国是否承认1945年波茨坦会议议定书中规定的奥德-西尼斯河为德国和波兰间的"永久性边界"。而这一问题又涉及苏联和波兰的边界,因为波兰实际上是在东部对苏联作出了让步以后才在西部从德国得到了补偿。战后很长一段时间中,联邦德国一直没有接受奥德-西尼斯河这一德波边界,也不承认1950年民主德国与波兰签订的边界协定。直到1970年,联邦德国才在与波兰签署的《两国关系正常化基础的条约》中确认了战后形成的边界现状。在德国统一问题提出以

---

① 方连庆等:《国际关系史》第十二卷(1990—1999),北京:世界知识出版社2006年版,第56页。

后,波兰自然担心统一德国在这个问题上的立场,要求两德就尊重波德边界问题作出明确的承诺。科尔最初声称,联邦德国的承诺必须同两件事联系起来,即波兰重申 1953 年关于放弃战争赔偿的决定和 1989 年关于保护其境内德意志少数民族权利的保证。这一设置障碍的态度不仅引起了波兰和苏联的不满,也在国内遭到了反对。因此,在 1990 年 7 月于巴黎召开的第三次"2＋4"会议上,联邦德国作出了让步,承诺统一后的德国将与波兰正式签约确认奥德-西尼斯河边界,而不再坚持任何附加条件。

再次是四大国在德国的"权利和责任"的问题。按照第二次世界大战结束前后签署的一系列条约,作为战败国德国的主权受到了限制,四大国对之承担了相当的权利和责任,包括在其领土上驻军。虽然冷战爆发和德国分裂后它们的这种权利和责任有所削弱,但是,依据 1952 年的《波恩专约》、1955 年的《巴黎条约》以及 1971 年的《西柏林地位的协定》等协议,德国的主权继续遭到某种程度的制约,如四大国分别保留了在两个德国的驻军权利,西柏林的地位中立,苏联管辖着西柏林通向联邦德国的三条通道。随着德国的统一被提上日程,德国人(无论是在联邦德国还是民主德国)自然都希望藉此摆脱四大国的看管,成为一个享有完全主权的正常国家。

对此问题,西方三大国自然不会反对,因为统一的德国依然是它们的北约盟国。至于苏联,在获得了联邦德国通过 1990 年 7 月的八点协议作出的重要承诺后,它也实施了相应的让步。这样,在 1990 年 9 月 12 日于莫斯科召开的第四次"2＋4"会议上,六方签署了《最终解决德国问题条约》(即德国统一条约)。它肯定统一后的德国领土将包括德国、民主德国和整个柏林,从而保证了德国的领土完整。10 月 1 日,在欧安会纽约外长会议上,四大国又签署了一项终止战胜国对柏林和整个德国的权力与义务的文件。至此,不仅德国统一可能遇到的外部阻力最终得到了排除,而且统一的德国也成了一个享有主权的正常国家。当然,这并不排斥它在对外政策(如边界问题)、军备控制(如放弃核、生、化武器)等方面受到的一些外来或自我限制。

四、华约组织和经互会的解体

东欧国家在意识形态和社会制度方面发生剧变后,将它们紧密联系在一起的华约组织以及经互会也就失去了存在的基础,其彻底解体成了不可避免的结局。这也是冷战结束的又一个主要标志。

1. 华约组织的解体

自 1989 年起,在东欧政局出现剧烈变化的同时,华约组织也面临新的挑战,陷于生存危机。苏联首先作出的反应是对其华约政策作出某种程度的调整。1990 年 6 月,作为华约组织最高决策机构的政治协商委员会在莫斯科举行会议,讨论该条约的前途问题。这时大多数东欧国家的代表都已经变成原共产党政权的反对派。会议发表的宣言实际上在很大程度上反映了它们的观点,其主要内容包括:第一,肯定东欧国家的形势发展,认为这为克服集团安全模式和欧洲分裂创造了条件,符合各国人民在相互协调、没有人为障碍和意识形态敌视的情况下生活的愿望。第二,主张在双边和多边基础上同北约进行建设性的协作,推进赫尔辛基进程,建立新的全欧安全体系以及和平与合作的统一欧洲。第三,决定成立成员国政府全权代表临时委员会,着手重新研究华沙条约的性质、职能与活动。① 7 月 15 日,该临时委员会在捷克斯洛伐克举行会议,研究各成员国有关改造华约的具体设想。

但是,东欧政治的迅猛变化打乱了苏联的计划。1990 年 9 月 24 日,即在解决德国统一问题的第四次也是最后一次"2+4"外长会议举行以后不久,民主德国在柏林签署了从 10 月 3 日起正式退出华约的议定书,以确保即将实现统一的德国的联盟属性,即依旧是北约组织的一员。而对那些刚刚上台的东欧国家的政府而言,民主德国从华约的出走无疑是个提醒和鼓励。它们已经不再满足于对华约的性质、职能与活动的调整,而是谋求彻底踢开这副枷锁。1991 年 2 月 25 日,苏联、波兰、匈牙利、捷克和斯洛伐克、保加利亚和罗马尼亚在布达佩斯举行了政治协商会议特别会议,发布了《华沙条约缔约国布达佩斯声明》,并一致通过和签署了《议定书》。上述六国的外交部长和国防部长分别代表本国政府在这些文件上签字。声明首先分析了欧洲的形势,声称欧洲国家已经"终于从过去对抗与分裂的状态中解放出来",一个"民主、和平与统一的新时代"已经到来。其次,声明宣布了与会国的重要决定:"作为平等主权国家"的华沙条约缔约国"决定在 1991 年 3 月前取消它的军事组织和结构";"在新形势下会议代表国之间的关系的发展将在双边基础上进行"。最后,声明强调了这一决定的作用:它"将有助于进一步降低欧洲军事潜力","进一步促进实现由集团机制向全欧安全机制的转变"。② 议定书则具体规定同年 3 月 31 日起中止在华约范围内签订的一切军事协定的效力,废除华约的所有军事机构,同时停止一切军事行动。1991 年 7 月 1 日,"华约"六国领导人在布拉格举行华约政治协商会议的最后一次会议,又签署了一份《议定书》。其中规定,考虑到北约和华约业已声明"彼此不再是对手"以及要建立"新型合作伙伴关系",与会各国决定废除"1955 年 5 月 14 日在华沙签署的《友好合作互助条约》以及 1985 年 4 月 26 日签署的《关于延长〈华沙条约〉议定书》";彼此间也"不相互提出因《华沙条约》所引发的财产要求"。③ 自此,存在了 36 年的华约组织正式退出了历史舞台。

2. 经互会的解散

东欧国家政权的性质发生更迭后,主要由苏联和东欧国家组成的经济互助委员会的基础也发生了动摇。在 1990 年 1 月于索非亚举行的经互会第 45 次会议上,各成员国政府首脑对彻底改造经互会达成了共识,决定成立专门委员会研究对经互会的机构和活动进行改革的构想,制定新的经互会章程。各国原则同意苏联的相互贸易将按国际市场价格以自由外汇结算的建议,但在实施进度和方法上未能达成一致。6 月 29

---

① 方连庆等:《国际关系史》第十二卷(1990—1999),北京:世界知识出版社 2006 年版,第 46 页。
② "华沙条约缔约国布达佩斯声明",<http://blog.sina.com.cn/s/blog_4e1ba74801008qj5.html>。
③ "关于废除华沙条约的议定书",<http://blog.sina.com.cn/s/blog_4e1ba74801008qj5.html>。

日,苏联国家银行受苏联政府的委托正式通知经互会秘书处和各成员国的中央银行,从1991年元旦起,苏联退出以转账卢布进行结算的体系,同经互会成员国之间的贸易均以自由外汇结算和支付。10月下旬,经互会专家工作小组会议在布拉格举行,商讨与经互会改革有关的问题。与会者均肯定了参加新的经济合作组织和签署新的组织章程的意向。在1991年1月初于莫斯科举行的经互会执行委员会第134次会议上,各成员国同意以一个新的经济合作组织来取代经互会,并决定于2月底举行经互会最后一次会议,由各成员国政府首脑签署解散经互会的文件和通过新的经济合作组织的章程。

但是,由于各成员国对这一新组织的性质和范围存在分歧,最后一次经互会会议被一再推迟,直到1991年6月28日才得以在布达佩斯举行。九个成员国的代表签署了解散经互会的议定书,它规定90天后经互会章程失效、经互会解散。建立新组织的问题则留待以后讨论。

五、苏联的瓦解

冷战初期形成的东方阵营的两根支柱——华约组织和经互会——在1991年年中折断后不久,由于各加盟共和国民族分离主义运动的发展,作为冷战期间两个超级大国之一的苏联也宣告解体。至此,东方阵营已经不复存在。

1. 加盟共和国的分离主义运动

苏联的瓦解始于波罗的海的三个加盟共和国立陶宛、爱沙尼亚和拉脱维亚的独立运动。在1939年8月23日的《苏德互不侵犯条约》签订后的次年,它们被迫加入了苏联。

1990年3月中旬,立陶宛最高苏维埃通过了"关于立陶宛国独立"的法令,率先宣布将国名从"加盟共和国"改为"共和国",并呼吁国际社会承认其独立地位。5月初,爱沙尼亚和拉脱维亚也采取了相同的措施。波罗的海三国还在塔林举行了会晤,签署了合作宣言,承诺在争取独立的斗争中实施相互支持。

叶利钦领导的俄罗斯更是将苏联的民族分离主义运动推向了高潮。1990年6月12日,俄罗斯人代会通过了关于俄罗斯国家主权宣言,宣称俄联邦法律具有"至高无上"的地位,俄联邦拥有"绝对主权",保留自由退出苏联的权利。随后,其他加盟共和国,包括乌兹别克、摩尔多瓦、乌克兰、白俄罗斯、亚美尼亚、土库曼、塔吉克、哈萨克、吉尔吉斯等也纷纷仿效,发表了主权宣言。其中一些还就加强合作、联合对付中央的问题签署了协议。

面对苏联解体的危险,戈尔巴乔夫缺乏有效的应对措施。他先是采取了软的一手,提出了制订可使各加盟共和国获得更多权力的新联盟条约的建议,并在1990年11月下旬公布了这一条约草案。该文件规定,对旧联盟体制进行调整,成立"主权的苏维埃共和国联盟",各共和国作为主权国家有权决定涉及本国发展的一切问题;各共和国赋予联盟的权限主要包括:捍卫联盟及各共和国的主权和领土完整,批准并执行联盟预算,发行联盟货币。① 但是,俄罗斯、波罗的海三国、格鲁吉亚等对此采取了消极或者抵制的态度,在立陶宛还出现了动乱。在此情况下,戈尔巴乔夫转而采用硬的一手。1991年1月中,苏联坦克进入立陶宛,在国内外引起强烈反对。面对强大压力,3月17日,苏联就是否保存联盟问题举行了历史上第一次全民公决。尽管波罗的海三国、格鲁吉亚等的反对,仍然有80%的公民参加了投票。结果,其中76.4%的人赞成保留联盟,仅有21.7%的人持反对态度。利用这一有利形势,4月23日,戈尔巴乔夫同俄罗斯、乌克兰、白俄罗斯、哈萨克等九个加盟共和国的领导人发表了关于稳定国内局势、克服危机的联合声明(即"9+1协议"),在强调采取措施恢复宪法秩序的同时,声称克服危机的首要任务是根据投票结果签订各主权国家的新条约。7月12日,新联盟条约草案在苏联最高苏维埃获得通过。8月14日,其正式文本《苏维埃主权共和国联盟条约》公布,并计划在8月20日由各加盟共和国签署。

2. "8·19"事件

但是,就在1991年8月19日,苏联发生了著名的"8·19"事件。当天凌晨,苏联副总统亚纳耶夫发布命令称,鉴于戈尔巴乔夫因为健康原因不能继续履行总统的职责,根据苏联宪法,他本人即日起代行总统职务,以他为首的八人组成的"国家紧急状态委员会"接管国家的全部权力。紧急状态委员会随即发表《告苏联人民书》称,戈尔巴乔夫的改革已经"走入了死胡同",苏联"正处于生死攸关的时刻",苏联人民应当支持该委员会以使苏联摆脱危机。② 同时,它宣布在苏联的部分地区实施为期六个月的紧急状态。

当天中午,俄罗斯总统叶利钦发表了《告俄罗斯公民书》,谴责亚纳耶夫等人的行动是一次"反宪法的政变",号召俄罗斯公民奋起反击,包括实施总罢工。以美国为首的西方国家也要求尽快恢复戈尔巴乔夫的权力,并以停止援助相威胁。次日,叶利钦发表声明,宣布接管俄罗斯境内的全部苏联军队,并命令它们返回原驻地。21日下午,苏联国防部决定撤回部署在实行紧急状态地区的部队,最高苏维埃则宣布国家紧急状态委员会的成立为非法。当晚戈尔巴乔夫在克里米亚休假地发表声明,称"已经完全控制了局势",并于翌日回到莫斯科。国家紧急状态委员会的成员除自杀身亡的内务部长普戈外均被逮捕。

3. 苏联的最终瓦解

8·19事件以后,苏联的政局进一步恶化。一方面,共产党迅速丧失了自己的领导地位。1991年8月24日,戈尔巴乔夫宣布辞去他的苏共总书记职务,并建议苏共中央自行解散。各共和国共产党和地方党组织的命运则由它们自己决定。另一方面,威望陡增的叶利钦趁机夺取了联盟中央的重要权力、财产和机构,其他共和国也在各自境内采取了类似的措施,作为苏联总统的戈尔巴乔夫已经变得有职无权。在此形势下,分离运动愈发势不可挡。

---

① 上海国际问题研究所:《国际形势年鉴,1992》,上海:中国大百科全书出版社上海分社1992年版,第232页。
② 同上书,第228页。

　　1991 年 8 月 20 日和 22 日,爱沙尼亚和拉脱维亚也像之前的立陶宛一样正式宣布独立。截至 9 月底,宣布独立的加盟共和国已达到 12 个。俄罗斯虽然没有这么做,但它表现出来的大俄罗斯主义只是推动了其他加盟共和国实施分离主义的决心。12 月 1 日,在乌克兰进行的全民公决中,90% 的选民赞成脱离苏联而独立。成为乌克兰首任总统的克拉夫丘克则宣布不准备签署任何新的联盟条约。12 月 8 日,俄罗斯、乌克兰和白俄罗斯的领导人在明斯克签署了《独立国家联合体协议》,宣布"苏联作为国际法主体和地缘政治实体将停止存在"。12 月 21 日,除格鲁吉亚与波罗的海三国外,以俄罗斯为首的 11 个宣布独立的前加盟共和国在阿拉木图签署了《关于建立独立国家联合体协议议定书》和《关于武装力量的议定书》,发表了《阿拉木图宣言》。该宣言强调,"随着独联体的建立,苏维埃社会主义共和国联盟将停止存在",由俄罗斯取代苏联在联合国的席位,包括安理会常任理事国的席位。宣言还确认,独联体不是国家,而是一个国家联合组织。[①] 阿拉木图会议之后,这 11 个国家的领导人致函戈尔巴乔夫,通知他苏联以及苏联总统的职位都已不复存在。12 月 25 日晚,戈尔巴乔夫发表电视讲话,宣布辞去苏联总统和武装力量最高统帅的职务,并把核电钮交给了叶利钦。次日,苏联最高苏维埃举行最后一次会议,通过了宣布苏联正式停止存在的宣言。至此,即将迎来其 69 岁生日的苏联正式瓦解。

复习提示

一、名词解释

1. 戈尔巴乔夫的"新思维"　　　　　　2. 中导条约

3. "8·19"事件　　　　　　　　　　　4. 柏林墙

5. 波兰团结工会　　　　　　　　　　6. 两伊战争

7. 马尔维纳斯群岛战争　　　　　　　8. 北约的"双轨决议"

9. 欧洲政治合作(EPC)机制　　　　　10. 关于德国统一问题的"2+4"会议

二、探索与思考

1. 如何理解美苏关系第三次缓和的特点及表现?

2. 如何理解戈尔巴乔夫时期苏联对外政策调整的背景、内容及影响?

3. 如何理解 20 世纪 80 年代末东欧国家发生剧变的背景?

4. 如何理解德国统一的背景、实质和影响?

5. 如何理解华约解体和经互会解散的背景和影响?

6. 如何理解苏联瓦解的原因及影响?

7. 如何理解欧共体在 20 世纪 80 年代发展的背景及表现?

8. 如何理解 20 世纪 80 年代南北对话和南南合作的特点?

---

① 上海国际问题研究所:《国际形势年鉴,1992》,上海:中国大百科全书出版社上海分社 1992 年版,第 414—415 页。

第四章 冷战后初期(1991—2000)

东欧国家的剧变、德国的统一、华约和经互会的解体以及苏联的瓦解,标志着分别以美苏为首的东西方两大阵营之间冷战的结束,也标志着美苏两极这一国际体系的结束。但是,尽管多极化是世界发展的大趋势,在冷战结束后,美国却成了世界上的唯一超级大国,国际体系也具备了某些单极的特征,或者说一超多强的特征。

正是在此背景下,从布什总统到克林顿总统,他们都竭力谋求构建一种美国治下的"世界新秩序"。这种"世界新秩序"实际是雅尔塔体制的复活或翻版,即一种以美国主导下的大国合作为基础的世界秩序,一种体现了美国的价值和理想的世界秩序,一种不仅符合而且进一步促进了美国利益的世界秩序。

但是,单极国际体系的出现只是一种暂时和过渡性的现象。冷战结束后不久,华盛顿便在建立美国治下的世界秩序的过程中遇到了一系列的困难。同时,世界上的其他力量中心在国际舞台上地位变得日益突出,广大发展中国家的作用也获得了进一步的增强。

第一节 美国构建冷战后"世界新秩序"的努力

随着冷战的结束,美国成了世界上唯一的超级大国。利用这一机会,布什(George H. W. Bush)总统首先提出了构建符合美国的价值、规范和利益的"世界新秩序"的构想。这一路线也为克林顿总统所继承。

为了构建这一新秩序,美国对北约实施了改革,对俄罗斯采取了"超越遏制"的政策,在中东则发动了针对萨达姆领导下的伊拉克的海湾战争。

一、美国关于冷战后"世界新秩序"的构想

还在东欧发生剧变的过程中,布什就提出了建立美国治下的"世界新秩序"的构想。冷战结束以后,他进一步发展了这一构想。克林顿事实上也是遵循了同样的路线。

1. "世界新秩序"的提出

冷战是以东欧国家和苏联的剧变、东方阵营的解体而告终结的,实际上意味着以美国为首的西方阵营的取胜。因此,冷战的结束使得美国的地位和威望急剧上升。与此同时,在苏联经历了持续动荡和最终崩溃以后,作为其直接继承者的俄罗斯面临着诸多的挑战和困难。尽管它仍然拥有世界上最为庞大的核武库之一,但是其综合国力,包括政治影响和经济实力,已经无法和美国相比。甚至它的军事力量也因为军费拮据、结构混乱等原因而出现了各种问题。因此,俄罗斯已经不再是可以与美国相匹敌的两极中的一极。

其他的一些大国或国家集团,如欧盟、日本和中国,尽管已经成了新的力量中心,但是在近期之内它们的综合国力与美国还不是处于同一水平线上。因此,虽然多极化是当代国际关系发展的总趋势,在冷战结束以后的最初十年中,作为一种过渡和暂时的现象,世界却呈现出一种单极化的特征,或者说一超多强的特征。换言之,在此时期,两极型的国家体系实际上为单极型的国家体系所取代。

正是在此背景下,布什与克林顿提出和发展了关于美国治下的"世界新秩序"的构想。1990年9月11日,就在东欧发生剧烈震荡和变动的过程中,布什在美国国会联席会议的演讲中首次提出了建立"世界新秩序"的目标。他说:在"动乱的岁月"结束以后,将出现一个"新的时代";在这个新时代里,"世界所有的国家,不论是东方国家还是西方国家,北方国家还是南方国家,都将走向繁荣并在和谐中生活"。[①] 在翌年8月公布的国家安全战略报告中,布什所写的序言不同寻常地被赋予了一个标题:"世界新秩序"。他在其中说,"世界新秩序""是一种抱负,一种机遇,一种只有很少几代人可以享有的特殊可能性","即当旧的模式和既定事物在我们周围崩溃时,我们将按照自己的价值和理想建立新的国际体系"。[②]

布什试图建立的"世界新秩序",实际上也是克林顿努力的方向。他的一系列提法,如"调整和建立全球制度",重塑"安全、经济和政治结构",构筑"制度和安排的网络",形成新的"国际体系"等,是布什的"世界新秩序"构想的继承和发展。克林顿政府八年的政策实践,更是体现了构建"世界新秩序"的努力。

2. "世界新秩序"的内涵

从布什和克林顿向国会提交的国家安全战略报告中可以看出,他们倡导的"世界新秩序"主要包含了四个要素:(1)建立美国对世界的领导;(2)调整同盟体系和建立新的安全体制;(3)扩大民主和民主共同体;(4)实行大国合作和多边主义。

首先,与冷战时期美国仅仅是西方阵营的盟主不同,冷战后美国要建立和维持对整个世界的领导。还在1990年布什就说,在第二次世界大战结束后承担的"领导和帮助自由世界国家"的事业中,"美国取得了光辉的成功","但是这一成功造成的状况不可避

---

① "Address Before a Joint Session of Congress",<http://millercenter.org/president/speeches/detail/342>.

② The White House,*National Security Strategy of the United States*,August 1991,p. v.

免地要求一种新型的美国领导"。① 1991 年布什更明确地提出,为了使建立新世界秩序的"特殊可能性"得以实现,"美国的领导是不可缺少的";美国"必须与其他国家一起工作","必须是一个领袖"。② 克林顿在 1994 年也称,"美国在世界上的领导从未这么重要"。他还说,"在这样一个全球性变化的时代",美国不能充当"世界警察",但是"必须行使全球的领导"。③ 第二任总统任期开始后,克林顿又在 1997 年进一步强调了美国领导的重要性:"我们能够——或者必须——使用美国的领导地位,利用全球的整合力量,重塑现有的安全、经济和政治结构。"④进入 21 世纪的前夕,克林顿在 1999 年再次宣称,在"迅速全球化"的时代,美国"必须在世界上进行领导",美国也"被要求进行领导"。⑤

其次,尽管已经取得了冷战的胜利,美国并无意放弃自己在冷战时期建立起来的安全机制;相反,它力图通过调整这些安全机制的构成和使命,使其获得新的活力。与此同时,面对全球化带来的新机遇和新挑战,美国还努力建立一些新的全球性或地区性安全机制,藉此更有效地实现美国对世界的领导。

根据布什 1991 年的国家安全战略报告,在欧洲,美国要坚持维护北约作为最重要的安全机制的地位,并且将其使命扩大到关注东欧国家的安全;在此前提下同时发展西欧国家的共同安全身份以及欧安会议。在东亚,美国不仅要继续维持与日本的同盟关系,还要扩大这一同盟的使命。在中东,要帮助该地区"形成支持威慑和鼓励冲突的和平解决的地区安全安排","改变毁灭性的军事竞争和扩散的模式"。⑥

对在冷战真正结束以后才入主白宫的克林顿来说,冷战期间建立的安全机制的调整不仅变得更为迫切、而且更为现实。他在 1995 年全面阐述了关于这一问题的想法:第一,这涉及"调整现有结构,建设新的结构",以满足国家安全目标;第二,重塑"现有的"安全结构与建立"新的"安全结构是和重塑现有经济结构与建立新的经济结构同时进行的;第三,在此过程中,美国"特殊的外交杠杆最终在于美国的权力",即美国可以利用本身的超级大国地位,按照自己的理想领导安全机制的调整。⑦ 克林顿的这些思想在其地区政策中得到了充分的体现。

再次,扩大民主和民主共同体乃是冷战后"世界新秩序"的一个关键因素。这既是手段,也是目的。

1990 年布什提出,在苏联和东欧国家出现剧变的形势下,继续和推进国家的民主化进程乃是美国的一项重要使命。具体地说,美国对苏联的政策应是"超越遏制",使其"作为一个建设性的伙伴整合到国际体系之中"。对于东欧国家,美国则要按照西方的

---

① The White House, *National Security Strategy of the United States*, March 1990, p. 5.
② Ibid., August 1991, p. v.
③ The White House, *A National Security Strategy of Engagement and Enlargement*, July 1994, pp. i - ii.
④ The White House, *A National Security Strategy for a New Century*, May 1997, p. ii.
⑤ Ibid., December 1999, p. iv.
⑥ The White House, *National Security Strategy of the United States*, August 1991, pp. 9 - 10.
⑦ The White House, *A National Security Strategy of Engagement and Enlargement*, February 1995, p. ii.

模式对它们的经济、社会和政治制度实施全面改造,使其"变成世界性的自由国家共同体的一部分"。关于东亚,美国须在维持对中国的制裁的同时推动它"重新回到经济改革和政治自由化道路"。此外,布什还想使西半球成为"历史上首个完全民主的半球",并将"全球性的民主趋势"扩大到非洲。①

克林顿不仅是民主和平论的信仰者,相信民主国家之间很少会打仗,而且进一步发展了这一理论,认为民主国家更加热爱和平。为此,他将"促进民主"列为美国对外政策的"三大支柱"之一,另两根支柱是"经济安全"、"军事实力"。具体地说,克林顿的关于扩大民主和民主共同体的思想包含了这样几个要素:第一,民主的扩大符合美国的安全和经济利益,有助于实现美国在世界上的领导地位。第二,扩大民主包含了三层不同的含义:一是扩大民主国家的共同体,这是美国的长期目标;二是扩大民主价值在非民主国家中的传播和影响;三是通过人道主义援助为扩大民主创造条件。第三,为了确保成效,美国在促进民主时应当遵循一些基本原则,包括既重视与民主国家的合作又积极利用其他力量,既强调普遍性又要分清重点等。最后,在扩大民主和民主共同体的过程中,美国主要应当依靠本身具有的政治、经济、文化等各种资源,以向有关国家提供鼓励或施加压力。克林顿政府在 2000 年时曾洋洋自得地总结了美国在扩大民主方面所取得的成就。它说,美国通过"鼓励民主化"加强冷战后国际体系的做法"已经产生了明显的结果",民主国家在世界国家中的比例自 1992 年以来已经增加了 14％,历史上首次有一半多的世界人口"生活在民主治理之中",美国的国家安全是"民主的传播的直接受益者"。②

最后,美国对世界的领导和美国主导下的"世界新秩序"应当建立在大国合作与多边主义基础之上。

1991 年时布什即在其"世界新秩序"的概念中赋予了多边主义以更加明确的地位。他说,"在一个新时代中"美国的领导必须也包括"一个更广泛的国际共同体";美国可能会通过各种各样的联合采取"行动",这些联合不仅包括"传统的盟国",而且包括与美国之间缺乏"成熟的外交和军事合作联系"的国家,乃至与美国有着不同的"政治或道德观"的国家。③ 如果说布什的国家安全政策实质上包含了多边主义的要素,那么克林顿就明确使用了多边主义的提法。他在 1994 年时提出,无论"作为一个国家是多么强大",美国都"不能单边地"实现自己的目标,美国"面对的威胁和挑战都要求合作、多边解决";指导美国使用武力的基本原则之一就是美国将"尽可能寻求盟国或有关的多边机构的帮助";美国将继续以其支持能力促成"多边和平行动的成功","多边和平行动是我们战略的一个重要组成部分"。在提出"新太平洋共同体"的概念时,他还将发展多边安排说成是这一共同体的"第二根支柱",声称美国"正在着手利用"亚太经合组织首脑

①　The White House, *National Security Strategy of the United States*, March 1990, pp. 6-7.
②　The White House, *A National Security Strategy for a Global Age*, December 2000, p. 2.
③　The White House, *National Security Strategy of the United States*, August 1991, pp. 6-7.

会议等"发展中的多边机制",并将积极推动中国参加多边地区安全机制。①

总之,布什和克林顿对国际合作和多边主义采取了更为积极的态度。他们认识到,全球化的发展和各国间相互依赖程度的加深,跨国安全威胁的滋长以及个别国家在对付这种威胁时能力的缺乏,使得多边主义的方法不仅成为必要,而且成为可能。当然,与此同时,布什特别是克林顿并没有完全排除单边主义的手段。不过,他们为单边主义的实施规定了一系列的条件,包括:美国的国家利益需要它在不能得到其他国家的合作的情况下也应采取行动,美国确信自己的单边行动能够取得成功。

为了建立美国治下的"世界新秩序",在冷战结束后的第一个十年中,布什和克林顿依据上述构想采取了一系列的实际行动。

二、北约的调整与东扩

北约的调整与东扩是美国建立"世界新秩序"努力中的关键步骤之一,体现了"世界新秩序"的各个要素。1991年3月华沙条约组织解散后,北大西洋公约组织通过改革与东扩不仅维系而且扩大了自己的存在。导致北约改革的因素主要是三个:第一,随着西欧国家力量以及西欧一体化运动的发展,北约的欧洲成员国希望在联盟中发出更强的声音,获得更大的权力。第二,随着冷战的结束和国内经济的衰退,美国新孤立主义势力抬头,要求减轻在欧洲的负担,减少在欧洲的部署。第三,随着东欧国家与苏联的剧变以及华约的解体,北约也需要作出相应的反应,克服自己在目标、职能及范围方面的局限性。

1. 北约的调整

从1990年初起,就在东欧国家发生剧变之时,美国便与其西欧盟国围绕北约的调整问题开始了讨论。7月上旬,北约在伦敦举行的首脑会议通过了《伦敦宣言》,提出了北约的调整应当遵循的主要方向。随后,北约分别组织了三个层次的研究来讨论如何执行伦敦宣言的问题,包括使命、战略以及力量结构的调整,即如何重新规定北约的使命,界定北约的战略和决定北约的力量,而力量结构的调整实际上又反映了美国和其盟国如何分担联合防务的问题。

正是以这些研讨作为基础,1991年11月上旬,北约在罗马举行的首脑会议批准了《联盟新战略概念》这一重要文件,确立了北约战略调整的基本框架。具体地说,一方面,它分析了北约所处的安全环境发生的积极变化以及面临的挑战。该文件指出,这一环境得到了"彻底的改善",包括苏联和东欧政局出现了"深刻变化",德国实现统一并继续留在北约,东西方军备控制与裁军谈判取得"重大进展",以及欧洲正走向自由、和平与统一。与此同时,该文件又界定了北约面临的安全威胁呈现出的"多层次、多方位"的

---

① The White House, *A National Security Strategy of Engagement and Enlargement*, July 1994, pp. 6-7、10、13、24.

特点以及不确定性,其中特别提到:中东欧国家存在的"严重的经济、社会和政治难题""有可能导致不利于欧洲稳定的危机,甚至引起武装冲突";苏联的未来走向仍然"捉摸不定",而其手中又拥有只有美国能与之相比的"巨大的核武库";南欧动荡的威胁性在不断增加。

　　另一方面,在此基础上,《联盟新战略概念》具体规定了北约调整涉及的两个内容。一是与使命有关:北约要"维持足以防止战争和提供有效防御的军事力量,具有成功地对付影响到成员国安全的危机的全面能力,进行有利于同其他国家对话的努力,积极寻找包括武器控制和裁军在内的实现欧洲安全的共同方针"。而这四项内容实际上也暗含了北约使命的扩大。二是与北约的力量结构有关:为了保证"在人员减少的情况下"能够有效地处理危机和对付侵略,北约军队"需要提高灵活性和机动性,需要确保能够在必要时扩充队伍"。①

　　在1991年,北约的国防部长们还举行了多次会议,着重讨论北约力量结构的问题。在5月底的布鲁塞尔会议上,国防部长们批准了北约调整军事力量的计划,以适应欧洲变化了的欧洲安全环境。根据这一计划,未来北约的军力将由"快速反应部队"、"主力防御部队"和增援部队构成,并以海、陆、空三军多国部队形式组成。建立一支高度灵活的快速反应部队是该计划的核心,其编制是四至五个师,兵力为7万—10万人,具备可在一周内部署到从大西洋到地中海的任何区域的能力。在10月中旬的西西里岛的会议上,国防部长们决定,在未来两三年内北约应销毁部署在欧洲的80%的战术核武器,包括减少50%的机载核炸弹;与此同时,北约必须保持和更新一定数量的核武器,以作为北约安全的最后保障。在12月中旬的布鲁塞尔会议上,国防部长们又商定,今后在联盟领土以外发生类似于海湾战争的危机时,可根据一些成员国的要求使用北约的机场、输油管和补给品储藏所等设施,并将为此拟定全面的应急计划。②

　　1992年6月初在奥斯陆召开的北约外交部长会议进一步深入讨论了扩大北约职能的问题。它强调,北约仍然是欧洲安全的必不可少的基石,应通过改变职能、扩大政治作用、调整战略和部队部署来确保北约继续在安全方面发挥支柱作用。同时,会议还批准了北约可以使用其军队在欧洲地区冲突中实施维和行动的建议。③ 这一决定将军事干预范围明确扩大到了北约的"域外",改变了奉行几十年的只限于将其部队部署在盟国领土的原则。1994年1月的北约首脑会议通过的《最后公报》更宣布:"我们重申我们愿意支持联合国安理会授权的或属于欧安会责任范围的维持和平和其他行动。"④这就为以后北约介入波黑战争和欧洲以外的冲突开了绿灯。

　　此外,北约内部关系——特别是美欧关系——的协调,也是北约调整涉及的主要问

---

① 上海国际问题研究所:《国际形势年鉴,1992》,上海:中国大百科全书出版社上海分社1992年版,第394、396、400页。
② 同上书,第287—289页。
③ 上海国际问题研究所:《国际形势年鉴,1993》,上海:中国大百科全书出版社上海分社1993年版,第216—217页。
④ 上海国际问题研究所:《国际形势年鉴,1995》,上海:上海教育出版社1995年版,第295—296页。

题之一。在 1991 年 10 月于西西里岛召开的北约国防部长会议上,法国和德国就提出了建立由西欧联盟指挥的欧洲部队的方案,当时美国和英国都表示担心该部队的建立会削弱北约的作用。但是,此后美国逐步作出了让步。1992 年 6 月于奥斯陆举行的北约外长会议声称,在未来的安全结构中,应通过加强西欧联盟的作用来发挥和增强西欧国家在安全方面的作用。在 1994 年 1 月的北约布鲁塞尔首脑会议上,美国同意在北约内部组建由欧洲盟国组成、由西欧联盟领导的"联合特遣部队",以满足它们在北约内突出"欧洲支柱"的要求。该部队不直接隶属于北约,但可以利用北约提供的指挥、后勤及情报服务。1996 年 6 月于柏林举行的北约外长会议则批准了这一建立多国多兵种特遣部队计划。它将在美国不参与的情况下于欧洲地区"执行维和或救援任务"。①

1997 年 7 月,北约马德里首脑会议又提出了进一步修订联盟战略的问题。1999 年 4 月下旬,北约 19 个成员国的首脑(包括新参加北约的东欧三国)在华盛顿通过了《北大西洋联盟战略概念》。与《联盟新战略概念》相比,这一文件又有了一些重要发展:第一,重新评估战略环境和安全威胁,强调了"欧洲-大西洋内部及其周边地区的不稳定因素和动荡以及联盟边缘地区发生地区危机的可能性",包括大规模杀伤性武器的扩散、恐怖主义及其他全球问题。第二,扩大了北约的职能和任务,规定北约组织不仅要"确保对其成员的安全防御,而且要对欧洲-大西洋地区的和平与稳定作出贡献",随时准备"有效防止冲突,积极参与危机管理",并促进与该地区其他国家的"伙伴关系及合作"。第三,发展了北约的战略措施,特别提出要"充分利用伙伴关系、合作和对话以及与其他组织的联系来帮助防止危机;如果出现危机,就在危机的早期阶段把它平息下去"。第四,规定了北约军事力量建设的原则,特别强调要公平合理地分摊"共同防务方面的作用、风险、责任以及利益",还明确指出北约的军事力量的规模、准备状态、有效性和部署状况要能够反映它"对集体防务和对危机作出反应的承诺"。②

2. 北约的东扩

北约东扩实际上也是北约调整的一部分,涉及的是北约与原华约成员国的关系。随着东欧和苏联出现的剧变,1990 年 7 月的《伦敦宣言》就提出,北约要加强其"政治作用",改变过去与华约的对抗关系,推动与华约成员国间的合作。此后,北约积极推动这一目标的实现,并从加强与东欧国家的政治、军事交流与合作发展到推进北约的东扩,以控制东欧国家和防范俄罗斯。北约东扩实际上包含了三个阶段:

第一步是"北大西洋合作理事会"(北合会)的建立。在 1991 年 3 月华约宣布解散后,东欧一些国家即为了自己的安全考虑要求加入北约。对北约来说,这自然是扩大自身实力的一个极佳机会,但是又担心东欧国家的正式加盟会招来苏联的疑虑和反对,同时这些国家在防务预算、军事管理方面也存在着与西方标准不相吻合的各种问题,为此不敢仓促东扩。6 月的北约哥本哈根外长会议就在一项声明中提出,北约国家谋求与

---

① 上海国际问题研究所:《国际形势年鉴,1998》,上海:上海教育出版社 1998 年版,第 218 页。
② 上海国际问题研究所:《国际形势年鉴,2000》,上海:上海教育出版社 2000 年版,第 378—384 页。

东欧国家建立建设性的伙伴关系,以此将它们与北约联系起来。11月的北约首脑会议通过的《关于和平与合作的罗马宣言》进一步宣称,北约将把同苏联和东欧国家的关系"扩展、加强和提高到一个相当新的水平",使之"制度化"。① 会议决定成立北大西洋合作理事会。12月,北约16国、苏联、波罗的海3国(爱沙尼亚、拉脱维亚、立陶宛)和东欧5国(捷克和斯洛伐克、波兰、匈牙利、保加利亚、罗马尼亚)的外长在布鲁塞尔举行"北合会"的第一次外长会议。会议发表的声明提出,成员国将在政治和安全问题上展开定期磋商与合作,为"在欧洲建立一种新的、持久的和平秩序而努力"。② 1992年3月,原苏联的11个加盟共和国又在北约的布鲁塞尔总部签字加入了"北合会"。至此"北合会"的成员达到了36国。同日举行的"北合会"特别会议发表声明称,其成员国"决心通过对话、伙伴关系和合作,为在欧洲建立一个新的、持久的和平秩序而共同努力"。③ 总体上说,北大西洋合作理事会是一个以北约国家为核心的论坛,主要是象征性的,言辞多于行动。

第二步是"和平伙伴关系"的建立。在北大西洋合作理事会充分运转以后,1993年10月,美国在北约国防部长非正式会议上提出了同原来的华约国家以及独联体成员国建立所谓和平伙伴关系的计划。在某种意义上,这将是一种准同盟的关系。1994年1月,在布鲁塞尔举行的北约首脑会议正式通过了这一计划。其主要内容是:第一,"北合会"的北约伙伴国及其他尚未加入北约的欧洲国家均可要求与北约建立和平伙伴关系。第二,北约将分别与和平伙伴国签署协议,规定在防务、军备控制、民主化进程等方面的合作内容。第三,北约将不向和平伙伴国提供安全保障,但是当某个伙伴国"觉察到它的领土完整、政治独立或安全受到直接威胁"时将与之进行"磋商"以寻求解决的办法。第四,北约的大门对和平伙伴国敞开,"积极参与和平伙伴关系将会在北约扩大这一演变进程中起重要作用"。④ 和平伙伴计划公布后不久,十多个前华约成员国与原苏联的加盟共和国就纷纷加入了这一计划。

俄罗斯最初对这一计划的态度是犹豫不定的,与北约的谈判也几经反复。直到1994年6月,俄外长才在布鲁塞尔签署了加入和平伙伴关系计划的框架文件以及《俄罗斯-北约合作议定书》。北约承诺,将与俄建立符合其地位和能力的关系,使俄能在与其核大国地位和所承担的义务相称的领域发挥重要作用。1995年5月,俄罗斯正式宣布加入北约和平伙伴关系计划,并与北约签署了《双边军事合作计划》和《定期公开磋商制度框架文件》。1997年5月,它们又在巴黎签署《俄罗斯联邦与北约组织相互关系、合作和安全的基本文件》。该文件声称,双方"均不把对方看作敌人","磋商、合作等将成为俄罗斯和北约之间相互关系的核心"。⑤ 但是,在1999年3月北约开始对南联盟

① 上海国际问题研究所:《国际形势年鉴,1992》,上海:中国大百科全书出版社上海分社1992年版,第287页。
② 同上书,第286页。
③ 方连庆等:《国际关系史》第十二卷(1990—1999),北京:世界知识出版社2006年版,第277页。
④ 上海国际问题研究所:《国际形势年鉴,1995》,上海:上海教育出版社1995年版,第296页。
⑤ 上海国际问题研究所:《国际形势年鉴,1998》,上海:上海教育出版社1998年版,第358页。

实施军事打击这一被叶利钦称为"非常危险的行动"之后,俄罗斯曾短时间地冻结与北约的合作,包括中止与北约的和平伙伴关系,召回驻北约的代表。

第三步是北约的正式东扩。在建立北大西洋合作委员会和实施和平伙伴关系的同时,北约并没有放弃正式吸纳原华约成员的计划;而且,尽管遭到俄罗斯的反对,其态度逐步转向坚决和强硬。1994年1月的北约布鲁塞尔首脑会议在通过和平伙伴关系计划的同时还正式作出了北约向外扩展的决定,声称"我们期待也欢迎北约扩大到我们东面的民主国家"。[①] 年底的北约布鲁塞尔外长会议更加明确宣称,北约扩大将是"广泛的欧洲安全结构的一部分",它将"补充欧盟的扩大",使"东欧的新的民主国家"实现"安全和稳定"。[②] 次年9月,北约提出了《关于北约东扩问题的研究报告》,确定了北约扩大的目的、原则、决策程序、扩大后的共同防务政策。1996年是美国的大选年,为了争取选票,克林顿政府的态度变得尤其积极。3月,国务卿克里斯托弗在布拉格召集了12个要求加入北约的中东欧国家的外长举行会议并表示,"美国将不顾俄罗斯的反对,坚决让中东欧国家正式加入北约"。[③] 10月克林顿宣布要在1999年前实现北约的东扩。

与此同时,美国和主要的西欧国家也设法缓解俄罗斯对北约东扩的担心和反对。在1996年底的欧安组织的首脑会议上,美国和北约其他国家承诺不在新成员国领土上部署核武器,并提出在北约讨论全欧安全问题时俄罗斯可以参加并享有发言权,尽管没有表决权和否决权。1997年5月签署的《俄罗斯联邦与北约组织相互关系、合作和安全的基本文件》也特别涉及了北约在新成员国领土上部署或存放核武器的问题。北约成员国声称"它们不打算也没有计划或理由在新成员国的领土上部署核武器",以及"改变北约核力量配置或是改变北约的核政策"。[④]

此后,北约即加快了正式东扩的步伐。1997年5月底,在葡萄牙的辛特拉成立了包括16个北约成员国和27个伙伴国的欧洲-大西洋合作理事会,以取代北大西洋合作理事会,进一步加强了北约和原东欧国家、原苏联加盟共和国的合作。7月,北约马德里首脑会议决定波兰、捷克和匈牙利为首批扩展对象。在冷战时期,正是这三国遭到了原苏联最为严重的干涉。1999年3月,它们正式加入北约,北约前沿地区一下子向俄罗斯推进了700公里。[⑤]

三、"超越遏制"与美俄短暂的蜜月

冷战结束前后美国与苏联(俄罗斯)的关系走出了全面对抗的阴影,美国对其政策

---

① 上海国际问题研究所:《国际形势年鉴,1995》,上海:上海教育出版社1995年版,第296页。

② "Final Communiqué issued at the Ministerial Meeting of the North Atlantic Council at NATO Headquarters, Brussels", <http://www. nato. int/cps/en/SID-89FAA9F6-44716C97/natolive/official_texts_24430. htm>.

③ 宫少朋等:《冷战后国际关系》,北京:世界知识出版社1999年版,第83—84页。

④ 上海国际问题研究所:《国际形势年鉴,1998》,上海:上海教育出版社1998年版,第363页。

⑤ 2004年,北约又吸收了波罗的海三国、斯洛伐克、斯洛文尼亚、罗马尼亚和保加利亚等7国,使得成员国的数目达到26个。2009年4月,北约再次扩大,吸收了阿尔巴尼亚和克罗地亚,从而有了28个成员国。

也由遏制变成了"超越遏制"。在 20 世纪 90 年代初,它们的关系进入了一个蜜月期。尽管如此,利益的差异还是使得两国关系不时出现波动,并导致了蜜月的结束。

1."超越遏制"的提出

面对苏联和东欧发生的迅猛变化,1989 年 5 月布什在德克萨斯的一所大学发表的演讲中声称,"40 年的坚持不懈已经给我们带来了一个难得的机会,现在是超越遏制走向 20 世纪 90 年代的新政策的时候了"。他说,"简而言之,美国现在的目标远远不局限于仅仅遏制苏联的扩张主义。我们要使苏联整合到国际共同体之中";"我们最终的目标是欢迎苏联重新加入世界秩序"。① 在 1990 年 3 月公布的国家安全战略的报告中,布什再次阐述了超越遏制战略。他说,在第二次世界大战结束后承担的"领导和帮助世界的自由国家"的事业中,"美国取得了光辉的成功","但是这一成功造成的状况不可避免地要求一种新型的美国领导";美国应当遵循一种新的方向以保护过去"时代的遗产",并"帮助形成一个新的时代,一个超越遏制的时代,一个将我们带进下一世纪的时代"。他还具体提出,为了实施"超越遏制"战略,美国将采取下述措施:第一,扩大与苏联在经贸领域的"互利接触",授予苏联"最惠国待遇",支持苏联在"关贸总协议"的结构中获得观察员的地位,扩大技术经济合作和双边投资。第二,"促进思想和民主价值在苏联的自由流动",支持"苏联的政治和经济改革的迅猛过程"。第三,使美苏军事关系减少"军事化"和"增加安全"。但是,这一报告同时警告说,无论今后十年中苏联采取什么路线,苏联将依然是一个"可怕的军事大国",美国必须保持"加强威慑和促进安全的现代防务"。② 由此可以看到,超越遏制实际是针对苏联而言的,意味着放弃单纯遏制的做法,在保持军事上的威慑态势的同时,通过发展经济联系和促进西方价值观念的传播,巩固和推动苏联的经济与政治改革,将其整合进美国主导的"世界新秩序"之中。

由于"超越遏制"战略的推行,后冷战时代之初,美苏(俄)关系得到了明显的改善,华盛顿和莫斯科的关系出现了一个短暂的蜜月。从 1989 年 5 月布什提出"超越遏制"到 1991 年底苏联解体,在两年半的时间中布什与戈尔巴乔夫在马耳他、华盛顿、赫尔辛基、莫斯科举行了频繁会晤,两国的其他领导人也进行了多次会谈。双方讨论了东欧形势、军备控制、经济合作、伊拉克等重要问题,达成了若干重要协议。在苏联解体以后不久,1992 年 2 月,叶利钦在参加联合国安理会首脑会议之后应邀与布什在戴维营举行了"历史性会晤"。他们在所发表的《俄美新关系宣言》(戴维营宣言)中称,美俄两国不再彼此视为"潜在的敌人",而是以"互相信任和尊重"为基础、共同致力于"民主和经济自由"的伙伴。③ 6 月,叶利钦正式访问了华盛顿,与布什签署了《美俄伙伴和友好关系宪章》(华盛顿宪章)以及关于两国进一步削减战略核武器的协议。在以后的三年中,布什、克林顿与叶利钦进行了近十次的互访或在第三国会晤,就双边关系和国际形势进

---

① "Commencement Address at Texas A&M University (May 12, 1989)", <http://millercenter. org/president/speeches/detail/3421>.
② The White House, *National Security Strategy of the United States*, March 1990, pp. v、9-10.
③ 上海国际问题研究所:《国际形势年鉴,1993》,上海:中国大百科全书出版社上海分社 1993 年版,第 109 页。

行了广泛交谈并取得了一系列重要成果。

2. 推动苏联对东欧及其自身变革的接受

在此蜜月期间,美国推动苏联接受和支持东欧国家以及其自身发生的变革。在1989年12月初的马耳他峰会中,布什鼓励戈尔巴乔夫不对东欧国家"诉诸武力",让它们以"和平方式"进行变革。与此同时,美国又对苏联的某些做法施加一定的压力。例如,1991年1月,当苏联试图对要求独立的立陶宛进行军事镇压时,布什政府提出了强烈抗议,美国国会参众两院还分别通过决议要求对苏联进行制裁。6月,以美国为首的西方国家提出,作为援助的条件之一,苏联中央政府应当通过同波罗的海三加盟共和国的谈判给予它们所要求的自治权。7月美苏莫斯科峰会期间,布什再次强调了这一立场。

在1991年"8·19"事件发生后,美国更利用戈尔巴乔夫地位的削弱加大了与俄罗斯及其他加盟共和国的接触范围,增强了对它们的独立要求的支持力度,为苏联的解体推波助澜。在波罗的海三国宣布独立后,9月初美国便正式给予外交承认,9月中布什又宣布了对它们进行帮助和支持的五项措施,其中包括:倡议联合国接纳三国为会员国;尽快解决它们的原被冻结的黄金和其他资产问题;实现与它们的经济关系的正常化,给予最惠国待遇;鼓励国际货币基金组织和世界银行同它们进行密切合作;与盟国一起向它们提供援助。[1] 11月中,布什政府又宣布将美国向苏联提供的15亿美元的粮食直接交给12个加盟共和国。在乌克兰于12月1日通过全民公决宣布独立后,布什在第一时间表示了祝贺。在俄罗斯同乌克兰、白俄罗斯于12月上旬签署了关于成立独立国家联合体的协议后,布什又马上肯定这一协议"符合联合国宪章和全欧进程准则"。[2] 12月25日,就在苏联解体的当天,布什即表示承认俄罗斯,支持俄罗斯接替苏联在联合国安理会的常任理事国的席位,也承认苏联的其他加盟共和国的独立。

3. 对苏联与俄罗斯的经济援助

在"超越遏制"战略的指引下,布什政府加大了与苏联以及后来的俄罗斯的经济合作以及对它们的经济援助。当然,这种合作和援助是为了促进苏联(俄罗斯)的政治和经济变革,是为了建立美国所希望的"世界新秩序"。

在苏联存在的最后两三年间,美国始终将苏联推行市场经济和实行政治自由化作为向其提供大规模援助的必要条件。在1989年5月的马耳他峰会中,关于美苏经济关系,布什虽然答应在翌年的峰会以前与苏联签署一项贸易协议,给予它最惠国待遇,但前提是苏联要完成新的移民法。同样,尽管布什承诺支持苏联成为关贸总协定的成员,但又要求苏联推进市场经济以更适应于该协定的要求。1991年6月访问西欧时,美国副总统奎尔进一步细化了西方援助苏联的条件,这些条件不仅涉及苏联的经济政策,而且涉及它的政治和防务政策。在此情况下,为了说服7月中旬将在伦敦举行的西方七

---

① 宫少朋等:《冷战后国际关系》,北京:世界知识出版社1999年版,第66页。
② 同上书,第67页。

国首脑会议同意向苏联提供援助,先是苏联最高苏维埃通过了企业私有化法、外国投资法等法令;随后戈尔巴乔夫又向七国首脑递交了一份长达 32 页的信件。在信中,他一方面要求西方对苏联进行大规模援助,包括提供 120 亿美元的货币稳定基金,解除苏联所欠 650 亿美元的债务或同意它延期偿还,放宽高技术出口和提供消费品,让苏联加入国际经济组织;另一方面,作为条件,戈尔巴乔夫承诺苏联将"朝着民主化方向前进","实现市场经济"和"建立新的世界安全秩序"。① 但是,美国显然并不满足于戈尔巴乔夫的这种空洞表示。为此,伦敦会议上西方七国首脑只是达成了援苏的六点原则计划,其中主要的四点是:(1)同意苏联成为国际货币基金组织和世界银行的联系成员国;(2)七国集团和国际货币基金组织等多边国际经济组织将加强同苏联的合作,为苏联实现经济改革提供咨询;(3)在能源、军工企业转产民用品、食品分配等方面向苏联提供技术援助;(4)为苏联的商品和劳务提供市场。② 他们并没有具体接受向苏联提供大规模财政援助的要求。在伦敦会议之后会见戈尔巴乔夫时,西方七国首脑依然没有与他讨论具体援助苏联的问题,而是集中关注苏联如何进行经济改革的问题。在同月布什访问莫斯科时,戈尔巴乔夫再次表示期望美国能够提供财政援助以帮助苏联克服经济危机,还希望修改巴黎统筹会限制向苏联出口高技术产品的规定以促进两国的经贸和技术合作,但是布什依然不愿作出明确承诺。"8·19"事件后,美国更是使用经济手段对莫斯科施加压力,对那些谋求独立的加盟共和国提供援助,以加快苏联的瓦解过程。

苏联解体之后的最初一段时间,美国确实对独联体的各个国家特别是俄罗斯提供了较大规模的经济援助。在它的策划与推动下,1992 年 1 月下旬,在华盛顿召开了规模庞大的援助独联体国际协调会议,出席会议的有 47 国的外长和 7 个国际组织的高级官员。会议分析了独联体各国在食品、医药、能源、住房和技术援助等领域遇到的问题,确定了与会各国以及国际组织援助独联体的行动准则。布什在会上提出,为了帮助独联体各国人民进行"从共产主义到民主、从指令经济到自由市场经济、从独裁到自由的飞跃",③不仅需要向这些新独立的国家提供粮食、药品等人道方面的救援,而且需要提供技术援助和财政援助。4 月 1 日布什正式宣布了一项全面援助独联体国家的计划。据此计划,美国和西方七国集团向独联体国家提供 240 亿美元的财政援助,其中稳定卢布基金 60 亿美元、贷款 45 亿美元、延缓偿还债务本金 25 亿美元、双边援助 110 亿美元。美国在上述计划中所占份额将近 45 亿美元。但是,这一揽子计划的大部分,包括稳定货币基金和贷款的提供,将取决于俄罗斯是否能和国际货币基金组织在当年 5 月间签订一项关于在俄罗斯全面改革经济结构的协议,以及 7 月间七国首脑会议最后是否批准这一协议。6 月叶利钦访美时,布什在记者招待会上宣布,两国首脑就美俄经济

---

① 宫少朋等:《冷战后国际关系》,北京:世界知识出版社 1999 年版,第 62 页。
② 上海国际问题研究所:《国际形势年鉴,1992》,上海:中国大百科全书出版社上海分社 1992 年版,第 169—170 页。
③ "Remarks at the International Conference on Humanitarian Assistance to the Former U. S. S. R.", <http://bushlibrary. tamu. edu/research/public_papers. php? id=3864&year=1992&month=01>.

关系"打开了新的篇章",除签署了一系列经济协议外,美国还决定给予俄罗斯最惠国待遇。这些将为它们的双边贸易和美国在俄罗斯的投资"铺平道路"。布什还表示希望俄罗斯和国际货币基金组织能够"尽快达成一项支持协定",以便"西方七国能够启动一揽子的经济支持计划"。①

4. 美苏(俄)军控谈判

作为冷战结束后美苏关系以及后来的美俄关系出现蜜月的另一标志,两国在军备控制——特别是战略核武器的控制——方面取得了重要进展。

首先是美苏削减战略核武器谈判(START)。这一谈判以削减它们的进攻性战略核武器为目标,是限制战略核武器谈判(SALT)的直接延伸。它开始于 1982 年,但是真正取得进展却是在美苏冷战结束以后。1991 年 7 月底,美苏结束了第一阶段的谈判,布什与戈尔巴乔夫在莫斯科签署了《关于减少和限制战略进攻性武器条约》(START I)。这一条约规定了七年以后双方可以拥有的战略进攻性武器的限额,包括 1 600 枚(架)陆基洲际弹道导弹(ICBM)、潜艇发射的弹道导弹(SLBM)和重型轰炸机,以及可用于它们的 6 000 个核弹头。该条约还规定了三年和五年以后分别应当达到的削减目标。②

在此基础之上,1993 年 1 月初,美国和俄罗斯完成了第二阶段的谈判,布什和叶利钦又在莫斯科签署了《关于进一步减少和限制战略进攻性武器条约》(START II)。它规定了两个步骤,第一个步骤正好和第一阶段条约的期限(七年)相一致,但要求更多数量的削减;第二步骤则直到 2003 年结束,或 2000 年结束(如果美国能向俄罗斯提供足够财政援助以销毁被裁减的武器)。具体地说,在第一步骤结束时,每一方的陆基洲际弹道导弹(ICBM)、潜艇发射的弹道导弹(SLBM)和重型轰炸机携带的核弹头不得超过 3 800—4 250 个;在第二阶段结束时,它们携带的核弹头则不得超过 3 000—3 500 个。③ 换言之,第一阶段减少战略核武器条约的规定,会使美苏在这一条约签署时拥有的战略核弹头减少 50%;第二阶段减少战略核武器条约的顺利实施,则会使 1991 年时美苏拥有的战略核弹头减少 70%。

其次是短程核力量的削减。冷战期间,美苏除了在欧洲部署了中程核力量和中短程核力量以外,还拥有一定规模的射程不到 500 公里的短程核力量。在 20 世纪 80 年代中期,这些短程核力量包括陆基短程导弹(北约 125 枚,华约 849 枚)、可以发射核炮弹的火炮(各为 5 000 多门)和投掷核航弹的飞机(各为 2 000 多架)。在美苏签署中导条约以后,苏联就开始提出实行第三个"零点方案"的建议,即至少销毁双方部署在欧洲

---

① "The President's News Conference With President Boris Yeltsin of Russia", <http://bushlibrary. tamu. edu/research/public_papers. php? id=4443&year=1992&month=6>.

② 刘华秋:《军备控制与裁军手册》,北京:国防大学出版社 2000 年版,第 134 页。

③ 同上书,第 136 页。但是,由于科索沃战争等原因,两国迟迟未曾就此条约交换批准文件。所以,在法律上它并未真正生效。而且,2002 年 6 月 14 日,即在小布什政府宣布美国退出美苏《限制反弹道导弹系统条约》(ABM 条约)的决定生效的次日,俄也宣布它不再接受 START II 的约束。

的所有短程导弹。由于担心这会进一步使美国的战略核能力与常规能力失去必要的中间环节,从而彻底动摇北约的灵活反应政策,美国对此建议采取了极为冷淡的态度,甚至还试图对部署在欧洲的短程核力量实行现代化。在此情况下,戈尔巴乔夫于1989年2月底明确宣布,苏联愿意大规模裁减自己的短程核导弹,使之降到当时西方的水平;同时愿意就完全消除这类武器的问题同美国展开谈判。随后,苏联还宣布单方面从欧洲撤走500个短程战术核弹头。1990年初,苏联又宣布将部署于东欧的战术核导弹的发射装置削减60个,核炮削减250多门,核炮弹削减1 500枚。以后,东欧的剧变,特别是德国的统一,使得美国部署在欧洲的陆基短程核力量很大程度上失去了存在的价值。同时,它也想利用苏联面临的困难彻底削弱苏联的短程核能力。因此,1990年9月下旬,布什正式宣布了美国的销毁短程战术核武器的计划。根据这一计划,美国的陆基短程核武器以及以陆地为基地的海军飞机上的战术核武器都将被拆除。其中部分将销毁。① 作为一种响应,此后不到十天,戈尔巴乔夫也在一项声明中宣布,苏联将拆除所有核炮、战术导弹核弹头以及销毁部分短程核导弹,并将拆除其他所有战术核武器。

再次是以美国为首的北约国家和以苏联为首的华约国家间的"欧洲常规武装力量谈判"。它开始于1989年,取代了中欧裁军谈判,参加者为北约16国和华约7国。该谈判所宣称的目的是,削减从乌拉尔到大西洋的广大欧洲地区的常规力量,消除双方力量间的不对称现象和任何一方进行突然袭击与大规模进攻的能力。由于戈尔巴乔夫领导下的苏联不仅接受了通过谈判使东西方的常规力量在欧洲取得平衡的原则,而且同意了按照多有多裁的原则对华约力量实施大规模的不对称的削减的做法,谈判很快取得了重要成果。1990年11月,北约16国和华约6国(民主德国已与联邦德国合并)在巴黎签署了《欧洲常规武器条约》(CFE)。这一条约主要是限制了五种范畴的武器,为双方规定了平等的限额。每方在40个月中都要将其在欧洲范围内拥有的这些武器裁减到下列水平:战斗坦克2万辆,火炮2万门,装甲战车3万辆,作战飞机6 800架,作战直升机2 000架。超出上述限额的武器应在条约生效后的40个月中分批销毁。②

这一条约签署的当月,其22个签署国又开始了后续谈判。1992年7月,29国(这时苏联已经瓦解,为俄罗斯等8国所代替)在赫尔辛基签署了《关于欧洲常规武装力量人员限额谈判的最终法案》。它对每一国在欧洲范围内可以拥有的陆基军事人员的数量作了规定,超出部分要在条约生效后的40个月中裁减完毕。要注意的是,这一协议为美国和俄罗斯规定的限额分别是25万人和145万人,高于它们当时在欧洲实际拥有的兵力(分别是17.5万人和129.8万人)。③

总体上看,上述美苏关于削减战略核武器与常规武器的条约,以及为削减短程核力量而相互采取的单方面行动,还是明显降低了欧洲的武装水平,特别是限制了那些更加

---

① "美俄战术核武器报告",<http://www.wumii.com/item/EGbDx40E>。
② 刘华秋:《军备控制与裁军手册》,北京:国防大学出版社2000年版,第300页。
③ 同上书,第305页。

有利于进攻者的武器体系,从而可以起到管理欧洲的军备竞争和危机的作用。

四、海湾战争

1991 年的海湾战争最能体现冷战后美国构建"世界新秩序"的努力。这一战争反映了美国在战后世界的领导地位,以及为维护和促进其利益而实施的多边主义和所谓的扩大民主的政策。

1. 伊拉克对科威特的入侵

在前后持续八年的两伊战争于 1988 年结束以后,伊拉克的经济已经陷入困境,政治上也动荡不安。面对这种被动局面,伊拉克当时的领导人萨达姆决心征服邻国科威特,藉此获得其拥有的庞大财富以及蕴藏丰富的油田,以克服国内的经济危机,并平息国内的不满情绪。于是,1990 年 8 月 2 日凌晨,伊拉克对曾在两伊战争中向自己提供了 180 亿美元援助的科威特发动了突然袭击,并在 12 个小时以后基本控制了该国的全境。8 月 8 日伊拉克正式宣布合并科威特,十天以后再次颁布法令将科威特划为伊拉克的第 19 个省。

一个国家公然出兵吞并另外一个国家,这在当代国际关系史上几乎是绝无仅有的,造成了国际社会的强烈震动,并导致了美国的严重不满。这既是对美国倡导的"世界新秩序"的挑战,也是对美国在中东的利益的破坏,因为美国特别是美国的盟国严重依赖于海湾地区的石油供应。在此后四个月内,主要是在美国的推动下,联合国安理会先后通过了 12 个谴责、制裁伊拉克的决议。其中 1990 年 11 月 29 日通过的第 678 号决议规定,伊拉克必须在 1991 年 1 月 15 日以前从科威特撤军,否则联合国会员国"可以使用一切必要手段,维护和执行"安理会通过的针对伊拉克的决议,"恢复该地区的国际和平与安全"。① 在此过程中,没有一个安理会常任理事国投反对票,充分体现了美国主导下的大国合作。正是在此基础上,出现了一种空前的多边行动,100 多个国家参与了对伊拉克的经济、政治和军事制裁。

2. "沙漠盾牌"行动

与此同时,美国大规模地出兵海湾地区,对伊拉克直接施加军事压力。1990 年 8 月 7 日,即在伊拉克正式宣布兼并科威特的前一天,布什批准了针对伊拉克的代号为"沙漠盾牌"的大规模军事部署行动,以迫使伊拉克撤军,并为必要时采取军事打击行动做好准备。经过三个月紧张运输,到 11 月初,海湾地区的美军达到 24.5 万人,其中地面部队 17 万人、空军部队 3 万人,海军部队 4 万人。11 月 8 日,布什宣布,在两个月内再向海湾增兵 20 万,以使美军具有足够的威慑作用和在必要情况下采取适当的进攻性军事行动的能力。1991 年 1 月,美国在海湾地区的军队共为 53.7 万人。② 他们装备了

---

① 上海国际问题研究所:《国际形势年鉴,1991》,上海:中国大百科全书出版社上海分社 1991 年版,第 49 页。
② 上海国际问题研究所:《国际形势年鉴,1992》,上海:中国大百科全书出版社上海分社 1992 年版,第 176 页。

美国武库中的几乎所有的新式武器,包括 F－117 隐形战斗轰炸机。加上其他的 28 个国家,反伊拉克的多国部队的总兵力高达 76 万人。

然而,尽管遭受了国际社会广泛的经济和政治制裁,并面临着大规模的美军压境,萨达姆不仅没有从科威特撤军,反而在国内加紧备战。此外,萨达姆还展开宣传攻势,号召阿拉伯人展开"圣战",打击美国和本国的阿拉伯统治者。

3. "沙漠风暴"行动

在 1991 年 1 月 9 日美国和伊拉克在日内瓦举行的六个小时的谈判失败以后,海湾战争已经是箭在弦上。1 月 12 日,美国参、众两院通过决议,授权布什政府对伊拉克动武。随后,英、法议会也先后通过了类似的议案。1 月 17 日巴格达时间凌晨 2 时 30 分,美、英、法、意大利、加拿大、沙特阿拉伯和科威特的军队对伊拉克发动了攻击。半个小时以后,布什在白宫发表讲话,宣布代号为"沙漠风暴"、旨在解放科威特的战争已经打响。

历时 42 天的海湾战争分为两个阶段。在 1991 年 1 月 17 日至 2 月 23 日的长达 38 天的空袭阶段中,以美国为首的多国部队对伊拉克境内的军事目标、电力和石油系统以及科威特境内的军事目标实施了大规模轰炸,使伊拉克的军事与经济能力遭到极大摧毁,国民士气也受到严重削弱。2 月 24 日凌晨多国部队开始了为时 4 天的陆战阶段,以美、英、法、埃及、叙利亚以及海湾合作委员会六国组成的 11 国部队开始向伊拉克发起代号为"沙漠军刀"的地面进攻,伊拉克部队迅速溃败。2 月 26 日,萨达姆命令伊军退回到对科威特发动袭击之前的阵地,并宣布科威特不再是伊拉克的第 19 个省。27 日美国东部时间晚上 9 时,美国总统布什宣布,科威特已经获得解放,对伊作战的军事目标已经完成;在午夜地面作战满 100 小时以及"沙漠风暴"行动实施六周之际,所有美国和盟国部队将"中止进攻性战斗行动"。但是,他又说,盟国部队军事行动的中止是否会变成"永久性的停火",则取决于伊拉克是否接受盟国的"政治和军事条件":伊拉克必须立即释放所有盟军的战俘、第三国的国民、所有被拘禁的科威特人,向科威特通报一切被部署的地雷和水雷的位置及性质;伊拉克必须完全接受联合国安理会的所有有关决议,包括撤销兼并科威特的决定,原则上接受对其侵略行动造成的死伤和损害进行赔偿的责任。[①] 翌日,萨达姆接受了上述条件,并命令伊军停止军事行动。3 月 2 日和 4 月 7 日,联合国安理会先后通过关于伊拉克海湾战争临时停火和永久停火的第 686 号以及第 687 号决议。4 月 11 日,联合国安理会宣布,鉴于伊拉克已经同意接受第 687 号决议,海湾战争停火即日起正式生效。

在海湾战争中,以美军为主的多国部队取得了全面的胜利,伊拉克则遭到惨败。伊军死伤约 10 万人,被击溃和俘虏的更多达 50 万人;而多国部队死伤和失踪的仅有 600 余人(其中死亡 79 人,伤 213 人)。但是,海湾战争以后,美国与伊拉克的矛盾不仅没有

---

① "Address to the Nation on the Suspension of Allied Offensive Combat Operations in the Persian Gulf", <http://bushlibrary. tamu. edu/research/public_papers. php? id＝2746&year＝1991&month＝2>.

消除,反而进一步发展起来。一方面,美国进一步加强了在中东的影响,并力图实现对这一地区的完全控制,特别是彻底摧毁萨达姆领导下的伊拉克的残余力量。另一方面,尽管在海湾战争中遭到惨败,萨达姆并不甘心就此臣服于美国,一定程度上成为美国构建中东新秩序努力的绊脚石。美伊的矛盾围绕着伊拉克是否拥有大规模杀伤性武器的问题迅速尖锐化。

第二节　美国构建"世界新秩序"努力面临的挑战

虽然冷战后美国构建"世界新秩序"的努力取得了多方面的进展,但是也面临着严峻的挑战。其中主要是:美俄蜜月关系的结束和两国在一系列问题上分歧的衍生,原南斯拉夫的频繁内战,第三世界的动荡以及西欧和东亚地区主义的发展。

一、美俄关系的变化

大约从1992年下半年起,美俄关系便开始发生了变化,蜜月期逐渐结束,取而代之的是两国在一系列问题上相互猜疑和矛盾的滋生以及衍变。无论是在原南斯拉夫内战和北约东扩的问题上,还是在被美国视为"罪恶轴心"的伊拉克、伊朗和朝鲜的问题上,俄罗斯都改变了过去与美国保持一致或者无所作为的态度,采取了不同于美国的立场。

1. 美俄蜜月的结束

美俄蜜月的结束,首先是因为俄罗斯对美国的失望。这种失望的产生一方面是因为俄罗斯经济困难不断加剧和对西方援助有着过高期待,另一方面则是由于美国出于政治和经济的考虑不愿向俄罗斯提供更多的援助。

在20世纪80年代中期戈尔巴乔夫进入克里姆林宫的时候,苏联经济已经陷入了困境。事实上,这是导致苏联发生政治动荡的一个重要原因,而政治动荡又使得苏联以及后来的俄罗斯进一步陷入经济混乱。在自由主义经济学家的影响下,叶利钦领导的俄罗斯于1992年1月正式推行"休克疗法",实施价格放开、财政和货币紧缩以及大规模私有化等激进措施,谋求以此迅速完成向自由市场经济的过渡,摆脱经济困难。可是,这一做法并未取得期待中的结果,反而导致国家经济和民众生活水平的进一步下滑。在此形势下,俄罗斯自然期待西方国家尤其是美国能够增加援助,特别是财政援助。

当时华盛顿在援俄问题上则面临着多重压力。第一,冷战的结束本来就导致了美国国内新孤立主义势力的上升。它们指望享受冷战结束导致的"和平红利",要求政府减少军事开支、在海外的驻军以及对国外的援助。第二,进入20世纪90年代以后,美国经济一度陷入了衰退;1992年开始的复苏步履艰难,失业率上升,公众消费萎缩;海湾战争更是大幅加剧了联邦政府的财政赤字和经济拮据。① 第三,除了俄罗斯外,东欧国家以及原苏联的其他加盟共和国也在等待美国的援助,可谓僧多粥少。第四,虽然俄罗斯已经承诺采纳西方的政治和经济制度,它仍然是美国天然的潜在对手。因为这些原因,尽管美国领导人一再信誓旦旦地表示要加强对俄罗斯的援助,但却是口惠而实不至。西方于1992年应允的240亿美元的财政援助实际上只兑现了150亿美元,1993年允诺的434亿美元援助(含150亿美元的减免债务)更是仅仅兑现了50亿美元。而且,美国并没有像布什1992年6月许诺的那样真正给予俄罗斯最惠国待遇和帮助俄罗斯加入关贸总协定,也未努力推动巴黎统筹会放松限制向俄罗斯出口先进技术的规定。这些都使俄罗斯人感到失望。

与此同时,围绕北约东扩、西方对原南斯拉夫内战以及独联体内部冲突的干预,美俄在战略利益方面的固有矛盾也发展起来。另外,由于俄罗斯既没有成为西方大家庭平等的一员,也没有取得通向繁荣经济之门的钥匙,相反却在国际社会中沦为“二流大国”,俄罗斯国内的民族主义情绪和势力明显上升。这样,1992年下半年起,美俄蜜月期就逐渐走向结束,两国之间的矛盾和摩擦则不断增加和扩大。

2. 俄罗斯对外政策的调整

独立之初的俄罗斯以尽快融入西方“文明社会”为目标,在对外政策上明显偏向甚至讨好西方,在处理与美国的关系时尽量谋求合作和避免对抗。但是,对西方援助的失望、对北约东扩的疑虑、对传统利益的担心,促使俄罗斯逐步调整了片面倾向和依赖西方特别是美国的态度,在对外政策中采取一种较为平衡的立场,就一系列国际问题实施了更加自主、经常有别于美国的做法。当然,在较长一段时间中融入西方仍然是它的基本取向。

这一变化的征兆在1992年下半年就显现出来。当时,叶利钦表示要对俄罗斯的对外政策进行反思,实行更加自主和平衡的外交,即既面向西方也兼顾东方的所谓“双头鹰政策”。翌年4月,叶利钦政府提出了第一个重要的指导对外政策的文件《俄罗斯联邦对外政策构想的基本原则》,强调对外政策应有助于保障俄罗斯的经济利益和强国地位,为此要在注重与西方的关系的同时努力发展与其他国家的关系。1994年2月,叶利钦在首次向杜马提交的国情咨文中提出,俄罗斯要取得“世界共同体中应有的地位”,其对外政策要能促进俄罗斯的这一地位。② 这进一步显示了俄罗斯试图摆脱一味亲西方和顺从西方的倾向。1995年,叶利钦更在国情咨文中明确提出了“全方位”外交的战略概念。他说:俄罗斯“今后几年的最佳战略将是全方位伙伴关系战略”,“同美国、欧

---

① 按照1992年4月美国国防部向国会提交的最后报告,海湾战争的费用为610亿美元,但是其中的540亿美元由其他盟国贡献(海湾国家承担了360亿,日本和德国承担了180亿)。“How much did the Gulf War cost the US”, <http://people.psych.cornell.edu/~fhoran/gulf/GW_cost/GW_payments.html>。

② Bobo Ro, *Russian's Foreign Policy in the Post-Soviet Era*, New York: PALGRAVE MACMILLAN, 2003, pp. 13 - 14.

洲各国、中国、印度、日本、拉美国家以及世界各国发展关系"。① 1997 年 4 月,江泽民访问俄罗斯时与叶利钦发表了中俄《关于世界多极化和建立国际新秩序的联合声明》,其中指出:"各国有权根据本国国情、独立自主地选择其发展道路,别国不应干涉";"任何国家都不应谋求霸权,推行强权政治,垄断国际事务";"必须以和平方式解决国家之间的分歧或争端,不诉诸武力或以武力相威胁";"广大发展中国家和不结盟运动是促进世界多极化、建立国际新秩序的重要力量"。② 显然,这样一些内容主要都是针对美国的。它们表明,俄罗斯的对外政策已经从对西方的一边倒发展为以西为重、注重平衡再到强调独立自主和俄罗斯的大国地位了。

在调整对外战略以及对美政策的过程中,俄罗斯与其他国家的关系也出现了变化。在 1992—1993 年间,叶利钦不仅加强了与独联体国家的联系,还出访了中国和其他一些亚太国家以及东欧国家。在 20 世纪 90 年代的中后期,俄罗斯进一步发展了和中国、古巴等发展中国家以及其他非西方国家的关系,并在原南斯拉夫的问题上日益表现出与美国不同的立场。就是对于被美国视为"罪恶轴心"的伊拉克、伊朗和朝鲜,俄罗斯也改变了过去与美国保持一致或者无所作为的态度,显示了自己的独立性。在伊朗问题上,俄罗斯不顾美国的反对坚持向其出售核反应堆;在伊拉克问题上,俄罗斯认为巴格达已经满足了安理会关于核查其境内的大规模杀伤性武器的要求,应该放松对它的经济制裁特别是对其石油出口的禁止。俄罗斯还不顾美国的压力,发展同古巴、南联盟的传统贸易关系。当然,最突出的表现还是俄罗斯在北约东扩的问题上采取了比较坚定的反对态度。

3. 俄罗斯对北约东扩的反对

在东扩问题被正式提上北约的议事日程后,俄罗斯的立场一直是,除非俄罗斯能够参加北约,否则北约不应当吸收其他东欧国家。但是,北约又无意接受俄罗斯的加入,这样俄罗斯就对北约东扩采取反对和阻挠的立场。1993 年 9 月,叶利钦分别致函美、英、法、德四国领导人强调指出,俄罗斯必须在未来的欧洲安全中具有核心作用,北约在尚未接受俄罗斯的情况下吸收波兰和捷克的做法是不可接受的。一个多月后,叶利钦主持召开了俄联邦安全会议,正式批准了《俄罗斯联邦军事学说的基本原则》。据此文件,俄实际上声称,如果加入北约的东欧国家或者单独地或者"同拥有核武器的国家共同采取行动",对俄罗斯联邦或其盟国发动"武装进攻",俄将放弃苏联曾在 1982 年作出的"不首先使用核武器"的承诺,③以此对北约施加压力。

在此情况下,根据美国的建议,1994 年 1 月,北约布鲁塞尔首脑会议在肯定继续推进东扩计划的同时决定暂时放缓实行这一计划的步伐,转而实施"和平伙伴关系计划"。尽管俄罗斯最终加入了这一计划。但它反对北约东扩的立场并未发生改变。1996 年 3

① 上海国际问题研究所:《国际形势年鉴,1996》,上海:上海教育出版社 1996 年版,第 370 页。
② "中俄关于世界多极化和建立国际新秩序的联合声明",<http://news. xinhuanet. com/ziliao/2002 - 09/30/content_581524. htm>。
③ 上海国际问题研究所:《国际形势年鉴,1994》,上海:中国大百科全书出版社上海分社 1994 年版,第 353 页。

月下旬,叶利钦在访问挪威时明确指出:"近年欧洲仍存在着出现新的分界线的危险,其中包括出现对峙的危险。这种危险同扩大北约的计划有关";俄罗斯"过去反对、现在反对、将来也反对北约东扩"。不久,他在接见美国《时代》周刊的记者时说,北约东扩不仅会使欧洲地图上出现一道新的分界线,而且会在人们的心头上划上一道深深的伤痕。① 为了阻止和对抗北约东扩,俄罗斯还直接对以美国为首的西方国家施加军事压力。1996 年 6 月,叶利钦发表了《总统国家安全咨文》,强调了军事力量特别是核武器的作用。

与此同时,俄罗斯还试图通过提出其他一些计划来削弱北约东扩会对俄罗斯安全造成的消极作用。1994 年 5 月底,它提出了建立新的欧洲安全体系的建议。根据这一建议,北约、前华约成员国和独联体将作为三个平等的实体被置于欧安会的协调之下;在欧安会中建立欧洲安全理事会,美、俄、欧盟为拥有否决权的常任理事国;并设立欧安会执行机构和以北约、俄罗斯为主的军事力量。这些建议无疑是要将欧安会变成一个小联合国,而俄罗斯在其中享有特殊权力,从而遭到了美国的反对。1995 年,俄罗斯又为北约东扩提出了"法国模式",即中东欧国家虽然加入了北约,但是像 20 世纪 60 年代中期以后的法国一样不参加其一体化的军事机构。1996 年 1 月,俄罗斯还提出了"民主德国模式",即北约不得在新加入北约的中东欧国家建立军事基地、部署军队和核武器,也就是北约的军队不得接近俄罗斯的边界。1996 年 7 月,在克林顿出于竞选的需要加紧推行北约东扩的计划时,叶利钦又在给克林顿的信中提出了"有限扩大计划",即北约可以扩大,但波罗的海三国除外,否则将是对俄罗斯国家利益的直接挑衅。此外,俄罗斯还一再强调北约在东扩的问题上要同俄保持对话,以达成双方都可以接受的行为准则。

在 1996 年底北约外长会议宣布来年 7 月北约首脑将在马德里决定首批接纳的成员国名单后,1997 年 3 月下旬,刚刚进行过心脏手术的叶利钦在赫尔辛基会晤克林顿时依然声称,北约坚持东扩是西方在冷战后所犯的最大错误,俄罗斯坚决反对。但是,在形势无法逆转的情况下,俄罗斯尽力从西方取得某些补偿,包括 5 月下旬叶利钦与北约 16 国总统以及北约秘书长签署了《俄罗斯联邦和北约相互关系、合作与安全基本文件》。在这一文件中,双方宣称,为了加强相互信任与合作,它们将建立磋商与合作机制以及俄罗斯和北约常设理事会。与此同时,北约承诺"不打算也没有计划或理由在新成员国的领土上部署核武器,没有必要改变北约核力量配置或是改变北约的核政策,将来也没有必要这样做"。② 这样,美国就部分认可了俄罗斯同意北约东扩的条件,俄罗斯实际上也接受了北约必然实施东扩的现实。然而,俄罗斯对北约东扩所怀的不满和疑虑始终没有消除。事实上这也是后来俄罗斯日益强调独立自主的一个重要原因。在 1999 年北约实现第一次东扩后,莫斯科不断指责这是美国在挤压俄罗斯的战略空间和

① 方连庆等:《国际关系史》第十二卷(1990—1999),北京:世界知识出版社 2006 年版,第 285 页。
② 上海国际问题研究所:《国际形势年鉴,1998》,上海:上海教育出版社 1998 年版,第 358、360、363 页。

谋取自己的地缘政治优势。

二、南斯拉夫内战

通常所说的南斯拉夫实际是指南斯拉夫社会主义联邦共和国(南联邦)。其解体伴随着组成联邦的六个共和国之间和内部的频繁激烈的内战。这对美国谋划建立的"世界新秩序"造成了又一个严重挑战。

1. 南斯拉夫的解体

与东欧其他国家的情况不同,南联邦在 1990 年前后的东欧剧变中受到的强大冲击主要是来自各共和国及其内部的民族分离主义,最后因此分崩离析。这在一定程度上与原苏联有些相像。

1980 年铁托去世后,南联邦面临着空前加剧的政治经济危机,这一危机又与固有的民族矛盾交织在一起,因而格外复杂。1989 年 10 月,南联邦的执政党南斯拉夫共产主义者联盟(南共联盟)在中央全会上通过了《政治体制改革提纲》,决定将多党制引入国家政治生活。随后,南联邦议会通过《政治结社法》,正式实行多党制。于是,一方面南联邦在短时间中就涌现了数百个政党和组织。它们要求从宪法中取消关于南共联盟是"思想上和政治上有组织的引导力量"的规定,撤销南共联盟在企业、机关、军队中的组织,实现"企业非政治化"、"政府非政党化"以及"军队国家化"。另一方面,南共联盟内部分离主义势力变得十分活跃。1990 年 1 月,斯洛文尼亚共产主义者联盟退出了正在召开的南共联盟非常代表大会。导致了会议的中止;2 月它更是宣布独立,并改名为斯洛文尼亚共盟-民主复兴党。此后,南共联盟主席团多次提出召开非常代表大会的续会,主张将南共联盟建设成实现民主社会主义、自治平等、保证南联邦的独立和完整的全南斯拉夫性的政党。但是,各共和国的共盟坚持独立开展活动,并纷纷改名,导致南共联盟在 1991 年初正式分裂。

与此同时,各共和国自己宣布实行多党制,并举行自由选举。从 1991 年 6 月到 1992 年 3 月,斯洛文尼亚、克罗地亚、马其顿和波斯尼亚-黑塞哥维那(波黑)等共和国先后宣布独立。塞尔维亚和黑山两个共和国则在 1992 年 4 月组成南斯拉夫联盟共和国(南联盟),自称是南斯拉夫社会主义联邦共和国的"合法继承者"。至此原南斯拉夫彻底解体。但是,在各共和国成立的过程中,它们纷纷陷入了内战或彼此的战争之中,西方国家则趁机卷入。其中,除了斯洛文尼亚和克罗地亚发生的战事外,波黑战争和科索沃战争尤为惨烈。

2. 波黑战争

作为六个共和国之一的波黑地处南联邦的中部,其居民主要为信奉伊斯兰教的穆斯林(通常被称为穆族,其血统和语言实际上仍属于塞尔维亚-克罗地亚这一斯拉夫族系)、信奉天主教的克罗地亚族以及信奉东正教的塞尔维亚族,他们分别占波黑总人口的大约 40%、10% 和 30%。由于历史和宗教的原因,这三个族群的关系一直比较复杂,有时甚至矛盾尖锐。在南斯拉夫逐步走向解体的过程中,1992 年 3 月初,波黑议会不顾塞族议员的抵制强行宣布独立,而塞族反对接受任何享有独立国家地位的波黑。3月 18 日,波黑三族就波黑前途达成协议。其主要内容是,宣布波黑是"由建立在民族原则基础上的三个构成单位组成的世俗主权国家",即在维持波黑领土完整的前提下,将波黑划分成三个不同的民族区域,采用西方的政治制度,实行民族平等、自治和政教分离。① 该协议似乎表明塞族接受了波黑的独立,但是实际上这一问题并未真正得到解决。随后出现的外部因素更是使得波黑内部的冲突激烈化。4 月上旬,欧盟和美国先后宣布承认波黑独立,这无异于对塞族施加压力。塞族立即作出强烈反应,宣布成立独立于波黑但又留在南联邦内的"塞尔维亚波黑共和国"。穆族和克族自然不能接受这一做法,于是波黑内部出现了混战。最初是穆、克两族携手对付塞族,后来随着克族也宣布独立变成了塞、克联手对付穆族,最后又是穆、克两族组成穆-克联邦共同对付塞族。它们分别得到了克罗地亚当局和塞尔维亚当局的支持。所以,波黑战争不仅是波黑的一场内战,也是原南联邦的三个共和国(塞尔维亚、波黑和克罗地亚)之间的一场战争。

北约和美国始终介入了波黑战争。1994 年 6 月,由美、英、法、德、俄组成的"五国联络小组"曾拟订了一份波黑分治的计划,但是它未能在塞族全民公决中获得通过。于是,1995 年 8—9 月间,不顾俄罗斯的谴责与反对,北约对塞族实施了为期三周的空中打击。除了军事设施外,塞族的许多民用设施也成为空袭目标,数百人死于非命或受伤。与此同时,穆族和克族则攻占了原为塞族控制的大片领土。美国遂利用塞族所处的不利地位在交战各方之间进行调停。11 月 1 日,波黑和平会议在美国俄亥俄州代顿空军基地举行,塞尔维亚、波黑和克罗地亚的总统参加了会谈。二十天后,各方达成并草签了《波黑和平总的框架协议》,即《代顿协议》。根据这一协议,波黑将是一个在现有边界内拥有两个实体的国家,穆-克联邦控制 51% 的领土,塞尔维亚共和国控制 49% 的领土。12 月中,上述三国领导人在巴黎总统府正式签署了这一条约,组成五国联络小组的各国领导人也作为证人签了字,波黑战争遂告结束。年底,北约多国部队进驻波黑,开始其维和使命。

从 1992 年 4 月到 1995 年底,波黑战争前后持续近四年,是第二次世界大战后在欧洲发生的规模最大的一次局部战争。一方面,它给当地各族人民带来了巨大的灾难,造成了约 28 万人的死亡,200 余万人沦为难民(约占波黑人口的一半),直接财产损失约800 亿美元,间接经济损失则难以统计。② 另一方面,波黑战争也是北约扩大自身使命的一次试验:它先是在一个非北约地区采取了军事行动,然后又在这个地区代替联合国承担了维和任务。此外,波黑战争的曲折进程以及代顿协议的最终签署,既表明在后冷战时期美国地位得到了加强,又体现了美国建立"世界新秩序"努力遭受的挫折。它虽然成功地插足巴尔干,但是耗费了大量的财力和物力,并且遇到了来自当地塞族以及

① 　上海国际问题研究所:《国际形势年鉴,1993》,上海:中国大百科全书出版社上海分社 1993 年版,第 90 页。
② 　上海国际问题研究所:《国际形势年鉴,1996》,上海:上海教育出版社 1996 年版,第 113 页。

俄罗斯等国的抵制与反对。

3. 科索沃战争

波黑战争结束后不久,原南联邦以及后来的南联盟的塞尔维亚共和国又因为科索沃问题陷入了内战。

科索沃是塞尔维亚共和国境内的一个自治省,其居民 90% 是阿尔巴尼亚族,有着强烈的分离主义倾向。1989 年 2 月,为了压制阿族的民族主义运动,当时的塞尔维亚领导人宣布取消科索沃的自治省地位,因而进一步激发了阿族的对抗情绪,使阿族与塞族的冲突趋向激烈化。进入 20 世纪 90 年代以后,在南联邦解体的过程中,阿族的分离主义运动进一步发展,在 1991—1992 年间自行成立了“科索沃共和国”,组成了议会和行政机构,选举了总统,成为塞尔维亚共和国的国中之国。在波黑战争结束之后,双方的对立变得更加尖锐。一方面,阿族从波黑穆族和克族的胜利中获得了鼓励。1996年,阿族激进分子成立了武装组织“科索沃解放军”,为实现分离的目标集中运用暴力。另一方面,以米洛舍维奇为首的塞尔维亚当局不仅从波黑塞族的受挫中获得了教训,而且从波黑战争中解脱出来,对阿族人的分离主义运动采取了强硬镇压措施。在此背景下;从 1997 年起,科索沃的阿族人和塞族人的流血冲突频频发生;1998 年 2 月底,科索沃的形势更是进入一种危机状态。5 月中旬,已经成为南联盟总统的米洛舍维奇与科索沃阿族领导人举行了首次会谈,但危机却在逐渐失去控制。“科索沃解放军”频繁袭击塞尔维亚军警,而后者也加强了对阿族武装力量的打击。

在科索沃危机中,北约与美国采取了明显偏袒阿族的立场。1998 年 6 月中,北约在塞尔维亚周围地区举行了代号为“猎鹰”的联合空中军事演习,并扬言要对塞尔维亚实行军事打击。9 月 22 日,在西方国家的推动下,联合国安理会通过了第 1199 号决议,呼吁科索沃各方“立即停止敌对行动”并“开展有意义的对话”,以便用和平方式解决争端;要求南联盟采取有利于危机的和平解决的措施。① 10 月 7 日,北约和美国分别发出威胁称,如果塞尔维亚不能彻底履行联合国决议,北约将对其进行空中打击。10 月 13 日,北约秘书长索拉纳进一步宣布,如果塞尔维亚在随后 96 个小时之内仍然拒绝执行联合国安理会的有关决议,北约将对南联盟实施有限空袭和分阶段空中打击。在此压力下,同日米洛舍维奇与美国特使霍尔布鲁克达成和平解决科索沃问题的协议,南联盟承诺全面执行联合国安理会第 1199 号决议,并同意从科索沃撤出其军队和特种警察部队,由欧安组织派遣国际观察员进驻该地区。它还同意九个月内在科索沃进行自由选举,组成地方政府、议会以及地方警察力量。② 但是,阿族武装力量拒绝了这一协议,与塞族警察依然交火不断。特别是在 1999 年 1 月 19 日,双方于科索沃首府南部的一个小山村拉察克(Racak)发生了一次大规模冲突,导致大量人员伤亡。北约国家为此对南联盟进行了片面的指责,试图以武力逼迫南联盟对科索沃的分离主义势力作出让

① “第 1199(1998)号决议”,<http://www.un.org/zh/sc/documents/resolutions/98/s1199.htm>。
② 上海国际问题研究所:《国际形势年鉴,1999》,上海:上海教育出版社 1999 年版,第 209 页。

步。与此同时,由西方五国(美、英、法、德、意)和俄罗斯组成的"六国联络小组"召集南联盟和科索沃阿族代表在巴黎附近的朗布依埃举行了会谈,并提出了它们草拟的《科索沃和平与自治临时协议》。根据这一协议,在南联盟的领土完整得到维护的同时,塞尔维亚共和国将给予科索沃阿族以"实质性"的自治;南联盟军队将撤出科索沃,由北约进入该地区实施维和"使命"。协议还规定了一个三年的过渡期,以寻求最终解决问题的办法。最初冲突双方均不愿意接受这一协议的内容。南联盟表示绝不会放弃科索沃,既不同意其独立,也不同意其升格为联盟内一共和国。阿族代表则要求协议明确规定三年临时自治到期后在科索沃举行全民公决来决定其地位,并拒绝交出武装。但是,在西方国家的劝说下,3月18日阿族代表在协议上签了字。于是,3月24日,索拉纳宣布将对依然拒绝签字的南联盟进行空中打击。当日晚上(当地时间),北约军队对南联盟发动了代号为"盟军力量行动"的首次大规模空袭。这是北约在成立半个世纪以来第一次对一个主权国家进行的轰炸。

在此后两个多月中遭受了狂轰滥炸的情况下,1999年6月3日,南联盟政府宣布正式接受俄罗斯总统特使切尔诺梅尔金、芬兰总统阿赫蒂萨里和美国副国务卿塔尔伯特联合提出的和平协议。在此基础之上,6月8日,西方七国(美、英、法、德、意、日本和加拿大)以及俄罗斯的外长就一项提交安理会审议的政治解决科索沃危机的和平草案达成了协议。10日,南联盟军警部队开始撤出科索沃,北约秘书长索拉纳则宣布停止对南联盟的轰炸,科索沃战争终告结束。同日联合国安理会通过了上述八国共同提交的关于科索沃问题决议草案,即第1244号决议。它规定,南联盟"应立即并可核实地停止在科索沃的暴力和镇压行为,按照一个快速的时间表开始并完成可核实的分阶段从科索沃撤出所有军队、警察和准军事部队的工作";"科索沃解放军"和其他阿族武装应"立即终止一切进攻行动"并实行"非军事化";在承认南联盟的"主权和领土完整"的同时在科索沃实行"高度自治和自我管理";决定在科索沃部署国际民事和安全力量,"酌情配备适当的装备和人员";按照《朗布依埃协定》及其他有关文件促进科索沃问题的政治解决。① 在此决议通过之后,由北约、俄罗斯和其他一些欧洲国家军队组成的国际维和部队即开始陆续进入科索沃。

从1999年3月24日北约开始对南联盟实施轰炸到6月10日停止轰炸,科索沃战争共持续了78天,对南联盟造成了巨大伤害。一方面,它遭受了重大的人员和物质损失。在这次双方实力悬殊的战争中,北约使用了B-2隐形轰炸机、F-117隐形战斗轰炸机、巡航导弹和激光制导炸弹等大量高科技先进武器,对南联盟境内的军事目标、基础设施甚至民用建筑进行了狂轰滥炸,使其70%电力系统受到严重损害,约2 000名平民和数百名军人丧生,6 000多人受伤,近100万人沦为难民。② 另一方面,战争事实上使南联盟的主权和领土完整遭到严重破坏,不仅迫使它从科索沃撤出了军警部队,而且

---

① "第1244(1999)号决议",<http://www.un.org/zh/sc/documents/resolutions/99/s1244.htm>。
② 上海国际问题研究所:《国际形势年鉴,2000》,上海:上海教育出版社2000年版,第225页。

放弃了对这一地区的行政管理权力。科索沃战争在国际上也造成了巨大的影响。第一,北约不仅介入了一个主权国家的内部冲突而且大规模对之使用武力,这一事实表明其性质发生了重要转变,从保护成员国的安全扩大到了在成员国领土范围之外采取进攻性行动。第二,在科索沃战争中,联合国及其安理会完全被置于一种从属地位,在国际安全事务中的权威性遭到明显削弱。第三,以美国为首的西方国家通过这一战争打击了俄罗斯在巴尔干的传统地位,从而进一步激起了俄罗斯的民族主义情绪,加深了美俄矛盾。第四,美国虽然与其盟友一起最终取得了科索沃战争的军事胜利,但是它也表明,即使在欧洲,其建立"世界新秩序"的目标也无法顺利实现。

三、在第三世界地区遇到的挑战

冷战结束后初期美国实施"世界新秩序"计划的努力在第三世界同样遇到了挫折。非洲的族群对立和冲突、海地的动乱以及亚洲一些国家的核扩散计划,都对布什政府以及后来的克林顿政府形成了挑战。

1. 非洲的族群对立和冲突

冷战的结束也影响到了非洲。一方面,原苏联及俄罗斯从其在该大陆的传统势力范围的迅速退出,为美国加强在这一地区的地位和构筑它所希望的地区秩序创造了条件。另一方面,新出现的多党制和民主化潮流与非洲各种固有的矛盾交织在一起,造成了非洲国家内部以及相互之间冲突的增加,对美国构建"世界新秩序"的企图形成了挑战。这种国内以及国际间的冲突可以因领土、宗教、族群、政治、经济等矛盾而引起,而族群矛盾尤为突出,并且经常构成了其他矛盾的基础。

非洲的族群问题本来就特别复杂。非洲是人类的发源地之一。但是,因为特殊的历史、地理和气候的原因,形成了数百个相互之间缺乏联系的族群,比较大的有近 100 个(其中人口达到 1 000 万或以上的仅有 10 多个),不少族群只比部落社会大一点。

众多的族群自然容易产生矛盾和冲突,而欧洲殖民主义的政策则起到了极为关键的推动作用。一方面,由于奉行先下手为强的掠夺原则以及对非洲社会和历史的无知,在划分殖民地疆界时,西方列强往往将具有不同语言、宗教和风俗而且长期对立的族群置于同一殖民地内,同时又将同一族群强行划归不同殖民地。这样就造成了非洲族群地理的复杂性。另一方面,为了在殖民地建立牢固统治,西方列强往往采取分而治之的统治政策,挑动或强化不同族群之间的矛盾和冲突。

正是在上述背景下,近几十年来,非洲一直是世界上战乱不止的地区之一,是国际社会长期关注的"热点"之一。据不完全统计,自 20 世纪 60 年代起,非洲先后经历了30 多场战争与冲突,造成大约 700 万人丧生,经济损失高达 2 500 多亿美元。冷战结束以后,族群冲突更趋激烈,除了出现了令世界震惊的索马里内战和卢旺达的族群大屠杀外,东非的苏丹和乌干达、西非的尼日利亚和象牙海岸、中非的布隆迪、南非的津巴布韦和纳米比亚,也都发生了相当激烈的族群冲突。此外,在西非的安哥拉和塞拉利昂、中非的刚果民主共和国等国的内战中,族群冲突虽然不是主要因素,也是重要因素之一。

位于非洲之角的索马里是冷战后非洲的一个缩影。由于部族间的冲突和要求实现多党制的权力斗争,再加上百年未遇的旱灾,在1991—1992年之交该国陷入了军阀混战的局面,使人民陷入了巨大的灾难,有30万平民名丧生,100多万人离乡背井,逃亡邻国避难,造成了"世界上最严重的人类惨剧"。① 为此,1992年1月,联合国安理会决定对索马里实施武器禁运,并邀请索马里主要军阀派系领导人到纽约进行谈判。但是,他们虽然签署了停战保证书,却并未认真履行所达成的协议。与此同时,因为美国的阻挠,联合国也未能及时向索马里派出维和部队。这样,直到1992年年中,索马里的形势依然未能得到改观。

1992年8月,出于在非洲建立新秩序的需要,美国政府终于转而采取更为积极的措施应对索马里局势,除同意以美国空军力量支援联合国的人道主义行动外,还派出500名美国军人参加联合国维和部队。12月初,美国又支持联合国安理会通过了决定向索马里再派遣一支多国维和部队的第794号决议,"以便为索马里境内的人道主义救济行动尽快建立安全的环境"。② 美国向这支最多时达3.6万人的多国部队提供了2.8万人,构成了其主要的成分。12月9日,美军在索马里登陆。这既是冷战后联合国在非洲实施的最大规模的军事行动,也是美国在历史上首次对非洲采取的直接军事行动。

由于国际压力,索马里的形势一度出现了好转。1992年12月12日,索马里的两个主要派别迈赫迪派和艾迪德派宣布停火,并表示支持联合国决议。翌年1月中,索马里全国15个武装派别达成停火协议。3月底,它们又在联合国和埃塞俄比亚的调停下达成了《亚的斯亚贝巴和平协议》。各方承诺,在90天内解除武装,共组联合过渡政府和过渡全国委员会;在两年过渡期内实现民族和解及重建基础设施和民主机构。③

但是,协议墨迹未干,即遭到拥兵自重的艾迪德派的破坏。它指责联合国干涉索马里内政并偏袒其他派别,并在此后几个月中一再与以美国为主的多国维和部队发生冲突。1993年10月3日,在摩加迪沙发生的激战中,执行抓捕行动的美军的两架直升机被击落,18人被打死,78人受伤,1人被俘。10月4日下午,美国的电视屏幕反复播出了索马里人用绳子拖着美国军人的尸体游街示众的画面,引起了极大震动,索马里因而被称为"第二个越南"。在此形势下,上台还不到一年的克林顿被迫转变政策,声称"现在是将索马里事务交由索马里人民自己解决的时候了",决定在1994年3月底以前从联合国在索马里的多国部队撤出美国军事力量。④ 其他西方国家也纷纷仿效。到1994年底,所有联合国的维和部队都撤出了索马里,联合国的维和行动事实上宣告失败。这一位于非洲之角的国家再次陷入军阀武装的混战之中。

与索马里内战同时发生的还有大湖地区的动荡。这里的大湖地区是指非洲中部的

① 上海国际问题研究所:《国际形势年鉴,1993》,上海:中国大百科全书出版社上海分社1993年版,第166页。
② "第794(1992)号决议",<http://www.un.org/zh/documents/view_doc.asp?symbol=S/RES/794(1992)>。
③ 方连庆等:《国际关系史》第十二卷(1990—1999),北京:世界知识出版社2006年版,第424页。
④ 上海国际问题研究所:《国际形势年鉴,1994》,上海:中国大百科全书出版社上海分社1994年版,第172页。

处于基伍湖和坦噶尼喀湖附近的布隆迪、扎伊尔和卢旺达三国。在 20 世纪 90 年代,它们陷入了大规模的内乱和部族冲突之中,造成了严重的人道主义灾难。而且,这些国家、特别是扎伊尔和卢旺达的动乱又是相互联系在一起的。

扎伊尔的动乱主要产生于其总统蒙博托在国内长期实行的独裁统治以及贪污腐败。尽管冷战期间他可以利用美国的支持维持权力,冷战结束以后却失去了存在价值并且成为美国在非洲推行的"民主化"运动的靶子。1991 年 9 月,扎伊尔爆发了社会大动乱,随后几年整个国家陷入深刻的危机之中,震荡不安。

卢旺达的动乱则主要产生于国内的图西族和胡图族之间的族群大仇杀。自 1962 年独立以来,这两个族群就冲突不断,许多图西族人被迫迁移到扎伊尔。1994 年 4 月,以当时的总统所乘飞机在首都上空遭袭遇难为导火线,主要由胡图族组成的政府军和图西族反政府武装"爱国阵线"之间发生了大规模的暴力冲突以及族群仇杀。在两个月的时间中,50 多万人被杀害,200 多万人沦为难民,逃往扎伊尔、乌干达等邻国。同年 7 月,"爱国阵线"占领了首都基加利并建立了政府。由于担心遭到新政权的迫害,170 万卢旺达胡图族人涌入扎伊尔,在蒙博托政权的支持下准备打回卢旺达。

与此同时,因为蒙博托政权拒绝承认其境内的图西族移民拥有扎伊尔国籍并要将其驱逐出境,在卢旺达"爱国阵线"政府的支持下,进入扎伊尔境内的图西族人大量加入了活跃在扎伊尔南部的由卡比拉率领的反政府武装,使得其力量在短短几个月中就从 3 000 人迅速增加到 10 多万人。1996 年 10 月卡比拉游击队向蒙博托政权发起了大规模攻击,并在次年 5 月攻占了首都金沙萨,将扎伊尔共和国改名为刚果民主共和国,即刚果(金)。在此过程中,卢旺达军队直接参与了卡比拉的军事行动。

但是,不久卡比拉又和卢旺达"爱国阵线"政府以及境内的图西族支持者发生了冲突。由于担心其势力过大从而喧宾夺主,他要求卢旺达军队撤出刚果(金),并不断撤换军队中的图西族军官。1998 年 8 月,卢旺达政府从刚果(金)撤出了其军队,但是又和乌干达一起支持了刚果(金)的反对卡比拉政权的力量。刚果(金)再次陷入了内战,直到 20 世纪结束才出现和平的曙光。刚果(金)的长期内战产生了严重的后果。一方面,它导致了万余人死亡,100 万人无家可归,20 万人流落国外。另一方面,由于卢旺达、乌干达、安哥拉等多个邻近国家的介入,刚果(金)内战逐步溢出,导致了大湖地区的动荡。

2. 海地的动乱

海地位于拉丁美洲加勒比海北部,是一个以黑人居民为主的岛国。就是这样一个与美国相隔不远、经济上严重依赖美国的国家,在冷战后的初期也发生了严重动乱,对华盛顿构建"世界新秩序"的努力制造了障碍。

海地长时期实行专制统治或军人统治,直到 1990 年才产生了民选总统阿里斯蒂德。但是,翌年 9 月海地武装部队总司令塞德拉斯即发动军事政变,推翻了民选政权,迫使阿里斯蒂德流亡国外。为此,在美国的推动下,联合国和美洲国家组织先后对海地实行了政治和经济制裁。面对强大的国际社会压力,1993 年 7 月塞德拉斯被迫和阿里斯蒂德在纽约附近签署了《加弗纳斯岛协定》,允诺恢复海地宪法秩序并让后者在 10 月回国复职。9月联合国向海地派出了特派团,以协助执行这一协议。

但是塞德拉斯很快就改变态度,阻挠加弗纳斯岛协定的执行和联合国海地特派团的工作。在此情况下,1994年5月上旬联合国安理会通过第917号决议,除要求海地各方进行充分合作以结束海地的政治危机外,并决定联合国所有成员国"应立即拒绝允许预定在海地境内降落或从海地境内起飞的任何飞机在其境内起飞、降落或飞越",防止海地军方人员及其直系亲属"进入其领土",并"冻结"属于他们的"资金和财政资源"。① 6月底安理会又通过了第933号决议,决定延长联合国海地特派团的使命。但是,海地军方不仅不思悔改,反而宣布特派团为"不受欢迎的人",限期离境。联合国与海地军政府的矛盾因而进一步激化。

1994年7月31日,联合国安理会又通过第940号决议,授权成员国组成多国部队,"使用一切必要手段"促使海地军方领导人"离开海地",推动"合法当选总统立即返国和恢复海地政府合法主管当局",以建立和保持安全与稳定的环境,实施《加弗纳斯岛协定》。② 克林顿政府随即在加勒比海地区组织了多国部队围困海地。9月中旬,它一方面向海地军政府发出不惜军事介入的最后通牒;另一方面,又支持美国前总统卡特出面到海地进行调停。通过这种软硬兼施的手法,美国与海地军政府终于达成"和平协议"。根据协议,美国军队迅速"和平进驻"海地首都太子港,控制了机场和港口。10月中旬,塞德拉斯离开海地流亡巴拿马国,阿里斯蒂德则在美国国务卿克里斯托弗陪同下返回海地执政。克林顿政府和联合国还先后宣布解除对海地的经济制裁和禁运。12月1日,美国又宣布撤出其2.1万名驻海地官兵中的三分之一,并承诺在1996年2月底前撤出所有剩余人员。此后,海地难民陆续返回家园,长达四年之久的海地动乱终于告一段落。

3. 亚洲的核问题

与非洲的内战、海地的内乱不同,冷战后的最初十年,在亚洲对美国的"世界新秩序"形成挑战的是印度、巴基斯坦、朝鲜、伊朗、伊拉克等国进行的核扩散活动。印巴公开进行了核爆炸试验,朝鲜、伊朗和伊拉克则被怀疑正在秘密开发核武器。

印度的核武器计划可以追溯到20世纪50年代,而在60年代中期则真正开始了运转。1974年5月,拒绝在核不扩散条约上签字的印度首次进行了所谓的"和平核爆炸"试验,这种爆炸的实质与核武器爆炸试验并无差别,从而引发了国际社会的强烈不满。但是印度并未停止自己的努力。1985年年中,随着印度和巴基斯坦关系的紧张,当时的印度总理在访问巴黎时暗示,他的国家已经造出了核武器的元件,如果需要可以利用这些元件迅速装配出核武器。1998年5月11日和13日,印度密集进行了两轮五次核爆炸试验。在第一轮核试验的次日,其总理瓦杰帕伊在给西方七国和俄罗斯领导人的

① "第917(1994)号决议",<http://www.un.org/zh/sc/documents/resolutions/94/s917.htm>。
② "第940(1994)号决议",<http://www.un.org/zh/sc/documents/resolutions/94/s940.htm>。

信中以中国的"威胁"为印度的核爆炸进行了辩解,①并指责中国在核和导弹方面向巴基斯坦提供了援助。此外,印度政府还辩称,这些核试验都是完全密封的地下核爆炸,并未向大气层泄漏放射性物质。尽管如此,此举仍然对国际社会的核不扩散事业造成了严重的破坏,并直接导致了巴基斯坦的仿效。

巴基斯坦的核武器计划开始于 1971 年的印巴战争以后。在这场战争中,它遭受了严重的挫折。印度在 1974 年的核爆炸试验更是为此提供了新的动力。20 世纪 80 年代中期,它终于生产出武器级的高浓度的铀,获得了一枚原子弹所需的其他元件,并就其非核部分进行了两次试验。作为对印度核试验的回应,巴基斯坦声称也在 1998 年 5 月 28 日和 30 日进行了两轮六次地下核爆炸试验。

在核不扩散已经成为一种国际规范的情况下,印度和巴基斯坦的核爆炸试验在世界引起了强烈反响。美国也迅速作出了反应。5 月 11 日印度进行了第一轮核爆炸试验后,克林顿即决定要对印度进行制裁。5 月 13 日,在印度又进行了两轮核爆炸以后,正在访问德国的克林顿正式宣布了制裁印度的措施,包括停止对印度的一切援助(涉及食品的人道主义援助除外),终止美国官方向印度政府提供的一切贷款和其他财政援助,禁止美国银行向印度政府提供任何贷款(用于购买食品或农产品的部分除外),禁止向印度出口某些与防务有关的材料和技术,结束美国给予印度的信贷和信贷保证。美国并宣布反对世界银行、国际货币基金组织向印度提供贷款。② 同日他还在波茨坦的记者招待会上说,印度的核爆炸实验是"毫无道理的","极为令人失望",在南亚"造成了新的危险动荡",需要美国作出"明确的反应"。③ 在美国的推动下,日本和绝大多数其他西方国家也对印度进行了程度不同的谴责和实施了程度不同的制裁措施。在巴基斯坦进行了核试验后,国际社会对它采取了类似的态度。经过数轮磋商后,1998 年 6 月 6 日联合国安理会一致通过 1172 号决议,对印度和巴基斯坦的核试验进行了"谴责","要求"它们"不再进行核试验",并"促请"它们"作出最大限度的克制",不要采取"威胁性的军事调动、越界侵犯行为或其他挑衅行为,以便防止局势恶化"。④

朝鲜和伊朗则属于另外一种情况。按照西方的材料,20 世纪 70 年代末,朝鲜也开始了发展核武器的努力。1987 年,在距平壤不到 100 公里的宁边建立的大型研究反应堆投入运转。此后不久,同样建在宁边的后处理工厂也启动运行,从而获得了从反应堆用过的核材料中离析钚的能力。而且,虽然朝鲜在 1985 年即已签署了《不扩散核武器条约》,但直到 1992 年 1 月才与国际原子能机构签订了允许对其境内的核设施进行核查的保障协定,并提交了有关它的核材料与核设施的第一份报告书。

---

① 上海国际问题研究所:《国际形势年鉴,1999》,上海:上海教育出版社 1999 年版,第 122 页。
② "U. S. Responds With Penalties, Persuasion" by Dan Balz and William Drozdiak, ＜ http://www. washingtonpost. com/wp-srv/inatl/longterm/southasia＞.
③ "Transcript：Clinton, Kohl Statements in Potsdam May 13, 1998", ＜http://www. usembassy-israel. org. il/ publish/press/whouse/archiv...＞.
④ "第 1172(1998)号决议",＜http://www. un. org/zh/sc/documents/resolutions/98/s1172. htm＞。但是,此后不久克林顿政府就缓解了对印度的制裁。

在 1992 年 5 月到 1993 年 1 月,国际原子能机构对朝鲜进行了六次临时和一般性核查,根据这些核查的结果以及美国卫星提供的照片,1993 年 2 月,国际原子能机构要求对位于宁边的两个未申报的、怀疑是核废料储存设施的建筑物进行核查。朝鲜拒绝了此项要求,声称这是对朝鲜主权的侵犯,并且随后宣布退出不扩散核武器条约。

针对朝鲜的这一做法,美国作出了强硬的反应,向朝鲜周围调遣兵力,并积极推动联合国安理会对朝鲜实行制裁。朝鲜也不甘示弱,声称"制裁等于宣战",并宣布进入准战时状态。由此爆发了第一轮朝核危机。然而,由于实际上双方都无意进行一场新的战争,在中国与俄罗斯的推动下,美朝两国还是开始了对话。美国前总统卡特作为克林顿的特使于 1994 年 6 月访问了平壤,与当时的朝鲜领导人金日成进行了会谈。在此基础之上,1994 年 10 月下旬,两国在日内瓦签署了《关于解决朝鲜核问题的框架协议》。根据这一协议美国承诺:组织一个国际财团"资助并向朝鲜提供"一个轻水反应堆,在 2003 年以前其总发电能力应达到约 2 000 兆瓦;在轻水反应堆建成之前每年向朝鲜提供 50 万吨的重油;推动美朝政治、经济关系的"完全正常化",保证"不对朝鲜进行核威胁或使用核武器"。朝鲜则承诺:将继续留在不扩散核武器条约之内,并允许国际原子能机构进行核查;冻结宁边的"石墨减速反应堆及有关设备",与美国合作"安全储存"该反应堆用过的燃料,"并以不在朝鲜进行后处理的安全方式处置燃料"。①

然而,朝美核框架协议的签署,并未真正消除双方在朝鲜核问题上的分歧,同时它们也都对对方执行该协议的情况感到不满。朝方认为美国未能及时履行提供轻水反应堆和重油的承诺,在缓和对朝鲜的经济制裁方面也行动迟缓。美方认为,1998 年 8 月朝鲜用"大埔洞-Ⅰ"型火箭试图将一颗卫星送入轨道一事,表明它正在发展其导弹能力;同时它还怀疑朝鲜可能已在其北部的金仓里地区秘密修建了地下核设施。为此,双方关系不时出现紧张,朝鲜几次扬言要退出两国的核框架协议。直到 1999 年 3 月,形势才又得到暂时的缓和。当时,在国际社会的推动下,双方达成妥协,重申了核框架协议所规定的义务,并同意合作对金仓里地区进行调查;9 月,它们又取得新的妥协,朝方同意暂停导弹试验,美方则取消针对朝鲜的部分进出口限制措施。

伊朗的核能开发活动始于 20 世纪 50 年代,当时得到美国及其他西方国家的支持。但是,在 1979 年末发生原教旨主义革命以及翌年美伊断交以后,美国一再怀疑伊朗以和平利用核能为掩护秘密发展核武器。它指责伊朗在 20 世纪 80 年代中期为购买核材料与南非签署了秘密协议。冷战结束以后,伊朗在开发核能方面积极争取俄罗斯的帮助,包括在 1995 年同俄罗斯签署了共建布什尔核电站合作协议。这同样引起了美国的担心。它认为伊朗实际是谋求建成完整的核燃料循环系统,以便制造可供核武器使用的核材料。20 世纪末,伊朗的核问题进一步发酵,美伊在此问题上的冲突也进一步激化。

在西亚同时还存在着伊拉克的核问题。伊拉克的核计划起于 20 世纪 70 年代中

---

① 上海国际问题研究所:《国际形势年鉴,1995》,上海:上海教育出版社 1995 年版,第 354—355 页。

期。为了获得核武器制造能力，以平衡以色列和伊朗的军事力量，加强自身在阿拉伯世界中的地位，1976 年伊拉克从法国购买了一个特大规模的研究反应堆"奥希拉克"（Osirak）。但是，1981 年 6 月，这一反应堆就在即将投入运行前不久遭到了以色列空军的袭击。尽管如此，伊拉克并未放弃发展核武器的计划，在两伊战争结束后更是重新将其置于重要位置，谋求建设一个能生产武器级材料的铀浓缩工厂。美国对此高度警惕。因此，1991 年 4 月 3 日联合国安理会通过的有关对伊拉克实施长久停火的第 687 号决议特别规定，伊拉克"应无条件同意，在国际监督下，销毁、拆除""一切化学武器和生物武器"以及"一切射程在 150 公里以上的导弹和有关的主要部件"。① 为了执行这一决议，联合国还专门成立了以澳大利亚人巴特勒为首的监督伊拉克销毁化学、生物和核武器特别委员会（特委会），与国际原子能机构一起进行核查和销毁工作。据统计，从 1991 年 4 月到 1997 年 10 月，在联合国特委会的监督下，已在伊拉克销毁了 199 枚导弹、25 个导弹发射架，封存或运走浓缩铀 37 公斤及其他核材料 552 公斤，此外还销毁了 3.8 万件化学武器，监控化学毒剂 48 万升。核查人员承认，他们在 1995 年后基本上没发现第 687 号决议规定应当销毁的武器和材料，核查已转入针对两用技术阶段。②

但是，美国仍然通过联合国特委会（其中包括较大比例的美国人）坚持对伊拉克施加压力。1997 年 10 月，以伊拉克购买的 200 吨 VX 神经毒剂不知去向为由，特委会要求检查伊拉克总统府邸，遭到了伊拉克方面的拒绝。为此，在美国的建议下，10 月 23 日安理会通过了第 1134 号决议，"要求伊拉克让特别委员会立即、无条件及无限制地进入委员会想要视察的任何场址"。③ 作为回应，伊拉克则不让特别委员会美籍人员进入特别委员会指定视察的场址，并且被认为"把相当多的两用设备搬离原址，以及拨动特别委员会的监测摄影机"。因此，11 月 12 日，安理会通过了强化对伊拉克压力的第 1137 号决议。④ 但是，伊拉克并不屈服，在次日就宣布立即将特委会中的美国籍核查人员驱逐出境。特委会则决定暂停在伊拉克的工作，美国更是下令驻海湾部队进入备战状态，由此出现了"核查危机"。后来，在法国和中国的支持下，俄罗斯外长普利马可夫在美伊间进行了斡旋。11 月 20 日，伊拉克同意特委会"原编制人员"（包括被驱逐的美国人）可返伊继续工作。

"核查危机"暂时获得了缓解，但是并没有得到解决。以安理会第 1134 号决议规定可在伊拉克的任何地方立即进行视察为由，特委会主席巴特勒坚持要求对伊境内的八处总统府邸进行现场核查，伊拉克政府则以国家尊严为由不肯让步，"核查危机"因而再度激化。1998 年 1 月 17 日，伊拉克总统萨达姆发表广播讲话，要求特委会在 60 天内结束其武器核查使命。美国总统克林顿则立即下令增援驻海湾的美军，英国也向海湾派兵，两国准备发起一场代号为"沙漠惊雷"的对伊战争。但是，与 1991 年海湾战争前

---

① "第 687(1991)号决议"，<http://www.un.org/zh/documents/view_doc.asp? symbol=S/RES/687(1991)>。
② 宫少朋等：《冷战后国际关系》，北京：世界知识出版社 1999 年版，第 261 页。
③ "第 1134(1997)号决议"，<http://www.un.org/zh/sc/documents/resolutions/97/s1134.htm>。
④ "第 1137(1997)号决议"，<http://www.un.org/zh/sc/documents/resolutions/97/s1137.htm>。

的形势不同,这次国际社会普遍主张用和平方式化解危机。在俄罗斯、法国和中国的努力下,五个常任理事国于 2 月 17 日达成一项协议,要求联合国秘书长科菲·安南赴伊拉克作最后的外交努力。三天后,安南抵达巴格达。经过紧张的工作,安南和伊拉克外交部长阿齐兹签订了一份《谅解备忘录》。根据这一备忘录,联合国重申"尊重伊拉克主权和领土完整",秘书长保证促请安全理事会成员"充分注意""解除制裁对于伊拉克人民和伊拉克政府来说显然是最为重要的",同意为视察伊总统府成立一个由秘书长任命的资深外交官和特委会以及国际原子能机构专家组成的特别小组。伊拉克政府则"重申"它作出的同特委会和国际原子能机构"充分合作的承诺"(意味着不再坚持 60 天的期限),并接受上述负责视察总统官邸的特别小组。[①] 显然,双方都作出了重要的让步,有助于化解"核查危机"和避免战争。美国和英国也认可了这一备忘录。尽管如此,认为伊拉克可能在短期内发展出核武器的疑虑仍然是不久后美国的小布什政府对伊拉克发动战争的一个重要原因,至少表面上是这样。

第三节　欧洲和东亚地区主义的发展

在冷战后的最初十年中,由于摆脱了东西方对抗的桎梏,强调同一地区的国家基于共同利益而实行高度合作的地区主义有了重要的发展,这点在欧洲和东亚表现得格外明显。

一、欧盟的建立与初步发展

欧洲地区主义发展的最主要标志是欧盟的诞生。它不仅使得建立在原欧共体基础上的西欧国家的合作有了进一步的提升,而且将属于原苏联势力范围的东欧国家也纳入这一合作之中。

1. 马斯特里赫特条约和欧盟的诞生

1991 年的马斯特里赫特会议在欧洲历史上具有划时代的意义。一方面,它将欧共体转变成了欧洲联盟;另一方面,它在欧盟内部建立了三个支柱的结构。这两个变化都是革命性的,不仅反映了欧共体内在的需要,而且体现了冷战结束前后欧洲发生的剧烈变革为欧共体带来的机会和造成的挑战。

当华约解体而北约似乎也失去存在的理由时,许多人感到欧洲属于欧共体的时代已经来临,欧共体同时获得了进一步扩大和深化的可能。但是,在何者优先的问题上,欧共体内部存在着分歧。

---

① 上海国际问题研究所:《国际形势年鉴,1999》,上海:上海教育出版社 1999 年版,第 355—356 页。

当时,欧共体扩大的障碍已经急剧削弱,有着两种力量在积极谋求成为欧共体的成员。其一是欧洲自由贸易区(EFTR)的国家。在欧洲两个阵营的对立消失之后,它们的中立外交政策就不再是阻挠其成为欧共体的完全成员的障碍。其二则是东欧的原华约成员国。现在它们也将欧共体视作可以实现自己未来的安全与繁荣的希望所在。在欧共体内部确实有着一些成员国(如英国)主张,扩大队伍应是优先考虑的事情;然而也有一些国家(如法国)担心过早的扩大将导致共同体的削弱和松散,因而鼓吹在考虑新的成员之前要首先"深化"欧共体。两种意见竞争的结果是后者占了上风,欧共体接受了"深化第一"的选择,1990 年 4 月至 1991 年 6 月欧共体召开的六次首脑会议都与此有关。正是在此基础之上,1991 年 12 月上旬在荷兰的小城马斯特里赫特召开的欧共体首脑会议就建立欧洲联盟达成了一致,通过了欧洲联盟条约的草案。这次会议被认为是"自罗马条约签署以来欧共体召开的最重要的一次会议"。1992 年 2 月 7 日,欧共体 12 个成员国的外交部长和财政部长正式签署了《欧洲联盟条约》(马斯特里赫特条约,马约)。在欧共体各国完成批准手续以后,它于 1993 年 11 月 1 日起正式生效,欧盟因而正式诞生。

马约分为《欧洲经济与货币联盟条约》与《欧洲政治联盟条约》两部分,其最大特点是为欧盟构建了希腊神殿式的结构,在这一结构中,联盟的大厦由三根支柱支撑:共同体事务、共同外交与安全政策(CFSP)、司法与国内事务。形象地说,欧洲联盟实际上是在原有的欧洲共同体上面加盖了一个更大的屋顶。主要支撑这一屋顶的无疑是共同体的粗大石柱,共同体条约仍然是欧盟法律结构的中心。但是,在这根粗大石柱的旁边,另外还有两根较细的石柱:一根是共同外交和安全政策(CFSP)支柱,另一根是司法与国内事务支柱。也就是说,欧盟实际上包含了三个不同的机制。因此,马约全面提升了成员国间的合作,是欧洲地区主义发展过程中的一个里程碑,标志着欧洲地区主义的发展进入了一个全新的阶段。

具体地说,马约主要包含了三个方面的内容:首先是修改欧共体条约,深化一体化,建立经济与货币联盟。马约规定,首先由欧盟发达国家出资建立"协调基金",以帮助经济相对落后的西班牙、葡萄牙、希腊和爱尔兰等国家,使之达到经济与货币联盟的要求;英国可以暂不加入,丹麦也具有自己的选择权。此外,根据马约,欧洲经济与货币联盟将分三个阶段建成,最后一个阶段是从 1997 年 1 月或最迟 1999 年 1 月起,建立欧洲中央银行,发行欧洲统一货币。其次是建立成员国在司法与民政事务方面的合作机制。这主要涉及移民和政治庇护权政策,以及在反对国际恐怖、犯罪和贩毒活动方面的合作。再次是建立政治联盟。一方面,马约通过制定共同决策程序扩大了欧洲议会的权力。在发展统一市场、环境保护等领域,议会拥有否决权和部分动议权,并享有批准国际协定、任命执委会等权力。另一方面,马约将欧共体的政治合作(EPC)机制提升为共同外交和安全政策(CFSP)支柱,加强了成员国在外交和安全事务领域的合作。

2. 欧盟"共同外交和安全政策"支柱

欧盟的共同外交和安全政策(CFSP)支柱是从西欧多年来在经济一体化和政治安

全合作方面取得的经验的基础上发展起来的,在它们形成的机制框架内衍生出来的。与此同时,它又不是对过去的实践和成就的简单重复。同 20 世纪 70 年代起逐步发展起来的欧洲政治合作(EPC)机制相比,欧盟的共同外交和安全政策(CFSP)支柱的改进可以被概括为两点:

一方面是该支柱实施的合作在深度和广度方面都有了加强。具体地说,第一,共同外交和安全政策(CFSP)支柱扩大了欧洲政治合作(EPC)机制的合作广度,把防务与军事事务纳入了合作范畴。它明确提出了成员国在安全的防务方面的合作,不仅规定这一合作应包括与联盟安全有关的一切问题,包括最终制定一项可适时走向共同防务的政策,并且将西欧联盟作为欧盟处理有关军事问题的防务手臂加以使用。第二,共同外交和安全政策(CFSP)支柱超越了欧洲政治合作(EPC)机制的合作深度。它具体提出了共同立场和联合行动这两样新的政策工具。因此,欧盟在国际政治舞台上不仅可以作为一个整体用一个声音说话,而且可以基于一个经过协调的立场一起行动。第三,在机构职能上,与欧洲政治合作(EPC)机制相比,共同外交和安全政策(CFSP)支柱增强了委员会的权限。它具有正式的动议权,可以全面、正式、公开地参与欧盟的外交与安全事务。换言之,对一体化的欧盟委员会而言,原本严格地被局限于各国政府之间的外交与安全事务这一禁区已逐步打开了门窗。

另一方面是共同外交和安全政治(CFSP)支柱的运作趋向于制度化、程序化和规章化。在决策程序方面,它远比欧洲政治合作(EPC)机制严密,其政策形成是一种深思熟虑的结果。在这一机制中,有关各机构的职能都以明确的法律条文得到了规定,①而参与政策的制订和执行的人员呈现出明显的多样性。在此基础上形成的决策文化更倾向于按照规章和程序办事,决策程序更为系统和科学。与此同时,在对成员国的要求方面,共同外交和安全政策(CFSP)支柱与欧洲政治合作(EPC)机制形成了明显的反差。它以一系列法律上更具约束性的义务对欧盟成员国提出了更高的要求。例如,共同立场一经确定,成员国应保证本国的政策与共同立场一致;在国际组织中和在国际会议上,成员国应维护共同立场,坚持联合行动。

当然,共同外交和安全政策(CFSP)支柱也有着自身的局限性,而这种局限性最终又与它的政府间主义的性质有关。至少在当时,外交和安全政策的决定与实行仍然是国家权力中最为核心和敏感的部分,多数(如果不是所有)西欧国家政府并不愿意将这种权力交到一个超国家机构的手中。在它们看来,那种主张欧盟是一棵大树的"树形"建议是不可接受的,因为这会使其集中太多的权力,对成员国的权威提出挑战。后来的阿姆斯特丹条约将对这种状况作出改进。

3. 欧盟的扩大与《阿姆斯特丹条约》

尽管存在着各种矛盾与问题,到了 20 世纪 90 年代的后半期,欧盟还是实现了初步

---

① "Treaty of European Union", <http://eur-lex. europa. eu/en/treaties/dat/11992M/htm/11992M. html # 0001000001>.

的发展,这主要体现于三个方面:

首先是欧盟成员的扩大。1995 年元旦,瑞典、芬兰和奥地利加入了欧盟。它们原属欧洲自由贸易区,在冷战期间的两大阵营对立中奉行中立主义对外政策。欧盟成员国因此增加到了 15 个。1995 年底的欧盟马德里首脑会议又决定,不久将启动与部分中东欧国家、塞浦路斯和马耳他的入盟谈判。

其次是货币联盟的建成。1994 年欧洲货币局成立,1995 年 12 月的欧盟马德里首脑会议正式决定欧洲统一货币的名称为欧元(Euro)。1996 年 12 月的都柏林首脑会议签署了欧洲单一货币最后期限公报,并确定了欧元七种面值纸币的样币。1998 年 7 月 1 日欧洲中央银行成立。1999 年 1 月 1 日,按照预定计划欧洲货币联盟正式启动,欧元问世,为期三年的过渡阶段开始。在这一阶段中,欧元与欧盟各国的货币并存。

再次是阿姆斯特丹条约的签署与欧盟的三根支柱的加强。1997 年 6 月,欧盟 15 国首脑聚会于荷兰首都,通过了被称为"第二份马约"的《阿姆斯特丹条约》(阿约)。同年 10 月,它们的外交部长正式签署了这一条约。该条约在 1999 年 5 月 1 日生效。从条文内容来看,阿约是对欧盟已有条约(马斯特里赫特条约与罗马条约等)的一项修正案,主要是通过改写、添加或删节现有条约条款及附件,对之进行修订和增补。它具有三个方面的意义:第一,阿姆斯特丹条约强调自由、民主,尊重人权、法治等原则为欧盟的基础,并将恪守这些原则定为加入欧盟的先决条件。第二,阿约表明了欧盟在深化一体化方面取得的进步。它规定对欧盟机构实施进一步的改革,特别是加强欧洲议会的权力;同时赋予欧盟在共同贸易政策结构内谈判和缔结有关服务业及知识产权国际协定的权利。第三,阿约加强了共同外交和安全政策(CFSP)支柱。一方面,它在这一支柱原来具有的两项主要工具(联合行动和政策立场)之外新增加了一项工具,即由欧洲理事会经一致同意在成员国具有重要共同利益的领域制定的共同战略。另一方面,它更加重视安全政策的军事和防务方面,更加重视西欧联盟作为欧盟的军事手臂的作用。此外,显然与欧盟成员国的防务工业在冷战后遭受的打击有关,阿姆斯特丹条约还初步提出了欧盟成员国在武器装备领域进行合作的问题。

总之,阿姆斯特丹条约在一定程度上对马斯特里赫特条约遭到的批评作出了响应,采取了一系列的措施来加强欧盟根据马约建立的三根支柱,使欧洲的地区主义在深度上得到了进一步的推进。

4."共同欧洲安全和防务政策"的提出

阿姆斯特丹条约签署后不久,欧盟共同外交和安全政策(CFSP)支柱又获得了新的发展动力,特别是在防务领域。这和当时的客观形势有着密切的关系:第一,在持续的工业和经济压力下,西欧国家各自发展可以被投送的军事力量和装备的能力受到了不利影响。第二,在动荡的巴尔干,欧盟自我赋予的使命的失败,以及在 1999 年科索沃战争中北约军事行动的成功(至少从短期来说是如此),使得欧盟国家相信,在某些情况下,如果缺乏可信的军事能力的支持,外交努力难以奏效。第三,欧洲货币联盟的建成使得部分西欧人士相信,共同外交和安全政策(CFSP)支柱的推进应当成为下一项主要目标。

在此背景下,1999 年 6 月初欧盟科隆首脑会议就发展联盟的欧洲防务手臂一事作出了重要的决定。显然,就像肯尼斯·沃尔兹所说的那样,"欧洲人决心对他们的力量实行现代化,并发展独立部署他们的力量的能力"。[①] 值得注意的是,科隆会议避免使用 1994 年以来广为流传、同北约关系更为密切的"欧洲安全和防务身份"(ESDI)的含糊表述,而代之以"欧洲安全和防务政策"(ESDP)或"共同欧洲安全和防务政策"(CESDP)这一更为明确的提法。[②] 在会议通过的一份文件中,首脑们重申:"欧盟将在国际舞台上充分发挥作用";"为此目的,我们试图赋予欧盟必要的手段和能力,承担起关于共同欧洲安全和防务政策的责任"。他们并进一步指出,为了能在不损害北约的行动的情况下对国际危机作出反应,欧盟"必须具有采取自主行动的能力,这种能力要以可信的军事力量、决定使用这种军事力量的手段以及使用军事力量的准备所支持"。[③]

与此同时,在科隆会议上,欧盟各国首脑们还对参加欧洲军团的国家为使它成为一支更为现代和有效的军事力量而作出的努力表示欢迎。[④] 几周以前,德法两国的首脑在法国图卢兹会晤时曾表示,要将欧洲军团转变成一支适宜于在北约以外地区使用的快速反应军团,其指挥部也能够指挥国际维和行动。此后不久,欧盟和西欧联盟又就两个组织的合作方法和程序问题达成了协议。其中特别规定,允许欧盟有关机构使用西欧联盟参谋部、卫星中心和安全研究学院的资源。[⑤]

如果说科隆首脑会议主要解决的是欧盟防务的制度框架问题,1999 年 12 月欧盟赫尔辛基首脑会议则着重解决提高欧洲军事能力的问题,就"重要目标"达成了协议。各国首脑承诺,到 2003 年时,成员国应当能够迅速部署并且维持为履行在阿姆斯特丹条约中提出的各种"彼得斯堡任务"(即冲突预防和危机管理)所需的部队,其中最重要的是为军团层次(15 个团或者 5 万—6 万人)的军事行动所需的部队(在适当时还应具有空中和海上成分)。成员国应当能在 60 天中充分完成军团层次的部署,并且将这样的部署维持至少一年的时间。[⑥] 与会的首脑们承认,这一目标实际上超出了当时欧盟国家的能力。但是,他们又相信,只要各国能够实施必要的军事改革,这一目标还是可

---

① Kenneth N. Waltz, "Structural Realism and the Cold War", *International Security*, Vol. 25, No. 1 (Summer 2000), p. 23.

② Gilles Andreani, Christoph Bertrm & Charles Grant, *European's Military Revolution*, London: Center for European Reform, 2001, p. 21.

③ Sir William Nicoll & Trevor C. Salmon, *Understanding the European Union*, London: Longman, 2001, pp. 381 - 382.

④ 欧洲军团由法国和德国在 1992 年发起成立,后来西班牙、比利时和卢森堡也分别参加。其部队包括法德混合旅、德国机械化师、法国装甲师、西班牙机械化师等,总兵力约 5 万人。

⑤ Sir William Nicoll & Trevor C. Salmon, *Understanding the European Union*, London: Longman, 2001, p. 383.

⑥ Gilles Andreani, Christoph Bertrm & Charles Grant, *European's Military Revolution*, London: Center for European Reform, 2001, p. 23.

以得到实现的。①

二、东盟的发展与东盟地区论坛的建立

与欧亚大陆西端的欧盟的建立相呼应,在欧亚大陆东端的东南亚国家联盟(东盟,ASEAN)在冷战结束以后也获得了新的发展,并促进了东亚地区主义的成长。不过,与西欧地区主义相比,它依然处于初始阶段。

1. 东盟的发展

东盟成立于1967年,在很大程度上是冷战的产物。尽管五个发起国(印度尼西亚、菲律宾、马来西亚、新加坡和泰国)的历史和政治倾向不同,与美苏两个大国的关系也不一样,但是它们建立这一组织的基本目的在某种程度上却是一致的,即希望藉此在东西方对抗中推行中立主义与不结盟主义,在美苏之间实行均势政策。但是,在当时的大环境下,东盟毕竟受到了超级大国的限制,其预想的作用并未能够得到实现。冷战的结束为东盟消除了一个外部制约因素,并且提供了新的动力。作为一个地区组织,它在冷战后的最初十年中迅速发展起来,在促进成员国之间以及与其他东亚国家的合作方面发挥了重要影响。这一进展主要体现在以下几个方面:

首先是实施大东盟计划,扩大了成员国的范围。从东盟成立到冷战结束的20多年间,东盟只在1984年吸收了太平洋岛国文莱为新的成员。然而,冷战结束以后不久,1994年7月,东盟在曼谷举行的外长会议原则同意,将吸纳越南作为第七个成员国,从而迈开了扩大东盟的第一步。外长们认为,东盟对印支国家开放乃是必然趋势,东盟的目标应该是到20世纪末成为"包括现在东盟六国、三个印支国家(越南、老挝、柬埔寨)和缅甸在内的'东南亚十国共同体'"。② 这清楚显示,东盟为自己确定了涵盖整个东南亚的计划。在此后的几年中,越南(1995)、缅甸和老挝(1997)、柬埔寨(1999)先后加入了东盟,使其成为一个真正具有普遍性的地区组织,人口超过5亿,面积达到450万平方公里。

其次是东盟为自己确定了成为一个全面的共同体的目标。1994年5月,来自东盟六国以及越、老、柬、缅的官员和专家在马尼拉举行会议。他们通过的《建立东南亚十国共同体设想的声明》宣称,要在东南亚"建立一个较为强大和更加具有内聚力的共同体";"这个共同体应该在21世纪世界舞台上成为一个重要的政治、经济、文化和精神实体"。③ 也就是说,这一共同体将不是单纯经济性质的,而是要包括政治、经济、安全、文化等多个方面。1997年12月,在吉隆坡举行的东盟非正式首脑会议通过的《东盟展望:2020年》明确地提出,那时东盟将形成独具特色的地区共同体。

---

① Gilles Andreani, Christoph Bertrm & Charles Grant, *European's Military Revolution*, London: Center for European Reform, 2001, p. 23.
② 上海国际问题研究所:《国际形势年鉴,1995》,上海:上海教育出版社1995年版,第205页。
③ 方连庆等:《国际关系史》第十二卷(1990—1999),北京:世界知识出版社2006年版,第336页。

再次是东盟努力加深经济合作程度,建立自由贸易区。当东盟的远景规划是成为一个全面的共同体时,它的近期目标则是建成自由贸易区。20世纪90年代初起,东盟就开始了这一方面的努力。1992年1月于新加坡举行的东盟首脑会议正式批准了建立东盟自由贸易区的计划,决定在从次年开始的15年中建成东盟自由贸易区。与此同时,东盟各国的经济部长还签署了为实现自由贸易区计划铺路的《共同有效优惠关税协定》。据此协定,东盟国家将在从1993年1月1日开始的十年中减少地区内的关税和消除非关税壁垒,以增加东盟作为一个生产基地在世界市场中的竞争力。1994年9月在泰国清迈举行的东盟经济部长会议决定,建立自由贸易区的进程将从15年缩短为10年,即在2003年1月1日以前对东盟内部贸易征收的关税必须降低到5％以下;原来未列入自由贸易区计划的未加工农产品也应被包括其中。1998年在河内举行的东盟首脑会议再次决定提前一年完成自由贸易区的建成(越南、老挝和缅甸适当推迟)。

最后,除了改善各成员国的经济以外,东盟还致力于该地区的稳定与和平。1995年12月,东盟七国、老挝、柬埔寨和缅甸的首脑在曼谷签署了《东南亚无核武器区条约》,宣布禁止在东南亚地区生产、试验、使用和拥有核武器,并谋求美、英、法、俄、中五个核大国联合签署该条约。该条约在1997年3月底生效,当时除了一个国家以外所有成员国都批准了该条约。2001年,菲律宾也完成了批准手续。东盟还积极扩大与东北亚国家以及美国、俄罗斯等大国的对话,推动亚太地区的多边合作。

2. 东盟地区论坛与"10＋3"等对话机制的建立

为了促进亚太地区的稳定与和平,为东盟国家提供一个有利的外部环境并提升东盟在世界舞台上的作用,东盟与有关国家一起发展了东盟地区论坛,以及"10＋3"、"10＋1"等对话机制。

冷战期间东盟主要是通过成为一种独立于东西方两大阵营之外的第三种力量来谋求自身的安全。冷战后,东盟则试图在大国中间发挥一种有助于地区稳定的桥梁作用,以促进各成员国的安全和提高自己的地位。为此,1993年7月,在新加坡举行的东盟外长会议特别安排了东盟成员国与中、日、韩、美、俄、澳大利亚、欧盟等共18方外长的会晤,即所谓的"非正式晚宴"。会上各方同意建立东盟地区论坛(ARF),以此作为亚太地区的官方多边对话机制,就地区政治安全问题进行非正式磋商。

1994年7月,由上述18个国家和国家集团的外长或高官参加的首次东盟地区论坛会议在曼谷举行。会议集中讨论了维护亚太地区的和平和稳定以及实现该地区的政治和安全合作的问题。1995年8月,在文莱首都召开的第二届论坛会议上,各国外长们就论坛三个大的阶段的基本目标达成了一致,即"促进建立信任的措施,发展预防性外交和制定对付冲突的方式方法"。[①] 会议还讨论了核武器、南中国海、朝鲜半岛、柬埔寨等问题。围绕第一阶段的目标,论坛努力通过对话和协商增强成员国相互之间的信

---

① 上海国际问题研究所:《国际形势年鉴,1996》,上海:上海教育出版社1996年版,第431页。

任。到 2000 年时,东盟地区论坛已经连续举行了七届外长会议,成员国也增加到了 22 个。

除了东盟地区论坛外,东盟还和东北亚的三个国家——中国、日本和韩国——发展了特殊的"10+3"、"10+1"对话机制,发展东亚合作和促进东亚安全。

1990 年,马来西亚即建议成立一个东亚经济核心论坛,由东盟各成员国、中国、日本和韩国组成。但是,由于美国和日本的阻挠,这一计划未能实现。1995 年 12 月东盟曼谷首脑会议又提出了与中、日、韩三国举行峰会的设想。一年以后,日本表示了单独与东盟举行定期首脑会晤的要求。东盟对此提议态度谨慎,表示希望同时邀请中国和韩国参加。经过东盟的努力,1997 年 12 月,东盟九国的首脑于吉隆坡同中、日、韩三国首脑举行了非正式会晤,即东亚首脑非正式会晤或"9+3"对话。这次会晤取得了两个具体成果,一是为建立面向 21 世纪的睦邻互信伙伴关系确定了原则和目标,二是为促进东亚经济的可持续增长和社会进步制定了具体措施。在 1999 年柬埔寨加入东盟以后,"9+3"也就变成了"10+3"对话机制。除了首脑会议外,这一对话机制还包括外长会议、财长会议等。例如,为增强地区金融稳定,"10+3"财长会议于 2000 年 5 月在泰国达成"清迈倡议"。根据这一倡议,相关国家可分别向"共同外汇储备基金"投入一定金额的资金。这样,当某个国家面临外汇资金短缺困难时,其他国家可以帮助其缓解危机,从而增强了东亚地区金融稳定的基础,而缺乏这种稳定性正是导致 1997 年爆发的亚洲金融危机的主要原因之一。

与"10+3"对话机制平行并补充了这一机制的是东盟与中、日、韩领导人分别举行的会晤,即三个"10+1"(最初是"9+1")对话机制。它们在促进东亚国家之间的相互理解与合作、推动东亚地区主义的发展方面同样发挥了重要作用。

复习提示

一、名词解释

1. 民主和平论
2. 北约东扩
3. 超越遏制
4. 科索沃战争
5. 海地的动乱
6. 海湾战争
7. 地区主义
8. 东盟地区论坛
9. 欧盟共同外交和安全政策(CFSP)支柱
10. 美苏(俄)减少战略核力量谈判(START)

二、探索与思考

1. 如何理解冷战结束前后美国提出"世界新秩序"的背景、内涵?
2. 如何理解冷战结束前后美国提出的"超越遏制"政策?
3. 如何理解冷战结束以后的最初十年美俄关系的变化?
4. 如何理解原南斯拉夫发生内战的原因?

5. 如何理解 20 世纪 90 年代非洲频繁出现动荡和冲突的原因?

6. 如何理解欧盟建立的背景以及在冷战后最初十年的发展?

7. 如何理解东盟在促进东亚的和平与合作方面的作用?

8. 如何理解冷战结束前后国际体系的变化?

9. 如何理解冷战的结束对国际关系的影响?

第五章　跨入 21 世纪之后
（2000—2010）

21世纪最初十年的国际关系延续了冷战初期的基本特征：第一，虽然国际社会面对着一系列的威胁，包括传统的和非传统的安全问题，和平与稳定依然是世界的基本潮流。第二，尽管美国仍然是世界上的唯一超级大国，多极化趋势正在深入发展。第三，在发展中国家面临着各种困难和挑战的同时，它们在国际舞台上的地位和作用也得到了增强。

与克林顿时期乃至布什时期相比，在 21 世纪最初十年中，小布什（George W. Bush）政府对外政策的霸权主义倾向表现得更加明显和强烈，但是也遇到了更加有力的抵制与反抗。

第一节　9·11 恐怖主义袭击和"布什主义"

9·11 恐怖主义袭击是自 1812 年英国入侵以后，外敌针对美国本土（北美大陆）发动的首次也是迄今唯一的大规模攻击，对美国以及小布什政府的政策产生了重要的影响，使其变得更加保守和具有霸权主义色彩，直接导致了"布什主义"的出现。

一、9·11 恐怖主义袭击及其影响

2001 年 9 月 11 日，美国遭到本·拉登领导的"基地"恐怖主义组织策划、组织和实施的大规模的恐怖主义袭击。这不仅造成了巨大的生命财产损失，而且严重影响到社会公众的心态、美国国内政治以及政府的对外政策。

1. 9·11 恐怖主义袭击

2001 年 9 月 11 日，不仅是美国历史而且也是人类历史上人们将永远铭记的一天。这天上午，在一个多小时的时间里，两架遭"基地"恐怖主义分子劫持的波音 767 客机先

后撞向纽约的世界贸易中心,使它的姐妹"双峰"随后在顷刻间化为一堆瓦砾。另一架被劫持的波音 757 客机则撞向了五角大楼的西墙。此外,还有一架波音 757 客机则由于机上乘客与恐怖主义分子的殊死搏斗而坠毁在宾夕法尼亚(其真正目标很可能是白宫或国会大厦)。这就是 9·11 恐怖主义袭击(9·11 袭击或 9·11 事件)。

9·11 事件不是美国遭到的第一次恐怖主义袭击。在这之前的近 20 年间,美国已经成为恐怖主义分子攻击的主要目标,发生了大约十起针对美国的严重恐怖主义袭击事件。也就是说,平均每两年一次。但是,与它们相比,9·11 袭击仍然具有重要的特点:一方面,除了 1993 年 2 月世贸中心遭到的第一次袭击外(导致六人丧生),其余所有重要的袭击都发生于海外,指向美国在海外的人员和设施,而 9·11 事件则是针对美国本土的袭击,事实上这是 1812 年英国入侵以外敌针对美国本土(北美大陆)发动的首次大规模攻击,也是 1941 年日本偷袭珍珠港以后外敌针对美国领土实施的第一次大规模袭击。另一方面,9·11 事件造成的有形损失和无形损失都是过去的袭击无法比拟的。在以前 20 年的袭击中直接丧生的美国公民不到 1 000 人,而在 9·11 袭击中丧生者约为 3 000 人,造成的财产损失更是高达千亿美元。① 同时,9·11 袭击正是发生于美国经济开始滑坡的时候,通过对航空和旅游业的严重损害以及对公众的消费信心的沉重打击导致了经济的进一步下跌。从 9·11 到当年的圣诞节的三个多月中,60 万以上的工作岗位遭到裁减。这一数字超出了 1993—1997 年间的裁减总数,比 2000 年的全年裁减总数只少 1.1 万个。②

除了这样两个有别于其他恐怖主义袭击的特征外,9·11 事件还突出反映了恐怖主义袭击的两个共同特点:第一,恐怖主义袭击难以用传统的方法加以预防。这种袭击不是来自任何国家或任何国家的军队,而是由跨国的(或者说没有领土归属的)恐怖主义组织所发起,它们不仅是高度秘密的,并且其成员往往准备通过自杀的方式来实现自己的目的。因此,传统的预防攻击的一些手段——例如外交、威慑等——已经失去了作用,因为这些手段只对那些有着至关重要的利益需要保护(如国家、政权乃至本身的生存)的敌人才适用。第二,恐怖主义袭击使用非常规的手段,却可以造成极其巨大的伤害。在 9·11 事件中,恐怖主义分子通过使用开盒刀劫持了飞机然后采用自杀的方式撞向攻击目标,结果以付出 19 个成员的生命加上几十万美元的代价便造成了巨大的灾难。

2. 9·11 恐怖主义袭击对美国的影响

正因为以上的原因,9·11 袭击对美国的国内政治与对外政策造成了深刻的影响。

就国内政治而言,一方面,这一袭击在美国社会造成了普遍的不安全感。美国人不仅相信大洋不再能够将他们与敌人隔开,而且感到拥有尖端武器的军队不再能够保护他们的安全。另一方面,美国国内的保守化倾向迅速加剧。如果说,在此之前,美国国

---

① John L. Gaddis, *Surprise, Security and the American Experience*, Harvard University Press, 2004, pp. 74, 72.

② Michael Cox, "American Power before and after 11 September: Dizzy with Success?" *International Affairs*, Vol. 78, No. 2 (April 2004), p. 12.

内保守派力量和自由派力量"基本旗鼓相当",①那么在此之后,美国社会中保守主义情绪得到了很大的加强。其表现之一是,支持政府在海外用兵的公众的比例明显增加,所谓的越南综合征已经明显削弱。

就美国的对外政策和对外关系而言,9·11事件的影响更为复杂。

首先,它使美国的国际处境得到了改善,获得了普遍的同情和支持。在9·11之前,美俄关系因美国积极谋求退出反导条约而处于低潮,美中关系则由于美国在EP-3侦察机事件中的蛮横态度而一度陷于危机。与此同时,小布什坚持推行导弹防御计划和拒绝一系列国际协议的做法也导致了欧洲盟国的普遍不满。但是,9·11袭击之后,美国和这些国家的关系因为双重原因得到了迅速的改善。一方面,无论是美国的西方盟国还是俄罗斯与中国,都迅速和坚定地对恐怖主义袭击进行了谴责,对遭受灾难的美国人民显示了由衷的同情,并以不同方式和通过不同渠道对美国的反恐斗争提供了援助以及支持。另一方面,为了在全球范围展开反恐斗争,美国需要得到其他国家的配合和帮助,包括外交和物质支持,因此小布什政府采取了某些主动和友好的姿态。

其次,9·11事件也对美国的对外政策和对外关系产生了消极的作用,导致了布什主义的提出和实施。它包含了四个要素:政权转换、先发制人(实际是预防性战争)、单边主义和美国至上。具体地说,布什政府不惜以武力颠覆别国的政权,在先发制人的名义下降低使用武力的门槛,蔑视国际合作而奉行单边主义,以及坚持美国在世界上应当具有凌驾于其他国家之上的地位和权力(特别是军事力量)。其中,单边主义和先发制人表现得尤为明显,而2003年的伊拉克战争则是布什主义的集中和综合的体现。

二、小布什政府的单边主义和对国际机制的蔑视

单边主义是布什主义的一个核心要素,也是小布什时期美国的霸权主义倾向的主要表现之一。这种单边主义在美国对国际机制的蔑视与拒绝中得到了最为明显的反映。

1. 小布什政府的单边主义

单边主义和多边主义的差别不仅体现在形式上,而且体现在内容上。从形式上看,单边主义是强调一方的立场,多边主义则是谋求协调多方的立场。从内容上看,单边主义主要是指仅仅以本国或本集团的立场为核心考虑问题和决定政策因而不惜独自行事。相反,多边主义是指在决定政策时充分尊重其他国家——特别是那些与自己不属一个集团的国家——的意见,尊重联合国的立场并且通过联合国来取得针对某个国家的行动的合法性。当然,尽管单边主义和多边主义是本质上不同的两种理念,作为政策它们并不是绝对相互排斥的,是可以混合使用并相互补充的。

小布什的单边主义理念根深蒂固,是以几个重要命题为基础的。第一,冷战后的世

① 郝雨凡等:《瞬间力量:"9·11"后的美国与世界》,北京:新华出版社2002年版,第77页。

界依然是危险的,在这一世界上各个国家都是自私的,美国的国家利益归根结底要靠自己来捍卫。第二,美国具有足够的力量,完全可以依靠自己来捍卫自己的国家利益。第三,美国只有显示出坚定的意志,才能够真正维持同盟的团结。一位欧洲领导人曾建议小布什在对外事务中进行更广泛的国际协商,使美国的政策也兼顾到其他国家的观点和利益。小布什的回答是,"这非常有趣。但是我的信念是,能将同盟联合在一起的最好办法是我们的目标要明确,以及我们实现这些目标的决心要明确。只有通过强有力的领导才能将一个同盟联合在一起,而这正是我们试图提供的。"[1]9·11 袭击对美国造成的严重伤害,国际社会对美国显示的巨大同情,以及阿富汗战争的迅速取胜,都在不同程度上和以不同方式进一步加强了小布什的单边主义信仰,使得他更加相信美国必须敢于并且能够独自行动。

2. 对国际机制的蔑视与拒绝

小布什政府的单边主义突出表现于对国际机制——国际协议和组织——的蔑视与拒绝。一方面,它未能充分履行所参加的国际机制规定的义务。另一方面,小布什政府又经常阻挠国际协议的缔结,或签署协议却拒绝批准,或参加国际协议却又退出。除了加快退出京都议定书的步伐外,[2]最为突出的还有下列一些事件:

首先,它拒绝批准全面核禁试条约。作为对 1995 年同意无限期延长核不扩散条约的无核武器缔约国的一种回报,次年 10 月,五个公开宣布的核武器国家(同时也是安理会的常任理事国)在纽约联合国总部首先签署了《全面禁止核试验条约》(CTBT)。但是,美国参院在 1999 年 10 月通过表决拒绝了对这一条约的批准。那些反对者的理由主要不是技术性的,而是政治性的,即美国不仅应当有权继续拥有核武器而且应当有权进一步发展核武器。在 2000 年的总统大选期间,小布什就明确表示,不支持全面核禁试条约,在当选后不会要求参院重新考虑批准这一条约的问题。进入白宫以后,小布什政府反复重申了这一立场。

其次,退出反导条约(ABM 条约)。该条约由美国与苏联签署于 1972 年,旨在维持建立在有效的第二次打击基础上的核威慑政策的可信性,即维护相互确保毁灭原则。但是,到了 20 世纪 80 年代初,随着里根的所谓保护全国免受弹道导弹攻击的战略防御倡议的提出,反导条约的基础就遭到了公开的挑战。进入 90 年代以后,美国的保守势力对它的攻击有增无减,同时要求部署国家导弹防御体系。小布什上台后,美国更是加快了退出反导条约和推动建立导弹防御体系的步伐。2001 年 5 月,小布什在国防大学就导弹防御问题发表讲话时声称,反导条约注定要被扔进历史的垃圾堆。9·11 袭击并没有使得小布什政府改变退出这一条约的决心;相反,它似乎获得了新的理由。12 月 13 日,华盛顿正式通知俄罗斯,它将在六个月以后退出反导条约。小布什在一个声

---

① Ivo H. Daalder & James M. Lindsay, *America Unbound: The Bush Revolution in Foreign Policy*, Washington D. C. : Brookings Institution Press, 2003, p. 81.

② 参看本章最后一节。

明中说:"我已得出结论,这个条约阻碍了我们政府发展保护我们的人民免受未来的恐怖主义分子或无赖国家袭击的方法的能力。"①2002 年 6 月 12 日,美国的退出正式开始生效。这与美国参院拒绝批准全面核禁试条约不同,是一个大国单方面地退出一个已经生效了的核军备控制条约,也是第二次世界大战结束后美国第一次退出一个重要的国际条约。

再次,拒绝批准罗马规约。1998 年 7 月,联合国大会在意大利罗马召开的外交会议通过了《国际刑事法院罗马规约》,建立了世界上第一个永久性的国际刑事法院,负责审判那些被指控犯了种族灭绝、战争罪行、反人类罪行和侵略罪行(一旦其定义被确定)的人。在此之前,只有根据具体形势临时建立的特别军事或刑事法庭。罗马规约不承认豁免权,还将长期以来遭到忽视的对妇女的暴行包括在战争行为之中。可以想见,与国家层次的执法能力相结合,国际刑事法院的建立将对有关的罪行起到一定的慑止和惩罚作用。当然,这一法院也存在一些明显的弱点。最重要的,它独立于联合国安理会,因而在处理有关案件时可能会使发展中国家处于不利地位。

当 1998 年 7 月国际刑事法院规约在罗马获得通过时,美国却因为对自身利益的考虑投了反对票。一方面,这是因为美国担心该法院的建立将削弱美国在国际事务中的话语权和影响。另一方面,更重要的是,按照罗马规约,在没有得到美国政府同意的情况下,美国的国民也会像其他国家的国民一样受到国际刑事法院的司法管辖。这就意味着驻扎在世界各地的美国军人也会因对妇女的暴力等罪行而成为这一法院的起诉目标。对此五角大楼和美国的保守主义势力极为反感。

为了避免在国际上的孤立,2000 年 12 月 31 日,距罗马规约供开放签署的最后期限几个小时,克林顿还是选择签署了该法规。然而,他在签署的同时就明确表示,将不会谋求获得参院对该条约的批准。小布什在进入白宫以后更是坚定声称,不会将这一条约提交参院审核,并力图迫使其他国家承诺不会将在其领土上犯下国际刑事法院所管辖的罪行的美国人交给这一法院。在罗马规约获得了为生效所需的第 60 个国家的批准之后,2002 年 5 月,小布什政府通知联合国秘书长安南:美国无意批准罗马规约,也不承担"因 2001 年 12 月 31 日的签署而产生的法律义务"。② 此后,小布什政府还积极通过国内立法以及其他措施来削弱罗马法规和国际刑事法院的权威。

三、小布什政府的"先发制人"与伊拉克战争

"先发制人"是布什主义的又一核心要素,是小布什时期美国的霸权主义对外政策的又一主要表现,其直接导致了伊拉克战争。要注意的是,布什主义中的"先发制人"实

---

① "President Discusses National Missile Defense", <http://www. whitehouse. gov/news/releases/2001/12/20011213 - 4. html>.
② Nicole Deller, Arjun Makhijani & John Burroughs, *Rule of Power or Rule of Law? An Assessment of U. S. Policies and Actions Regarding Security-Related Treaties*, New York City: The Apex Pressp. 2003, p. 123.

际是通常意义上的预防性战争,在国际法上是缺乏合法性的。

1. 先发制人与伊拉克战争的开始

布什主义中的"先发制人"是指美国具有在潜在的敌人能够伤害到它之前对其首先发动攻击的权力。将先发制人作为一种政策选择,这在美国早已有之。但是,9·11以后,小布什逐步给予了先发制人选择以越来越突出的地位。他在 2002 年 9 月提交的国家安全战略报告中明确指出:"在美国将继续努力争取国际社会的支持时,我们在必要时也会毫不犹豫地单独行事,通过对这些恐怖主义分子采取先发制人的行动行使我们的自卫权,防止他们对我们的人民和国家造成危害。"①在之后小布什发表的一些讲话和签署的一些文件中,先发制人政策始终被置于一种非常重要的地位。

尽管如此,布什主义的先发制人的政策在理论上存在严重的弊病,实际上是将预防性战争与真正的先发制人战争混为一谈。先发制人战争是在对方确实要开始进攻的情况下发动的,或者说它的合法性是严格建立在对方造成的迫在眉睫的威胁的基础上的。小布什所说的先发制人战争实际是一种预防性战争,指在对方能够发动确实的进攻之前对之实行打击,在一种迫在眉睫的威胁形成之前对之加以阻止。由于一些别有用心的政府或决策者往往在预防性战争的掩饰下推行自己的战争政策,从而破坏国际和平和搅乱国际秩序,因而它在国际法上并未得到承认。以色列在 1981 年对伊拉克的奥希拉克反应堆实施的打击就是一个实例,当时遭到了包括美国在内的许多国家的谴责。

如果说小布什的实施先发制人战争(实际是预防性战争)的政策在理论上是无法得到证明的,在实践中更是陷入了彻底的困境。他提出先发制人的政策主要就是为了使发动伊拉克战争的行为合法化。但是,正是在伊拉克战争问题上,先发制人政策的弊病和危险得到了最充分的暴露。

毫无疑问,小布什政府之所以对伊拉克发动战争的根本原因乃是结构性的。一方面,伊拉克是中东这一重要地区中的具有突出战略地位和拥有丰富石油储藏的国家,石油在一定条件下又可以被用作政治斗争的武器。另一方面,由于萨达姆长期奉行地区霸权主义政策以及反美政策,伊拉克脱离甚至违背了美国的中东战略,引起了美国的担心和不满。但是,在小布什政府自己用来公开证明伊拉克战争的形形色色的理由中,最关键的是对伊拉克实行先发制人打击的必要性。为此,它强调伊拉克与恐怖主义具有重要联系以及伊拉克拥有并积极发展大规模杀伤性武器。

在 9·11 袭击发生后的最初一年的时间中,小布什曾经多次谈到伊拉克与基地组织之间的联系,尽管并未能够证实它。他说,"我相信伊拉克[与 9·11 袭击]是有牵连的";②伊拉克政权"与恐怖主义组织具有长期的和持续的联系,在伊拉克国内有基地组

---

① The White House, *The National Security Strategy of the United States of America*, September 2002, pp. ⅱ、6.
② Ivo H. Daalder & James M. Lindsay, *America Unbound: The Bush Revolution in Foreign Policy*, Washington D.C.: Brookings Institution Press, 2003, p. 130.

织恐怖主义分子"。① 但是,到了 2002 年底,即到小布什政府真正着手准备对伊拉克发动战争时,它的理由又发生了变化,集中到了这样一点:萨达姆不仅已经拥有生化武器和正在发展核武器,而且很可能对美国使用这些武器,为此美国有必要对之进行军事打击。2002 年 10 月 7 日,当国会正在考虑授权对伊拉克使用武力时,小布什在辛辛那提说:"如果今天知道萨达姆拥有了危险的武器",就不应"等他变得更强大和甚至发展了更危险的武器后再加以对付";不能等待"可能以蘑菇云的形式出现"的"最后的证明"。② 2003 年 3 月 17 日,在一份给伊拉克的 48 小时的最后备忘录中,小布什说:"本政府和其他政府收集的情报准确无误地表明,伊拉克政权继续拥有和掩藏了曾经设计出来的一些最致命的武器。这一政权已经对邻国和它自己的人民使用了大规模杀伤性武器。"③

2. 伊拉克战争的过程

2003 年 3 月 17 日晚(美国东部时间),小布什向萨达姆发出最后通牒,要求他和他的儿子在 48 小时之内离开伊拉克。在最后通牒到期之后,3 月 19 日晚,小布什在白宫发表讲话,正式对伊宣战。一支主要由美军(12 万人)和英军(4.5 万人)组成的联合部队进入了伊拉克,对它发动了打击。美国对伊拉克的战争的序幕由此拉开。参加联合部队的还有澳大利亚的军队(2 000 人)、波兰的军队(200 人)以及从科威特境内的美军基地出发的伊拉克反政府军队。

总的来看,战争最初的进程要比许多人预测的顺利得多。两个星期以后,英军已经控制了巴格达南部的石油重镇巴士拉。三个星期以后,4 月 9 日,依靠先进军事技术的美军则占领了巴格达,结束了萨达姆长达 24 年的统治。市中心的萨达姆塑像也被伊拉克人和美国士兵推倒。在这一战争中美军的直接死亡甚至低于地面作战仅仅持续了 100 个小时的海湾战争。5 月 1 日,小布什在停泊在美国西海岸的航空母舰"林肯"号上宣布,在伊拉克的主要战斗行动已经结束。④ 年底,萨达姆也在他的家乡提克里特被抓获(2006 年 12 月 30 日在狱中被处死)。

但是,事实证明,巴格达的被占乃至萨达姆的被俘,都并不意味美军已经真正赢得了伊拉克战争。2003 年 4 月底时,小布什政府估计,到当年秋天,美国在伊拉克的 15 万人的部队将可以减少到大约 5 万人。⑤ 但是此后伊拉克的局势却变得越加混乱,由各种力量支撑的抵抗运动变得愈益活跃。美国不仅被迫停止了撤出部队的工作,而且

---

① "President Bush Discusses Iraq with Congressional Leaders", <http://www. whitehouse. gov/news/releases/ 2002/09/20020926 - 7. html>.

② "President Bush Outlines Iraqi Threat", <http://www. whitehouse. gov/news/releases/2002/10/20021007 - 8. html>.

③ "President Says Saddam Hussein Must Leave Iraq Within 48 Hours", <http://www. whitehouse. gov/news/ releases/2003/03/20030317 - 7. html>.

④ "President Bush Announces Major Combat Operations in Iraq Have Ended", <http://www. whitehouse. gov/ news/releases/2003/05/iraq/20030501 - 15. html>.

⑤ Ivo H. Daalder & James M. Lindsay, *America Unbound: The Bush Revolution in Foreign Policy*, Washington D. C. , Brookings Institution Press, 2003, p. 152.

必须仓促地向这一地区增加军事力量。到 2003 年 7 月 1 日,小布什宣布,在伊拉克和其附近地区服役的美军达到了 23 万人。① 美军似乎又陷入了另外一个越南。与此同时,美军的死亡人数不断上升。根据美国媒体估计,截至 2008 年 8 月 17 日,在伊拉克死亡的美军人数达到 4 143 人(包括 8 名文职人员),其中在与反美武装的对抗行动中死亡的美军人数为 3 368 人。② 到 2009 年 1 月奥巴马进入白宫时,伊拉克政局的稳定依然遥遥无期,冲突还在继续,驻伊美军士兵的葬礼也在继续。正是在此背景下,2 月下旬奥巴马正式宣布,将在 2010 年 8 月 31 日前结束在伊拉克的作战任务,并撤出大部分美军,仅留下 3.5 万—5 万人的兵力负责支持伊拉克政府的军事行动;在 2011 年底前撤回全部剩余部队。③

3. 缺乏合法性的战争和美国的孤立

更重要的是,伊拉克战争的进程还表明了小布什先发制人政策的彻底失误,因为在伊拉克根本不存在美国用以证明战争必要性的大规模杀伤性武器,当然也就更不存在对美国的迫在眉睫的威胁。美国因此遭受了重大的政治挫折。

在对伊战争打响之后,小布什政府一再重申会在伊拉克发现核、生、化武器。为了寻找、夺取和销毁这些武器,美国专门组织了两支由军人、生物学家、化学家、核科学家、计算机专家、武器控制专家和文件专家组成的特别部队。它们遍访了那些被情报部门认为在战争爆发前储藏或生产核、生、化武器的地方,但是在经过六个星期的搜查后并未能够发现任何与大规模杀伤性武器有关的炮弹、弹头、化学物质或生物试剂。到了 2004 年 2 月底时,小布什本人也最终承认了这一点。④

无法在伊拉克找到大规模杀伤性武器或其储藏、生产设施的事实,证明了小布什政府发动的伊拉克战争完全是建立在错误甚至捏造的信息的基础上的。伊拉克战争的合法性的失缺导致了美国在国际社会中的严重孤立。尽管在战争打响时布什政府在一份材料中列出了 49 个所谓"支持"战争的国家,但其中许多都是"无名的、依赖性的、三心二意的"。⑤ 真正作出实质性贡献的国家屈指可数。除了英国、澳大利亚和波兰贡献了军队以及科威特、卡塔尔等海湾国家提供了基地外,其余国家只是作出了象征性的后勤支援。2003 年 5 月小布什宣布在伊拉克的主要战斗已经结束之后,美国的这种孤立处境并未得到改善,美军在多国联军中几乎占了 85%。此外,在伊拉克战争中美国还必须独自承受主要的财政负担。奥巴马在 2009 年 2 月宣布美国从伊拉克的撤军计划时指出,伊拉克战争使得美国耗费了将近 1 万亿美元。

---

① "President Discusses Progress in Afghanistan, Iraq", <http://www. whitehouse. gov/news/releases/2003/07/20030701 - 9. html>.

② "截至 17 日驻伊美军死亡人数攀升至 4 143 人", < http://news. xinhuanet. com/mil/2008 - 08/18/content_9463699. htm>。

③ 上海国际问题研究院:《国际形势年鉴,2010 年》,上海:上海辞书出版社 2010 年版,第 276 页。

④ Bob Woodward, *Plan of Attack*, New York City: Simon & Schuster Paperbacks, 2004, p. 424.

⑤ Ivo H. Daalder & James M. Lindsay, *America Unbound: The Bush Revolution in Foreign Policy*, Washington D. C. : Brookings Institution Press, 2003, p. 147.

与此同时,这场战争遭到俄罗斯、法国、德国、中国、阿拉伯国家联盟、不结盟运动等多个国家政府和国际组织的批评与指责。奥地利等国也宣称,由于没有得到联合国安理会的授权,对伊拉克的军事行动已经违反了国际法。奥地利、瑞士、伊朗和沙特阿拉伯等国并禁止联军战机或美军导弹通过其领空袭击伊拉克。战争开始后不久,在全球各地还出现了大量的反对美英对伊拉克发动战争的游行,很多的标语、口号都曾经在20世纪70年代反对越南战争的游行中使用过。

此外,伊拉克战争也削弱了小布什政府在国内的威信和地位。2004年8月29日,在共和党代表齐聚纽约提名小布什连任总统之际,10万多名示威者游行至重兵把守的大会会场,高声谴责发动伊拉克战争的政策。此后,要求小布什政府从伊拉克撤军和结束伊拉克战争的呼声一直是美国政治的一个主旋律。

第二节　多极化深入发展的世界

进入21世纪以后,在美国的唯一超级大国地位相对削弱的同时,普京领导下的俄罗斯重新崛起,欧盟进一步扩大,日本出现了右倾化不断加剧的趋势,中国等发展中国家的经济则获得了快速增长,在国际事务中的作用变得更加突出。这一切表明,世界多极化正处在深入发展的过程之中。

一、普京的富国强兵政策与俄罗斯的重新崛起

21世纪初,俄罗斯的对内对外政策都深深地打上了这一时期持续担任国家或政府首脑的普京的烙印。他在1999年8月出任俄罗斯总理,年底担任代总统,翌年3月即当选为总统,直至2008年。其后,他又出任总理(2012年再次担任总统)。为了实现俄罗斯的重新崛起,普京坚定地推行富国强兵政策以及独立自主的外交路线。

1. 经济政策与俄罗斯经济的恢复

在1991—1998年间,由于"休克疗法"带来的持续通货膨胀和生产萎缩以及随后发生的东亚金融风暴,俄罗斯经济先后经历了危机和衰退。普京执政以后,以发展经济为中心任务,围绕占全球探明储量12%以上的石油工业,对俄罗斯的经济进行大幅改革。他一方面整合了俄罗斯出口的油价的汇率,另一方面借打击寡头之机将尤科斯等石油巨头的产业收归国有。这样,1999年油价从三十年来的最低点强力反弹,开始给国家带来丰厚的回报。十年后,俄罗斯四分之一的关税收入和三成的外汇收入均来自石油产业。石油还成了推行俄罗斯对外政策的武器,有力地影响着它和远东以及欧洲国家的关系。

与此同时,为了避免对石油天然气收入的过分依赖,普京采取了许多措施发展俄罗

斯的高科技产业,以给经济发展注入新的活力。例如,他在 2007 年 4 月发表的国情咨文中提出,发展经济不能仅依赖于自然资源的开采,更要"依靠先进思想和发明";纳米技术是俄罗斯科技战略的火车头,议会应尽快立法为纳米技术开发投入专项资金。①

在普京的经济政策的推动下,1999 年俄罗斯的经济开始增长,直至 2008 年。② 从 1999 年至 2006 年,年均增长约 7%,经济总量增加了 70%。普京在 2007 年时宣称,俄罗斯已经走出经济长期下滑的困境,跻身世界十大经济强国的行列;从 2000 年以来,居民的实际收入增加了两倍;虽然贫富差距问题依然突出,俄罗斯贫困人口的数量已经减少一半。③

2. 军事政策与俄罗斯军事力量的加强

在冷战结束后的最初几年中,因为财政状况的恶化以及思想与管理的混乱,俄罗斯的军事实力同原苏联相比明显遭到了削弱。普京进入克里姆林宫以后即将恢复和加强俄罗斯的军事力量作为自己的一项重要任务。具体来说,就是在整顿思想和管理的同时,一要发展突破反导系统的武器,确保俄罗斯的核威慑能力,二要加强常规力量的建设。

2001 年 11 月,普京在俄武装力量领导人会议上提出了翌年俄国家防务政策的四个要点:确定国家安全面临的新的主要威胁,完善军事建设的管理体制并集中资源于军事建设的主要方面,优化武装力量结构及提高部队的军事素质和作战能力,解决军队的社会保障问题。此后,俄罗斯的国防拨款逐年增加,并且其中一半被用于提高核力量和常规力量的质量。在 2004 年 5 月的国情咨文中,普京说,"军队的现代化进程",包括"用最先进的战略武器来武装我们的战略核力量",以及"用相应的战术及作战武器来武装其他军种和兵种",仍然是"国家的主要任务之一"。④ 在两年后的国情咨文中,普京再次强调,"今后五年必须大大提高战略核力量水平,用现代化远程飞机、潜艇和发射装置装备战略火箭兵";"从今年起将大批量地购买装备来满足俄罗斯国防部的需要",以便"用新的现代化军事技术装备军队","这些武器将奠定 2020 年前武器体系的基础"。他特别透露说,俄罗斯"正在顺利地研制独一无二的高精度武器和潜在的敌人无法预见到其飞行轨迹的机动弹头";这些"新式武器和摧毁导弹防御系统的武器"使得俄罗斯维持了与潜在对手的"战略力量的平衡"。⑤ 由于在国家经济状况得到改善的基础上推行了这一强兵政策,在 21 世纪的最初十年,俄罗斯的军事力量得到了显著的恢复甚至加强。

与此同时,俄军的部署正从苏联解体时的全面收缩重新转向加强境外军事存在。一方面,俄在一些独联体国家或者扩充或者新建立了军事基地。另一方面,俄军不仅在

① 上海国际问题研究所:《国际形势年鉴,2008》,上海:上海辞书出版社 2008 年版,第 96 页。
② 俄经济在 2009 年遭到重创,自 2000 年以来首次出现负增长,下滑幅度超过了二十国集团及金砖四国。
③ 上海国际问题研究所:《国际形势年鉴,2008》,上海:上海辞书出版社 2008 年版,第 511 页。
④ 上海国际问题研究所:《国际形势年鉴,2005》,上海:上海社会科学院出版社 2005 年版,第 539—540 页。
⑤ 上海国际问题研究所:《国际形势年鉴,2007》,上海:上海辞书出版社 2007 年版,第 524、525 页。

本土和境外、近海和远洋频繁举行军事演习,而且还恢复了战略核潜艇的全球巡逻。普京明确提出,俄罗斯的军队"应能同时在世界性冲突和地区性冲突中作战,也能同时在几个局部冲突中作战",以确保本国的"安全和领土完整"。① 换言之,按照普京的要求,俄罗斯的军队应能同时打一场全面战争和一场局部战争,或者能同时打几场局部战争。

3. 对外政策与俄罗斯对外关系的发展

冷战后的最初十年中,因为在北约东扩、美国部署导弹防御系统的计划以及科索沃战争等方面的分歧,叶利钦已经从向西方一边倒的政策逐步转向更具有自主性的既面向西方,也面向东方的"双头鹰"政策,乃至"全方位"外交战略。普京掌权后,在恢复经济和加强军事力量的同时,努力推动俄罗斯从自身的利益出发实施更为独立的对外政策,并取得了一定成功。

这主要表现在对待美国以及其他西方国家的政策方面。普京领导下的俄罗斯对遭到9·11袭击以后的美国显示了同情和支持,同意美国在吉尔吉斯斯坦、乌兹别克斯坦等中亚国家建立军事基地,并与西方国家发展合作关系,包括成为八国集团的成员。普京个人还与当时的美国总统小布什、英国首相布莱尔、德国总理施罗德等人发展了友好的个人关系。但是,与此同时,俄罗斯在一系列涉及切身利益的问题上显示出更加敢于坚持自己的原则和立场的倾向。无论是对那些原来就存在的分歧,还是在新涌现的伊拉克战争、颜色革命等问题上,俄罗斯都对美国的做法直言不讳地提出了自己的批评,坚持维护俄罗斯的立场和利益。

首先,普京公开地表示了对美国筹建的"世界新秩序"以及布什主义的不满,提出了"主权民主"的概念,强调每个国家都有权根据本国的历史、文化传统和法律自主地选择自己的民主制度,反对外来干涉。他在2005年的国情咨文中说,"俄罗斯按照本国人民的意愿,选择了自己的制度";"作为一个主权国家,俄罗斯能够也将自主地决定民主道路上的一切时间期限,以及推进民主的条件"。② 2007年2月,在第43届慕尼黑全球安全政策会议上,普京严厉指责美国"在国际关系方面逾越它的国界滥用武力",声称美国的政策"将导致新一轮军备竞赛"。③ 普京还提出,俄美关系之所以不断出现反复,主要的原因在于美国采取了不愿同俄罗斯进行平等合作的妄自尊大的态度。

其次,围绕导弹防御和北约东扩问题俄罗斯同美国进行了持续斗争,2007年这一斗争更是达到了白热化的程度。一方面,新年伊始小布什政府就宣布了与波兰和捷克商讨在其领土上部署导弹防御系统的计划。4月,小布什又签署了《北约自由统一法案》。根据新法案,美国将在2008年预算中拨款为阿尔巴尼亚、克罗地亚、马其顿以及格鲁吉亚、乌克兰等五国提供军事援助,让其军队符合加入北约的标准。在莫斯科看来,无论是北约将原来同为苏联的一部分的乌克兰和格鲁吉亚纳入其版图,还是在原来

---

① 上海国际问题研究所:《国际形势年鉴,2007》,上海:上海辞书出版社2007年版,第524、525页。
② 同上书,第481页。
③ 上海国际问题研究所:《国际形势年鉴,2008》,上海:上海辞书出版社2007年版,第107页。

华约国家的领土上部署反导系统,其矛头都是指向俄罗斯,直接危害了它的安全,为此作出了强烈的反应。7 月 14 日,普京签署命令称,由于国家安全受到严重威胁,俄决定停止执行欧洲常规武装力量条约(CFE)。11 月,他签署了暂停执行这一条约的法案,该法案在年底正式生效。① 当翌年 7—8 月间美国坚持与捷克和波兰正式签署了在这两个国家部署反导系统的协议后,俄罗斯新任总统梅德韦杰夫迅速发出了警告,并采取了反制措施,包括与白俄罗斯建立联合空防系统、在其境内部署战略轰炸机和导弹以及独联体国家实现空防一体化的计划。2009 年 5 月,梅德韦杰夫签署了《2020 年前俄联邦国家安全战略》。该文件称,美国在欧洲部署全球反导系统的做法很可能对全球和地区稳定造成现实威胁;俄罗斯将尽一切努力以最小开支来维持美俄在战略进攻武器领域的力量平衡。②

再次,普京领导下的俄罗斯对小布什政府不断在全球进行军事干预的倾向采取了指责和反对的立场。在美国于 2003 年 3 月 19 日发动了伊拉克战争之后,俄罗斯政府迅速作出了明确的反应。俄总理对此表示了遗憾,普京则强调美国必须停止这一战争,声称它将给其他地区带来不稳定因素。在美国向所有国家发出驱逐伊拉克外交官的要求以后,俄罗斯要美国对此作出解释。俄外交部长表示,俄不打算这么做,并将保护自己在伊拉克的合法权益。3 月 28 日,普京再次呼吁美国停止对伊行动,回到安理会解决问题。他并指出,美国对伊战争违反国际法准则和联合国宪章,是冷战后“最糟糕的行为”。③ 5 月下旬,针对小布什政府在伊拉克采取的一系列做法,普京又和应邀来访的中国国家主席胡锦涛在《联合声明》中明确宣布:“伊拉克危机应回到在联合国框架内政治解决的轨道上来”,“联合国应在伊拉克战后重建中发挥中心作用”;“必须确保伊拉克的主权、政治独立和领土完整,尊重伊拉克人民的意愿和自主选择,及其支配国家自然资源的权利”。④

复次,对于美国支持俄罗斯及其他原苏联地区的政治反对派发动“颜色革命”颠覆现政权的做法,普京也十分反感和警惕。这一所谓的革命起始于格鲁吉亚(2003)和乌克兰(2004),随后扩展到吉尔吉斯斯坦、哈萨克斯坦、乌兹别克斯坦(2005)等国家。它们的发生固然有其内因,是国内社会、经济和政治矛盾的反映,但与美国等西方国家的煽动和支持也有着密不可分的关系。例如,为了挤压俄罗斯的战略空间,扩大美国的势力范围,小布什政府不仅向吉尔吉斯斯坦的反对派提供大量“民主”专款,而且为其培养“人才”和提供信息。俄罗斯及时识破了美国的这种意图,并利用其陷入伊拉克战争之机作出了有力的反应。在 2004 年乌克兰总统大选前,普京两次访问该国以表示对亲俄力量的支持。2005 年底,俄罗斯与乌兹别克斯坦签订了联盟条约,正式建立战略联盟关系。此外,俄罗斯还强化了与吉尔吉斯斯坦、塔吉克斯坦以及哈萨克斯坦的盟友关

---

① 上海国际问题研究所:《国际形势年鉴,2008》,上海:上海辞书出版社 2008 年版,第 305 页。
② 上海国际问题研究院:《国际形势年鉴,2010》,上海:上海辞书出版社 2010 年版,第 316 页。
③ “伊拉克战争爆发　各国及组织立场一览”,<http://news.sohu.com/02/98/news207829802.shtml>。
④ 上海国际问题研究所:《国际形势年鉴,2004》,上海:上海社会科学院出版社 2004 年版,第 480 页。

系。正是在这些中亚国家的要求下,2005 年 7 月,上海合作组织在哈萨克斯坦的首都通过了《元首宣言》,要求美国"确定"撤出其在中亚的军事基地和驻军的"最后期限"。①同年 10 月,以俄罗斯为核心的欧亚经济共同体与主要由中亚地区国家组成的组织——中亚合作组织——实行合并,拉开了俄罗斯与中亚各国经济整合的序幕。

最后,在其他一些问题上,普京政权也采取了敢于向西方国家说"不"的自主立场。例如,2007 年 7 月中旬,英国外交部宣布将四名俄罗斯外交官驱逐出境,理由是俄罗斯拒绝交出其特工卢戈沃伊,他被控在英国谋杀了俄罗斯的另一名前特工。英国还表示将重新审查英俄间的合作关系。普京指责伦敦的要求是殖民时期旧思想的遗毒。并且,作为回应,俄罗斯外交部在几天以后宣布 4 名英国外交官为不受欢迎的人,限定他们在 10 天内离开俄罗斯。

与此同时,无论是在与中国、印度等亚洲国家的关系方面,还是在与中、东欧国家的关系方面,俄罗斯都采取了更加积极、更加主动的政策,进一步实施全方位外交。普京多次强调与中国关系的重要性与互补性,即俄罗斯需要一个繁荣和稳定的中国,而中国则需要一个强大和成功的俄罗斯。在 21 世纪的最初十年中,俄罗斯和中国领导人多次互访,在双边关系和一系列国际问题中实行了广泛和有效的合作。面对欧盟、北约等西方组织积极拉拢中、东欧各国的做法,俄罗斯也以自己的方式力图改善和调整与这些国家(特别是独联体的成员)的关系。具体地说,一方面,它利用欧亚经济共同体和独联体集体安全条约组织加强了与独联体国家的经济与安全合作;另一方面,它又通过威胁要对立陶宛、格鲁吉亚和波兰实施不同形式的经济制裁对它们施加压力,削弱这些国家的对立倾向。

二、欧盟的进一步发展

进入 21 世纪后,欧盟的成员国继续增加,一体化程度持续加深,在对外政策和安全政策方面的合作则有了新的加强,成为国际舞台上一支极为重要的力量。

1. 联盟的扩大与申根协议

20 世纪结束的时候,欧盟的成员为 15 个国家。2002 年 11 月,欧盟外长会议正式作出决定,同时邀请十个国家加入欧盟。除了塞浦路斯和马耳他以外,它们都位于中、东欧,包括匈牙利、波兰、爱沙尼亚、拉脱维亚、立陶宛、捷克、斯洛伐克和斯洛文尼亚。翌年 4 月 16 日,在雅典欧盟首脑会议上,上述十个国家签署了入盟协议,这是欧共体/欧盟历史上一次规模最大的扩充。2007 年 1 月,另两个巴尔干国家——罗马尼亚和保加利亚——也加入了欧盟。至此,欧盟拥有了 27 个成员国,总人口近 5 亿,总面积达到了 430 万平方公里,GDP 则超出了 10 万亿美元。

在欧盟得到扩大的同时,21 世纪之初,参加《申根协定》的国家大幅增加。1985 年

---

① 上海国际问题研究所:《国际形势年鉴,2006》,上海:上海辞书出版社 2006 年版,第 504 页。

6月,德国、法国、荷兰、比利时和卢森堡等五国在卢森堡边境小镇申根签署了《关于逐步取消共同边界检查协定》,即《申根协定》。其主要内容是:第一,在协定签字国之间不再对公民进行边境检查;第二,外国人一旦获准进入“申根领土”内,即可在协定签字国领土上自由通行;第三,设立警察合作与司法互助的制度,建立申根电脑系统和有关各类非法活动分子情况的共用档案库。① 在进入 20 世纪 90 年代以后,又有意大利等 9 个国家加入进来,包括不是欧盟成员国的挪威。要注意的是,直到 1999 年通过《阿姆斯特丹条约》以前,申根协定与欧盟的结构完全是脱离的。但是,按照这一条约,除了爱尔兰和英国外,其余的欧盟国家均应履行申根协定。所以,申根区的延伸也表明了欧盟一体化程度的加深。在进入 21 世纪之后,随着欧盟的扩大,申根成员国更是激增了 12 个国家,包括非欧盟国家冰岛、瑞士和列支敦士登。到 2010 年时,申根区包括了 26 国,其中四个为非欧盟国家。与此同时,同英国和爱尔兰一样,保加利亚、罗马尼亚和塞浦路斯等三个欧盟国家尚未执行申根协定。

2.《里斯本条约》

2004 年 10 月,在罗马首脑会议上,欧盟 25 国签署了《欧盟宪法条约》。这是欧盟的首部宪法,旨在保证欧盟的有效运作以及欧洲一体化进程的顺利发展。根据有关规定,《欧盟宪法条约》应在获得所有成员国批准后于 2006 年 11 月 1 日生效。然而,在 2005 年于法国和荷兰举行的全民公决中,该条约却先后遭到否决。这反映了两国相当一部分公众对迅速扩大后的欧盟现状感到不满,对其未来前途怀有担忧。

为推动制宪进程,2007 年 6 月,欧盟布鲁塞尔首脑会议决定以一新条约取代已经失效的欧盟宪法条约。按照会上达成的框架协议,新条约将不是宪法性质的根本大法,而是对 1957 年创建欧共体的罗马条约和 1991 年建立欧盟的马斯特里赫特条约进行修改增补的普通法律。这一性质的变化使得它无需通过全民公决加以批准,只要议会审批通过即可。在同年 10 月的里斯本首脑会议上,欧盟 27 国领导人经过争论与妥协就新条约的内容取得了一致,并将其命名为《里斯本条约》。12 月,他们再次聚会里斯本签署了这一条约,从而暂时结束了困扰欧盟两年之久的制宪危机。2009 年 12 月 1 日,这一条约正式生效。它是欧盟在一体化道路上的又一个里程碑。

相比欧盟宪法条约,里斯本条约的内容大为简化,包括删去了一切带有宪法意味的内容,如关于让人联想到“超国家”性质的欧盟盟旗、盟歌等规定,但仍保留了其实质性内容。具体地说,第一,里斯本条约对欧盟机构设置进行了调整,以便更好保持政策的连续性和一致性。它规定设立常任欧盟理事会主席职位。第二,里斯本条约对欧盟的决策机制进行了改革,以提高欧盟的决策效率。只有在税收、社会保障、外交和防务等事关成员国主权的领域,仍然维持一致通过原则;而涉及司法、内政等敏感领域的一些政策则被划归“有效多数表决制”的决策范围,成员国不再能“一票否决”。并且,从

---

① “申根协定”,<http://news.xinhuanet.com/ziliao/2005 - 06/06/content_3050913.htm>。

2014 年开始,现行的"有效多数表决制"将为"双重多数表决制"所取代,①即有关决议只要获得 55％的成员国支持,且支持国人口达到 65％的欧盟人口便可通过。第三,欧洲法院被赋予更大权力,可以就各国涉及司法和内政的法律是否与欧盟的法律相冲突的问题进行裁决。

总之,里斯本条约虽然放弃了使欧盟成为一个"超国家"的象征性内容,但是却保留了推动欧盟沿着这一方向前进的实质性内容。通过对机构的调整和对决策程序的改革,欧盟进一步成为了国际舞台上的一个真正实体,成为了多极化趋势正在深入发展的世界中的一极。

3. "共同欧洲安全和防务政策"的发展

科隆和赫尔辛基首脑会议关于共同欧洲安全和防务政策(CESDP 或 ESDP)的一些措施迅速得到了落实。在此基础之上,2000 年 12 月上旬,欧盟各国首脑又在法国的尼斯举行会议。它虽然并没有对阿姆斯特丹条约的有关内容作出真正"实质性"的修改,但还是通过了长达 60 页的文件,即《尼斯条约》。2001 年 3 月 20 日,各成员国正式签署了这一条约。除了其他方面的意义外,该文件更是欧盟共同外交和安全政策(CFSP)支柱发展过程中的一个新的里程碑,特别涉及共同欧洲安全和防务政策的执行,对欧洲快速反应力量、欧洲军团、欧盟与北约之间的防务合作安排等问题都作了规定。由此看出,制订和执行共同安全和防务政策已经成了欧盟共同外交和安全政策(CFSP)支柱的一项主要内容。同时,尽管该支柱本质上仍然是政府间主义性质的,但在其运转机制方面已经显示出浅淡的一体化色彩,包括有效多数的原则得到了更多的采用,欧盟委员会等机构的作用也有所加强。总之,欧盟在发展欧洲共同安全和防务政策的过程中已经取得了重要的进步,几乎完成了所有直接的目标。在 21 世纪的头十年,它的任务就是如何具体落实这些目标。

为此,首先要解决的是欧盟共同安全和防务政策与北约的关系问题。美国始终有着一种担心:欧盟的共同安全和防务政策可能导致北约这一跨大西洋组织的重要性的削弱。为了解决这一问题,双方都作出了一定的努力。以 2002 年 12 月《欧盟-北约关于欧洲安全与防务政策的宣言 》、2003 年 3 月欧盟共同外交与安全政策高级代表索拉纳与北约秘书长罗伯逊之间的互换信件作为标志,欧盟与北约达成了统称为"柏林附加"的一揽子协定。宣言提出了六项基本原则,即伙伴关系、有效相互协商、合作、平等、彼此对对方的决策自主和利益的应有尊重,以及两个组织的军事能力的"一致和相互促进的发展"。② 根据互换信件,在北约拒绝行动的情况下,欧盟可以使用北约的结构、机制和财产来实施军事行动。这些都是为了在北约和欧洲之间形成一种"可分开但是并不分离"的合作关系。

---

① 从 2004 年 11 月起,欧盟理事会采用《尼斯条约》中规定的新的"有效多数"表决机制:即总票数为 321 票(各成员国根据在欧盟中地位和影响力分别拥有不同票数的表决权),有效多数为 232 票并能够代表一半以上的成员国。

② "EU‐NATO Declaration on ESDP", <http://www.nato.int/cps/en/natolive/official_texts_19544.htm>.

　　其次要解决的是欧盟共同安全战略的制订与共同防务机构的建立。关于安全战略的制订,2003 年 12 月,在布鲁塞尔召开的欧盟首脑会议通过了一份政策文件《在一个更为美好的世界中的安全的欧洲:欧洲安全战略》。这实际上是欧盟的首份共同安全战略文件。一方面,它规定了欧盟在当今世界应当发挥的作用:"作为一个拥有 25 个国家、45 000 万人口、世界国民经济生产总值的四分之一的联盟,欧盟不可避免地是一个全球角色";"它应当准备分担对全球安全的责任,建立一个更加美好的世界"。另一方面,这一文件分析了欧盟的战略目标和应当采取的政策,包括"需要发展一种促进早期、迅速和必要时有力干预的战略文化"。① 在共同防务机构的建立方面,2002 年 1 月欧盟安全研究所(EU - ISS)于巴黎落成。它既是欧盟的一个机构,又是一个研究有关欧盟安全问题的思想库。2004 年 7 月,在布鲁塞尔建立了欧洲防务机构(EDA)。其任务一是支持欧盟成员国改善其军事能力,以完成上述欧洲安全战略提出的目标;二是推动它们之间的合作和实行有关合作项目。

　　2007 年 12 月的《里斯本条约》同样是欧盟外交、安全和防务政策发展过程中的一个重要里程碑。一方面,该条约对欧盟"共同外交和安全政策"(CFSP)的性质和决定过程作出了重要调整,即它不再是一个政府间性质的单独支柱,但是仍然具有自己的特殊的决策规则。总的来说,其决定仍然要得到欧盟理事会的一致通过;但是,如果该理事会一致同意,某些涉及共同安全和防务政策的事务(军事和防务事务除外)也可以采用有效多数表决的方式加以决定,即"加强的合作"。② 里斯本条约还将欧盟共同外交和安全政策高级代表与欧盟委员会负责外交的委员这两个职权交叉的职务合并,设立欧盟外交和安全政策高级代表一职,由其全面负责欧盟对外政策。另一方面,里斯本条约进一步发展了共同欧洲安全和防务政策(CESDP,ESDP)。它特别规定:"共同安全和防务政策将是共同外交和安全政策的一个组成部分",将赋予联盟一种"作战能力",以便可以履行"在联盟以外的使命,如维和、冲突预防以及按照联合国宪章的原则加强国际安全"。里斯本条约还明确提出,共同安全和防务政策将包括"逐渐形成""共同的联盟防务政策",并在欧盟理事会一致同意的情况下"导致共同防务"。此外,里斯本条约采用了西欧联盟关于共同防务的规定:"如果一个成员国在其领土上成为武装侵略的受害者,其他成员国将有义务按照联合国宪章第 51 款以所有掌握的手段向其提供帮助和援助"。③ 这样,西欧联盟就成了一个多余的组织,在 2011 年 6 月 30 日正式停止了存在。

　　从 2007 年 1 月 1 日起,欧盟的作战中心开始在布鲁塞尔工作,它可以率领规模大约达到 2 000 人的军队(即一个战斗群)。除了这个作战中心外,包括法国、英国、德国、

---

① European Union, *A Secure Europe in a Better World: European Security Strategy*, Brussels, 12, December 2003, pp. 1、11.

② "加强的合作"可能在一些(并非所有)成员国希望在某个特定领域实行更紧密合作的情况下生效。按照里斯本条约,这至少需要得到九个成员国的赞成。

③ "Treaty of Lisbon", <http://eur-lex.europa.eu/JOHtml.do? uri=OJ:C:2007:306:SOM:EN:HTM>.

意大利和希腊在内的五个国家的作战总部也可以供欧盟使用。欧盟还可以使用北约的资源。

依据共同欧洲安全和防务政策(CESDP,ESDP),21世纪初,欧盟多次在其领土之外使用军事力量。2003年3月欧盟维和部队接替北约部队进驻马其顿共和国,其主要使命是协助马其顿当局收缴散失在民间的武器、维持局势稳定和监督边界地区的安全。这是欧盟首次在欧洲地区执行维和任务。同年的晚些时候这一维和军队为一支较小规模的警察力量所替代。翌年12月开始欧盟又接替北约在波黑部署维和部队,并负责监督执行《代顿协议》。与此同时,欧盟还在欧洲以外部署军事力量。2003年6月,按照联合国1484号决议,一支欧盟维和紧急部队开始进驻刚果(金)东部发生族群冲突的地区,以帮助平息种族屠杀,稳定当地局势。这是欧盟在欧洲以外的地区进行的首次军事部署。2006年6月,即在刚果(金)举行首次民主选举前夕,欧盟维和部队又回到那里,以支持联合国的使命。2008年2月,欧盟正式向乍得和中非共和国派驻维和部队,以保护因战乱产生的难民和无家可归的百姓。除此之外,欧盟还在格鲁吉亚、印尼、苏丹、巴勒斯坦、乌克兰、摩尔多瓦、伊拉克承担了一些小规模的警察、司法和监督使命。

三、日本的政治抱负与右倾化

进入21世纪后,一方面,虽然日本深陷泡沫经济破灭后遗症,但它仍然是个具有重要影响的经济大国。另一方面,在此基础之上,日本不仅加快了走向政治大国的步伐,而且出现了严重的右倾趋势,对第二次世界大战之后的国际秩序造成了挑战。

1. 日本的经济与政治抱负

在20世纪90年代,日本经济就因为泡沫破裂而出现了持续的低迷。在进入新世纪后,日本经济又是经历了"萎缩的十年"。其最大的特点是,增长速度放慢。按照世界银行的统计,2009年的GDP为5.0351万亿美元(按当时价值计算,下同),比2000年的4.7312万亿美元仅上升了6.4%,依然没有达到1995年的水平(5.3340万亿美元)。其间,2001年和2002年以及2005年、2006年和2007年的GDP甚至出现了负增长。

与此同时,要看到的是,尽管增长缓慢甚至出现下滑,直到2009年,日本的GDP在各个国家中一直排名第二位,仅次于美国。日本在海外的纯资产和拥有的外汇储备依然名列前茅或占首位。日本的服务业,特别是银行业、金融业、航运业、保险业,在其GDP中占了最大比重,而且在世界上处于十分突出的地位。日本的工业,特别是电子业和汽车制造业,继续在国际市场上具有重要的份额和影响。总之,尽管日本在经济上遇到了不小的困难,但是仍然是个经济大国。而这又为日本追求政治大国乃至军事大国地位的政治抱负奠定了基础。

20世纪80年代初期,中曾根首相就曾提出过"战后政治总决算"的路线,表明急于扭转在战后日本有着重要影响的和平思潮与和平心态。到了90年代初,民主党干事长小泽一郎又提出"普通国家"论。表面上,"普通国家"论只是要求日本在国际社会的安全、发展、环境保护等方面发挥更加积极的作用,实际上它反映了日本妄图否定反法西斯战争的胜利成果、突破第二次世界大战结束后的国际秩序、改变日本的地位与战略的构想。具体而言,这就是要以履行国际责任为借口,摆脱"和平宪法"和国内外舆论的牵制,将在政治上遭到各国警惕和军事上自我约束的日本转变成为与别国完全一样的国家,甚至成为一个与五个常任理事国一样的政治大国乃至军事大国。这一"普通国家"论在日本的右翼势力中引起了强烈反响。在进入 21 世纪以后,从 2001 年开始执政的小泉纯一郎起,历届日本政府更是加紧了在这一方向上的努力,导致日本政治出现了明显的右倾化。

2. 日本政治的右倾化

日本政治的右倾化具体表现于以下几个方面:

首先,日本加快了谋求修改 1947 年宪法的过程。这一宪法的第九条规定,第一,"日本国民衷心谋求基于正义与秩序的国际和平,永远放弃以国权发动的战争、武力威胁或武力行使作为解决国际争端的手段"。第二,"为达到前项目的,不保持陆海空军及其他战争力量,不承认国家的交战权"。① 因此,这一宪法通常又被称为"和平宪法"。从和平宪法诞生以后,修宪还是维宪(实际上是修正还是维护宪法第九条的内容)就成了日本国内政治的一个重要话题。在 20 世纪 50 年代、60 年代、80 年代,日本政坛曾为此三次掀起斗争高潮。由于维宪派的有力反对以及国内外舆论的牵制,修宪派的阴谋未能得逞。但是,进入 21 世纪以后,修宪派的力量因为多种原因明显得到了加强。第一,先后担任日本首相的小泉纯一郎、安倍晋三等人就是主张修宪的。2001 年出任首相的小泉一再表示,应该在将来某个时候对宪法第九条进行修改。2006 年上台的安倍则将"摆脱战后体制"作为施政重点之一,出台了《修宪程序法》。第二,修宪派在日本国会中明显取得了优势。例如,经过 2003 年 11 月众议院大选,在 480 个议席中,主张修宪的自民党、公明党、民主党等党派共获得了 452 席,而主张维宪的共产党和社民党仅有 15 席。又如,日本共同社 2004 年 8 月份就修宪问题对参众两院全体议员进行的一份问卷调查表明,有 84.5% 的议员赞成修宪。2005 年 9 月的众议院选举基本维持了这一格局。第三,随着日本国内民族主义情绪的高涨,日本民众赞同修宪的人数也不断增多。据有的民意调查,日本国民支持修宪的人已经接近 60%。按照日本宪法规定程序,修宪必须经国会两院 2/3 以上议员赞成并经国民投票过半数同意方可生效。到了 21 世纪第一个十年的中期,这两个条件显然已经基本具备。2005 年 10 月,自民党在国会正式提出了《新宪法草案》。2006 年 11 月,国会参众两院相继通过了将防卫厅升格为"省"的议案。翌年年初,在庆祝防卫"省"正式成立的典礼上安倍声称,这一升格"为日本从战后体制中脱离出来、为建设新型国家奠定了基础"。②

---

① "日本国宪法",<http://www.cn.emb-japan.go.jp/fpolicy/kenpo.htm>。
② 上海国际问题研究所:《国际形势年鉴,2007》,上海:上海辞书出版社 2007 年版,第 221 页。

其次,与修改"和平宪法"紧密相连,日本通过不断制定扩大自卫队在海外行动的法案以及向海外派兵的渐进策略,不遗余力地冲击日本战后的"专守防卫"的基本国策。

早在 1954 年 6 月,日参议院就通过了《关于不许向海外出动自卫队的决议》。但是,1991 年海湾战争结束之后,日本政府即在 4 月间以"保护环境"为由作出了向波斯湾派遣海上自卫队扫雷舰队的决定,它由 6 艘扫雷艇和 510 名官兵组成,赴海湾执行了历时 99 天的扫除水雷任务。这是日本自卫队自成立以来在海外的首次行动,尽管打的是联合国的旗号。1992 年 6 月,日本国会通过了《联合国维持和平活动合作法》。该法案是战后日本以参加联合国维和行动为名就向海外派遣自卫队问题进行的第一次立法,因而也被称为"派兵法案"。它使得日本突破了向海外派兵的限制,让自卫队跨出国门有了"合法"依据。但是,这一法案也规定,参加维和活动的日本自卫队不能参与监督停战或收缴武器等维和部队的主体业务,而只能从事医疗、抢救灾民、运输、通信等后方支援活动。在此后几年中,日本依据这一法案先后向向柬埔寨、莫桑比克、卢旺达、中东的戈兰高地等四个地区派兵参加联合国维和活动。

进入 21 世纪以后,日本更是以参加美国的反恐战争和伊拉克的重建为名,力图进一步打开向海外派兵的大门。2001 年 10 月,国会通过了允许自卫队支援美军军事行动的《恐怖对策特别措施法》。11 月,日本内阁通过了《联合国维持和平活动合作法》修正案,决定解除禁止自卫队参加维和部队主体业务的规定及放宽自卫队参加维和行动时武器使用的限制。根据这一修正案,自卫队队员在维和活动中使用武器的标准与不久前刚刚通过的《恐怖对策特别措施法》相同,即不仅可以使用武器保护自己,而且也可以动用武器保护受到威胁的"灾民和伤病员等处于自己管辖下的人"。2003 年 7 月,国会又通过了"伊拉克复兴支持特别措施法",使得日本在联合国框架以外的海外出兵获得了法律依据。据此,12 月中旬,日本防卫厅长官发布了向伊拉克派遣约 1 000 名自卫队员的计划。这是日本在第二次世界大战结束后首次向一个战斗仍在继续的国家派出配备有飞机、军舰、装甲车等重型装备的陆海空自卫队。2009 年 6 月,日本国会通过《应对海盗法》,使向海外派遣自卫队的程序和行动有了更大的活动空间,特别是为自卫队在打击海盗的名义下主动出击创造了机会。随后,根据防卫大臣的命令,日本海上自卫队的两艘驱逐舰赶赴索马里海域,为日本商船提供护航。这是第二次世界大战结束以来日舰首次在海外担负护航和警备行动。

再次,因为对第二次世界大战期间犯下的战争罪行缺乏应有的认识以及试图否定第二次世界大战的成果与战后东亚秩序,日本政坛的一些右翼人士变得更加固执和强硬,从而导致日本与邻国之间发生了一系列的争执,在某些时候甚至发生了激烈的对抗。

争执之一是日本官方人士参拜靖国神社的问题。位于东京的靖国神社供奉了自明治维新时代以来战死的日本军人,其中包括了死于第二次世界大战之中的近 2 000 名丙级、乙级乃至甲级战犯。为此,日本政治人物以公职身份对该神社的参拜实质上是对世界反法西斯战争胜利成果的否定,遭到了曾经遭受日本侵略的国家和人民的强烈反对。在 20 世纪 80—90 年代,日本政府还比较克制,只有中曾根和桥本龙太郎作为首相分别在 1985 年和 1996 年参拜了靖国神社。但是,进入 21 世纪以后,情况发生了显著变化。在从 2001 年起担任首相的六年间,小泉纯一郎不仅公然鼓吹"脱离战后"等主张,并全然不顾邻国的感情年年亲自参拜靖国神社。他公开宣称,其他国家不应该干涉日本"采用何种方式追悼战殁者","不能理解所谓的不能参拜靖国神社的理由"。[①] 小泉这一顽固立场对日本与中国、韩国等亚洲邻国的关系造成了严重伤害。2006 年 9 月,小泉下台,战后出生的新生代政治家安倍晋三出任首相。作为小泉内阁的成员他曾坚决支持参拜靖国神社,只是为了缓和邻国的不满才未敢以首相身份继续进行这一参拜。[②]

争执之二是日本和俄罗斯、韩国以及中国在有关海岛主权问题上的冲突。它们产生的背景不尽相同,有的是与第二次世界大战后的秩序安排有关,有的则是因为近现代史上日本攫取邻国领土的行径在美国的庇护下未能受到彻底清算。日本或者坚持有争议的领土不存在争议,或者指责别国非法占领。由于南千岛群岛(日本称北方四岛)、独岛(日本称竹岛)现在实际为俄罗斯和韩国所控制,日本便将注意力集中于钓鱼岛(日本称尖阁群岛)。20 世纪 90 年代中期以来,特别是从 2005 年起,随着日本国内右倾势力的急剧加强以及海洋日本论的迅速抬头,日本更是不顾 70 年代中日两国领导人达成的"搁置争议"的共识,否认争议的存在,或纵容前东京都知事石原慎太郎和其他极右翼分子或直接出面在钓鱼岛频惹事端。例如,2000 年 4 月,日本右翼组织"青年社"在钓鱼岛上建立了一座小神社。2005 年 2 月,该组织又将其 1978 年在钓鱼岛上竖起的一座高 5.5 米的灯塔移交给了小泉政府,日本海上保安厅随即派员登上钓鱼岛,设立管理标志。2010 年 9 月 7 日,一艘在钓鱼岛附近海域进行捕捞作业的中国拖网渔船受到日本海上保安厅巡逻船只的跟踪、冲撞、截停和扣押,船长被逮捕。显然,日本政府是想通过这样的做法强化日本的立场,造成日本占有的既成事实。

与钓鱼岛争执相联系,日本在东海划界问题(即中日专属经济区界线的划分)上也采取了蛮横无理的立场。对此问题,中方一贯主张双方应该通过谈判加以解决,并多次强调"主权归我、合作开发"是解决东海问题的唯一正确选择。但是,2005 年 7 月,就在双方正为东海划界和开采天然气资源问题进行谈判的时候,日本政府悍然授权帝国石油公司在有争议的海域进行试探,并将中方开发的几个天然气油田分别另行用日文命名。不仅如此,日方还要求中方停止在双方并无争议的海域内进行勘探和开采,并向其提供相关的海底资料。后来,日本又试图通过立法措施来向中方施压。[③]

最后,利用已经拥有的经济实力,在推动联合国改革的旗号下,日本积极谋求从《联合国宪章》中删除有关敌国的条款并取得安理会常任理事国的席位。在 2003 年秋天的联合国大会上,小泉政权即提出了就联合国改革召开首脑会议的倡议;进入 2004 年后,它进一步加强了努力。为了实现在 2005 年联合国创建 60 周年之际入常的梦想,它软

---

① "小泉称何时参拜靖国神社将适当判断",<http://www.cnr.cn/gundong/200505160337.html>。
② 2012 年 12 月重新出任首相后,安倍晋三公然表示对在上届任期未能参拜靖国神社悔恨至极。
③ 上海国际问题研究所:《国际形势年鉴,2006》,上海:上海辞书出版社 2006 年版,第 115 页。

硬兼施，一方面以减少联合国会费对联合国以及各成员国施压，另一方面又邀请联合国秘书长访日以及对现有常任理事国展开工作，此外还和德国、印度、巴西组成"四国集团"以增强影响力。① 不过，由于各方力量的博弈和相互制约，日本"入常"的计划在21世纪初最终未能实现，尽管此后它并未放弃这一方面的努力。

四、发展中国家力量的增长和团结合作的加强

进入21世纪后，以"金砖国家"为代表的发展中国家的经济力量得到了迅速增长；与此同时，它们的团结合作也得到了有力加强，建立或发展了各种跨洲性和地区性的组织。这些表明，发展中世界也成了多极化世界中的重要一极。

1. 发展中国家经济力量的增长和"金砖国家"

冷战结束以后的最初十年，由于采取了务实适当的经济政策，发展中国家的经济力量以远远高出于发达国家的速度迅速增长，整体实力明显加强。例如，在1991—2000年间，虽然整个世界的GDP平均年增长率为3.22%，但是其中发达经济体的GDP平均年增长率仅为2.82%，而发展中经济体的GDP平均年增长率为3.91%。② 在此过程中，一些国家和地区尤为突出。它们延续了20世纪80年代以来的快速发展势头，成为新兴经济体（国家或地区），包括亚洲的所谓"四小龙"（韩国、新加坡、中国的香港和台湾地区），拉丁美洲的巴西和墨西哥等。

进入21世纪后，在整个世界经济处于低速增长期的同时，发展中世界总体上仍然保持了较好的上升势头。从2001—2010年，整个世界的GDP平均年增长率为3.64%，其中发达经济体的GDP平均年增长率为1.63%，发展中经济体的GDP平均年增长率为6.27%。③ 发展中经济体在世界经济中所占比重明显上升。例如，到2006年时，新兴经济体占全球经济比重由1990年的39.7%上升到了48%，并且占有世界外汇储备的四分之三。特别是中国、印度等亚洲新兴经济体不仅增长率最高，而且对世界经济的稳定和增长作出了重大贡献，首次引领了全球的经济复苏。

在新型工业化经济体中影响最大的又是"金砖国家"。最初这是指巴西、俄罗斯、印度和中国。它们的英文首字母为BRIC，与英语单词的砖（Brick）类似。2010年，在非洲第一大经济体南非加入"金砖国家"的行列后，BRIC变成了BRICS，"金砖四国"也就变成了"金砖五国"。它们的国土面积占世界领土总面积的26%，人口为世界总数的42%。更重要的是，自2001年著名高盛证券公司的顾问吉姆·奥尼尔发表题为《全球需要更好的经济之砖》的报告以来，"金砖国家"经济一直保持高速增长，成为应对国际金融危机的重要力量。2009年时金砖四国国内生产总值占世界总量的14.6%，贸易额

① 参看本节最后一目。
② 根据国际货币基金组织的资料整理，参看<http://www.imf.org/external/datamapper/index.php>。
③ 同上。

占全球的 12.8%,按购买力平价计算对世界经济增长的贡献超过 50%。① 根据 2010 年世界银行和国际货币基金组织改革方案,"金砖国家"在世界银行的投票权将大幅增加至 13.1%,在国际货币基金组织的份额将达到 14.81%。

与此同时,"金砖国家"的合作也取得了重要的进展。2006 年 9 月,它们的外长在出席联合国大会期间举行了首次会晤,此后每年依例举行。2008 年 5 月,四国外长又在俄罗斯叶卡捷琳堡举行首次联大场合之外的会晤,并发表联合公报。翌年 6 月,四国首脑在叶卡捷琳堡举行了首次峰会,就国际形势、国际金融机构改革、粮食安全、能源安全、气候变化、"金砖国家"对话合作以及未来发展方向等问题交换了意见,发表了《联合声明》。它们之间的一种多层次、松而不散的合作机制由此形成。这一机制为其交流发展经验、破解发展难题、开展广泛经济合作提供了宝贵平台。同样重要的是,"金砖国家"合作机制的发展推动了国际经济关系民主化和国际政治关系多极化的进程。

2. 跨洲性的发展中国家组织的发展

在 21 世纪的最初十年,发展中国家不仅在经济力量方面获得了重大的发展,相互之间的团结合作也有了进一步的加强。在此方面的表现之一是,发展中国家原有的跨洲性国际组织,包括不结盟运动、77 国集团、15 国集团等,在经过了冷战后最初十年的停滞以后,又重新获得了发展的动力。它们体现了发展中国家团结与合作的加强,在推进建立新的国际经济和政治新秩序方面发挥了重要的作用。

在经历了近 20 年的发展之后,到 20 世纪 70 年代末时,不结盟运动成员国之间的矛盾已经开始激化。其中一些虽然表示奉行独立自主的外交政策,但实际上却与大国建立了或明或暗的同盟关系。例如,作为创始国之一的印度一直与苏联关系暧昧,古巴更是苏联忠实的盟友。泰国与沙特阿拉伯等中东国家则明显倒向美国。因此,在 1979 年于古巴举行的第六次不结盟首脑会议上,柬埔寨(当时被越南占领)的地位问题引起了激烈争执,并最终导致缅甸决定退出不结盟运动。冷战结束之后,随着各国的重心纷纷从政治领域转移到了经济领域,不结盟运动的基础进一步遭到了削弱。但是,在进入 21 世纪之后,随着发展中国家在世界上作用的增强和面对挑战的增多,参加不结盟运动的国家加强了合作,先后举行了三次峰会。在 2003 年 2 月的吉隆坡峰会上,各国首脑着重讨论了伊拉克问题。他们表示,坚决谴责在未经联合国授权的情况下对别国采取单方面军事行动和威胁使用武力。在 2006 年 9 月的哈瓦那峰会上,与会领导人就一系列重大国际问题进行了磋商,在反恐、中东冲突和伊朗核危机等问题上都表明了与美欧国家不同的立场。在 2009 年 7 月于埃及海滨城市沙姆沙伊赫召开的峰会上,首脑们重点讨论了在全球经济危机中如何保护发展中国家利益的问题,此外还就恐怖主义、全球气候变暖以及巴以冲突等问题进行了磋商。这些会议促进了不结盟国家的相互理解和彼此立场的协调。

2000 年 4 月,来自 77 国集团的 133 个成员国在古巴首都哈瓦那举行了首届南方

① 上海国际问题研究院:《国际形势年鉴,2010》,上海:上海辞书出版社 2010 年版,第 355 页。

首脑会议,讨论了涉及发展中国家乃至整个世界的重大经济问题,包括如何应对经济全球化给南方国家带来的挑战和风险,如何改变造成南北贫富日益悬殊的现有国际货币金融体制和世界贸易体制,如何通过南方国家的联合行动推动南北平等对话和互利合作等。与会领导人发表了《南方首脑会议宣言》以及为实现此项宣言而制定的《哈瓦那行动纲领》,并且决定筹组一个由南方国家各大区域性组织的主要领导人共同组成的"南方协调委员会",以组织实施该行动纲领。中国并非77国集团成员,但双方一直保持良好合作关系。2005年6月,第二届南方首脑会议即以"77国集团+中国"的模式在卡塔尔首都多哈举行。它通过了《多哈宣言》和《多哈行动纲领》。宣言就南方国家的发展权以及全球化等问题陈述了立场,并呼吁加强南南合作,共谋发展,消灭贫困。行动纲领则要求发达国家兑现已作出的援助承诺,帮助南方国家解决在发展过程中遇到的困难,包括减免发展中国家的巨额债务。它还建议77国集团为解决贫困成员的经济、社会和人道灾难等问题设立各种专项基金。此外,77国集团在每年的联大开始以前将举行外交部长会议,还会就共同关心的问题举行其他部门的部长会议或专家论坛,如贸易和投资、科学和技术、能源及气候等。

"15国集团"又称"南南磋商与合作首脑级集团",1989年9月在贝尔格莱德不结盟国家首脑会议上成立,是一个完全由发展中国家组成的跨洲国际组织,包括亚洲的马来西亚、印度、印度尼西亚等三国,非洲的阿尔及利亚、埃及、尼日利亚等五国,拉丁美洲的阿根廷、巴西等六国和欧洲的南斯拉夫。后来,成员数目虽然有所扩大,但15国集团的名称不变。当初成立15国集团的考虑是,规模庞大的国际组织因为成员国差别悬殊很难采取切实行动;相反,一个规模较小、其成员的国情更加接近且想法更加类似的国家集团,则可以通过更为实际、更为有效的方式推动南南合作和南北对话,促进发展中国家的经济发展和改善人民生活。15国集团的主要活动是轮流在成员国举行首脑会议(2001年以前基本每年一届,以后则不定期)。2004年2月,15国集团加拉加斯(委内瑞拉首都)首脑会议就能源与发展问题达成了共识。会议通过的宣言强调,各成员国将加强在能源领域的合作,并藉此促进公共和私营部门的投资,推动经济的增长。2006年9月,15国集团哈瓦那首脑会议着重讨论了农村和农业的发展以及水资源的管理。除此以外,15国集团还每年举行一次外交部长会议,其任务是为首脑会议进行准备并协调集团的工作。

3. 地区合作组织的加强和一体化的发展

发展中国家团结合作加强的另一标志是,主要由它们组成的地区性组织得到了进一步的发展,同时还出现了一些活跃的新组织。

在发展中国家的地区组织中,东盟无疑是最引人注目的。

首先,进入21世纪后,东盟国家之间的合作继续向纵深发展。一方面,它们之间的会晤和磋商变得更加制度化和高层化。从2001年起,东盟各国首脑每年举行一次峰会,讨论和解决地区的紧迫问题,以及处理同地区外其他国家的关系。进入2009年后,东盟峰会更是变成了一年两次。东盟还就专门的问题——如防务、环境——举行部长会议,包括每年的外交部长会议。另一方面,更重要的是,以东盟宪章的缔结和生效作为标志,东盟国家在一体化建设方面迈出了重要的步伐。欧盟及其推行的一体化始终是东盟的一个榜样和目标。2003 年 10 月在印尼巴厘岛举行的第 9 次东盟首脑会议通过了《巴厘第二协约》。该文件提出了建设类似于欧盟的"东盟共同体"的设想,即东盟要建成经济共同体、安全共同体和社会-文化共同体。就经济领域而言,东盟成员国要在 2004 年底以前实行统一关税,2005 年以前消除关税壁垒,2020 年以前建成经济共同体。2007 年 11 月,于新加坡举行的第 13 次东盟首脑会议批准了《东盟宪章》。作为东盟成立 40 周年以来通过的第一份具有普遍法律意义的文件,它确立了东盟的目标、原则和地位,在东盟发展历程中具有里程碑式的意义。该宪章规定,东盟将继续坚持不干涉内政的基本原则,尊重各成员国的独立、主权、平等、领土完整和民族特性,不干涉成员国的内政。与此同时,它又提出,东盟将致力于经济一体化建设,构建稳定、繁荣和统一的东盟市场和生产基地,实现商品、服务和投资自由流动,促进商界人士、技术人才和劳动力的自由往来;增强合作互助,在本地区消除贫困,缩小贫富差距;加强开发人力资源,鼓励社会各部门参与,增强东盟大家庭意识。该宪章还特别强调,它对各成员国具有约束力,赋予东盟法人地位。[①] 在此后的一年中,东盟十国先后批准了东盟宪章。2008 年 12 月 15 日,该宪章的生效仪式在雅加达的东盟秘书处举行。这标志着东盟进一步走向"欧盟式的共同体"这一目标。

其次,东盟积极推动和参与东亚区域的全面合作。一方面,它努力促进与东亚其他国家的经济一体化进程。继 2002 年和中国签订了自由贸易协议后,2007 年起又先后与韩国、日本、澳大利亚、新西兰以及印度签署了自由贸易协议。中国-东盟自由贸易区(CAFTA)已于 2010 年 1 月 1 日正式全面启动。它们拥有 19 亿人口,每年的 GDP 达 6 万亿美元,双方的相互贸易额占世界贸易额的 13%。因此这是世界上拥有最多人口的自贸区,也是发展中国家间最大的自贸区。另一方面东盟推动了东亚峰会的建立和运行。2005 年 12 月,首届东亚峰会在马来西亚首都吉隆坡举行,除了参加"10+3"对话的国家外,与会的还有来自印度、澳大利亚和新西兰三国的首脑。他们就加强合作、相互依存、共谋发展达成广泛共识,签署了本届峰会的《吉隆坡宣言》,初步确定了东亚峰会的原则、目标、合作领域以及主要特征。此外,东盟地区论坛也逐渐发展成为一个真正的多边对话平台,除了参加东亚峰会的 16 国外,还包括了美国、俄罗斯、欧盟等与东亚有着重要关系的国家和组织,共有 27 个成员。它促进了亚太地区的信任建设和预防外交。

再次,东盟加强了与更大范围的外部世界的联系,包括和欧盟、俄罗斯以及美国的合作。第一是亚欧会议的举行和欧盟-东盟自由贸易区谈判的展开。自 1996 年创立以来,两年一次的亚欧首脑会议到 2010 年时已经举行了八届。出席会议的成员也已由当初的 26 个发展到目前的 45 个。其宗旨是加强欧洲国家和亚洲国家的合作,特别是东

① 上海国际问题研究所:《国际形势年鉴,2008》,上海:上海辞书出版社 2008 年版,第 250—251 页。

盟成员国和欧盟成员国的合作。参与者中还包括了分别代表这两个组织的欧盟委员会和东盟秘书处。2007 年 11 月,欧盟与东盟在新加坡举行建立对话关系 30 周年纪念峰会时决定,要在区域对区域方式的基础上迅速推进欧盟与东盟的自由贸易区谈判。第二是东盟与俄罗斯以及美国的峰会的召开。2005 年 12 月,首届东盟-俄罗斯峰会在吉隆坡举行。东盟各国领导人与俄罗斯总统普京签署了一份关于发展全面伙伴关系的联合宣言和推动双边合作的行动计划。2009 年 11 月,首届东盟-美国峰会在新加坡举行。双方发表共同声明指出,将在解决区域和全球问题上加强合作。奥巴马总统特别强调,美国坚定支持东盟于 2015 年建成经济共同体,完成经济一体化。第三是东盟加强了与联合国的联系及合作。2006 年,东盟在联合国大会上被赋予了观察员的地位。作为回报,东盟也给予了联合国"对话伙伴"的地位。

与东盟的发展相呼应,进入 21 世纪后,亚洲还出现了另一个亚地区国际组织——上海合作组织(上合组织)。它的前身是由中国、俄罗斯、哈萨克斯坦、吉尔吉斯斯坦和塔吉克斯坦组成的上海五国会晤机制。2001 年 6 月,上述五国举行第六次首脑会晤,乌兹别克斯坦也加入其中;六国元首签署了《上海合作组织成立宣言》和《打击恐怖主义、分裂主义和极端主义上海公约》。上合组织由此正式成立。这是首次在中国境内成立的国际性组织,并以其城市命名。成员国总面积为 3 000 多万平方公里,占欧亚大陆总面积的五分之三,人口约 16 亿,为世界总人口的四分之一。2002 年 6 月,六国首脑在俄罗斯圣彼得堡举行了第二次会晤,签署了《上海合作组织宪章》。在此基础之上,上合组织建立了涵盖不同层次、涉及众多领域的比较完善的机制。其中,国家元首理事会是它的最高领导机构,每年举行一次例行会议;分别设于北京的秘书处以及设于乌兹别克斯坦首都塔什干的地区反恐机构则是两个常设单位。

按照成立宣言,上海合作组织的宗旨是,"加强各成员国之间的相互信任与睦邻友好","鼓励"各成员国在政治、经济、科技、文化等各个领域的"有效合作","共同致力于维护和保障地区的和平、安全与稳定",以及"建立民主、公正、合理的国际政治经济新秩序"。六国承诺,将继续发扬光大以"互信、互利、平等、协商、尊重多样文明、谋求联合发展"为基本内容的"上海精神",使之成为新世纪上合组织成员国之间相互关系的准则。①

上合组织的重点合作领域是在安全方面。成立当天它即签署的上海公约对恐怖主义、分裂主义和极端主义这"三股势力"作了明确界定,并提出成员国合作打击的具体方向、方式及原则。2002 年 6 月圣彼得堡峰会又签署了关于设立地区反恐怖机构的协定。其主要职能是:收集、分析并向成员国提供有关"三股势力"的信息;建立关于"三股势力"组织、成员、活动等信息的资料库;协助对"三股势力"活动进行侦查并对相关嫌疑人员采取措施;协助培训反恐专家等相关人员以及准备和举行反恐演习。到 2010 年止,上合组织已经组织了七次多边的或双边的联合反恐演习。

政治合作是上合组织的另一主要活动领域。一方面,它积极推动成员国间边界问

---

① 上海国际问题研究所:《国际形势年鉴,2002》,上海:上海辞书出版社 2002 年版,第 467—468 页。

题的解决,巩固成员国政治互信和睦邻友好。另一方面,它在成员国关切的问题上以上合组织的名义表示共同立场。例如,针对联合国安理会改革问题,2005 年于哈萨克斯坦的阿斯塔纳举行的峰会发表宣言强调,改革应"遵循最广泛协商一致的原则,不应为改革设立时限及强行推动表决尚有重大分歧的方案"。①

上合组织发展了广泛的经济合作,涵盖贸易、投资、海关、金融、税收、交通、能源、农业、科技等领域。此外,它在文化、教育、环保、紧急救灾等领域的合作也进展顺利,取得了丰富成果。

上合组织奉行对外开放的原则,致力于同其他国家和国际组织开展各种形式的对话、交流与合作。2004—2005 年间,它分别接纳蒙古、伊朗、巴基斯坦和印度为观察员国,同阿富汗签署关于成立联络组的议定书。与此同时,上合组织还获得联合国大会观察员地位,其秘书处分别与独联体执委会和东盟秘书处签署了谅解备忘录。此外,上合组织与欧盟也建立了良好的工作关系。

早在冷战期间,拉丁美洲国家就为促进经济合作建立了一系列的组织,②包括 1962 年由哥斯达黎加等五国建立的中美洲共同市场,1969 年由玻利维亚五国组成的安第斯共同体,以及 1973 年由巴巴多斯等四国建立的加勒比共同体。1991 年阿根廷、巴西、乌拉圭和巴拉圭四国又组成了南方共同市场。

进入 21 世纪后,南美国家的一体化建设获得了进一步的发展。2000 年 9 月,在巴西参加首届南美国家首脑会议的各国领导人一致认为,只有通过地区一体化、增强本地区经济实力,南美国家才能有效应对经济全球化带来的挑战,增强与其他经济区域的竞争力量。在此基础之上,2004 年 12 月,在秘鲁举行的第三届南美国家首脑会议通过了《库斯科声明》,宣布成立南美国家共同体。其成员包括参加安第斯共同体和南方共同市场的国家以及智利等共 12 国。它们拥有 1 700 万平方公里土地、3.61 亿人口和近 1 万亿美元的 GDP。巴拿马和墨西哥的代表也以观察员的身份出席了会议。2005 年 9 月,第一届南美国家共同体首脑会议在巴西首都巴西利亚召开,就地区一体化问题通过了一系列文件。

2007 年 4 月,南美国家共同体改名为南美洲国家联盟。这既标志着它们的一体化进程取得了一个里程碑式的胜利,也反映了它们的团结合作的扩大和加强。2008 年 5 月,12 个成员国的领导人在巴西利亚举行了南美洲国家联盟特别会议,签署了酝酿已久的《南美洲国家联盟宪章》。它指出,南美洲国家将加强成员国之间的政治对话,重点在经济、金融、社会发展和文化交流等领域开展区域一体化建设。宪章并规定了南美洲国家联盟的专门机构的组成,包括首脑委员会和外长委员会。2009 年,该联盟还先后成立了南美洲国家防务理事会和反毒委员会,以推动南美洲地区国家的防务合作和禁

① 上海国际问题研究所:《国际形势年鉴,2006》,上海:上海辞书出版社 2006 年版,第 503 页。
② 拉丁美洲是一个政治地理概念,指美国以南的美洲地区,地处北纬 32°42′和南纬 56°54′之间,包括墨西哥等北美洲国家和所有的南美洲国家。

毒合作。

在发展团结合作乃至促进经济一体化方面,非洲同样取得了重要的进展。冷战期间,尼日利亚等15个国家建立了西非国家经济共同体(1975年),北非的摩洛哥等5个国家组成了马格里布联盟(1989年)。冷战结束后,东部和南部非洲共同市场(东南非共同市场,1993年)、东非合作组织(1996年)、中部非洲经济和货币共同体(1999年)等亚地区组织也相继诞生。进入21世纪后,非洲联盟更是在促进非洲的团结合作方面发挥了独特的作用。

非盟的前身是成立于1963年的非洲统一组织(非统组织)。2000年7月,第36届非统首脑会议在多哥首都洛美举行。与会各国首脑一致同意成立非洲联盟以取代非统组织,并通过了《非洲联盟章程草案》。他们相信,非洲联盟的建立和非洲一体化的发展,将使非洲能够更好地应对新世纪的困难和挑战,为非洲带来和平与发展的新机遇。2002年7月,非盟成立暨第一届首脑会议在南非德班举行,与会的有52个成员国。它是集政治、经济、军事、社会、文化等多方面于一体的全洲性组织。非盟对于未来有着一个很雄伟的目标,包括使用统一货币、联合防御力量以及成立跨国家的机构,以便最终建立一个阿非利加合众国。但是,就近期来说,非盟主要有三项任务:第一,减少非洲内部的武装战乱,促进非洲的和平、安全和稳定;第二,发展非洲经济,并逐步建立一个有效的共同市场;第三,推动各成员国在重大国际事务中用一个声音说话。非洲联盟每半年举行一次首脑会议,到2010年一共召开了15次。

自成立以来,非盟已经在维护地区安全、调解地区战乱和冲突方面作出了积极的努力,包括参与调解布隆迪、刚果(金)、利比里亚、索马里等国的冲突,以及在苏丹的达尔富尔实施维和行动,以帮助这些国家避免安全局势的进一步恶化与尽早恢复和平。非盟还试图建立一支"待命部队"作为永久性的非洲维和力量。

非盟努力协调成员国的对外政策,并在全球性的国际组织中代表整个非洲的利益。例如,它是联合国大会的永久观察员,与联合国相互配合解决在非洲各个地区出现并引起共同关注的问题。非盟还与美国、欧盟、中国维持了紧密的关系。中国每年都派代表团出席非盟首脑会议。2006年11月,中国在中非合作论坛北京峰会上宣布,将帮助非盟在其总部所在地埃塞俄比亚首都亚的斯亚贝巴兴建非盟会议中心(2012年已落成)。这是继坦赞铁路之后中非关系中又一具有历史意义的项目。

经济上非盟则积极落实非洲统一组织2001年发起的《非洲发展新伙伴计划》。其主要内容是,确定了长期战略,即以消除贫困和实现可持续发展为目标,以基础设施建设、人力资源开发、农业生产、环境保护和科技发展为重点,争取今后15年内全非GDP年均增长7%以上和贫困人口减半;宣称要重视与国际社会特别是西方发达国家建立平等互惠的新型伙伴关系,努力争取西方向非洲国家提供更多资金和援助;强调将推动和帮助各个亚地区经济共同体实施它们的一体化计划,为整个非洲的一体化创造条件。[1]

---

[1] "非洲发展新伙伴计划",<http://news.xinhuanet.com/ziliao/2005-04/20/content_2853148.htm>。

五、联合国作用的加强

21 世纪世界多极化的深入发展,不仅体现在大国力量关系的变化以及发展中国家力量的增强和团结合作的发展,还表现于联合国在国际事务中作用的提升,特别是安理会在国际安全事务中威望的提高与联合国维和功能的加强。

1. 对安理会权威的肯定

根据联合国宪章,安全理事会负有维护国际和平与安全的首要责任。但是,冷战期间,由于东西方的对立和美苏的冷战,安理会这一作用受到了极大的抑制。冷战结束以后,它才较为有效地履行了维护国际和平和安全的职能。海湾战争尤其典型地体现了安理会的作用。从 1990 年 8 月伊拉克出兵科威特到 1991 年 10 月的一年多的时间中,安理会就伊拉克-科威特局势、海湾战争和战后对伊拉克的武器核查问题通过了 24 项决议。

但是,1999 年北约对南联盟发动的空袭以及 2003 年美国对伊拉克发动的打击,都是在没有得到联合国授权或批准的情况下进行的。一方面,在整个北约空袭南联盟的过程中,安理会被甩在一边。直至西方七国和俄罗斯达成有关政治解决科索沃问题的决议草案后,安理会才被要求对此草案进行表决。另一方面,在美国寻求安理会授权动武的意图受挫后,小布什政府迅速将联合国抛在一边,发动了对伊拉克的战争。

北约和美国的这种做法无疑对安理会的权威造成了严重的挑战。但是,也正是科索沃战争和伊拉克战争使国际社会普遍意识到,必须坚持和维护安理会的权威。科索沃战争期间,中国政府强调,坚决反对以美国为首的北约绕开联合国安理会对南联盟发动军事攻击。这一战争结束以后不久叶利钦访华时,中俄两国元首强调要"加强联合国在国际事务中的主导地位"。[①] 事实上,北约仅凭一己之力也无法使科索沃战争收场,最后又不得不回到联合国的轨道。在美国发动伊拉克战争后,法国和德国等"老欧洲"的国家都对小布什政府无视联合国及其安理会的做法表示了强烈不满。普京在 2003 年的国情咨文中也指出,"极为重要的是",在"对整个国际社会和某一个国家的威胁加剧"时,要使"联合国和联合国安理会"这种"透明度高和公认的"重要的决策机制"发挥作用";目前国际社会没有一个"综合性"机制能取代它,所以要"珍惜联合国"。[②] 中俄两国在 2003 年 5 月发布的联合声明中更加明确地宣布,联合国因其"权威性、普遍性和积累的独特经验",理应在保障国际和平和安全方面发挥主导作用;"必须共同努力,建立一个以联合国为核心的应对新挑战与新威胁的普遍体系,以保障国际稳定、安全和可预见的发展"。[③] 当小布什政府提出只有美国及其"盟友"可以参加伊拉克的重建时,这

---

① 上海国际问题研究所:《国际形势年鉴,2000》,上海:上海教育出版社 2000 年版,第 388、422 页。

② 上海国际问题研究所:《国际形势年鉴,2004》,上海:上海社会科学院出版社 2004 年版,第 472 页。

③ 同上书,第 480 页。

一决定遭到了俄罗斯、法国、德国等反战国家的强烈反对。它们认为应该由联合国主导这一工作。2003 年 4 月在雅典召开的欧盟非正式首脑会议结束时发表的主席国声明也强调,联合国必须在伊拉克的政治和经济重建中发挥中心作用。总之,在经过科索沃战争和伊拉克战争之后,维护联合国及其安理会在处理涉及国际和平和安全的重大问题时的权威和主导地位,已经成了国际社会的普遍共识,联合国安理会的权威反而得到了提高。

2. 联合国维和功能的加强

在安理会的权威获得肯定的同时,进入 21 世纪后,联合国的维和行动也发挥了更为重要的作用。所谓联合国的维和行动,就是安理会通过向发生冲突的国家和地区派遣军事、警察和文职人员的手段帮助创造实现持久和平的条件。在未受到当事国邀请甚至在当事国反对的情况下,安理会都可以实施这样的维和行动。它的这一权力来自联合国宪章第 41 条和第 42 条。按照它们的规定,安理会可以通过采取非武力或武力的方法维持或恢复国际和平及安全。这些规定实际上就是联合国维和行动的最初法律依据,尽管还是比较模糊的。

但是,冷战初期,由于常任理事国的对立,安理会很难就维和问题达成协议,只采取过一些较小的维和行动,包括 1948 年向中东派出了一个联合国停战监督组织,1949 年向印度和巴基斯坦有争议的克什米尔地区派出了一个联合国观察小组。直到 1956 年第二次中东战争后,联合国才真正开始履行维和使命。当时,作为停战协议的一部分,一支 6 000 人的联合国紧急部队被派往西奈半岛,驻扎在埃及和以色列军队之间。尽管如此,在随后的近四分之一世纪中,联合国仅仅采取了 15 项维和行动。

冷战结束以后,联合国维和功能得到了迅速的发展,其主要表现是:一方面,联合国关于维和的概念得到了完善。随着地区冲突的增加,1992 年 1 月的安理会首脑会议通过了一项主席声明,要求秘书长就如何“加强联合国从事预防性外交、建立和平与维持和平的能力并提高其效率”提出分析和建议。① 加利于同年 6 月向安理会提交了一份题为《和平纲领》的报告。其中提出,按照宪章的精神,保障和平应当包括四个领域的行动,预防性外交、建立和平、维持和平和冲突后缔造和平。而后三项正是通常意义上的维和使命,其中建立和平与缔造和平乃是维持和平使命的发展。严格地说,维和是指维持已经存在的和平状态,即利用外部的军事或非军事力量帮助已经同意停止战斗的冲突各方履行它们的协议。缔造和平是指在尚未存在和平状态的时候努力创造一种和平状态,或者说恢复和平状态,即利用外部的力量努力引导和迫使不愿停止战斗的各方实行停战。建设和平是指使用外部的力量帮助陷入冲突的国家建立满足人民要求的政治和经济秩序,以防止战争的爆发。维和不仅是针对国际冲突,而且可以针对国内冲突。另一方面,在冷战结束以后,联合国的维和作用得到了显著的增强。1990—1999年,安理会共采取了 35 项维和行动。其中,1992 年初,安理会分别向柬埔寨和南斯拉

---

① 上海国际问题研究所:《国际形势年鉴,1993》,上海:中国大百科全书出版社上海分社 1993 年版,第 312 页。

夫派遣了来自世界 20 多个国家的 2.2 万人的维和部队,形成联合国历史上规模最大的维和行动。

进入 21 世纪后,联合国的维和功能进一步得到了发展。2001—2010 年,安理会又在不同地区采取了 11 项维和行动,包括亚洲的东帝汶、拉丁美洲的海地,非洲的尼日利亚、科特迪瓦、苏丹、布隆迪、中非共和国和刚果民主共和国。到 2010 年底,联合国在四大洲执行着 19 项维和使命,参加这些维和行动的总人数约为 10 万人。由于联合国自身没有常备军队或警察部队,因此会根据每次行动的具体需求请会员国派出军事和警察人员。维持和平人员身着其国家制服,仅凭联合国蓝色头盔或贝雷帽和徽章显示自己的联合国维和人员身份,因而被称为"蓝盔部队"。对蓝盔部队贡献最大的是南亚国家。另外,尽管建立、维持和扩大维持和平行动的决定得由安理会作出,但为联合国维持和平行动筹集资金乃是联合国全体会员国的集体责任。据估算,1948 年至 2010 年 6 月联合国维持和平行动的总成本约为 690 亿美元。①

3. 坚持联合国机构改革正确方向的斗争

作为一个具有最大的普遍性和最重要职能的国际组织,联合国自诞生之日起就面对着改革的问题,而其核心则是机构改革。在后冷战时期这一问题变得更为突出。随着东西方全面对抗的结束,联合国可以比较充分地发挥它的作用,特别是在维持国际和平和安全方面。但是,与此同时,联合国的机构也暴露出更多的与面临任务不相适应的状况,需要加以改革,以精简机构和提高工作效率,改善行政管理,促进各个领域的国际合作和协调。其中,安理会的改革,包括其组成和决策机制的调整,也是联合国机构改革的一个重要方面。

针对联合国机构重叠、效率低下和财政窘迫的状况,根据 1986 年 12 月联大通过的第 41/213 号决议,联合国秘书长德奎利亚尔实施了为期三年的改革,涉及机构、人事和财政预算。加利继任秘书长后,从 1992 年初起首先对联合国秘书处进行了大刀阔斧式的改革,重点是精简决策机构,打通指挥渠道。1995 年他又在关于联合国工作的报告《面对新挑战》中提出了全面改革的六点计划,而其重点也是缩小联合国的官僚机构、减少联合国的开支以及加强内部财务监督和管理。安南在 1997 年被任命为秘书长后继续推进联合国机构改革的进程,把联合国工作重新划分为四大领域,即和平与安全、经济和社会事务、发展合作以及人道主义事务,并在各个领域都成立一个负责政策规划、决策和管理的执行委员会。当年 7 月间。安南又向大会提交了题为《革新联合国:改革方案》的报告,详细阐述了他所建议的改革计划,包括增设联合国常务副秘书长一职,以及建立由秘书长领导的内阁制的联合国高级管理小组,其成员为四个执行委员会的召集人和秘书长指定的管理人员。这些措施的目的都是为了减少机构重叠、加强领导和协调,提高工作效率。安南称,它们是联合国成立 52 年来实施的最大胆、最广泛和最

---

① 以上数字参看联合国官方网站,<http://www.un.org/zh/peacekeeping/operations>。

具深远意义的改革。[1]

但是，直至 2006 年底安南卸任时，总的来说联合国的机构改革进展缓慢。这种缓慢既是因为联合国本身在多年中形成的官僚主义惰性，更是产生于成员国在理念和利益方面的分歧，特别是广大发展中国家与美国的冲突。美国主张，应当限制联合国的使命和减少对联合国的需求，压缩其规模，减少联合国在经济领域的活动，把有限精力和资源更多地转用于维护人权和促进民主。至于发展中国家，一般来说，除了支持联合国的主要使命是促进和平和国际安全外，它们还要求加强联合国在发展、贸易、技术合作中的作用。而且，它们认为，不能将改革就是理解为削减联合国的经费、压缩联合国的机构和人员，从而削弱联合国的功能和效率。

作为联合国机构改革范畴中的一个非常敏感和专门的领域，联合国的核心机构安理会的扩大问题——尤其是拥有否决权的常任理事国席位的增加——更为引人注目，因为这一席位的取得不仅是对一个国家的全面力量和国际作用的肯定，而且会使它在国际事务中获得更大的话语权，发挥更大的影响。为此，联合国内围绕这一问题的斗争十分激烈，过程也特别复杂。1945 年联合国成立之初有 51 个成员国，安理会则由 11 个理事国组成，其中的 5 个常任理事国基本上都是为反法西斯战争作出巨大贡献的国家（只有法国的情况有些特殊）。1965 年时联合国会员国增加到 117 个，安理会也扩大到了 15 国，但常任理事国仍为 5 国，只是非常任理事国扩大到了 10 国。此后，虽然继续存在要求进一步扩大安理会的呼声，但是直到冷战结束时联合国并未再就具体的安理会扩大方案进行过认真的讨论。

冷战结束后，扩大安理会的呼声再次高涨起来，而且少数国家试图成为常任理事国的要求成了其中的主旋律。这种状况的出现显然是和国际政治环境以及联合国自身的巨大变化联系在一起。第一，冷战结束后，由于五个常任理事国更加注重协调彼此立场，采取一致行动，联合国在迫使伊拉克放弃对科威特的兼并以及解决其他一些国际或国内冲突的过程中发挥了重要作用。这就使得安理会理事国特别是常任理事国的席位变得更加突出和具有吸引力，一些国家迫切指望通过取得这一席位改善自己的形象和提升自己的国际地位。第二，东西方对抗的结束使得一些国家认为，包括常任理事国席位的增加在内的安理会扩大问题将更有可能得到解决。第三，进入 20 世纪 90 年代时，联合国的成员国达到了 159 个，是联合国建立之初时的三倍，比 60 年代也增加了很多，但是理事国的数目仍然还是 15 个，常任理事国更是只有 5 个，适当扩大似乎理所当然。正是在此背景下，扩大安理会和增加常任理事国席位的问题又一次引起了国际社会的关注。由于《联合国宪章》第 108 条规定，《宪章》修正案须经"大会会员国三分之二表决并由联合国会员国三分之二、包括安全理事会全体常任理事国"批准，[2]因此通过修正联合国宪章扩大安理会的努力主要是在联合国大会的范畴中进行的。在 1991 年第 46

---

[1]　上海国际问题研究所：《国际形势年鉴，1998》，上海：上海教育出版社 1998 年版，第 227 页。
[2]　上海国际问题研究所：《国际风云中的联合国》，上海：上海教育出版社 1989 年版，第 209 页。

届联大会议上,日本、德国、埃及、巴西等国明确提出了修改宪章和扩大安理会的要求。在翌年 1 月安理会成员国首脑会议上,日本、印度等国又提出了这一问题。9 月,印度和 35 个其他不结盟运动组织成员建议联大将"安全理事会席位公平分配和成员数目增加问题"列入大会议程。12 月,这些国家联合日本向联大提交了要求审议这一问题的决议草案。该草案获得了通过,安理会改革问题从而被正式列入了联大的议事日程。一年以后,1993 年 12 月,联大决定设立一个不限成员名额的安理会改革工作组,负责审议"安全理事会成员数目增加问题的所有方面以及与安全理事会有关的其他事项"。①

此后,围绕安理会扩大问题的讨论主要出现了三次高潮。

第一个高潮发生在 1994—1995 年间,主要是围绕美国等国提出的"快速修正"方案(即迅速推动日本和德国"入常")进行沟通。日本和德国认为,根据自己的经济实力和对联合国的财政贡献,成为常任理事国乃是理所当然。这种观点得到了美、英、法的支持。但是,从包括中国在内的许多发展中国家的观点看来,"快速修正"方案忽视了发展中国家的权利,安理会扩大应当建立在国家主权平等原则和公平地域分配原则之上。为此,一些主要来自拉美和亚洲的不结盟国家提出了"2+3"模式,即安理会应增加五个常任理事国,包括两个发达的工业国家加三个分别来自非洲、亚洲和拉丁美洲的发展中国家。与此同时,同样属于发达国家的意大利也竭力反对"快速修正"方案,尤其反对德国成为常任理事国。发展中国家和意大利等国的积极介入,使得只增加日本和德国两个常任理事国的计划变得无法实现。不限成员名额工作组提出的 1995—1996 年度报告就明确表示,"如果在增加常任理事国席位上还有共识的话,只增加工业国家已经被广泛地认为不可接受了。"②

第二个高潮发生在 1997—1998 年间,各方围绕美国以及联大主席、安理会改革工作组组长、马来西亚人拉扎利提出的扩大方案展开了争论。这一时期,美国提出了"有限的扩大方案",主张新增两个常任理事国(日本和德国)和三个非常任理事国,即修正后的"2+3"模式。拉扎利则提出了一项折中方案,建议新增九个理事国,包括五个常任理事国(两个来自工业国家,三个来自发展中国家)和四个非常任理事国席位,这样安理会总数将达到 24 个。然而,无论是拉扎利的"5+4"方案还是美国的方案都遭到了绝大多数发展中国家抵制。其中的一些还和意大利形成了一个在安理会扩大问题上具有重要作用的"咖啡俱乐部"。它们反对为扩大设定时限,强调任何包含修改宪章含义的决议都必须依据宪章第 108 条的规定由联合国成员国三分之二多数通过,并不同意新增常任理事国席位。随着激烈争论的展开,拉扎利方案被束之高阁,美国试图以修正后的"2+3"模式推动日本、德国进入安理会的努力也没有成功。

---

① "安全理事会席位公平分配和成员数量增加的问题",＜http://daccess-dds-ny. un. org/doc/UNDOC/GEN/N93/696/70/IMG/N9369670. pdf？OpenElement＞。

② Dimitris Bourantonis, *The History and Politics of UN Security Council Reform*, Taylor and Francis (Routledge),2005，p. 69.

第三个高潮发生在 2004—2005 年,围绕日本、德国、印度、巴西的"入常"要求和联合国秘书长安南在 2003 年 11 月任命的联合国改革名人小组的建议各方进行了斗争。为了利用联合国成立 60 周年之机获得安理会常任理事国席位,2004 年 9 月,上述四国发表了一份联合声明,宣布结成"四国集团",以进行共同努力。12 月,名人小组则在一份有关联合国改革的报告中以上述拉扎利方案为基础就安理会扩大推出了两套方案。一是所谓"6+3"方案,即增加六个没有否决权的常任理事国(非洲和亚太地区将各得两个,欧洲和美洲将各得一个)和三个任期两年、不可连任的非常任理事国。二是所谓"8+1"方案,即不增加常任理事国席位,但新增八个任期四年可连选连任的准常任理事国席位和一个任期两年、不可连任的非常任理事国席位。这两个方案的共同之处是,安理会理事国都将增加到 24 个,并且新增加的理事国都不具有否决权。2005 年 3 月,安南在向联大提交的一份报告中采纳了这两个方案,敦促各国在 2005 年 9 月联合国首脑会议之前作出决定。

"四国集团"倾向于支持名人小组的第一方案。2005 年 5 月,在向联合国成员国散发的一份框架性决议草案中,它们要求将安理会理事国总数扩大到 25 个,包括新增 6 个常任理事国席位。由原"咖啡俱乐部"演变而来的"团结谋共识"运动成员国(包括意大利、巴基斯坦、韩国、哥伦比亚等国)则反对这一方案,并在支持第二方案的基础上提出了新的方案,即新增 10 个非常任理事国。非盟也提出自己的方案,主张新增 6 个拥有否决权的常任理事国和 4 个非常任理事国。美国一方面表示反对这三个"过度扩大"的方案,另一方面又声称可以接受增加两个常任理事国(其中之一为日本)以及两到三个非常任理事国的方案。在此情况下,中国于 2005 年 6 月就联合国改革问题发表了一份全面阐明自己立场的文件。关于安理会改革,它在强调应当"优先增加发展中国家代表性"的同时特别提出,必须"坚持协商一致,这是《宪章》的重要精神";"只有经过协商一致做出的决定才能赢得最广泛的信任与支持,中方反对人为设时限,反对强行表决尚有重大分歧的方案"。① 这样,直到 2005 年 9 月在纽约举行联合国成立 60 周年首脑会议时,安理会扩大的问题并未获得匆忙解决。

经过一段时间的平静以后,安理会改革问题再次浮出水面。2007 年 2 月,安理会改革工作组恢复工作。它试图打破各方在安理会扩大问题上形成的僵局。4 月,联大主席、安理会改革工作组组长、巴林人哈亚就安理会改革的"下一步设想"向各成员国提交了一份报告。其中提出,鉴于各方立场存在严重分歧,为打破僵局,安理会改革不应采取一步到位的方案,而应分步走,为此应当采取"过渡性做法",即"设立新的非常任理事国席位和过渡类别席位"。报告还具体建议,新设非常任理事国可以采取四种形式:一是在整个过渡安排期间担任非常任理事国,但可以被罢免;二是任期长于正常的两年,且可连选连任;三是任期长于正常的两年,但不能连选连任;四是任期两年,但可

---

① 上海国际问题研究所:《国际形势年鉴,2006》,上海:上海教育出版社 2006 年版,第 496 页。

立即连选连任。① 换言之,报告的核心内容是,主张以设立新的非常任理事国席位作为扩大安理会的过渡措施。由于积极谋取"入常"的"四国集团"的反对,这一报告未能取得实质性的成果。此后,"四国集团"和"团结谋共识"运动继续为扩大安理会的问题进行着激烈的斗争。

在 2007 年 9 月起的一年间,关于扩大安理会问题的斗争的焦点是:继续在安理会改革工作组框架内进行讨论,还是另起炉灶,举行政府间谈判?"四国集团"早已对安理会改革工作组的缓慢进展感到厌倦,希望迅速启动政府间谈判,而"团结谋共识"运动则坚持在政府间谈判开始之前,应先在联合国安理会改革工作组内确定政府间谈判的"框架和模式"。2008 年 9 月,"团结谋共识"运动终于接受了"四国集团"的要求,同意为政府间谈判确定启动时间。这样,虽然安理会改革工作组依然存在,但是政府间谈判已成为安理会改革的主要谈判场所。

之后,"四国集团"和"团结谋共识"运动又在政府间谈判应当采用何种方式的问题上开始了争论。一方面这涉及表决方式。前者主张仿效联大议事规则,即投票表决的决策方式,试图以此尽快推进安理会扩大进程,避免"团结谋共识"运动的阻挠。而后者坚持运用一致通过的决策方式。最后双方接受了一项折中方案,即政府间谈判不适用联大议事规则,但在条件成熟时,将在联大正式会议的框架内进行谈判并适用联大议事规则。另一方面,关于谈判方式的争论涉及政府间谈判是否应当以文本为基础。"四国集团"强烈主张这么做,而"团结谋共识"运动最初持反对态度,到后来才作了让步。这样,进入 2010 年后,关于扩大联合国安理会的讨论进入了以文本为基础的政府间谈判的阶段。

但是,需要看到的是,这一进展只与谈判平台、谈判方式等非实质性问题有关,远未触及安理会改革的实质性问题,更未缩小各方在有关实质性问题上的根本对立和分歧。因此,可以说,直到 21 世纪的第一个十年结束,安理会的改革仍然步履艰难。

第三节　21 世纪世界面临的挑战

进入 21 世纪以后,在各国经济相互依存不断加深、世界多极化深入发展以及和平力量进一步增强的同时,国际社会也面临着一系列的挑战,其中包括:起源于美国的金融危机导致了发达国家的经济萧条,并且加剧了发展中国家的经济困难;后者在政治上还受到了发达国家的干涉;此外,整个世界都生活在各种非传统安全威胁的阴影之下。

---

① "安理会改革:日本德国能否成为联合国常任理事国?",<http://cd.qq.com/a/20100913/000916.htm>。

一、发达国家面临的经济困难

2007 年席卷美国的次贷危机不仅严重损害了美国经济,导致美国进入一轮衰退期,而且迅速蔓延到世界其他地区,引起了 2008 年的全球金融危机。由于各世界主要经济体采取了力度空前的"救市"措施,2009 年下半年起世界经济即触底反弹。尽管如此,在 21 世纪第一个十年结束时,它仍然处在缓慢和艰难的复苏过程之中。

1. 美国次贷危机的发生和影响

美国次贷危机是指一场因次级抵押贷款机构破产、投资基金被迫关闭、股市剧烈震荡而引起的金融风暴。它从 2006 年春季逐步显现,2007 年 8 月开始席卷美国。一般认为,这场危机主要因金融监管制度的缺失所造成,反映了美国近三十年来加速推行的新自由主义经济政策的弊病。

美国的次贷危机从不同方面损害了其经济:第一,导致多家金融机构的不良资产的增加和流动性的缺失,进而引发它们的倒闭。第二,抑制了美国个人消费需求,而美国经济的 70% 是由此种消费所支撑的。第三,损伤了美国的实体经济,导致了失业大军的扩大。在次贷危机的冲击下,美国经济迅速进入一轮衰退期,按照美元的不变价格计算,2007 年全年 GDP 增长率仅为 1.913%,为五年来最低水平,2008 年更是出现了负增长,为 −0.337%。[①]

与此同时,在美国出现的次贷危机迅速蔓延到世界其他地区,导致了 2008 年的全球金融危机,几乎没有一个国家可以独善其身。首当其冲的是发达世界,特别是欧洲。由于购买了美国大量次贷等"有毒"金融资产,发达国家的许多金融机构深陷困境,股市震荡、失业剧增、经济衰退。欧元区、日本和英国的 GDP 自 2008 年第二季度开始就出现了负增长。同样按不变美元价格计算,它们全年的增长率分别从 2007 年的 2.999%、2.192 % 和 3.633% 下降到 2008 年的 0.376%、− 1.042% 与 −0.968%。整个发达世界的 GDP 增长率从 2007 年的 2.801% 跌至 2008 年的 0.069%。[②]

新兴经济体在内的发展中世界也无法置身事外,经受了股市暴跌、货币急剧贬值、外资大量撤出、经济减速。例如,亚洲新兴经济体的 GDP 增长率从 2007 年的 10.6% 降到 2008 年的 7.8%,俄罗斯从 8.535% 降到 5.248%,拉美和非洲地区则分别从 5.7% 和 6.2% 下降到 4.6% 与 5.2%。整个新兴经济体和发展中经济体的 GDP 增长率则从 2007 年的 8.789% 降到 2008 年的 6.09%。[③] 一些发展中国家的经济尤为困难,

---

① "World Economic Outlook Database April 2013" (April 16, 2013), <http://www.imf.org/external/ns/cs.aspx? id=28>.

② Ibid.

③ Ibid.

不得不求助于国际社会的援助。

总的来看,整个世界的 GDP 增长率从 2007 年 5.438% 降为 2008 年的 2.807%。随着全球金融危机的深化,2009 年上半年的世界经济特别是发达国家的经济更是陷入了第二次世界大战结束以来的最严重的衰退。

2. 世界经济的缓慢复苏

面对金融危机以及全球经济的普遍下滑,从 2008 年的下半年开始,世界主要经济体加强协调,采取了一系列非常规的"救市"措施,包括向金融机构和信贷市场注入巨额流动资金、联手降息、向银行提供或者增加贷款担保、实施经济刺激方案、向汽车等行业提供紧急救助等。11 月,美、欧、日和"金砖四国"等 20 国的领导人又在华盛顿就金融市场和世界经济举行峰会。他们一起分析经济形势,确定解决金融危机的基本原则,评估国际社会已经采取的措施和商讨需要进一步实施的行动。会议发表的宣言强调,在世界经济和国际金融市场面临严重挑战之际,与会国家决心加强合作,努力恢复全球增长,并实现金融体系的必要改革。[1]

由于各世界主要经济体相互协调合作,并采取了力度空前的"救市"措施,2009 年下半年起,世界经济触底反弹。发达国家的经济开始从急跌转到缓慢回升,由衰退走向复苏。第三、第四季度美国 GDP 的增长率分别为 2.8% 和 2.7%,日本为 4.8% 和 1.3%,欧元区最差,为 1.5% 和 0.6%。[2] 但是,由于上半年严重衰退,从全年来看,发达国家的 GDP 在 2009 年仍然出现了严重的负增长:美国为 −3.069%,欧元区为 −4.387%,日本为 −5.527%,英国为 −3.974%,而整个发达世界为 −3.47%。[3]

值得庆幸的是,2009 年时新兴经济体和发展中经济体的经济明显好于欧美发达经济体,其 GDP 增长率虽然比 2008 年又有明显下降,但是还是保有 2.668% 的水平,成为推动世界经济复苏的主要动力。其中,中国为 9.214%,印度为 5.037%。正因为如此,这一年整个世界的 GDP 增长率为 −0.59%。[4]

在 2010 年,世界经济形势有了进一步的好转。这一年发达国家的 GDP 增长率上升到了 3.012%,新兴经济体和其他发展中国家的 GDP 增长率则提高到 7.614%,整个世界的 GDP 增长率也达到了 5.221%。[5] 虽然如此,世界经济的复苏将仍然是一个缓慢和艰难的长期过程。此种状况对发达经济体——包括美国、日本、欧元区和英国——都是一个严峻的考验,不仅造成了经济问题,而且造成了各种政治和社会问题,甚至会影响到它们的对外政策与对外关系。

---

① 上海国际问题研究所:《国际形势年鉴,2009》,上海:上海辞书出版社 2009 年版,第 353 页。

② 同上书,第 16—17 页。

③ "World Economic Outlook Database April 2013" (April 16, 2013), <http://www.imf.org/external/ns/cs.aspx? id=28>.

④ Ibid.

⑤ Ibid.

二、南方国家面临的困难

进入21世纪后,发展中国家也面临一系列的困难。除了因为受到美国以及全球金融危机的影响经济增长出现减速外,与发达国家相比它们的发展依然严重滞后,继续处于相对甚至绝对贫困状态,同时经常为国家的内部动荡和相互冲突所困扰,而这两个问题又都与以美国为首的西方国家的政策密不可分。

1. 南北经济的差距和南方国家的贫困

尽管发展中国家作出了巨大努力和取得了重要进步,在进入21世纪时,发展中国家和发达国家间继续存在着巨大的经济差距,有些南方国家甚至依然处于极端贫困的状态。占全球人口不到五分之一的发达国家,控制着世界总产值的四分之三,而占全球人口四分之三的发展中国家,仅拥有世界总产值的五分之一。2010年时,世界人均国民生产总值为9 170美元,但是,高收入发达国家的人均国民生产总值为3.462 7万美元,而撒哈拉以南国家仅为1 321美元,其中的津巴布韦更是只有591美元。① 直到第一个十年结束,在世界60亿人口中,有四分之一人口依然生活在每天1.25美元的绝对贫困线之下,10亿人口缺乏清洁的饮用水,16亿人口缺电,30亿人口缺乏足够的卫生设施,四分之一发展中国家的儿童都处于营养不良的状态。②

虽然对导致这种南北差距和南方国家贫困的原因仍然存在着一些争论,但是近代开始以来北方国家对南方国家的无情掠夺和残酷剥削,无疑是造成这种差距和贫困的一个重要历史原因,而近年来提速的全球化过程进一步加剧了此种状况。按照一种所谓的世界体系理论,在世界体系中出现了地区化的分工。发展中国家属于边缘地区,主要从事原料的提供。这种工作需要大量劳动力但是很少资本,只支付很低工资。发达国家则属于中心地区,主要从事制成品的提供。这种工作需要更多的资本和技术含量更高的劳动,但支付较高工资。③ 结果发展中国家和发达国家的经济差距越拉越大。

南方国家普遍陷入的相对甚至绝对贫困是造成发展中世界的震荡和冲突的一个重要原因。在许多南方国家,特别是在非洲和南亚,人类的最基本需求往往都无法得到满足。营养不足乃至饥饿以及居住条件恶劣不仅造成了直接的死亡,而且导致了疾病和瘟疫的流行。要求满足人类的最基本需求,解决最低水平的吃住问题,乃是人类的天性、最基本的人权。为了摆脱贫困和剥削,他们发起了各种斗争,甚至使用暴力。其矛头或者主要指向西方国家,或者主要针对本国的统治者和特权阶层,实际上这是将发展中国家的国内政治与严重的南北差距背景下的国际政治紧密结合在一起。

---

① "World Bank national accounts data, and OECD National Accounts data files", <http://data.worldbank.org/indicator/NY. GDP. PCAP. CD/countries>.

② "World Messages: World Development Report 2010", <http://siteresources.worldbank.org/INTWDRS/Resources/477365-1327504426766/WDR10-Main-Messages.pdf>.

③ Joshua S. Goldstein, *International Relations*, Peking University Press, 2005, p. 468.

2. 西方国家的直接与间接干涉政策

为了维持对发展中国家的经济统治,包括对石油等重要的战略原料的控制,以及对关键的战略基地的占有或使用,冷战结束以来,特别是在进入 21 世纪以后,发达国家或者直接地对发展中国家发动战争,或者在和平改造的名义下通过发展中国家的反对派制造动乱。

2001 年的阿富汗战争与 2003 年的伊拉克战争都可以被看成发达国家对发展中国家直接发动战争的典型。① 参与阿富汗战争的国家主要有美国以及英国、德国、法国等。它们宣称这场战争的目的是逮捕本·拉登等"基地"组织成员并惩罚支持恐怖分子的塔利班。但是,这只是一个诱发性原因,除此之外还有着一个更为重要的结构性原因,即阿富汗独特的战略价值。它位于亚洲腹地,西边连接伊朗,东边比邻中国,北边越过中亚就是俄罗斯。显然,如果能够控制阿富汗,就占据了制衡上述几个并非美国盟友的大国的战略高地。但是,对阿富汗人民来说,这一旷日持久的战争无疑是场灾难。根据联合国驻阿富汗援助团的统计,仅 2007—2008 年阿富汗死于暴力攻击者超过了 1.4 万人,其中 3 511 人为平民。在死亡平民中,1 458 人死于阿富汗政府军和驻阿外国部队的误杀,2 053 人死于塔利班的自杀性爆炸和路边炸弹等袭击事件。其余死者中绝大部分为塔利班武装分子。

21 世纪第一个十年快结束时发生在北非的所谓茉莉花革命则是西方国家通过发展中国家的反对派制造动乱的典型。它是 21 世纪初期主要发生在原苏联的一系列的颜色革命的继承,但又有着明显差别,即不仅具有强烈的暴力色彩,更凸显了西方国家的幕后鼓动和操作。2010 年,本来被认为相对富裕和稳定的突尼斯发生了要求总统本·阿里下台的激烈抗议活动,并演变为持续的动荡和骚乱。由于茉莉花是突尼斯国花,所以这一事件也被称为茉莉花革命。本·阿里被迫选择离开突尼斯,前往沙特阿拉伯避难。在阿拉伯国家,这是一个政权首次因民众抗议而倒台。在整个事件中,西方媒体乃至政府起了推波助澜的作用,奥巴马发表讲话公开赞扬突尼斯人的勇气和他们的勇敢斗争。此后,茉莉花革命迅速蔓延到埃及、利比亚等多个阿拉伯国家,导致了严重的暴力冲突,埃及的穆巴拉克政权和利比亚的卡扎菲政权相继垮台。

三、非传统安全威胁

所谓的非传统安全威胁,主要是指环境、人口、传染疾病、毒品、计算机犯罪、恐怖主义等非军事性质的问题可能对国际社会造成的危害。在后冷战时期,特别是进入 21 世纪后,由于科学技术的突飞猛进的发展以及各国相互依存程度的加深,同时也是因为军事性质的安全威胁的相对缓解,非传统安全问题对各国以及整个人类的威胁进一步扩大和加深。

① 关于伊拉克战争见本章的第一节。

1. 非传统安全威胁的特点

与传统的安全威胁不同,非传统安全威胁具有一些重要的特点。

首先,这种威胁是国际性的。具体地说,第一,它们并非是来自某个特定国家(尽管某些国家可能必须承担更大的责任),同许多国家有关,同各种跨国家或次国家的渠道有关。第二,非传统安全威胁造成的危害也是不局限于某个国家或地区,而是全球性和世界性的。第三,由于以上两个特点,加上非传统安全威胁能够迅速传播和扩散,因此它们超越了个别国家或地区的反应能力,需要整个国际社会的合力应对。

其次,非传统安全威胁通常是非军事性质的,或者主要是非军事性质的,但是同样可以给人类带来巨大灾难。确实,有些非传统安全威胁(如恐怖主义袭击或毒品贩运)可能会涉及武力的使用,但是绝大多数的非传统安全威胁却并非如此(如传染性疾病和计算机犯罪),尽管它们造成的灾难可能不亚于一场一定规模的战争。

最后,非传统安全威胁还经常引起或加剧国际冲突,甚至导致暴力冲突和战争,削弱国际社会的稳定与和平。这与非传统安全威胁的产生、后果以及应对成本等几个因素以及对于这些因素的看法有关。第一,尽管非传统安全威胁并非由国际社会的主要角色——国家——主动造成,但是各个国家对于这些威胁的形成或发展具有的责任依然是不相同的,并且往往容易强调他国的责任,推卸或忽视本国的责任。第二,尽管非传统安全威胁会危害到整个人类(无论他们的国籍如何),但是许多国家还是力图通过利己主义的政策减轻本国受到的损害,而不顾及他国。第三,虽然非传统安全威胁需要国际社会的共同应对,但是在分担成本的问题上,各国之间很容易出现分歧。

2. 现代科学技术的负面效应

产生非传统安全威胁的一个重要因素是现代科学技术的负面效应。人类历史表明,现代化的进程实际是以能源作为动力,与人类对能源的大量消耗同步进行的;同时,在现代化的进程中交通运输和通讯技术的发展是一个重要的内容。现代化科学技术,特别是煤、石油、核能的广泛使用以及交通运输、通讯联络的便利和快捷,不仅有力推动了世界经济的发展,而且极大改善了人类的生活质量。但是,与此同时,现代化科学技术也确实具有它的负面效应。这种效应或者是由现代科学技术的使用直接造成的,或者是由于人类对现代科学技术的错误使用而间接造成的。

所谓直接造成的负面效应是指现代科学技术的应用与普及必然引起的问题。如果人类处置得当,它们可以得到限制与缓和,但却不能因此完全避免。首先是煤、石油、森林这样一些宝贵资源的日益枯竭。石油和煤都是属于不可再生资源,人类消费的急剧增加导致它们的日益减少。被誉为地球之肺的森林是可再生的,但是其再生的速度远远跟不上被消耗的速度。其次是对环境造成的一系列的破坏。第一是温室效应问题,即主要是由煤、石油和天然气的过多燃烧所造成的地球表面变热的现象。这些燃料在燃烧过程中排放出大量二氧化碳等有害气体,在大气中形成了一种无形的玻璃罩,使太阳辐射到地球上的热量无法向外层空间发散,导致地球气温持续上升,从而既破坏了自然生态系统的平衡,也威胁到人类的食物供应和居住环境。第二是臭氧层变薄问题。

在大气层的 10—50 公里高度的区域形成的臭氧层在保护地球方面具有特别的功能。但是,空调、电冰箱使用的制冷剂氯氟烃(即氟利昂)以及工业废气、汽车和飞机的尾气等,含有大量的"消耗臭氧层物质"(ODS),破坏了臭氧层,从而对人类健康造成严重危害,导致呼吸道传染性疾病、皮肤癌、眼科疾病的明显增加。第三是水资源危机问题。20 世纪 50 年代以来,全球工业发展迅速,人口急剧上升,人类对水资源的需求以惊人的速度增长,而日益严重的水污染又蚕食了大量可供消费的水资源。这样,一方面是用水的短缺和腹泻等与不洁用水有关的疾病的流行,另一方面是生态系统恶化和生物多样性破坏。此外,随着水资源日益紧缺,对水的争夺战愈演愈烈,引发了国际和国内冲突。第四是沙漠化问题。沙漠化是一种环境退化现象,指原由植物覆盖的土地变成不毛之地的自然灾害现象,近年全世界每年约有 600 万公顷土地发生沙漠化。它既可能是因干燥带移动这一天灾所造成,也可能是由对土地的过分和不恰当的使用这一人祸所引起,而后者已成为当今世界各地沙漠化的主要原因。沙漠化不仅使得可耕地及牧场面积减少,土地生产能力退化,而且导致气候干燥、空气质量严重下降。最后是传染性疾病的迅速传播问题。按照世界卫生组织 2007 年的一份报告,新型传染病正以每年一至两种的"惊人速度"出现,而治愈难度也越来越大。[①] 这种状况的出现有其复杂的原因,包括人口增加、城市化进程迅速、环境恶化、滥用抗微生物制剂等。但是,正如该报告所指出的,当今世界人口的快速流动和紧密的相互关联也为传染病的迅速传播提供了大量机会。艾滋病、传染性非典型肺炎(SARS)的蔓延都是一些典型的例证。

现代化科学技术的负面效应也可能是间接造成的,是对现代科学技术不当使用或者错误使用的结果。

首先,它与核能的使用有关。核能又称原子能,可以极大地造福于人类。当人们担心石油和煤很快会被用尽时,核能无疑提供了一种丰富的替代能源。而且,核能要比煤和汽油都"干净"。为生产同一单位的电力,使用核燃料的整个过程(从开采铀矿到乏燃料的管理)造成的碳排放仅为使用石油的整个过程的 2%—6%。[②] 但是,不幸的是,人类首先是将核能用于制造武器。第二次世界大战结束以来,一方面是美苏之间的核武器竞争越演越热,另一方面是跨越了核门槛的国家越来越多,增加了发生核战争乃至核事故的可能性,对人类的安全造成了极大威胁。与此同时,和平利用核能设施一旦出现事故,也会对环境造成重要破坏。1986 年 4 月在苏联乌克兰发生的切尔诺贝利核电站事故造成的直接经济损失就约合 29 亿美元。更严重的是,在核事故的危害下有 33 人死亡,300 多人因受到严重辐射先后被送入医院抢救。[③]

其次,现代化科学技术的间接负面效应与 20 世纪中叶开始出现的新的信息技术革命特别是计算机和互联网的普及有关。计算机的出现从根本上改变了人类加工信息的

---

① "2007 年世界卫生报告",<http://whqlibdoc. who. int/whr/2007/WHR07_overview_chi. pdf>。

② The British Cabinet Office, *The Road to 2010*, London: British Stationary Office, July 2009, p. 11.

③ 《中国电力百科全书》编委会:《中国电力百科全书・核能及新能源发电卷》,北京:中国电力出版社 2000 年版,第 321—322 页。

手段,与通讯卫星、光导纤维、互联网等结合在一起使人类进入了信息社会时代。但是,信息技术革命的成果同样也可以为一些人用于错误甚至犯罪的目的,有助于犯罪分子进行非法移民、毒品贩卖、洗钱、恐怖主义等各种犯罪活动,或者逃脱政府的追捕与打击。例如,制造9·11恐怖主义袭击的罪犯就是通过手机和互联网进行联系的。又如,世界范围内的计算机犯罪正以惊人的速度在增长。目前计算机犯罪的年增长率高达30%。而且,与传统的犯罪相比,计算机犯罪所造成的损失要严重得多。20世纪末美国的一项统计表明,以电子数据处理设备作为作案工具进行盗窃、贪污的计算机犯罪造成的损失每件平均高达45万美元,而传统的银行欺诈与侵占案平均损失只有1.9万美元,银行抢劫案的平均损失不过4 900美元,一般抢劫案的平均损失仅370美元。[①] 特别要指出的是,那些利用计算机侵入和破坏其他国家的计算机系统的黑客更是毒化了国际关系的气氛,阻碍了有关国家间的正常交流。

3. 气候变暖问题和哥本哈根会议

在冷战结束直至21世纪最初十年国际社会面对的所有非传统安全威胁中,气候变暖问题最为复杂和最不确定,对国际关系也产生了最为重要的影响。一方面,国际社会在此领域进行了重要的合作。另一方面,国际社会特别是美国和其他大多数国家间在此问题上也出现了严重的分歧,美国表现出了严重的单边主义倾向。

二氧化碳的排放是造成全球气候变暖的一个关键原因。气候变暖的本身或气候变暖导致的其他自然灾害,都会对国际安全造成严重的冲击,包括破坏环境、引起粮食和饮水的匮乏,产生大量难民。1992年《联合国气候变化框架公约》(UNFCCC,框架公约)和1997年关于该框架公约的《京都议定书》正是针对这一问题的两个相互关联的国际协议。

框架公约就有关国家特别是发达国家的基本义务达成了原则性的协议。它规定,"各缔约方应当采取预防措施,预测、防止或尽量减少引起气候变化的原因,并缓解其不利影响";"各缔约方应当在公平的基础上,并根据它们共同但有区别的责任和各自的能力,为人类当代和后代的利益保护气候系统";"发达国家缔约方应当率先对付气候变化及其不利影响"。[②] 作为一项原则,限制大气中温室气体的浓度以及防止气候变暖自然也符合美国的利益,因此美国和许多其他国家一样在当年就批准了这一公约。

但是,框架公约并未规定缔约国需要具体承担的义务,因而缺少法律上的约束力。为此,随着表明气候变暖的证据的不断出现,1997年底包括美国在内的该条约的参加国又在日本京都开会,就减少温室气体的排放签署了一个历史性的文件,即京都议定书。它使温室气体减排成为发达国家的法律义务,从而体现了框架公约中的承诺具体化的第一步。其第3条规定,到2008—2012年时,具有较高人均收入的39个高度工业

---

① 周光斌:"计算机犯罪与信息安全在国外",载《中国信息化法制建设研讨会论文集》,北京,1997年3月。
② 上海国际问题研究所:《国际形势年鉴,1993》,上海:中国大百科全书出版社上海分社1993年版,第326页。

化的国家在温室气体排放方面必须至少比 1990 年减少 5%。[1] 一般认为,这一要求还是比较温和的;为了有效防止气候变暖,发达国家还需要进一步减少气体排放,发展中国家随后也应加入这一努力。

美国是世界上排放二氧化碳最多的国家,它的人口占世界总数的 5%,但是排放的气体却是世界的四分之一,远远领先于其他各国。[2] 国际社会有理由希望美国在减少碳排方面作出自己应尽的贡献。但是,尽管克林顿政府在 1998 年 11 月签署了京都议定书,国会中的右翼保守主义势力却对此采取了极为对立的态度。他们声称,美国不应当参加这样一个仅仅对工业化国家温室气体排放施加限制的条约,它应当对在同样的期限内发展中国家的温室气体排放的限制或减少也作出具体的规定。正因为在参院中存在着对京都议定书的广泛和深刻的不满,克林顿最终未将它送交参院表决,以免被挫败。

在 2000 年的大选中,小布什就采取了反对京都议定书的立场。他指责说,该协议"对美国是不公正的",阻止了处于十年来的最低水平的美国经济的恢复,与此同时却排除了中国、印度这样一些会在未来对美国形成严重经济挑战的发展中大国。进入白宫以后不久,小布什公开宣称自己无意限制电厂的二氧化碳排放,并正式表示不会将京都议定书提交参院要求批准。[3] 在欧盟和许多其他工业化国家的努力下,2005 年 2 月 16 日京都议定书开始生效,美国却依然置身事外。

由于科学家和环保主义者的推动,2007 年气候变暖问题再次成为一个热门话题,年底在印尼巴厘岛举行了有 190 个国家、地区及政府间组织的代表出席的联合国气候变化会议。经过激烈争论和妥协,会议通过了《巴厘岛行动计划》(巴厘岛路线图)。它明确规定,立即启动并应在两年内完成有关 2012 年京都议定书到期后新的温室气体减排方案的谈判;联合国气候变化框架公约的所有发达国家缔约方都应履行"可衡量、可报告、可核实的"气体减排责任,发展中国家缔约方也要履行"可衡量和可报告的"气体减排责任。[4] 但是,它未能包含欧盟一直坚持的中期目标,即发达国家应在 2020 年前将温室气体在 1990 年的基础上减少 25% 到 40%。尽管如此,这一路线图仍然进一步推动了国际社会减少气体排放的努力,为减缓气候变化作出了重要的贡献。

按照巴厘岛路线图的规定,2009 年 12 月,190 多个国家和地区的代表出席了在哥本哈根召开的联合国气候变化大会。经过各方艰苦的谈判,会议最终发布了《哥本哈根协议》。该文件在促进减排的国际合作方面具有重要的价值:第一,在一定程度上明确了应对气候变化的长期目标,包括大幅减少全球温室气体排放以便将全球温升控制在 2℃ 以内;第二,维护了框架公约和京都议定书确立的"共同但有区别责任"的原则,据此原则将各国纳入了应对气候变化的合作行动,在发达国家实行强制减排和发展中

---

[1] "《联合国气候变化框架公约》京都议定书",<http://unfccc. int/resource/docs/convkp/kpchinese. pdf>。

[2] Stefan Halper & Jonathan Clarke, *America Alone*, Cambridge University Press,2004,p. 124.

[3] Ibid.

[4] "巴厘岛行动计划",<http://unfccc. int/resource/docs/2007/cop13/chi/06a01c. pdf#page=3>。

家采取自主减排方面迈出了新的步伐;第三,在一定程度上考虑到了发展中国家的实际困难,包括规定发达国家向发展中国家提供应对气候变化的资金和技术支持,同时在减缓行动的测量、报告和核实方面维护了发展中国家的权益。[①] 因此,总体上说,哥本哈根协议反映了包括中国在内的各主要国家在气候变化问题上的共识和各自能够承受的底线,对今后关于气候变化的进一步谈判具有指导性的作用。但是,哥本哈根协议也有着一些明显的不足和缺陷,特别是未能实现 2007 年巴厘岛联合国气候大会提出的要求,即明确全球二氧化碳减排的中期目标,并就此达成对发达国家具有法律约束力的协议。其中原因固然复杂,美国肯定难辞其咎。尽管奥巴马对减少温室气体排放的问题采取了比其前任较为积极的态度,但是同时又力图确保新的国际协议符合美国的利益。在 2009 年 9 月下旬于纽约举行的联合国气候变化峰会上,奥巴马一方面声称美国对气候变化问题已经有了一个具"历史性意义的认识","理解了气候威胁的严重性","决心采取行动""负起对子孙后代的责任";另一方面,他又绕过了京都议定书,只是表示将实行减排以"达到我们为 2020 年设定的目标以及为 2050 年设定的长期目标",即与 2005 年的水平相比,到 2020 年前减排 17% 的温室气体(意味着仅比 2000 年减排 4%),到 2050 年减排 80%。此外,他还声称,发展中国家"需要承诺在国内采取强有力的措施,并同意兑现它们,就像发达国家必须言而有信一样"。[②] 在 12 月的哥本哈根会议上,奥巴马采取了同样的立场,只是表示华盛顿会履行上述的承诺。与此同时,他还不点名地指责中国等国在减排问题上不愿接受外部的监督,强调各国都需要"负责任"以保证任何减排行动的"可信度"。奥巴马并威胁说:只有会议达成一项体现上述原则的"广泛协议",美国才会兑现"帮助发展中国家、特别是最不发达和最脆弱国家应对气候变化"的资金承诺。[③] 美国的这一态度显然削弱了哥本哈根会议的成果,阻碍了国际社会合力应对气候变暖的事业。

复习提示

一、名词解释

1. 恐怖主义
2. 单边主义
3. 先发制人
4. 科索沃战争
5. 申根协议
6. 日本的"正常国家"论
7. "金砖"国家
8. 上海合作组织
9. 京都议定书
10. 非传统安全问题

① 上海国际问题研究院:《国际形势年鉴,2010 年》,上海:上海辞书出版社 2010 年版,第 39—40 页。

② "Remarks by the president at United Nations Secretary General Ban Ki-Moon's Climate Change Summit", <http:// www. whitehouse. gov/the-press-office/remarks-president-un-secretary-general-ban-ki-moons-climate-change-summit>.

③ "Remarks by the President at the Morning Plenary Session of the United Nations Climate Change Conference", < http://www. whitehouse. gov/the-press-office/remarks-president-morning-plenary-session-united-nations-climate-change-conference>.

11. 欧盟的共同欧洲安全和防务政策(CESDP,ESDP)

二、探索与思考

1. 如何理解 9 · 11 恐怖主义袭击对美国的国内政治和对外政策造成的影响?

2. 如何理解美国发动伊拉克战争的原因以及这一战争对美国造成的影响?

3. 如何理解多极化以及 20 世纪 70 年代以来这一趋势的发展?

4. 如何看待普京的富国强兵政策及其成效?

5. 如何看待 21 世纪的最初十年欧盟的发展以及存在问题?

6. 如何看待 21 世纪的最初十年日本右倾化的根源和影响?

7. 如何理解 21 世纪初发展中国家加强团结合作的背景和措施?

8. 如何看待安理会改革应当遵循的正确方向?

9. 如何看待当今世界面临的挑战以及发达国家的责任?

结束语

在结束本书之前,有必要对涉及当代国际关系的若干重要问题作一简短归纳,包括雅尔塔协议和战后国际秩序、美苏冷战的特点、美国对苏遏制政策、世界多极化趋势等,并在此基础上对它的未来发展进行一些展望。

一、对雅尔塔协议、雅尔塔体制的理解

所谓雅尔塔协议是第二次世界大战后期和战后初期美、苏、英三国领导人在以雅尔塔会议为主的一系列国际会议上就战后国际秩序达成的安排,包括全球性安排和地区性安排。但是,与那种认为雅尔塔协议的核心即雅尔塔体制,就是美苏划分势力范围的观点不同,本书接受并且发展了这样一种立场:雅尔塔协议主要体现了罗斯福的通过集体安全和大国协调主导世界、领导世界的世界主义或全球主义,反映了美国通过维持战时大国合作领导战后世界的意图。[①] 确实,雅尔塔协议达成的地区性安排使苏联在东欧和中国东北获得了某种特殊权益。但是,从总体上看,这些安排乃是美国早就在中国推行的门户开放政策的扩大,罗斯福并未承认有关地区就是苏联独占的势力范围。即以东欧而言,尽管由于苏联的巨大军事胜利使得它在这一地区获得某种优势一事变得不可避免,美国仍然力图在"自由选举"、"民主制度"和"公开报道"的旗帜下进入东欧。而雅尔塔协议中的全球性安排一旦得到认真执行,更会使美国成为世界的理所当然的领袖。

正是基于上述对雅尔塔协议和雅尔塔体制的理解,本书认为,美苏冷战的爆发实际上意味着雅尔塔体制的瓦解。此后,美国只能满足于充当西方世界的领袖。但是,无论是多边的北大西洋同盟体系的建立,还是以双边或三边军事同盟体系为基础的太平洋同盟体系的形成,都不是罗斯福或罗斯福主义者们的本意。同样,以后在美苏之间形成的"游戏规则"之一,即"对对方势力范围的尊重",也是与罗斯福或罗斯福主义者们的愿

---

① John Gerard Ruggie, "The Past as Prologue?", in Michael E. Brown et al. ed., *American's Strategic Choices*, Cambridge: The MIT Press, 1997, p.175.

望格格不入的。①

直到 20 世纪 80 年代末和 90 年代初,美国才终于又看见了实现罗斯福所钟情的雅尔塔体制的机遇,即在大国合作的基础上建立美国对整个世界的领导地位。在苏联存在的最后两年中,布什领导下的美国就像是一个乐队的指挥,戈尔巴乔夫领导下的苏联则是这个乐队的出色的第一提琴手。在美国的领导下,美苏之间的合作不仅达到甚至部分超过了雅尔塔协议所规定的水平,它们之间出现了惊人的默契、和谐和融洽。这在伊拉克问题上和东欧问题上都表现得非常明显。为此,就连当时苏联的美国和加拿大问题研究所的首席研究员亨利·特罗菲缅科夫也承认,美国最终实现了"天定命运的伟大梦想并将成为世界大家庭的无可争辩的领导"。② 在苏联最终瓦解后的美俄"蜜月"期间,美国利用它是世界上的唯一超级大国的特殊条件,继续维持着这种"领导"地位。换言之,雅尔塔体制得到了复活。

但是,由于世界多极化趋势的深入发展,同时也是由于各国相互依存程度的不断加深,美国的领导或支配地位注定是不会持久的。在 20 世纪 90 年代,布什政府和克林顿政府构建美国领导下的"世界新秩序"的努力就遭遇了严重的挑战。进入 21 世纪后,具有浓厚的霸权主义色彩的"布什主义"更是受到普遍的批评与阻击。雅尔塔体制的复活只是一个短暂的历史现象。

二、关于战后国际秩序

这是一个与雅尔塔协议紧密相连但是又有着差别的问题。战后国际秩序主要是建立在雅尔塔协议的基础上的,同时也通过在冷战期间(主要是美苏缓和时期)东西方就尚未解决的战后世界安排问题取得的协议得到了补充。这些安排可以分为全球性和地区性两部分,在很大程度上表明了对"敌国"的戒备和提防。

一方面,按照联合国的宪章,尽管各会员国"主权平等"是其重要的组织原则,但维护国际和平和安全的主要权力则集中于由五大国担任具有否决权的常任理事国的安理会。而且,虽然宪章没有明确解释为什么五大国会成为安理会常任理事国,可从其对非常任理事国的要求来看,显然是由于五大国家在"维持国际和平与安全及本组织其余各宗旨上"作出了重大"贡献"。不难想象,这主要是指它们为反法西斯战争的胜利承受了巨大牺牲,担当了不可替代的责任。换言之,联合国安理会既不是一个"富国"俱乐部,也不是一个"大国"俱乐部。与此同时,宪章第八章(区域办法)还特别提及了如何"对付"敌国的问题,并明确指出这里"所称敌国系指第二次世界大战中为本宪章任何签字国之敌国而言的"。③

① John Lewis Gaddis, "The Long Peace", in Sean M. Lynn-Jones ct al. ed., *The Cold War and After*, Cambridge: The MIT Press, 1993, p.35.
② 《参考消息》,1990 年 11 月 4 日。
③ 上海国际问题研究所:《国际风云中的联合国》,上海:上海教育出版社 1989 年版,第 186、195 页。

另一方面,在中欧、东欧和远东的地区安排上,其主要目标就是惩罚法西斯国家及制止其重新武装和侵略。中、美、英三国《开罗宣言》就宣布了"制止及惩罚日本之侵略"的具体做法,美、英、苏三国《雅尔塔会议公报》则强调了为"确保德国绝不能够再扰乱世界的和平"而必须采取的各种措施。东欧国家间领土的变动,特别是波兰疆界的西移,虽然体现了苏联的大国沙文主义和民族利己主义,也反映了它建立在以往历史教训基础上的安全要求,有着其合理性。

当然,在坚持半个多世纪以前确定的战后国际秩序的基本精神和核心内容的同时,对它的某些具体做法可以有所调整,但是这一调整必须坚持正确的方向:第一,德、日、意法西斯对世界各国人民犯下的侵略罪行和战争暴行不容否定,反法西斯的第二次世界大战的基本贡献不容否定。否则就会给残余的纳粹势力和军国主义势力提供推翻历史定案和实现卷土重来的机会,使世界的和平和安全遭到威胁与破坏。第二,开罗宣言、雅尔塔协议和波茨坦公告等就剥夺法西斯国家所攫取的领土宣布的决定必须得到严格执行,盟国就法西斯国家与邻国间的领土调整作出的安排也必须得到认真遵守。否则国际稳定与和平就会遭到破坏。第三,安理会在维持世界和平和国际安全方面的作用必须得到充分尊重,安理会的扩大,特别是安理会常任理事国的席位的增加,是一件十分谨慎的事情,要严格按照联合国宪章加以解决。第四,德国、日本的军事能力曾因反法西斯联盟的国家在第二次世界大战结束前后通过的有关国际协议受到了重要限制,与此同时它们也采取了一些自我限制措施。德日若想摆脱这些限制,首先应当以诚恳态度和悔过行动取得国际社会的信任与谅解,然后再通过谈判加以解决。

在如何对待战后国际秩序的问题上,德国和日本这两个前法西斯国家走了不同的道路,产生了有着巨大差别的结果。联邦德国(还有冷战期间的民主德国)比较彻底地清算了法西斯和纳粹分子发动侵略战争和屠杀犹太人的罪行,比较认真地遵守了盟国关于分区占领德国及剥夺德国的军事能力的措施,甚至在领土的问题上最后也接受了现实,承认了奥德-西尼斯河为德国和波兰的边界。此外,它还积极促进法德和解和欧洲一体化事业。正因为这样,德国也得到了欧洲各国及其人民的谅解和信任,逐步重新建立起自己的武装力量和军事工业,并且通过"2+3"会议使国际社会比较顺利地接受了德国的统一。

与此相反,战后国际秩序的安排在东亚受到了日本的挑战。特别是在冷战结束之后,日本社会的右翼势力变得愈益嚣张,而且积极在政坛寻找自己的代理人。这些右翼政客不仅否认对邻国以及东亚其他国家的侵略,以公职身份祭祀战争罪犯,而且力图重新霸占本应归还邻国的领土,拉拢一些国家强行推行"入常"计划,以谋求"正常国家"地位为名推翻"和平宪法"。他们的这些做法既是对世界反法西斯战争胜利成果的否定,又是对战后国际秩序安排基石的破坏,对亚洲和平稳定的冲击,从而引起了邻国和其他亚太国家的警觉和反对。2012年12月,在中俄第17次总理磋商联合公报中,两国首次将共同维护第二次世界大战战后秩序作为共识确认下来。就是在美国,一些有识之士也对日本的种种否认战后国际秩序和恶化与邻国关系的做法表示了担忧,提出了批评。

三、美苏冷战状态的基本特征

从严格的意义上来说,冷战是指1947—1991年间美国和苏联的关系以及分别以它们为首的欧洲两大军事集团北约和华约的关系所处的一种特殊和平状态,即它们在政治、军事、外交、经济、意识形态等方面陷入全面对抗的同时又没有发生直接的交战。所以强调这是美苏关系或至多是欧洲两大军事集团关系所处的一种特殊和平状态,乃是因为美国在此期间曾经与东方阵营的亚洲成员朝鲜、中国和越南发生过激烈的战争(热战),西方阵营的另外一些成员也曾经通过加入朝鲜战争和越南战争与东方阵营的亚洲成员发生过战争。

尽管冷战的基本特征是排除了直接交战的全面对抗,但是它并不意味美苏关系就没有合作的成分。实际上,美苏能够避免直接交战,这本身就是相互合作的一个重要结果,体现了双方对一系列"游戏规则"的遵守。在许多其他问题上,美苏之间也都存在着明示的或暗含的合作。而且,尽管这种合作因素时弱时强,但从一个宏观的角度分析,它是处于一个逐步上升的过程之中,从而最终导致了冷战的结束。

四、冷战状态的三种基本形式

虽然1947—1991年美苏关系始终处于冷战这样一种特殊和平状态,它并非是一成不变的。根据对抗的烈度和合作因素的强弱,冷战可以表现为三种基本形态,即一般的冷战、危机和缓和。

一般的(或典型的)冷战是指美苏处于激烈的对抗之中,但是双方关系又没有进入那种可能导致战争发生的危机状态。从1947年4月冷战爆发到20世纪50年代中期,从1960年5月苏联与西方三大国的巴黎峰会的夭折到20世纪70年代初期,从1979年底苏军入侵阿富汗之后到20世纪80年代后半期,除了曾经短暂出现了危机的时期以外,美苏关系都是属于一般的冷战形态。这种形态本身也会有所差异,可能表现为一种僵持,如1962年古巴导弹危机结束后那样,也可能显得更为紧张一些,如苏军入侵阿富汗以后那样。此外,一般形态的美苏关系当然也包含着合作的因素,但是其力度和影响相当有限。

危机是指美苏关系处于高度激烈的对抗之中。本质上这种形态依然是和平性质的,但是具有高度爆炸性的潜力,战争可能一触即发。事实上,在危机期间,美苏都会采取积极的备战措施,并会通过显示武力的做法相互进行威慑。正因为这种状态具有高度爆炸性,美苏领导人必须迅速作出反应,以使其在短时间内获得解决,让两国的关系恢复到危机发生前的状态。20世纪40年代末至60年代初发生的三次柏林危机、1962年的古巴导弹危机就是冷战期间美苏关系经历的四次典型的危机。幸运的是,古巴导弹危机之后,这种形态的美苏关系就基本上再也没有出现过。

缓和是指冷战期间美苏关系所呈现的一种相对松弛、对抗程度较低、合作成分较多的形态。这种缓和的出现通常与美苏两国因为各自原因都希望改善相互关系、加强合作的愿望有关,当然其中一方的这种愿望可能更为强烈。在冷战过程中,美苏关系一共出现了三次缓和,即20世纪50年代后半期、70年代和80年代的后半期。

五、美苏关系的三次缓和

推动美苏关系出现三次缓和的动力是不一样的,结果也有着重要差异。

在20世纪50年代后半期,美苏都试图向对方发起策略性的和平攻势,从而导致了两国关系的第一次缓和,其成果主要是东西方首脑的会晤以及在战争遗留问题上一系列协议的达成。进入70年代以后,由于国际环境的变化和各自面临的严重困难,美苏都对本国的对外战略进行了调整,特别是尼克松政府实行了全面的战略收缩,促成了它们关系的第二次缓和。第三次缓和则主要打上了1985年成为莫斯科最高领导人的戈尔巴乔夫的印记。面对严峻的国内外形势,戈氏在其"新思维"的指导下对苏联的对外政策进行了全面和急剧的调整,对美国的要求作出了重要的让步。当然,这一缓和的出现也与当时里根希望利用对苏政策的成就摆脱"伊朗门"事件的影响有关。

三次缓和的结果是不一样的。第一、第二次缓和都为美苏关系的重新紧张所代替,特别是第一次缓和结束后,美苏之间很快出现了第三次柏林危机和古巴导弹危机。但是,第三次缓和却颠覆了苏联乃至整个华约的基础,吹响了最终结束冷战的序曲。

需要看到的是,即使在缓和时期,美苏仍然进行着对抗,在某些问题上甚至很激烈,例如,第一次缓和期间,美国为波兰事件特别是匈牙利事件推波助澜;第二次缓和期间,苏联利用美国实行战略收缩之机竭力在第三世界进行扩张;第三次缓和期间,美国鼓励和推动东欧国家中的亲西方力量开展反共反苏运动,以及支持、鼓动苏联境内的民族分离主义运动。

美苏缓和的副产品之一是东西方两个阵营内部冲突的加剧,这或者是因为阵营内一些成员对"盟主"推行的缓和政策的反对,或者是由于缓和的出现鼓励了阵营内的离心主义倾向。美苏关系的第一次缓和就是一个典型。它既引起了中国对赫鲁晓夫的"投降主义"的不满,又加强了匈牙利等东欧国家本已存在的要求摆脱苏联和退出华约的呼声。同样,第二次缓和增加了西方阵营内部要求美国进一步迁就苏联的压力。第三次缓和则直接推动了东欧国家的剧变以及东方阵营的彻底解体。

六、关于美国的对苏遏制战略

在有关战后美国对外政策的政治语汇中,如果遏制战略不是最为重要和流行的一个,肯定也是其中之一。它是自杜鲁门时代开始直到苏联在1991年彻底瓦解美国对苏的基本战略。毫无疑问,凯南是"遏制战略之父"。1946 年 2 月,他在发给国务院的长电报中就提出了遏制的思想,尽管没有使用遏制这个词。1947 年 7 月,他又在以 X 的笔名发表于《外交》季刊的文章《苏联行为的根源》中进一步发展和完善了这一战略,并且多次使用了遏制这个词。

从凯南的思路来看,遏制是以两个基本假设作为前提的:第一,苏共领导的政权在国内缺乏人民的认可,必须不断利用对外扩张的胜利在国内证明自己的合法性;因此,如果美国和整个西方世界能有效遏制苏联的对外扩张,苏联境内的人民或迟或早地会起来推翻共产党的领导。第二,与希特勒德国不同,苏联对理智的逻辑无动于衷,但对武力的逻辑却十分敏感;所以,如果西方掌握足够的武力,并表明准备使用这些武力的决心,苏联的政策就会软化,无需美国真正动武和摊牌。

如果在遏制战略赖以建立的这两个基本假设上不存在分歧的话,在如何实施遏制战略的问题上,美国政府的谋士与专家学者中却出现了许多争论。凯南本人也加入了这一争论,认为自己的思想被政府错误理解了,自己建议的战略没有得到准确执行。争论主要涉及三个问题:

遏制什么?是遏制苏联的权力还是遏制共产主义?杜鲁门无疑将遏制共产主义作为自己的目标,因此派遣军队在东亚与中国进行了一场热战。20 世纪 60 年代的民主党政府又是为了阻止共产主义在东南亚的扩张而在越南战争中越陷越深。对此做法,批评者们提出,以遏制共产主义作为目标的做法是错误的。一方面,这不仅超出了美国的能力,而且使苏联得以趁机改善自己的战略处境。另一方面,美国也不应笼统地将共产主义看成自己的敌人,例如坚持摆脱苏联控制的南斯拉夫共产党人实际上就是美国的盟友。

第二,同上一个问题相联系,应当在何时以及何处对苏联进行遏制?即应当是在苏联进行任何扩张的时间和地点对之实施遏制,还是应当在美国选择的时间和地点去实施遏制?在美国外交史学家约翰·加迪斯看来,美国政府的遏制政策一直是在对称遏制和不对称遏制之间进行摆动,前者实际上是对苏联的扩张被动地作出反应,而后者则是一种以我为主的主动姿态,而选择的标准则涉及问题本身对美国的价值以及是否能够充分发挥美国的优势。

第三,如何进行遏制,是片面依靠军事力量还是主要通过非军事手段?冷战期间历届美国政府基本上都片面依靠军事力量进行遏制,以致遏制战略就变成了单纯的军事遏制,差别只是在于如何使用军事手段,特别是如何处理核力量和常规力量的关系。这种做法遭到了包括凯南本人在内的许多人的批评。在他们看来,政府已经将遏制战略过分军事化了,忽视了对经济、政治等非军事手段的使用。

尽管有着这些争论,遏制战略在美国仍然受到了高度的肯定和赞扬,苏联的最终崩溃以及冷战的结束都被看成是遏制战略的胜利。它对美国的影响如此之大,以致冷战结束后还有人怀抱冷战思维,试图在处置俄罗斯和中国的问题时继续使用遏制战略。但是,与当年美苏或者东西方阵营主要是生活在平行的两个体系之中不同,现在美俄之间、美中之间的相互依赖程度已经如此之深,以致任何试图简单遏制另一方的做法都会产生损人不利己的结果,最后难以长期维持。

七、不可逆转的世界多极化趋势

总的来说,第二次世界大战以后的国家体系经历了从两极向多极的转变。冷战初期东西方两个阵营的出现自然标志着两极型国际体系的最终形成。联邦德国以西统东目标的实现、华沙条约组织和经互会的解体乃至苏联的最终崩溃则表明了两极型国际体系的最终瓦解。尽管在冷战后的最初几年,国际体系具有了某些单极的特征(即人们通常所说的一超多强),但是,总的来看,20世纪70年代就已朦胧出现的多极化趋势在冷战之后不断得到发展,迅速成为一股不可逆转的历史潮流。

多极化是指多个力量中心的存在,通常这些力量中心是那些具有强大力量的国家,特别是军事力量。但是,在今天讲到多个力量中心或多极的时候,应该注意到这些概念的发展。第一,权力的性质发生了变化。它不再仅仅由有形的物质力量(特别是军事力量)所构成,而且包含了政治的力量、心理的力量和道德的力量。也就是说,一个国家虽然物质力量强大,但是缺乏软实力和其他的无形力量,依然很难发挥力量中心的作用,无法成为一极。第二,力量中心或极不再局限于国家行为体。一些具有超国家性质的国际组织,以及为各种有形和无形纽带所联系且在共同事业中相互支持的同类国家,也可以成为这样的力量中心或极。前者如欧盟,后者如当今的第三世界。组成第三世界的发展中国家就个体来讲都还是相对弱小,但是作为一个整体它们在当今的国际经济和国际政治舞台上发挥了重要影响。

一般来说,多极国际体系更灵活,多极下的国际秩序比两极更稳定、更和平,同时更民主、更公正。但是,要注意的是,这是从体系理论来说的,并不意味构成多极的各个国家或国家集团就一定更热衷于稳定、和平或者民主、公正的国际秩序。事实上,构成国际体系中一个力量中心的某个国家在某个时候可能会具有强烈的颠覆现状的欲望,变得特别好斗和具有侵略性。当前日本严重的右倾化就是一种值得警惕的现象。

八、国际关系的未来

正如本书最后一章所说的,21世纪第一个十年结束时世界仍然面对着众多的挑战,一方面是国际金融危机的影响在短时期中难以消除,并存在着其他一些阻碍世界经济增长的不稳定、不确定的因素,南北发展的不平衡继续加大。另一方面,霸权主义、强权政治和新干涉主义又有所上升,局部动荡时有发生。此外,粮食安全、能源安全和网络安全等非传统安全问题变得更加突出。这些困难和问题对未来的国际关系造成了压力,注定了有关国家之间的关系不会是平坦发展的,它们的矛盾和斗争是不可避免的。但是,总的来讲,未来的国际关系将会向着越来越和谐、越来越合作的方向前进,保持国际关系的和平与稳定具备了更多的有利条件。除了前面提及的多极化的深入发展以外，最值得重视的还有以下几个原因：

首先，和平与发展已成为当今时代的两大主题。要和平不要战争、要发展不要贫穷、要合作不要对抗已成为无法阻挡的人心所向，努力推动建设持久和平、共同繁荣的和谐世界乃是不可逆转的历史潮流。确实，在世界上还有那么一些政府，在各个国家中也会有那么一些人，它们或者抱着霸权主义、强权政治不放，或者总是从冷战思维出发考虑问题，信奉零和的游戏规则，追求损人利己的单赢。但是，这些政府在世界上是少数，这些人在他们的国家中也是少数。随着世界多极化的深入发展（特别是包括新兴市场国家在内的发展中国家整体实力的增强），以及各国人民在国家政策制订过程中作用的增强，国际力量对比将越来越朝着有利于实现和平和发展的方向演变。

其次，世界各国相互依存变得普遍化和深刻化。在国际关系中，相互依存意味着一国的生存和发展依赖于别国的生存和发展。尽管这种相互依存程度的不断加深乃是一种历史现象，今天的相互依存却因为一系列因素而变得格外重要和突出。一方面，经济全球化深入发展，即一个国家、一个地区的经济上的失败将会对其他国家产生严重负面影响，如20世纪90年代的东南亚金融危机，21世纪初的美国次贷危机，都对世界其他地区的经济造成了破坏性甚至灾难性的后果。同样，一个国家经济的复苏和发展也有赖于其他地区和国家的共同努力。在上述两场金融危机发生后，世界各国合力采取的救市措施就起了重要作用。另一方面，非传统安全问题变得更加突出。虽然这些问题并非到21世纪才出现，它们今天对人类造成的威胁是过去任何时期都无法相比的，超越了个别国家甚至个别地区的应对能力，需要整个国际社会的通力合作。例如，毒品问题是今天每个国家都面对的一个难题。但是，它涉及种植、加工、贩运、销售等许多环节，卷入了许多国家（发达的和发展中的）的犯罪团伙和犯罪分子，非一国能够制止。在经济领域以及应对非传统安全问题方面相互依存程度的大幅提升，对于促进国际合作具有重要的意义。

再次是安全观的现代化，即各种新安全观的出现。它们的一个共同特点是主张摒弃以行使武力或以武力相威胁为基础的旧的安全观，按照以对话和合作作为主要特征的新的原则构筑国家安全和国际安全，其核心概念是合作安全和共同安全。共同安全的提倡者相信，国家追求安全的过程可以是一场正和博弈，在一国获得安全的同时另一国也可以获得；各国有可能通过相互合作达到双赢或共赢的结果，一起实现安全。合作安全的提倡者则认为，在各国的关系处于一种相互依存的状态时，合作而非对抗变成了实现国家利益的最好手段，它们进行战争的意图受到了有效的抑制；同时，在各国处于高度的相互依存状态时，它们进行战争的能力也受到了很大的限制。总之，合作安全强调的是在追求自身安全利益的同时充分尊重其他国家的利益，通过相互合作实现共同的安全。也就是说，合作安全强调的是手段，共同安全强调的是目的，即通过合作的手段争取实现共同的安全。这种新的安全观念，对许多国家的对外政策——无论是发达国家还是发展中国家,无论是大国还是中小国家——都产生了重要和积极的影响,尽管在程度上会有所不同。

  基于以上理由,可以预料,在告别 21 世纪的第一个十年后,国际关系会以更加健康、更加积极的步伐进一步向前发展,尽管在此过程中有许多的障碍需要加以克服和排除。

参考书目

中文资料和著作

* 中华人民共和国外交部、中共中央文献研究室：《毛泽东外交文选》，北京：中央文献
  出版社 1994 年版
* 中华人民共和国外交部、中共中央文献研究室：《周恩来外交文选》，北京：中央文献
  出版社 1990 年版
* 《国际关系史资料选编》编选组：《国际关系史资料选编》上册（第二分册），武汉：武
  汉大学出版社 1983 年版
* 《国际关系史资料选编》编选组：《国际关系史资料选编》下册，武汉：武汉大学出版
  社 1983 年版
* 《德黑兰、雅尔塔、波茨坦会议记录摘编》，上海：上海人民出版社 1974 年版
* 《战后世界历史长编》编委会：《战后世界历史长编，1945.5—1945.12》，上海：上海
  人民出版社 1975 年版
* 《战后世界历史长编》编委会：《战后世界历史长编，1946》，上海：上海人民出版社
  1976 年版
* 《战后世界历史长编》编委会：《战后世界历史长编，1947》，上海：上海人民出版社
  1977 年版
* 《战后世界历史长编》编委会：《战后世界历史长编，1948》，上海：上海人民出版社
  1978 年版
* 《战后世界历史长编》编委会：《战后世界历史长编，1949》，上海：上海人民出版社
  1980 年版
* 刘同舜、高文凡：《战后世界历史长编，1950—1951》，上海：上海人民出版社 1985 年版
* 刘同舜、姚椿龄：《战后世界历史长编，1952》，上海：上海人民出版社 1989 年版
* 刘同舜、姚椿龄：《战后世界历史长编，1953》，上海：上海人民出版社 1992 年版
* 刘同舜、姚椿龄：《战后世界历史长编，1954》，上海：上海人民出版社 1994 年版
* 刘同舜、姚椿龄：《战后世界历史长编，1955》，上海：上海人民出版社 1997 年版
* 时殷弘、蔡佳禾：《战后世界历史长编，1956—1958》，上海：上海人民出版社 2000 年版

* 上海国际问题研究所：《国际形势年鉴，1983》，上海：中国大百科全书出版社 1983 年版
* 上海国际问题研究所：《国际形势年鉴，1984》，上海：中国大百科全书出版社 1984 年版
* 上海国际问题研究所：《国际形势年鉴，1985》，上海：中国大百科全书出版社 1985 年版
* 上海国际问题研究所：《国际形势年鉴，1986》，上海：中国大百科全书出版社 1986 年版
* 上海国际问题研究所：《国际形势年鉴，1987》，上海：中国大百科全书出版社 1987 年版
* 上海国际问题研究所：《国际形势年鉴，1988》，上海：中国大百科全书出版社 1988 年版
* 上海国际问题研究所：《国际形势年鉴，1989》，上海：中国大百科全书出版社上海分社 1989 年版
* 上海国际问题研究所：《国际形势年鉴，1990》，上海：中国大百科全书出版社上海分社 1990 年版
* 上海国际问题研究所：《国际形势年鉴，1991》，上海：中国大百科全书出版社上海分社 1991 年版
* 上海国际问题研究所：《国际形势年鉴，1992》，上海：中国大百科全书出版社上海分社 1992 年版
* 上海国际问题研究所：《国际形势年鉴，1993》，上海：中国大百科全书出版社上海分社 1993 年版
* 上海国际问题研究所：《国际形势年鉴，1994》，上海：中国大百科全书出版社上海分社 1994 年版
* 上海国际问题研究所：《国际形势年鉴，1995》，上海：上海教育出版社 1995 年版
* 上海国际问题研究所：《国际形势年鉴，1996》，上海：上海教育出版社 1996 年版
* 上海国际问题研究所：《国际形势年鉴，1997》，上海：上海教育出版社 1997 年版
* 上海国际问题研究所：《国际形势年鉴，1998》，上海：上海教育出版社 1998 年版
* 上海国际问题研究所：《国际形势年鉴，1999》，上海：上海教育出版社 1999 年版
* 上海国际问题研究所：《国际形势年鉴，2000》，上海：上海教育出版社 2000 年版
* 上海国际问题研究所：《国际形势年鉴，2001》，上海：上海教育出版社 2001 年版
* 上海国际问题研究所：《国际形势年鉴，2002》，上海：上海教育出版社 2002 年版
* 上海国际问题研究所：《国际形势年鉴，2003》，上海：上海教育出版社 2003 年版
* 上海国际问题研究所：《国际形势年鉴，2004》，上海：上海社会科学院出版社 2004 年版
* 上海国际问题研究所：《国际形势年鉴，2005》，上海：上海社会科学院出版社 2005 年版
* 上海国际问题研究所：《国际形势年鉴，2006》，上海：上海辞书出版社 2006 年版

* 上海国际问题研究所：《国际形势年鉴，2007》，上海：上海辞书出版社 2007 年版
* 上海国际问题研究所：《国际形势年鉴，2008》，上海：上海辞书出版社 2008 年版
* 上海国际问题研究所：《国际形势年鉴，2009》，上海：上海辞书出版社 2009 年版
* 上海国际问题研究院：《国际形势年鉴，2010》，上海：上海辞书出版社 2010 年版
* 上海国际问题研究所：《国际风云中的联合国》，上海：上海教育出版社 1989 年版
* 卫林等：《第二次世界大战后国际关系大事记》，北京：中国社会科学出版社 1991 年版
* 朱庭光：《外国历史大事集》现代部分第三分册，重庆：重庆出版社 1988 年版
* 陈乐民：《战后西欧国际关系》，北京：中国社会科学出版社 1987 年版
* 谢益显：《中国当代外交史》，北京：中国青年出版社 1997 年版
* 宫少朋等：《冷战后国际关系》，北京：世界知识出版社 1999 年版
* 中国国际关系学会：《国际关系史》第十二卷(1990—1999)，北京：世界知识出版社 2006 年版
* 钟冬：《中东问题 80 年》，北京：新华出版社 1984 年版
* 刘华秋：《军备控制与裁军手册》，北京：国防大学出版社 2000 年版
* 金重远：《战后世界史》，上海：复旦大学出版社 1995 年版
* 刘善继等：《当代外国军事思想》，北京：解放军出版社 1988 年版
* 张云义：《世界战争新形态》，北京：解放军出版社 1990 年版

外文资料和著作(包括译著)

* Ambrose, Stephen E. *Rise to Globalism*, New York：Penguin Books, 1985
* Cox, Michael. "American Power before and after 11 September：Dizzy with Success?" *International Affairs*, Vol. 78, No. 2 (April 2004)
* Daalder, Ivo H. & James M. Lindsay. *America Unbound: The Bush Revolution in Foreign Policy*, Washington D. C.：Brookings Institution Press, 2003
* Deller, Nicole, Arjun Makhijani & John Burroughs. *Rule of Power or Rule of Law? An Assessment of U. S. Policies and Actions Regarding Security-Related Treaties*, New York City：The Apex Press, 2003
* Gaddis, John L. *Strategies of Containment*, Oxford University Press, 1982
* Gaddis, John L. Surprise, *Security and the American Experience*, Harvard University Press, 2004
* Ian, Bache. *Politics in the European Union*, London：Oxford University Press, 2001
* Laird, Robbin F. & Erik P. Hoffmann. *Soviet Foreign Policy in a Changing World*. New York：Aldine Publishing Company, 1986
* National Academy of Sciences. *Nuclear Arms Control: Background and Issues*,

Washington, DC : National Academy of Sciences, 1985

* Sir Nicoll, William & Trevor C. Salmon. *Understanding the European Union*, London: Longman, 2001

* Nogee, Joseph L. & Robert H. Donaldson. *Soviet Foreign Policy*, New York, Pergamon Press, 1989

* Nye, Joseph S. Jr. *Understanding International Conflicts: An Introduction to Theory and History (sixth edition)*, Pearson Longman, 2007

* Porro, Jeffrey. *The Nuclear Age Reader* (3rd *edition*), New York: Alfred A. Knopf, 1989

* Stephen, George & Bobo Ro. *Russian's Foreign Policy in the Post-Soviet Era*, New York: Palgrave Macmillan, 2003

* The White House. *National Security Strategy of the United States*, March 1990

* The White House. *National Security Strategy of the United States*, August 1991

* The White House. *A National Security Strategy of Engagement and Enlargement*, July 1994

* The White House. *A National Security Strategy of Engagement and Enlargement*, February 1995

* The White House. *A National Security Strategy of Engagement and Enlargement*, February 1996

* The White House. *A National Security Strategy for a New Century*, May 1997

* The White House. *A National Security Strategy for a New Century*, October 1998

* The White House. *A National Security Strategy for a New Century*, December 1999

* The White House. *A National Security Strategy for a Global Age*, December 2000

* The White House. *The National Security Strategy of the United States of America*, September 2002

* U. S. Department of State. *American Foreign Policy: Basic Documents*, 1950 - 1955, Vol. 2, Washington DC: U. S. Govt. Printing Office, 1957

* U. S. Department of State. *Foreign Relations of the United States*, 1952 - 1954, Vol. 15 (Korea), Washington DC: U. S. Govt. Printing Office, 1984

* U. S. Department of State. *Kennedy-Khrushchev Exchanges*, Washington DC: U. S. Govt. Printing Office, 1996

* U. S. Department of State. *Foreign Relations of the United States*, 1969 - 1972, Vol. 1 (Foundations of Foreign Policy), Washington DC: U. S. Govt. Printing

Office，2003

* Woodward，Bob. *Plan of Attack*，New York City：Simon & Schuster，2004
* X. "The Sources of Soviet Contacts"，*Foreign Affairs*，Vol. 25，No. 4 (July，1947)
* A・A・阿赫塔姆江等：《苏联对外政策编年史，1917—1978》，《苏联对外政策编年史》翻译组译，北京：商务印书馆1983年版
* A・C・阿尼金等：《外交史》第五卷上下册，大连外国语学院俄语系翻译组译，北京：三联书店1983年版
* 科拉尔・贝尔：《国际事务概览，1954年》，云汀等译，上海：上海译文出版社1984年版
* 杰弗里・巴勒克拉夫：《国际事务概览，1956—1958年》，廖涤胜等译，上海：上海译文出版社1990年版
* G・巴勒克拉夫：《国际事务概览，1959—1960年》，曾酥黎译，上海：上海译文出版社1986年版
* D・C・瓦特：《国际事务概览，1961年》上册，于树生等译，上海：上海译文出版社1988年版
* 让・巴蒂斯特・迪罗塞尔：《外交史，1919—1978》下册，李仓人等译，上海：上海译文出版社1982年版
* J・斯帕尼尔：《第二次世界大战后美国的外交政策》，段若石译，北京：商务印书馆1992年版
* 信夫清三郎：《日本外交史》下册，天津社科院日本研究所译，北京：商务印书馆1980年版
* 米歇尔・巴尔-佐阿尔：《六天战争秘史》，符锦南等译，上海：上海译文出版社1987年版

本人著作(专著、合著或主编)

* 《国际关系史》(袁明主编，朱明权副主编)，北京：北京大学出版社1994年版
* 《核扩散：危险与预防》，上海：上海科技文献出版社1995年版
* 《美国安全政策》，天津：天津人民出版社1996年版
* 《20世纪60年代国际关系》，上海：上海人民出版社2001年版
* 《欧盟共同外交和安全政策与欧美协调》，上海：文汇出版社2002年版
* 《威慑与稳定：中美核关系》(与吴莼思、苏长和合著)，北京：时事出版社2005年版
* 《冷战后美国国家安全战略：支配世界还是领导世界?》，天津：天津人民出版社2005年版
* 《约翰逊时期的美国对华政策(1964—1968)》，上海：上海人民出版社2009年版
* 《尼克松时期的美国对华政策(1969—1972)》，上海：上海人民出版社2010年版
* 《国际安全与军备控制》，上海：上海人民出版社2011年版
* 《尼克松—福特时期的美国对华政策(1973—1977)》，上海：上海人民出版社2012年版

图书在版编目(CIP)数据

当代国际关系史/朱明权著.—上海：复旦大学出版社，2013.12(2025.2重印)
(复旦博学·国际政治与国际关系系列)
ISBN 978-7-309-10143-0

Ⅰ.当…　Ⅱ.朱…　Ⅲ.国际关系史-现代-高等学校-教材　Ⅳ.D819

中国版本图书馆 CIP 数据核字(2013)第 250140 号

当代国际关系史
朱明权　著
责任编辑/邹红伟

复旦大学出版社有限公司出版发行
上海市国权路 579 号　邮编：200433
网址：fupnet@ fudanpress.com　http://www.fudanpress.com
门市零售：86-21-65102580　　团体订购：86-21-65104505
出版部电话：86-21-65642845
上海崇明裕安印刷厂

开本 787 毫米×1092 毫米　1/16　印张 16.5　字数 334 千字
2013 年 12 月第 1 版
2025 年 2 月第 1 版第 6 次印刷
印数 10 501—11 600

ISBN 978-7-309-10143-0/D · 647
定价：40.00 元

复旦大学出版社出版

复旦博学·MPA 系列

复旦博学·政治学系列

2. 政治学概论(第二版)　　　　　　　　　　　　　　孙关宏、胡雨春、任军锋主编
　　　　　　　　　　　　　　　　　　　　　　　　　　定价：32.00元

3. 新政治学概要(第二版)　　　　　　　　　　　　　　王邦佐、王沪宁等主编
　　　　　　　　　　　　　　　　　　　　　　　　　　定价：30.00元

4. 政治营销学导论　　　　　　　　　　　　　　　　　赵可金、孙鸿著
　　　　　　　　　　　　　　　　　　　　　　　　　　定价：32.00元

5. 选举政治学　　　　　　　　　　　　　　　　　　　何俊志编著
　　　　　　　　　　　　　　　　　　　　　　　　　　定价：27.00元

复旦博学·国际政治与国际关系系列

1. 当代西方国际关系理论　　　　　　　　　　　　　　倪世雄等著
　　　　　　　　　　　　　　　　　　　　　　　　　　定价：48.00元

2. 近现代国际关系史　　　　　　　　　　　　　　　　唐贤兴主编
　　　　　　　　　　　　　　　　　　　　　　　　　　定价：40.00元

3. 当代中国外交(第二版)　　　　　　　　　　　　　　颜声毅著
　　　　　　　　　　　　　　　　　　　　　　　　　　定价：38.00元

4. 国际政治学新论　　　　　　　　　　　　　　　　　周敏凯著
　　　　　　　　　　　　　　　　　　　　　　　　　　定价：25.00元

5. 全球化时代的国际关系(第二版)　　　　　　　　　　俞正樑等著
　　　　　　　　　　　　　　　　　　　　　　　　　　定价：30.00元

6. 中国国际关系理论研究　　　　　　　　　　　　　　赵可金、倪世雄著
　　　　　　　　　　　　　　　　　　　　　　　　　　定价：39.00元

7. 国际关系与全球政治——21世纪国际关系学导论　　　俞正樑著
　　　　　　　　　　　　　　　　　　　　　　　　　　定价：30.00元

8. 中国先秦国家间政治思想选读　　　　　　　　　　　阎学通、徐进编
　　　　　　　　　　　　　　　　　　　　　　　　　　定价：30.00元

9. 国际关系：理论、历史与现实　　　　　　　　　　　邢悦、詹奕嘉著
　　　　　　　　　　　　　　　　　　　　　　　　　　定价：47.00元

10. 当代国际关系史　　　　　　　　　　　　　　　　　朱明权著
　　　　　　　　　　　　　　　　　　　　　　　　　　定价：33.00元

其 他 教 材

1. 行政学原理　　　　　　　　　　　　　　　　　　　孙荣、徐红编著
　　　　　　　　　　　　　　　　　　　　　　　　　　定价：28.00元

2. 政府经济学　　　　　　　　　　　　　　　　　　　孙荣、许洁编著
　　　　　　　　　　　　　　　　　　　　　　　　　　定价：24.00元

3. 秘书写作　　　　　　　　　　　　　　　　　　　　杨元华、孟金蓉等编著
　　　　　　　　　　　　　　　　　　　　　　　　　　定价：36.00元

4. 社会心理学导论　　　　　　　　　　　　　　　　　孙时进编著
　　　　　　　　　　　　　　　　　　　　　　　　　　定价：36.00元

5. 现代办公室管理　　　　　　　　　　　　　　　　　孙荣等著
　　　　　　　　　　　　　　　　　　　　　　　　　　定价：40.00元